Estados e mercados

FUNDAÇÃO EDITORA DA UNESP

Presidente do Conselho Curador
Mário Sérgio Vasconcelos

Diretor-Presidente
Jézio Hernani Bomfim Gutierre

Superintendente Administrativo e Financeiro
William de Souza Agostinho

Conselho Editorial Acadêmico
Carlos Magno Castelo Branco Fortaleza
Henrique Nunes de Oliveira
João Francisco Galera Monico
João Luís Cardoso Tápias Ceccantini
José Leonardo do Nascimento
Lourenço Chacon Jurado Filho
Paula da Cruz Landim
Rogério Rosenfeld
Rosa Maria Feiteiro Cavalari

Editores-Adjuntos
Anderson Nobara
Leandro Rodrigues

PROGRAMA SAN TIAGO DANTAS DE PÓS-GRADUAÇÃO EM RELAÇÕES INTERNACIONAIS

Universidade Estadual Paulista – UNESP

Universidade Estadual de Campinas – UNICAMP

Pontifícia Universidade Católica de São Paulo – PUC-SP

SEBASTIÃO C. VELASCO E CRUZ

Estados e mercados
Os Estados Unidos e o sistema multilateral de comércio

Apoio:

© 2017 Editora Unesp

Direitos de publicação reservados à:
Fundação Editora da Unesp (FEU)
Praça da Sé, 108
01001-900 – São Paulo – SP
Tel.: (0xx11) 3242-7171
Fax: (0xx11) 3242-7172
www.editoraunesp.com.br
www.livrariaunesp.com.br
feu@editora.unesp.br

Programa San Tiago Dantas de Pós-Graduação
em Relações Internacionais
Praça da Sé, 108 – 3º andar
01001-900 – São Paulo – SP
Tel.: (0xx11) 3101-0027
www.unesp.br/santiagodantassp
www.pucsp.br/santiagodantassp
www.ifch.br/unicamp.br/pos
relinter@reitoria.unesp.br

Dados Internacionais de Catalogação na Publicação (CIP)
Vagner Rodolfo CRB-8/9410

C955e
    Cruz, Sebastião C. Velasco e
        Estados e mercados: os Estados Unidos e o sistema multilateral de comércio / Sebastião Carlos Velasco e Cruz. São Paulo: Editora Unesp, 2017.

    ISBN: 978-85-393-0703-6

    1. Comércio internacional. 2. Comércio exterior. 3. Relações internacionais. I. Título.

2017-529   CDD: 382
                                                                                   CDU: 339.5

Índice para catálogo sistemático:
1. Comércio internacional 382
2. Comércio exterior 339.5

Esta publicação contou com apoio da Fundação de Amparo à Pesquisa do Estado de São Paulo (Fapesp, processo n.2016/01951-7).

Editora afiliada:

Sumário

Apresentação   7

1 Estado e mercado: a OMC e a constituição
   (incerta) de uma ordem econômica global   11
2 Comércio internacional em um mundo
   partido: o regime do Gatt e os países em
   desenvolvimento   45
3 1945-1984: ordem (e desordem) econômica
   internacional e nova estratégia comercial dos
   Estados Unidos   75
4 Um novo jogo: o longo caminho rumo à Rodada
   Uruguai do Gatt   127
5 A Rodada Uruguai do Gatt: esboço de uma
   análise política   161
6 A OMC: primeiras provas   213
7 Crise econômica e negociações comerciais:
   conjecturas sobre a Rodada Doha e sistema
   multilateral de comércio   243
8 Nota sobre o impasse na Rodada Doha e os
   desafios da OMC   253
9 A OMC aos 21, os Estados Unidos e a Crise do
   Regime Multilateral de Comércio   265

Considerações finais   291
Referências   301

Apresentação

Vantagens do atraso. Este livro tardou muito a chegar ao ponto final. Iniciado, muito modestamente, como relatório parcial de pesquisa de uma linha subsidiária do projeto temático "Reestruturação econômica mundial e reformas para o mercado nos países em desenvolvimento", o estudo que lhe deu origem cresceu inesperadamente em seu escopo e logo se converteu na ideia de um livro, com estrutura não muito diferente deste que vem à luz agora.

Àquela altura – agosto de 2004 –, os dois primeiros capítulos já estavam redigidos; faltavam três do plano de exposição esboçado. A intenção era produzi-los logo em seguida, em prazo hábil para que a obra constasse como um dos produtos acabados do mencionado projeto temático.

Não foi assim. As duas circunstâncias antes referidas – o caráter inesperado do projeto e sua abrangência temática – rapidamente mostraram que tal expectativa era desarrazoada. Confrontado com questões até então apenas tangenciadas, logo percebi que, para avançar com segurança no novo terreno, precisaria dedicar considerável esforço à coleta e à análise de dados empíricos, além de cobrir uma literatura ampla, diversa e frequentemente pedregosa.

Mas faltava o tempo requerido para tanto. Cumprida a exigência institucional aludida (a apresentação do relatório), tive de concentrar-me nas atividades de coordenação do projeto coletivo e na pesquisa individual sobre seu tema específico: mudança econômica e reformas nos países em desenvolvimento. O resultado desse trabalho, que me ocupou quase inteiramente nos dois anos seguintes, foi o livro *Trajetórias. Capitalismo neoliberal e reformas econômicas nos países da periferia*, publicado em 2007 por esta editora.

Somente depois de encerrado esse ciclo pude voltar aos temas versados no presente estudo. Na época, compunha com Tullo Vigevani, Reginaldo Moraes e Flavia Mello a coordenação do recém-aprovado Instituto Nacional de Ciência e Tecnologia para Estudos sobre os Estados Unidos (INCT--Ineu), desafio enorme que exigiu de cada um de nós grande empenho na resolução de problemas práticos inerentes à iniciativa e considerável ajuste na programação de nossas atividades de ensino e pesquisa. No meu caso em particular, fui induzido ainda a aceitar a responsabilidade de presidir o Centro de Estudos de Cultura Contemporânea (Cedec), uma das instituições que sediavam o INCT-Ineu, tarefa que absorveu muito de meu tempo entre 2009 e 2012.

Pouco depois vieram as turbulências que, desde meados de 2013, têm marcado a vida política brasileira. Tendo cedo intuído a importância do que estava em jogo nelas, dispus-me nesse período a intervir no debate público das grandes questões nacionais, o que fiz por meio de uma série de artigos de divulgação cujo tamanho não tem relação direta com a intensidade do trabalho dispendido em prepará-los.

Esses múltiplos e contraditórios compromissos ditaram o ritmo excepcionalmente lento de elaboração deste livro. O terceiro capítulo foi escrito no primeiro semestre de 2009, quando a perspectiva de poder dedicar-me exclusivamente à obra parecia fundada. Ledo engano. Só pude retomar o texto três anos depois, quando redigi o capítulo seguinte. A partir daí, pude manter a cadência. O quinto capítulo foi escrito em dois tempos, entre 2013 e 2014; o sexto, no primeiro semestre de 2015; o nono e último, no segundo trimestre de 2017. Concluía-se assim aquele projeto concebido com entusiasmo quase juvenil tanto tempo antes.

O livro contém ainda dois pequenos textos, escritos ao longo desse percurso sob circunstâncias diversas. O primeiro – "Crise econômica e negociações comerciais: conjecturas sobre a rodada Doha e o sistema multilateral de comércio" – foi escrito em 2008 para atender à encomenda de uma publicação eletrônica especializada, *Radar Internacional*. O segundo – "Nota sobre o impasse na rodada Doha e os desafios da OMC" – foi preparado inicialmente como texto de referência para uma exposição em seminário internacional realizado na Universidade de Wisconsin, em 2010, e modificado para ser lido como conferência na Universidade Paris-1 (Sorbonne), em maio de 2011.

A decisão de incluí-los no plano do livro atendeu a duas considerações de ordem diversa. A primeira e mais importante é a de que eles – especialmente o artigo sobre a crise e as negociações comerciais – permitiam-me abordar, de forma parcimoniosa, um aspecto fundamental do problema geral do livro, sem a necessidade de mergulhar em sua análise sistemática – o que eu não teria condições de fazer, pelas dimensões já avantajadas do projeto do livro e pela razão singela de que o processo em causa (a crise econômica global) estava (e ainda está) em andamento.

Esse fato – que nos confronta permanentemente com o desconhecido e com o ainda não conhecível – tem, entretanto, uma implicação valiosa. Se criteriosamente observados, os desdobramentos do processo em curso podem propiciar o material necessário a uma forma de controle racional, atestando, ou não, o bem fundado de nossas análises e indicando a presença nelas de equívocos e lacunas mais ou menos graves.

Agora – aí a vantagem do atraso – essa possibilidade aplica-se ao conjunto do livro. Iniciado pouco depois do fracasso da Conferência Ministerial de Cancun, quando a rodada Doha mal completara seu primeiro ano e meio de vida, a análise desenvolvida já então identificava elementos estruturais no sistema multilateral de comércio passíveis de se constituir em sérios obstáculos ao sucesso das negociações no âmbito da Organização Mundial do Comércio (OMC).

Não cabe falar em previsão, muito menos em profecia. Mas o fato de escrever sobre a construção e as mudanças no sistema multilateral do comércio no momento exato em que ele atravessava um momento crítico envolveu sempre uma dimensão prospectiva.

Ao leitor a prerrogativa de aferir até que ponto a experiência foi bem-sucedida.

***

Como se pode imaginar, em um trabalho de maturação tão longa, contraí muitos débitos.

Devo agradecer, em primeiro lugar, à Fundação de Amparo à Pesquisa do Estado de São Paulo (Fapesp) e ao Conselho Nacional de Desenvolvimento Científico e Tecnológico (CNPq), sem cujo apoio esta obra seria impensável. Ela começou como parte de um projeto temático apoiado pela Fapesp e terminou como uma de minhas frentes de trabalho no INCT-Ineu, programa financiado conjuntamente pela Fapesp e pelo CNPq. Durante todo o período, beneficiei-me de Bolsa de Produtividade em Pesquisa deste último organismo.

Agradecimentos especiais aos colegas e amigos Tullo Vigevani e Reginaldo Moraes, interlocutores privilegiados e parceiros de todas as iniciativas referidas nesta apresentação, e de tantas outras.

Andrei Koener, amigo e parceiro, operou em muitos momentos como "consultor jurídico" e ajudou-me a encontrar meus caminhos próprios nesse domínio.

Meu reconhecimento a Marleida Borges, Solange Reis e Carolina Loução Preto, que leram com atenção diferentes capítulos deste livro e me chamaram a atenção para falhas remanescentes que insistiam em evadir-se em minhas revisões sucessivas.

Finalmente, minha gratidão eterna a Margret, que acompanhou com paciência estoica as intermináveis histórias sobre este livro, ainda que tenha movido, germanicamente, uma guerra incessante contra a bagunça que ele produzia na casa.

Este livro é dedicado a ela e a Teresa, nossa netinha.

1

Estado e mercado
A OMC e a constituição (incerta)
de uma ordem econômica global[1]

Introdução

"A reunião entrou em colapso." A informação foi transmitida aos jornalistas pelo diplomata queniano George Ogwar pouco depois das 15 horas. Ele não estava enganado. Minutos mais tarde, em sua condição de presidente dos trabalhos, o chanceler mexicano, Luís Ernesto Derbez, dava por encerrada a Conferência Ministerial de Cancun, por avaliar que o impasse produzido em torno dos chamados "temas de Cingapura (investimentos, política de concorrência, compras governamentais e facilitação de comércio)" não seria superado em tempo hábil.

Acolhido com manifestações ruidosas de regozijo pelos ativistas de movimentos alternativos e organizações não governamentais que se encontravam na sala de imprensa do Centro de Convenções da cidade, esse desfecho suscitou reações discrepantes nos protagonistas da história que se fazia naquela hora. "Cancun fracassou. O que ocorreu aqui é um grave problema para a OMC e, ao mesmo tempo, uma oportunidade perdida para todos", afirmou Pascal Lamy, comissário de Comércio da União Europeia, que nos dias anteriores esteve na berlinda pela defesa da política de subsídios agrícolas da União Europeia e pela insistência em negociar os referidos temas de Cingapura. Em sua opinião, a Organização Mundial do

---

1 Este trabalho foi desenvolvido no contexto do projeto temático "Reestruturação econômica mundial e reformas liberalizantes nos países em desenvolvimento", coordenado pelo autor, que agradece à Fapesp, pelo apoio a esta pesquisa, e a Andrei Koerner, pela leitura atenta do texto e por seus comentários.

Comércio (OMC), com seus 148 membros e suas regras decisórias, estava se convertendo em uma "organização medieval".

Não menos acerba foi a reação do representante comercial dos Estados Unidos. Na conferência de imprensa que deu logo depois de anunciado o fracasso da cúpula, Robert B. Zoellick afirmou que "a lição mais importante de Cancun" é que "o consenso útil entre 148 países requer a disposição séria para concentrar-se no trabalho, e não na retórica [...]". Ele reconheceu que a agricultura havia sido o tema mais "crítico da reunião", mas atribuiu o fracasso deste aos países em desenvolvimento, por sua recusa em discutir novas regras para reduzir os "obstáculos ao comércio" (*La Jornada*, 2003).

Cerca de uma semana depois, Zoellick voltaria a expressar esses juízos, agora de forma mais articulada, em artigo de grande repercussão publicado no *Financial Times*: "Os Estados Unidos não vão esperar". Sob esse título, o representante comercial da Casa Branca dava sua versão dos acontecimentos e fazia carga pesada contra os países em desenvolvimento, com menção especial para o Brasil.

> Importantes países em desenvolvimento de nível médio empregaram a retórica da resistência como tática para pressionar os países desenvolvidos e, ao mesmo tempo, desviar a atenção de suas próprias barreiras comerciais. Depois que os Estados Unidos pressionaram a União Europeia a desenvolver um sistema agrícola capaz de efetuar cortes de subsídios agrícolas e tarifas muito superiores aos alcançados na última negociação do comércio global, pedimos que o Brasil e outras potências agrícolas trabalhassem conosco. O Brasil recusou-se, voltando-se em vez disso para a Índia, que nunca apoiou a abertura de mercados, como que para enfatizar a divisão norte-sul, e não a reforma agrícola global. (Zoelick, 2003)

Ao externar esse ponto de vista, o alto funcionário norte-americano a um só tempo exercia pressão adicional sobre um interlocutor importante, que surpreendeu pela renitência na "má conduta", e expressava um sentimento generalizado nos círculos dirigentes de seu próprio país (*O Estado de S. Paulo*, 2003;*Folha de S.Paulo*, 2004).

O contraste com as avaliações que emanavam dos representantes dos países interpelados não podia ser mais gritante. Vale lembrar como o ministro Celso Amorim, alvo principal do mau humor do representante comercial dos Estados Unidos, caracterizou o episódio vivido em Cancun:

> Independentemente das análises que venham a ser feitas sobre a reunião de Cancun, pode-se afirmar, desde já, que ela marca um ponto de inflexão na dinâmica interna da Organização onde, tradicionalmente, o que era decidido pelas grandes potências comerciais era visto como o consenso inevitável. Graças a um esforço conjunto de 22 países em desenvolvimento, coordenados pelo Brasil, do qual participaram países grandes e pequenos de três continentes, as postulações da maior

parte da humanidade não puderam ser ignoradas. Apesar da ausência de resultados imediatos, vejo a reunião de Cancun menos como um fim do que como o começo de uma nova etapa na vida da OMC, em que as negociações se processarão de maneira mais equilibrada e menos unilateral.[2]

Do outro lado do globo, opinião semelhante era manifestada por Arun Jaitley, ministro do Comércio e Indústria da Índia, que chefiou a delegação de seu país na Conferência de Cancun. Em suas palavras, "a Índia não cedeu em nenhuma questão na Ministerial da OMC, e o fato de que tenha trazido para o centro do palco as preocupações dos países em desenvolvimento refletiu o sucesso da conferência". Em sua avaliação, o fator mais importante no desempenho da diplomacia indiana no conclave foi a "o apoio unânime da opinião nacional à posição geral adotada pelo governo depois de amplas consultas, antes da Ministerial, com partidos políticos, sindicatos, associações da indústria e outras partes interessadas" (*The Economic Times*, 2003).

Em sua avaliação calorosa dos resultados obtidos em Cancun o ministro era secundado pela direção da Confederação Indiana das Indústrias, que, pela voz de seu presidente, Anand Mahindra, não economizava adjetivos:

> Cancun representa um divisor de águas nas negociações comerciais. Elas nunca mais serão mais as mesmas. Os países em desenvolvimento agora são uma força reconhecida. A Índia, liderada pelo Ministro do Comércio, foi uma das principais responsáveis pela união de muitos países em torno de uma plataforma comum (ibidem).

O fracasso da quinta Conferência Ministerial não constitui uma experiência nova na curta história da OMC. Antes dela houve o fiasco de Seattle, que trouxe o movimento antiglobalização definitivamente para as manchetes dos jornais em todo o mundo. E se incluirmos o acervo do General Agreement on Tariffs and Trade (Gatt) em nosso balanço, constataremos que os impasses nas conferências ministeriais da organização são mais comuns do que poderíamos imaginar pela simples leitura da cobertura da imprensa. No entanto, alguns elementos dão ao episódio de Cancun um significado especial:

1. Como observaram prontamente os melhores analistas, a conferência de Cancun foi palco de uma inédita movimentação entre países em desenvolvimento, que lograram fortalecer suas respectivas posições negociadoras ao exibirem um nível notável de mobilização e ao se reforçarem mutuamente por intermédio de um conjunto muito

---

2 Discurso do ministro de Estado das Relações Exteriores, embaixador Celso Amorim, por ocasião do Dia do Diplomata (Brasília, 18 set. 2003. Disponível em: www.mre.gov).

diversificado de alianças. Algumas delas foram criadas ainda no início da década, na fase preparatória para a conferência de Doha. Esse é o caso do Grupo Africano, do Grupo de Países da África e do Caribe Pacífico, do Grupo dos Países Menos Desenvolvidos, do grupo conhecido como Economias Pequenas e Vulneráveis e do Grupo dos Países Afins (Like Minded Group). Outras tinham formação mais recente e fizeram seu *début* no balneário mexicano – caso do Grupo 20, constituído em torno da aliança estabelecida alguns meses antes por Brasil, Índia e África do Sul (cf. Narlikar; Tussie, 2003).

2. Essas alianças tinham a seguinte particularidade: nenhuma delas estava centrada em um único tema. Pelo contrário, assumiam características de bloco – coalizões relativamente estáveis que modulam suas agendas em função das ocorrências que marcam os processos de negociação nos quais estão envolvidas. Ademais, entre elas havia um considerável grau de interseção, devido à sobreposição frequente dos múltiplos vínculos de boa parte de seus membros. Estava ressuscitada, assim, no sistema multilateral de comércio internacional, a clivagem Norte-Sul, que parecia ter sido sepultada na Rodada Uruguai, na segunda metade da década de 1980.

3. A despeito das flutuações, essas alianças estavam centradas em alguns temas críticos, entre os quais cabe ressaltar o velho tema da agricultura e os chamados temas de "Cingapura". Por razões distintas, em seu conjunto, eles representam um enorme desafio para a OMC. Podemos vislumbrar a natureza e o alcance do repto quando levamos em conta que, na questão agrícola – introduzida na agenda do Gatt na rodada Tóquio, nos idos dos anos de 1970 –, uma fração significativa dos países membros invoca o princípio do tratamento especial e diferenciado reservado aos mais fracos e reclama isenção para seus produtos estratégicos, sem provocar por isso o veto de aliados, que são grandes exportadores agrícolas.

4. Mais do que em qualquer outro momento, a conferência de Cancun trouxe à baila a questão dos procedimentos. Há na OMC uma tensão estrutural entre a regra majoritária inscrita em seus estatutos e o peso extremamente desigual de seus membros, o qual se faz sentir vigorosamente nos processos reais de tomada de decisão. Essa contradição expressa-se por um conjunto de procedimentos informais e pela aquiescência geral aos resultados obtidos por esses canais. Essa disposição faltou em Cancun, e na ausência dela, é a própria natureza da instituição que foi posta em debate (cf. Kwa, 2002).

Embora propositalmente sumário, esse relato contém elementos suficientes para justificar a questão genérica com a qual abrimos o presente estudo: levando em consideração o fato de que a atual rodada de negociações comerciais é a primeira a se realizar nos quadros da OMC e a primeira desde o final da Guerra Fria; considerando, ainda, que seu lançamento ocorreu em um período de incerteza econômica (crises financeiras no final da década de 1990, recessão na economia norte-americana, quebra de confiança provocada pelos escândalos corporativos) e em um momento de crise nas relações internacionais, quando as reverberações do atentado terrorista de 11 de setembro eram extremamente fortes (a conferência ministerial de Doha ocorreu em novembro de 2001), que significado atribuir às tensões expressas no decurso desta rodada?

O problema de fundo

Como entender as tensões afloradas no decurso da rodada Doha? Que significado atribuir ao fracasso da conferência de Cancun? Antes de abordar essas questões, convém fazer uma pausa para refletir sobre a natureza do desafio intelectual que elas representam e sobre as ferramentas mais adequadas para lidar com ele.

Tratando-se de perguntas relativas a fenômenos inscritos no sistema multilateral de comércio, uma alternativa óbvia seria tomar como referência para o exercício proposto a vasta literatura existente no campo das Relações Internacionais sobre o tema dos "regimes". Vários motivos, contudo, levam-nos a evitar esse expediente. O principal deles pode ser exposto de maneira breve por meio de um comentário sobre a definição canônica sugerida na obra coletiva organizada por Stephen Krasner: "Os regimes podem ser definidos como conjuntos de princípios, normas, regras e procedimentos de tomada de decisão, implícitos ou explícitos, em torno dos quais as expectativas do ator convergem em uma área determinada das relações internacionais" (Krasner, 1989).

O debate em torno do tema dos regimes internacionais é conhecido; não vamos revisá-lo. Diremos apenas que ele gira em torno dos dois elementos combinados nessa definição: 1) a natureza, a efetividade ou a função dos regimes em sua condição genérica de regimes, vale dizer, como instituições – nessa linha, a produção teórica sobre o tema dissolve-se na literatura mais ampla sobre a emergência e o papel das normas sociais; 2) aspecto que nos interessa mais de perto – aquilo que faz desses regimes mais do que simples regimes, precisamente regimes "internacionais".

Mesmo nos melhores textos sobre o assunto, nem sempre essa distinção é observada: os autores tendem a passar de um aspecto a outro sem se darem conta, aparentemente, de que estão a falar de coisas distintas. Podemos observar essa ocorrência na pena, ou melhor, nas teclas de um autor tão sofisticado quanto Oran Young. No artigo que publicou na coletânea antes referida, Young examina a diferença entre os regimes internacionais com base em uma classificação em termos de três tipos de "ordem" – "espontânea", "negociada" e "imposta". Ordens espontâneas são aquelas que, embora produzidas pelo agir humano, não resultam da coordenação consciente entre os participantes, dispensam a aceitação explícita dos agentes e são altamente resistentes a esforços concertados para moldá-las. Ordens negociadas caracterizam-se pelo fato de envolverem esforços conscientes visando à produção de acordos sobre suas determinações principais, ao consentimento explícito por parte dos agentes concernidos e à expressão formal de seus resultados. Ordens impostas são criadas deliberadamente pelo poder dominante, ou por uma coalizão de dominantes, dispensados o consentimento explícito dos atores subordinados e a expressão formal de suas regras.

Young tem o cuidado de indicar que essas formas não são excludentes e que tendem a combinar-se no processo empírico de formação dos regimes internacionais. Como "tipos", elas selecionam e exageram certos traços das instituições historicamente existentes, combinando-os em representações estilizadas que, por isso mesmo, nos ajudam a compreender as articulações observadas na realidade. Com essa ressalva, podemos fazer uso de tais traços na caracterização dos objetos. É o que o autor faz na seguinte passagem:

> Nesta discussão sobre a dinâmica do regime internacional, convém diferenciar dois tipos de ordens impostas. A hegemonia aberta ocorre quando o ator dominante cria arranjos institucionais, aberta e explicitamente, e obriga os atores mais fracos a se conformarem com eles. As estruturas feudais clássicas, assim como muitos dos grandes sistemas imperiais exemplificam esse padrão. (Young, 1989, p.100)

Ele faz referência, igualmente, a inúmeros regimes internacionais que podem ser descritos apropriadamente como "ordens negociadas". Curioso é que, ao falar da "ordem espontânea", seus exemplos são o "mercado" e a "linguagem". Em momento algum ele detém-se para indagar se, em um universo dotado de número relativamente reduzido de unidades com pesos respectivos tão diferentes, como o sistema internacional, a ideia de "ordem espontânea", mesmo teoricamente, faz sentido. O único caso mencionado de ordem espontânea nessa esfera é o regime que regulou por muito tempo a pesca internacional, até o momento em que foi formalizado por um contrato "constitucional" em 1958, data de celebração da Convenção de Genebra sobre a Plataforma Continental (ibidem, p.102). Em outros termos, um "regime" que, ao ser incorporado à lógica da coordenação entre Estados, deixou de ser um caso ilustrativo da "ordem espontânea".

Princípios e normas, regra e procedimentos são ubíquos, porque os indivíduos e os grupos dependem deles para coordenar suas ações em contextos em que a busca de interesses estreitamente definidos conduz a resultados insatisfatórios. Ao universo denotativo recortado por essa proposição, o conceito de "regime internacional" apõe duas restrições: as normas em questão não são difusas, ou de alcance generalizado, elas têm

Estados e mercados

como foco problemas que emergem tipicamente em áreas funcionalmente diferenciadas. E não em quaisquer áreas: apenas naquelas que se situam no âmbito das "relações internacionais".

Relações internacionais. Importa frisar este termo, porque implícita nele está a ideia crucial de que os regimes afiguram-se como aspectos de um sistema mais amplo, o qual – como os próprios regimes – envolve princípios, normas e procedimentos próprios, bastando pensar na força da norma da imunidade e no lugar reservado a ela na instituição da diplomacia para se dar conta disso. Esse universo inclusivo – o sistema internacional – tem como princípio constitutivo básico o princípio da soberania.

Ora, a questão que os temas incorporados na agenda do Gatt/OMC nas duas últimas décadas suscitam não diz respeito exclusivamente aos princípios e às normas prevalentes nesta ou naquela "área de problemas", neste ou naquele regime. Assim como outros desenvolvimentos recentes – a entronização da democracia representativa como modelo político de validade universal e sua conversão em "quase direito" subjetivo de todos os habitantes da Terra (Velasco e Cruz, 2004) e a criação do Tribunal Penal Internacional, por exemplo –, esses temas põem em questão o relacionamento entre os novos regimes emergentes e os princípios estruturantes da ordem internacional.

Se é assim, a literatura que toma Estados e sistema internacional como "dados" não parece ser a mais útil. Essas noções deverão reaparecer, forçosamente, na análise – e ainda teremos muito a aprender com os estudos substantivos sobre o regime multilateral de comércio internacional. Devemos, contudo, partir de outro lugar.

Esse "lugar", vamos encontrá-lo na ideia corrente segundo a qual a integração da economia capitalista em escala planetária atingiu um patamar tão elevado que devemos concebê-la como uma "economia global". Admitida esta premissa para efeito de raciocínio, o problema de fundo com que nos defrontamos é o de como entender o processo político de criação de instituições adequadas a uma tal economia. E se considerarmos que, antes mesmo de sua plena configuração como economia capitalista, a atividade de seus personagens principais já era "internacional", julgamos justificada a decisão de abordá-la em uma perspectiva histórica de longo prazo.

Excurso histórico: Estado, direito e capitalismo

Ao final do capítulo "A economia e as diversas ordens", que abre a segunda parte da obra *Economia e sociedade*, na edição organizada por Johannes Winckelmann,[3] deparamos com a seguinte observação:

---

3 Para uma análise do processo de produção dessa obra e um comentário crítico sobre a edição citada, ver Mommsen (2000).

[...] a aceleração moderna da atividade econômica reclama um direito de funcionamento rápido e seguro, garantido por uma força coativa da mais alta eficácia, e, sobretudo, a economia moderna destruiu por sua peculiaridade as demais associações que eram portadoras de direito e, portanto, garantida do mesmo. Esta é a obra do desenvolvimento do mercado [...] a extensão do mercado [...], em virtude de suas consequências imanentes, favorece o monopólio e a regulamentação da força coativa "legítima" por meio de um instituto coativo universal, destruindo todas as estruturas coativas particulares, que descansam, na maioria das vezes, em monopólios econômicos, estamentais ou de outra classe. (Weber, 1977, p.272)

Comprimidos nessa passagem estão vários séculos de história legal. Na linha do tempo que ela descreve encontramos, em uma de suas extremidades, a Europa do alto medievo, época em que a diminuição da ameaça dos povos "bárbaros" (mouros e vikings), a multiplicação de contatos humanos propiciada pelas Cruzadas e a reabertura das rotas com o Oriente permitiram o reflorescimento do comércio e da vida urbana. No outro extremo, a moderna economia capitalista, tal como a conheceram Max Weber e seus contemporâneos. Voltando nossos olhos para a primeira delas, podemos observar a lenta emergência de um Direito novo, que aprende com as instituições nunca de todo olvidadas do Direito romano, mas dele separa-se radicalmente pela intenção que o anima e pela natureza dos dispositivos a que dá forma. Esse Direito é produzido pela atividade codificadora das corporações de mercadores, sobretudo aquelas radicadas nas cidades italianas mais prósperas, que trabalham sobre material normativo diverso sob a orientação desta regra de ouro: boa é a fórmula jurídica que dá segurança aos contratos e acelera o ritmo dos negócios.

> As fontes do *ius mercatorum* eram os estatutos das corporações mercantis, o costume mercantil e a jurisprudência da "cúria" dos comerciantes. Nos estatutos confluíam vários materiais normativos: 1) o juramento dos comerciantes; 2) as deliberações do conselho formado por comerciantes antigos, e 3) os princípios consolidados pelo costume e pela jurisprudência. Ao mesmo tempo, uma magistratura de comerciantes, chamados estatutários, ocupava-se da compilação e atualização dos estatutos. O costume nascia da constante prática contratual dos comerciantes: a modalidade contratual que consideravam vantajosa se convertia em direito; as cláusulas contratuais se transformavam, uma vez generalizadas, no conteúdo legal do contrato. Por último, os comerciantes, designados pela corporação, compunham os tribunais que decidiam as controvérsias contratuais. (Galgano, 1981, p.48)

Mesmo não tendo sido criação original sua, devemos ao pragmatismo desses mercadores a difusão de alguns instrumentos jurídicos na ausência dos quais seria impossível imaginar o dinamismo da economia moderna. Entre estes, cabe citar a letra de câmbio, que deixa de funcionar como simples documento que prova o depósito para assumir as características de uma ordem de pagamento a terceiros, e a nota promissória, promessa de pagamento emitida pelo devedor, a ser cumprida no prazo convencionado, gerando um direito que o credor pode transferir a terceiros. Negociabilidade: aí reside o elemento inovador do instituto. Sem ela a importância da nota promissória como instrumento de crédito seria muito reduzida. Mas a negociabilidade não é um atributo intrínseco desse tipo de documento, ela deriva da norma jurídica que reconhece o direito do portador do título avalizado, sempre que de boa-fé, contra toda pretensão de prioridade que possa ser manifestada por outros indivíduos. Não há nada de evidente nessa norma, e até bem entrado no século XIX, ela foi rejeitada pelos tribunais em vários lugares (Horowitz, 1977, p.212).

A menção à cláusula restritiva da boa-fé remete-nos a outro aspecto da produção normativa dos mercadores de então. Não era apenas no desenho de novas formas de contrato que a comunidade de mercadores inovava. No afã de produzir soluções expeditas para os problemas que surgiam cotidianamente na prática do comércio, esse direito pressupunha a boa-fé para levar a efeito sua tarefa de simplificação drástica das regras de evidência e dos procedimentos judiciais. Esse aspecto é bem salientado pelo autor de um trabalho clássico sobre o tema, que, ao resumir as características distintivas desse direito, enumera, entre outras, as seguintes:

1. Embora uma obrigação solene, assumida em documento notarial, tivesse em geral precedência a um documento assinado manualmente, essa regra não se aplicava aos mercadores. A razão alegada para isso era o fato de que entre os mercadores a boa fé consistia um valor supremo, e não reforçado pelo atestado notarial.

2. Admitia-se o testemunho oral para contradizer um documento escrito, onde a soma em disputa fosse superior a 100 libras, embora o testemunho isolado da parte interessada fosse insuficiente.

3. A propriedade da coisa vendida passava ao comprador na ausência da entrega. [...]

7. As associações verbais eram suficientes. Embora houvesse ordenanças locais na França, que exigiam contratos escritos para esse fim, foi apenas com a Ordenança Real de março de 1673 que essa regra se tornou geral. [...]

11. Sendo universal entre os mercadores o costume de escriturar suas operações, tanto sob a forma de diários como de livros-mestres, essas peças eram admissíveis como prova adequada de regularidade em favor de seus donos. (Bewes, 1923, p.19 ss.)

Tendo como berço os centros comerciais mais importantes – Florença, Gênova, Milão, Veneza, Lyon –, o Direito Mercantil medieval irradia-se por toda a Europa pelo mimetismo das comunidades menos desenvolvidas, que tomam estatutos daquelas cidades como modelos para seus próprios estatutos. Cristalização dos usos e costumes originados em uma atividade desenvolvida em redes com malhas longas, que transcendiam em muito as fronteiras do universo cristão, ele era, já em sua origem, transnacional.

Em outro plano, esse Direito, feito por e para os mercadores – *ius mercátorum* ou *lex mercatoria*, na linguagem culta dos juristas da época –, tinha duas características, uma interna e outra externa, que importa registrar.

O elemento intrínseco é dado por seu caráter estamental. "Direito dos mercadores", ele repousa em um suposto particularista: seus dispositivos aplicam-se a todas as transações que tenham um comerciante, em sua qualidade de comerciante, como parte – suas relações extramercantis (relações de família, de sucessão, relações patrimoniais de caráter imobiliário etc.) continuavam sendo regidas pelo direito comum da terra. A qualificação não altera a essência do suposto. Com ele, a comunidade dos mercadores proclama sua pretensão de regular seus próprios negócios, bem como suas relações com a sociedade circundante.

A característica extrínseca é que ele coexistia nessa sociedade com vários outros direitos e com eles competia: o Direito canônico, o Direito feudal, o Direito régio – alimentado permanentemente pelo trabalho dos "legistas", que mobilizavam em favor da autoridade real o patrimônio inestimável do Direito romano (Tigar; Levy, 1978, p.23-63).

Na luta pela afirmação de suas normas próprias e pela aceitação da natureza executória das decisões de suas cortes, os mercadores valiam-se de recursos de poder que detinham.

> [...] o não comerciante ou estrangeiro que renunciasse à jurisdição mercantil perdia no futuro o direito de invocar a seu favor o *ius mercatorum* e a jurisdição mercantil, e em algumas cidades ficava incapacitado para realizar qualquer tipo de comércio com membros da corporação mercantil. (Galgano, 1981, p.48)

Mas não podiam contar apenas com suas forças. Eles buscavam o favor dos "senhores" e dos reis, de quem obtinham, frequentemente, proteção e franquias pela promessa de incremento nas rendas do tesouro que a atividade aplicada de comerciantes e artesãos envolvia. E convém esclarecer, para evitar o risco de um mal-entendido: franquia, nesse contexto, nada tem a ver com a ideia de liberdade como ausência de constrangimento externo à realização da vontade do indivíduo. Ela tem conteúdos substantivos bem determinados, convertendo-se em sinônimo de privilégio. Como os concedidos às feiras, que, além de garantia adicional para a sanção dos julgados de seus tribunais próprios, eram favorecidas por disposições tais como a que vedava o comércio fora de seus limites (Bewes, 1923).

Nascidos nos "poros da sociedade feudal", esses corpos estranhos ampliaram seus espaços nela, desempenhando um papel de importância

Estados e mercados

crescente nos conflitos que a dinamizavam, e culminariam por transformá--la em seus alicerces. Mas esta já é outra história.

No outro extremo de nossa linha vemos um quadro muito diferente. Aqui, divididos em um sem-número de categorias – empresários, investidores, industriais, banqueiros, comerciantes, atacadistas, varejistas –, os sucedâneos daqueles mercadores operam sob o império de uma lei que se deseja abstrata e universal. No ordenamento jurídico que ela conforma, o Direito comercial surge como parte do Direito privado, mas este – como o Direito público – é um Direito do Estado, que o produz e o administra por intermédio de instituições especializadas – o Legislativo e o Judiciário. Nos termos desse Direito, o "homem de negócios" perde sua especificidade, dissolvendo-se na categoria abstrata de indivíduo portador de direitos: cidadão. Em suas lides diárias, ele opera, ao contrário de seus ancestrais do medievo, no contexto de um sistema jurídico "objetivo", posto que referido, não à pessoa do comerciante, mas aos "atos de comércio", definidos pela lei, pouco importando a origem social de quem os efetue. Naturalmente, esse sistema não desconhece a existência de segmentos da sociedade cuja atividade profissional é a realização de atos desse tipo, e para tais seguimentos ele reserva um conjunto de regras específicas. Mas esse fato não o transforma em um direito corporativo, pois, em contraste com o que ocorria no passado, quando os mercadores constituíam uma classe rigidamente fechada, o exercício do comércio sendo uma prerrogativa dos inscritos na corporação, agora a condição de comerciante está aberta a todos os interessados, desde que disponham de recursos (materiais e sociais) e tirocínio para se estabelecer duradouramente nessa posição.

Decerto, a forma universal e abstrata encobre nesse direito outro particularismo. Nutrindo-se do material normativo que emana permanentemente das práticas desenvolvidas no campo que pretende regular – o "mundo dos negócios" –, o Direito comercial preserva na forma e na substância de seus dispositivos o espírito que animava a velha *lex mercatoria*. Dos princípios que caracterizam o direito comercial, afirma um especialista no ramo,

> [...] ressalta, em primeiro lugar, a onerosidade. Em geral, as operações comerciais são onerosas, não admitindo o direito mercantil operações a título gratuito [...]. Há igualmente a questão das provas: sendo o direito mercantil um direito dinâmico, para justamente poder acompanhar a intensidade da vida comercial necessita de meios de prova rápidos e destituídos das formalidades que em geral revestem as provas do direito civil [...]. Também o direito comercial se caracteriza pela boa fé em que, sem formalismo, são considerados justos os atos praticados por quem ignorava que o dolo ou a má fé os viciava. Esse princípio da boa fé a imperar sobre os atos comerciais dá maior rapidez às operações mercantis e maior segurança aos que delas participam. (Martins, 1990, p.34)

Direito não mais de mercadores, mas de uma sociedade na qual o móvel que impelia a estes ganhou indiscutida preponderância, o particularismo do Direito comercial reside em sua tendência a subordinar, ao imperativo da acumulação, qualquer outro objetivo.[4]

A adaptação do Direito mercantil aos requerimentos da economia capitalista moderna deu-se de forma diferente segundo os países. Em todos eles a tendência foi muito forte, no século XIX, de sistematizar a legislação sobre a matéria em códigos de comércio. Na Europa, dois modelos competiam: o francês e o alemão. Eles serviram de base para a elaboração de códigos nesta e nas mais diversas regiões do mundo (no Brasil – assim como em Portugal, Rússia, Japão, entre outros países, prevaleceu a versão alemã) (Braithwait; Drahos, 2000, p.49). Mesmo na Inglaterra e nos Estados Unidos, onde a tradição do *common law* era poderosa, o impulso em direção à codificação fazia-se sentir e dava origem a códigos parciais – a lei de Letra de Câmbio inglesa, de 1882, a lei federal de Instrumentos Negociáveis, nos Estados Unidos, em 1896, por exemplo. Neste último país, o movimento referido traduz-se também em ampliação da jurisdição federal nesse campo, mantido até então sob a competência das cortes estaduais (Fiedman, 1985, p.532-53). Histórias nacionais e tradições distintas; diferentes caminhos, direitos diversos. Em todos, porém, a conjugação de três vetores – centralização, unificação, racionalização – definia uma mesma dinâmica básica.

Direitos nacionais e uma economia internacional com graus crescentes de integração. Esse quadro sinótico dos marcos institucionais do capitalismo na dobra do século XX ficaria incompleto se não incluísse três outras referências.

A primeira diz respeito aos mecanismos de coordenação setorial, estabelecidos por intermédio de associações empresariais de diferentes países, ou impostos diretamente ao conjunto do setor pela firma dominante – ou por uma coalizão delas. Disseminados pelos mais variados segmentos da atividade econômica, em algumas delas esses arranjos surgiram mais cedo e desfrutaram de maior estabilidade. O caso do transporte marítimo internacional é ilustrativo. Na década de 1870, o desenvolvimento do navio a vapor e a abertura do canal de Suez tiveram forte impacto na organização do setor, que passou a enfrentar graves problemas de capacidade ociosa e de concorrência predatória sob a forma de guerra de preços. A resposta não tardou muito. Já em meados da década realizava-se a primeira de uma longa série de conferências da marinha mercante, com objetivo de estabelecer padrões, fixar taxas e traçar rotas que seriam partilhadas entre os participantes.

---

4 Elaborada em outros termos, esta é a tese exposta por Galgano no livro que tomamos como uma das referências básicas para a elaboração desta parte. É também uma síntese "heroica" da história detalhada que encontramos no trabalho grandioso de Morton Horowitz (1977).

Estados e mercados

> As conferências de marinha mercante são compostas de linhas de navegação independentes que entram em acordos secretos para estabelecer taxas e usualmente para dividir mercados em rotas determinadas; frequentemente elas se empenham em acordos de repartição de rendas [...]. Uma estratégia comum utilizada pelas conferências para manter a lealdade dos armadores aos navios da conferência é o uso de arranjos restritivos ou contratos de lealdade. Os contratos de lealdade incluem geralmente a promessa dos armadores de fornecer cargueiros às linhas da conferência e promessas das linhas da conferência de dar descontos e taxas mais baratas aos armadores, tudo isso com base na justificativa de que tais procedimentos reduzem o risco, promovem a regularidade do serviço e reduzem os custos. (Zacher; Sutton, 1996, p.68)

No final do século XIX, o transporte marítimo internacional era dominado por alianças internacionais cujo núcleo era formado por armadores, bancos comerciais e firmas seguradoras (Gold apud Cuttler, 1981, p.306). Em 1897, os esforços de coordenação nesse setor levaram à criação do Comitê Marítimo Internacional, organização privada composta por especialistas em Direito marítimo, inspirados pelo objetivo comum de promover a unificação das leis e das práticas nesse campo de atividade. Do trabalho desse organismo resultou a adoção de vinte convenções, que cobriam temas tais como responsabilidade dos armadores, colisões marítimas, segurança naval, seguro marítimo e arbitragem marítima internacional, entre outros. Em outros setores, a coordenação internacional foi assegurada pela constituição de organismos que punham em relação firmas e agências governamentais de diferentes países, com a cobertura de seus respectivos governos. Esse é o caso da União Telegráfica Internacional, fundada em 1865, da União Postal Universal, de 1874, da União Radiotelegráfica, fundada em 1906, por exemplo.[5] Seja como for, estruturados em torno de organizações públicas ou de arranjos, mais ou menos formalizados, de caráter privado, os mecanismos internacionais de coordenação constituíam um aspecto saliente do perfil institucional da economia capitalista naquele período.

A segunda referência concerne à importância do Direito internacional privado na viabilização dos fluxos característicos de uma tal economia. Com efeito, dada a heterogeneidade dos sistemas jurídicos nacionais, a movimentação internacional de bens e de pessoas seria obstada se os referidos sistemas não estivessem dotados de normas destinadas a responder a perguntas do seguinte tipo: como ajuizar da validade e da exequibilidade de títulos de crédito firmados no exterior? Como lidar com os efeitos da falência de uma empresa internacional, decretada pela autoridade judicial do país onde tem sede, sobre suas filiais estabelecidas

---

5 Sobre esse movimento geral, ver Murphy (1994). Para uma apresentação crítica dessa obra, ver Velasco e Cruz (2000).

em território doméstico? Que norma aplicar na atribuição de prioridades entre reivindicações concorrentes de direito? No trato com questões dessa ordem, o Direito privado internacional aciona normas de origens diversas – legislativa, doutrinária ou jurisprudencial; interna ou internacional – e de natureza distinta. Em geral essas normas são indiretas: elas indicam que elementos do Direito interno aplicar ao caso em consideração. Outras, porém, são diretas, materiais, e informam a sentença que soluciona o conflito. No âmbito do Direito comercial, muitas dessas normas, em ambas as categorias, provêm de tratados e convenções internacionais. As primeiras resultam de convenções que estabelecem normas de conexão indicadoras das leis aplicáveis, isto é, que unificam regras de solução do conflito de leis; as segundas, de convenções que uniformizam instituições jurídicas de alcance internacional, como a compra e venda, os títulos de crédito, os transportes, as comunicações e a propriedade intelectual.[6] Tendo adquirido contornos definidos em meados do século XIX, o Direito internacional privado foi polarizado desde seus começos pelo embate entre nacionalistas, ciosos da supremacia da lei interna, e cosmopolitas alimentados pela noção pré-figurativa de uma comunidade jurídica do gênero humano (Halpérin, 1999). No presente, esta última visão vem ganhando força, e no campo que nos interessa mais diretamente alimenta os esforços de organizações tais como a United Nations Commission on International Trade Law (Uncitral) e o Institut International pour l'Unification du Droit (Unidroit), que vêm se dedicando com afinco à tarefa de uniformizar as leis nacionais de comércio guiadas pelo sonho de um código comercial único para todo o mundo. A distância que as separa de seus precursores no século XIX é grande. Não importa. Tanto ontem como hoje o Direito internacional privado é um elemento constitutivo da economia e da sociedade, e já naquela época dava alguns passos nessa direção.

Chegamos, enfim, à terceira referência. O Direito internacional privado foi permanentemente alimentado, como vimos, por normas estabelecidas em convenções. Muitas delas incluíam o reconhecimento do instituto da arbitragem. Mecanismo privado de resolução de controvérsias com máxima economia de tempo e de custos, a arbitragem repousa na disposição expressa das partes envolvidas de submeter disputas atuais ou potenciais à decisão de um tribunal de sua escolha comum. Compostos por um ou mais árbitros, esses tribunais observam normas e procedimentos, que variam no tempo e no espaço, mas que se assemelham por derivarem dos princípios gerais que caracterizam esse instrumento. Entre eles, podemos destacar: a) especialização dos árbitros na matéria em causa; b) eleição da lei aplicável – ampla autonomia das partes interessadas na decisão sobre as normas jurídicas que deverão ser usadas na solução da disputa; c) caráter

---

6 Para essa caracterização sumária, utilizamos o livro de Jacob Dolinger (2003).

Estados e mercados

terminativo do laudo arbitral – as decisões do árbitro são definitivas e obrigatórias para as partes; d) livre escolha do local da arbitragem, facultada a decisão por territórios neutros; e) privacidade e confidencialidade (Etcheverry, 1998). Potência militar e econômica dominante, dona da maior frota mercante, centro comercial mais importante e maior mercado de seguros do mundo, no século XIX, a Inglaterra fornecia o idioma em que os contratos internacionais de comércio eram redigidos e o Direito pelo qual as pendências suscitadas tendiam a ser resolvidas. É que a essa altura Londres transformara-se também em sede de arbitragem preferida. Vários desenvolvimentos legais contribuíram para esse resultado. Primeiramente, houve a disposição crescente dos tribunais ingleses de reconhecer o compromisso arbitral e de fazer executar os laudos deles decorrentes. Depois veio a transposição desse entendimento para a lei escrita, com a *lei de arbitragem de 1889,* que daria ensejo, três anos mais tarde, ao estabelecimento da Câmara de Arbitragem de Londres (London Chamber of Arbitration), agora conhecida como a Corte de Arbitragem Internacional de Londres – LCIA (Law, 1988, p.212).

No século passado – com ímpeto cada vez maior depois da Segunda Guerra Mundial –, a arbitragem internacional desenvolveu-se muito, tendo se transformado hoje em um mercado de serviços diversificado e bastante competitivo. Marcos importantes nesse processo foram o Protocolo de Genebra sobre Cláusulas Arbitrais, de 1923, a Convenção de Genebra sobre a execução de sentenças arbitrais, de 1927, e a Convenção de Nova Iorque sobre o mesmo tema, de 1958, que inverte o ônus da prova, atribuindo-o à parte que pretenda resistir ao reconhecimento ou à execução do laudo arbitral. Alguns autores chegam a ver na jurisprudência das cortes arbitrais uma nova *lex mercatoria,* ordem jurídica diferente e autônoma, fundamento de um Direito comercial futuro inteiramente globalizado. Voltaremos ao tema em outra parte deste estudo; por ora, basta registrar que, embora menos difundida – na realidade, objeto de forte controvérsia –, a arbitragem internacional era um elemento importante no contexto dos negócios internacionais no período em consideração.

Direito corporativo da comunidade de mercadores, na Idade Média; Direito positivo de caráter estatal, no capitalismo da Era Vitoriana. Entre um ponto e outro, uma cena curiosa. Nela observamos o dueto entre um poder real, cioso de seu monopólio dos meios de coerção, e mercadores reconhecidos em seu ser coletivo, como corporação, mas convertidos em agentes do poder público.

> A classe mercantil deixa de ser artífice de seu próprio direito. O direito mercantil experimenta uma dupla transformação: era direito de classe e se converte em direito do Estado; era direito universal e se converte em direito nacional. Suas fontes são as leis do Estado vigentes nos limites nacionais [...]. A jurisdição mercantil passa [...] das

antigas magistraturas mercantis, no seio das corporações, aos tribunais do Estado, concebidos, entretanto, como tribunais especiais: os magistrados, eleitos por uma assembleia de comerciantes, são, não obstante, nomeados pelo rei e investidos de poder soberano. (Galgano, 1981, p.68)

É no hibridismo próprio a esse ambiente que surgirão as primeiras leis orgânicas sobre a matéria (as ordenanças francesas sobre o comércio, de 1673, e sobre a marinha, de 1681), e é nele também que se assistirá ao nascimento de uma instituição destinada a desempenhar papel de máximo relevo na história do capitalismo: a "sociedade anônima", matriz da qual se desenvolverá mais tarde a moderna sociedade anônima por ações.

Com essas indicações telegráficas queremos evocar o período histórico de formação do Estado territorial e de vigências das políticas mercantilistas. Mencioná-lo pareceu necessário, porque por esse meio podemos introduzir a contraface do processo que vem nos ocupando nestas páginas, a saber, a centralização extraordinária de poder que pôs fim ao longo ciclo de conflitos militares, verdadeira guerra civil europeia, desencadeada no início do século XVI pelo desafio às estruturas de autoridade vigentes lançado pelo protestantismo.

O processo de centralização dos meios de coerção na Coroa e de consolidação territorial consequente começa bem antes, e são razoavelmente conhecidos os fatores que o impulsionam, embora sua combinação exata seja motivo de viva controvérsia (Tilly, 1975, 1994; Poggi, 1990; Giddens, 1987; Mann, 1986). Não vamos nos deter no assunto. Para efeitos do argumento que estamos esboçando aqui, basta chamar a atenção para três aspectos: 1) a importância decisiva da pacificação interna para a expansão do capitalismo; 2) o caráter internacional do pacto que assegurou a estabilização das relações políticas em cada unidade territorial; e 3) a centralidade nesse processo do princípio da soberania.

A ideia dessa relação constitutiva entre pacificação interna e reconhecimento recíproco, pelos poderes territoriais concorrentes, de sua condição comum como entes juridicamente iguais e independentes, que se expressa no conceito de soberania, é formulada com clareza por Giddens:

> A soberania do Estado-nacional não precede o desenvolvimento do sistema europeu de Estados [...]. Pelo contrário, o desenvolvimento da soberania do Estado depende, desde seu início, de um conjunto de relações reflexivamente monitoradas entre os Estados [...]. As "relações internacionais" não são conexões formadas entre Estados preestabelecidos, que poderiam manter seu poder soberano sem as mesmas: elas são a base sobre a qual o Estado-nacional existe. (Giddens, 1987, p.263-4)

A adoção do modelo de "livre mercado" no século XIX aconteceu em estrita observância desse princípio. Nesse período assistimos, na Europa (e também nos Estados Unidos) a um esforço concentrado de reforma visando à adequação dos marcos institucionais internos ao dinamismo da economia capitalista moderna. Por toda parte, os países despojavam-se de restrições corporativas multisseculares, redefiniam mais ou menos sutilmente direitos consagrados de propriedade e forjavam novos entes jurídicos. A sociedade anônima é um deles. Entes dotados de personalidade jurídica própria e de sucessão perpétua, as sociedades anônimas eram conhecidas desde o século XVII, tendo servido de modelo para as sociedades holandesas de exploração ultramarina, das quais a Companhia das Índias Ocidentais é a mais conhecida. Até meados do século XIX, porém, além de raras, essas instituições tinham caráter semioficial. Vistas como expressão de um privilégio, justificável apenas por razões de interesse coletivo, sua criação dependia, em toda parte, de autorização expressa do poder público. Esse quadro começa a mudar, em 1856, com a promulgação, na Inglaterra, da lei que facultava o estabelecimento de companhias incorporadas por simples registro. Aberto o precedente, outros países rapidamente tomaram o mesmo caminho. O trecho citado a seguir ajuda-nos a entender-lhes os motivos:

> [...] elas [as companhias inglesas] podiam manter seus estabelecimentos na França, porque a lei de 30 de maio de 1857, votada para as sociedades belgas, permitia que o mesmo favor fosse acordado, por decreto imperial, a todos os outros países. O tratado de 30 de abril de 1862 havia estendido essa concessão à Inglaterra. Então, as companhias inglesas livremente formadas seriam livres entre nós, enquanto as sociedades anônimas francesas não podiam ser criadas sem autorização? Era preciso encontrar um compromisso. (Ripert, 1951, p.61)

Como nos relata Ripert (ibidem), o compromisso foi buscado mediante a criação, em 1863, de um novo tipo de sociedade – de responsabilidade limitada –, uma imitação da Private Company Limited inglesa. Mas a tentativa não foi bem-sucedida. Ante o clamor que crescia no mundo dos negócios e nos círculos intelectuais a ele vinculados, em 24 de julho de 1867 foi aprovado o projeto de lei do governo que dispensava de autorização prévia a formação de sociedades anônimas na França. A partir daí, a novidade difunde-se celeremente. Seguindo com algum atraso as pegadas da França, o Brasil acolhe a inovação com o Decreto Imperial n.3.150, de 3 de outubro de 1882.

Mas esta é apenas uma parte da história. Tendo conhecido longo período de fechamento, que se estendeu por um bom tempo depois de terminadas as guerras napoleônicas, a partir de 1850 as principais economias europeias começam a derrubar os obstáculos que embaraçavam o intercâmbio com seus parceiros comerciais mais importantes. Como indica David Landes, o processo de liberalização compreendeu três movimentos conjugados: 1) a remoção ou a redução de taxas cobradas sobre o tráfico em vias fluviais, como o Danúbio, o Reno, o Elba; 2) a simplificação do sistema cambial; e 3) uma série de tratados comerciais que reduziram substancialmente as barreiras tarifárias entre as principais nações industriais da Europa – Inglaterra-França, 1860; França-Bélgica, 1861; França-Prússia, 1862; Prússia-Bélgica, 1863 e 1865; Prússia-Inglaterra, 1865; Prússia-Itália, 1865, entre outros (Landes, 1969, p.200). Com efeitos multiplicados pela operação da cláusula da nação mais favorecida neles incluída, esses tratados criaram um regime de comércio internacional extremamente aberto, o qual, associado ao sistema monetário e cambial do padrão ouro e à ampla liberdade de circulação de indivíduos, constituía um dos elementos centrais da Grande Transformação de que nos falava Karl Polanyi.

Esse amplo movimento de reformas foi impulsionado por alguns fatores gerais. Entre eles cabe citar a prolongada atmosfera de paz produzida pelo Concerto Europeu, o dinamismo derivado da difusão da revolução industrial aos países do continente, o encurtamento das distâncias proporcionado pela invenção do telégrafo sem fio e por um meio de transporte revolucionário: a ferrovia. Mas a adoção das medidas concretas que o alimentavam ocorreu em circunstâncias que variavam muito de um país a outro. Nesse, como em outros domínios, a Inglaterra havia tomado a dianteira com a campanha pela revogação da Lei de Trigo, que projetou os nomes de Cobden e de Bright – expoentes do *laissez-faire* – no espaço público inglês e nos meios "cultivados" de todo o mundo. A essa altura, o livre-câmbio convertera-se no emblema de um movimento ideológico transnacional poderoso. Sua influência pode ser intuída quando levamos em conta o fato de que o tratado de livre comércio celebrado pela Inglaterra e pela França em 1860 leva o nome de Cobden e Chevalier, dois de seus paladinos.

Kindleberger (1978, p.65) sintetiza nestes termos as conclusões do estudo que fez sobre as mudanças operadas nesse período:

> O fato de que Luís Napoleão e Bismarck tenham usado tratados comerciais para fins de política exterior sugere que o livre comércio era valorado em si mesmo e que medidas em seu favor granjeariam apoio. Vistos nesta perspectiva, os países da Europa não deveriam ser considerados economias independentes, cujas reações a vários fenômenos podem ser adequadamente comparadas, mas antes uma entidade singular que se move em direção ao livre comércio por razões ideológicas ou doutrinárias. Manchester e os economistas políticos ingleses persuadiram a Grã-Bretanha, que persuadiu a Europa – com preceitos e exemplo.

Devemos enfatizar a última sentença desse juízo. "Com preceitos e exemplo". Embora nesse momento fosse detentora de indiscutível supremacia econômica e militar – naval, mais especificamente –, a Inglaterra estava à testa de um sistema multipolar, regido pela lógica do equilíbrio de poder. A consideração mais cuidadosa dos fatos da política internacional

Estados e mercados

nessa quadra histórica e o exame dos indicadores comumente empregados na aferição das relações de poder entre grandes potências levam-nos a rejeitar a suposição presente nos ensaios de periodização do sistema internacional em termos de "ciclos de hegemonia" e a concordar com o juízo de Michael Mann (1993, p.266), segundo o qual:

> A Grã-Bretanha era apenas a potência líder, que fixava as regras internacionais em negociação com as outras potências. A Grã-Bretanha não era tão poderosa quanto afirmam os teóricos da hegemonia. O Ocidente era hegemônico no mundo, mas era ainda uma civilização com estrutura de poder multipolar.

A sabedoria da política britânica consistia em evitar o surgimento em território continental de uma potência suficientemente forte para ameaçar sua posição como *primus inter pares* nesse sistema – e de não avançar além desses limites. Mesmo se quisesse, a Inglaterra não teria meios para induzir as grandes nações europeias a adotar políticas comerciais de sua preferência, se essas nações não definissem como de seu interesse tais políticas.

Mudança institucional em uma economia que se globaliza

Embora muito condensada, a apresentação que acabamos de fazer contém os elementos comparativos de que necessitamos para refletir sobre a regulação da econômica internacional – mais precisamente, sobre a questão de como se dá o processo de mudança nas instituições que articulam a economia nesse mundo tão diferente que habitamos hoje.

Tomemos, para iniciar, a maneira como o tema da mudança institucional é tratado por um autor influente como Douglas North, que dedicou àquele uma de suas obras mais significativas. Julgamos não cometer nenhuma violência ao afirmar que o argumento central do livro *Institutions, Institutional Change, and Economic Performance* pode ser resumido assim:

1. As instituições econômicas mudam ao longo do tempo como resultado de ações desencadeadas por agentes individuais – empresários econômicos ou políticos – em reação aos incentivos emanados da infraestrutura institucional na qual operam.
2. Os principais determinantes da mudança institucional são a alteração dos preços relativos e, em permanente interação com esse fator, a mudança nos gostos, ou nas preferências. Mas não só. Os movimentos de preços chegam até nós por meio de esquemas mentais, que determinam a percepção que temos deles e nossa maneira de interpretá-los. Este o terceiro fator de mudança: as ideias, os conceitos, os

quadros cognitivos e normativos que medeiam nossa relação com a realidade.

3. A mudança institucional é basicamente incremental: ela se verifica à margem, como resultado agregado da ação descentralizada dos agentes. Dada uma variação de preços e/ou de preferências, surge um desequilíbrio parcial no mercado correspondente, o qual é corrigido por meio de readaptações nos termos dos contratos firmados entre particulares. Mas as regras formais da estrutura institucional que valida os contratos e assegura o cumprimento de seus termos não podem ser alteradas dessa forma. Para mudá-las é preciso algo mais: o desencadeamento de ações concertadas voltadas a esse fim.

4. A mudança institucional ocorre quando os incentivos para agir nesse sentido superam os custos antecipados. Em última instância, a mudança das instituições formais resulta dos cálculos maximizantes dos indivíduos. A partir daí, o que decide o curso do processo – se a mudança vai se produzir, e com que alcance – é o poder de barganha das partes envolvidas (os que têm a ganhar e os que têm a perder com ela).

5. Mudanças institucionais podem ser causadas por acontecimentos traumáticos, como conquistas, revoluções ou grandes catástrofes naturais, e afigurar-se como grandes rupturas. Mas o impacto da quebra das regras formais costuma ser bem menor do que se imagina, pois as normas culturais alteram-se muito mais lentamente do que os preços ou as regras formais. A situação de desequilíbrio criada pelas transformações dramáticas será corrigida no decurso do tempo, mediante acomodações sucessivas – em ambas as direções –, cujo resultado tende a ser, tipicamente, uma sociedade muito menos distinta.

6. A relação entre instituições e atores é interativa. O arcabouço institucional determina em grande medida a estrutura de incentivos que prevalece em uma determinada sociedade. Buscando tirar o maior proveito possível das oportunidades que o contexto institucional lhes oferece, os agentes individuais e coletivos desenvolvem conhecimentos e habilidades que refletem essa estrutura, e são desigualmente recompensados segundo o grau em que são bem-sucedidos. Essa relação simbiótica é compatível com a mobilização de energias para a introdução de mudanças marginais, mas – no tocante aos atores mais bem situados, ao menos – exclui qualquer disposição para mudanças radicais. Daí a persistência das organizações socioeconômicas falidas.

Reproduzimos aqui, com algumas modificações, a apresentação que fizemos do argumento de North em outro lugar (Velasco e Cruz, 2003). Nesse texto, criticamos o determinismo contido em seu esquema – a passagem direta entre poder de barganha e resultados dos embates pela definição/redefinição de regras – e sua abstração excessiva, que o leva a

Estados e mercados

deixar do lado de fora esse elemento fundamental para a inteligência dos processos reais de mudança institucional, a saber, a pluralidade das ordens jurídicas nacionais e as relações assimétricas prevalentes entre elas. No que vem a seguir, vamos retomar a segunda dessas observações críticas, porque ela nos conduz ao cerne do problema que nos ocupa neste ensaio.

Integração espacial das relações econômicas no contexto de um sistema político territorialmente fragmentado: este o substrato da economia internacional. Em um quadro assim, diversos como possam ser em sua origem, os processos de mudança institucional confluem para e resolvem-se todos no âmbito dos sistemas decisórios nacionais. É nos marcos desses sistemas que regras formais são alteradas ou abolidas, e outras tomam seu lugar.

Contudo, o fato de ter como espaços privilegiados os sistemas decisórios nacionais não significa que o processo de gestação de normas nessa economia esteja contido no interior das fronteiras que delimitam seus respectivos territórios. Como vimos, muitas das instituições que tipificaram o capitalismo liberal na era vitoriana foram implantadas de maneira quase simultânea em diversas partes do globo. Como as breves referências históricas feitas neste artigo sugerem, elas devem-se à ação conjugada de alguns fatores, entre os quais caberiam destacar:

a. Mimetismo – busca mais ou menos sistemática, mais ou menos autônoma, de modelos institucionais ajustados aos fins perseguidos pelas elites de uma determinada sociedade. O caso mais extremado nessa linha talvez seja o Japão de Meiji. Forçado a abrir seus portos ao comércio internacional, em 1854, pela presença ameaçadora em seu litoral dos navios de guerra sob as ordens do comandante Perry, pouco tempo depois o Japão lançava-se em um intenso programa de reformas, cujo mote foi a ocidentalização. Comitivas viajavam às principais capitais do mundo para observar em primeira mão o funcionamento de instituições econômicas e políticas, a fim de que os dirigentes pudessem escolher dentre elas, com conhecimento de causa, as que mais facilmente se adaptariam às condições de sua sociedade. Em outras circunstâncias, e em outra medida, este foi também o modelo adotado no fim do século XVIII pela jovem república norte-americana, modelo que encontrou expressão lapidar na imagem do juiz Jesse Root, para quem a justiça norte-americana deveria operar como uma "colmeia republicana", cujas abelhas colhem o néctar de inúmeras flores, mas produzem um mel de sabor todo próprio (Fiedman, 1985, p.111). A consideração desse aspecto nos leva a adicionar às duas que mencionamos antes mais uma observação crítica ao esquema de North. Neste, o vetor da mudança parte da sociedade e chega ao Estado. Contudo, quando entendemos este último não como um sistema fechado, mas como elemento de

31

um sistema – o sistema interestatal –, fica fácil constatar o caráter limitado daquela representação. Como unidades desse sistema, os Estados são induzidos a emular os padrões organizacionais dos Estados mais exitosos. Ora, ao fazer isso eles adotam normas e políticas que estão em dissonância com os padrões dominantes nas sociedades correspondentes. Nesse sentido, mais do que responder a pressões sociais por mudanças, os Estados agem propositadamente com o fim de transformar suas respectivas sociedades. Encontramos aqui a problemática do Estado desenvolvimentista. E falaríamos então em isomorfismo mimético, para retomar a noção exposta por DiMaggio e Powell (1991).

b. Introdução em um contexto nacional dado de inovações institucionais induzidas pela presença neste de agentes econômicos oriundos de outras sociedades e organizados de acordo com as leis nelas vigorantes. Tocamos aqui em um lugar comum na literatura sobre investimento estrangeiro: o papel da empresa internacional na difusão de pacotes tecnológicos e na propagação de normas e padrões operacionais mais dinâmicos na economia dos países hospedeiros. Mas o elemento que desejamos salientar é mais sutil e, ao mesmo tempo, mais profundo: ele diz respeito às mudanças legais condicionadas por essas empresas em virtude de sua simples presença. No breve relato que fizemos, esse elemento transparece na influência que as sociedades anônimas inglesas tiveram na criação do ambiente que levaria à reforma da legislação societária na França. Obstada a mudança, os grupos empresariais franceses estariam em franca desvantagem *vis-à-vis* aos concorrentes britânicos com atuação em seu mercado interno. Nesse plano, também a emulação desencadeia o processo que leva à mudança. Mas agora ele opera na relação entre os capitais; a relação destes com o Estado é de outra natureza.

c. Em conexão estreita com os dois itens precedentes, o processo de difusão de normas ao longo das relações assimétricas estabelecidas entre o centro metropolitano e sua periferia. Aqui nos depararemos com duas situações distintas. De um lado, casos em que a mudança se opera mediante a combinação de incentivos e sanções de natureza político-econômica, sob direção das elites locais. Em diferentes situações históricas, quando decidem promover seus interesses por meio da exploração das oportunidades que a inserção mais profunda na economia capitalista mundial lhes oferece, essas elites passam a defrontar-se com exigências cujo cumprimento depende de sua capacidade de mudar, em maior ou menor medida, a face de suas respectivas sociedades. Novos quadros materiais, novas instituições, usos e costumes, normas e valores renovados. Em todos esses planos, a ação transformadora de tais elites e dos grupos sociais a elas associados passa pela incorporação em grande escala de recursos oriundos dos centros mais avançados. Deles provêm, em medida variável, os capitais mobilizados para a montagem da infraestrutura de transporte e de comunicações requerida pelos "novos tempos" e para a edificação de um ambiente urbano condizente com os padrões, agora mais elevados, de "vida civilizada". Deles provêm as normas de consumo e o estilo de vida a que esses grupos sociais passam a aspirar. Deles vêm ainda os padrões de política e modelos jurídicos a serem implantados. Esta a situação referida pelos teóricos da dependência décadas atrás. A outra situação típica consiste na imposição das instituições econômicas do centro dominante a sociedades mantidas sob controle direto deste nas diferentes figuras assumidas pelo elo colonial. Foi nessa condição que se deu a incorporação da África e de boa parte da Ásia à economia capitalista moderna.[7] Não deixa de ser irônico o fato de que hoje a Ásia apareça como novo centro mundial de acumulação, passível de ameaçar em futuro não muito distante a supremacia econômica dos Estados Unidos.

d. Ações mais ou menos concertadas, porém convergentes, de grupos cuja identidade se define em termos culturais. Tocamos nesse elemento ao mencionar o papel importante desempenhado, em meados do século XIX, pela pregação dos arautos do livre comércio, e devemos registrar agora a enorme influência em nosso tempo de seus sucedâneos, os ideólogos neoliberais. No presente, como no passado, esses grupos e movimentos estruturam-se em redes que atravessam as fronteiras dos Estados, constituindo-se em elementos dinâmicos do que pode ser tido como uma "sociedade civil internacional". Hoje, como ontem, eles dividem esse espaço com outras correntes de opinião, que tendem também a se estruturar internacionalmente, e mantêm com elas relações mais ou menos intensas de rivalidade. Em grande medida, o debate sobre políticas e estatutos legais em cada país é travado com base em conceitos e ideias que circulam nesse espaço. Não caberia introduzir aqui a questão, que tem sido tão discutida hoje, sobre o papel das ideias na explicação dos fatos sociais. Mas é à influência delas que Kindleberger alude ao sugerir que tomemos a Europa da segunda metade do século XIX com uma unidade.

e. Busca de soluções efetivas para resolver problemas que dependiam da coordenação entre grupos de interesses e Estados. Reencontramos aqui o problema das organizações e dos regimes, que afloramos no início deste texto, e retomamos sob outro ângulo ao falar dos cartéis internacionais.

---

7 A esse respeito, ver Fieldhouse (1973), Clarence-Smith (1999) e Rothermund (1986).

Com tudo isso, a centralidade do Estado permanece como o elemento distintivo do processo de mudança no contexto de uma economia internacional. Permeáveis, porosos, miméticos, é por meio dos diferentes sistemas estatais que as normas econômicas se afirmam como direito positivo, normas *erga omnes*, universalmente vinculantes, e não restritas em sua efetividade ao círculo dos interessados e seus dependentes. Essa característica, como vimos, não é incompatível com a convergência. Mas confere grau mais ou menos elevado de contingência a ela. Alteradas as circunstâncias que levaram às decisões geradoras desse estado de coisas, nada garante que as diferentes "unidades de decisão" do sistema responderão da mesma forma aos novos estímulos provenientes do ambiente comum que as envolve. É o que aconteceu no último quartel do século XIX, e acentuadamente no entreguerras. No primeiro desses períodos, a crise internacional levou alguns países à adoção de políticas protecionistas, assentadas internamente no estabelecimento de alianças às vezes muito sólidas entre forças políticas e sociais. A referência inescapável aqui é à Alemanha bismarckiana e à aliança entre a pequena nobreza *junker* e os industriais do aço. Em outros, o ajuste às novas condições foi buscado por meio da reiteração das velhas pautas, a despeito das pressões em contrário, e ainda que ao preço de alguns ajustes não desprezíveis (caso da Inglaterra). Em condições incomparavelmente mais dramáticas, no segundo período a busca de soluções nacionais para os problemas gerados pela crise econômica internacional levaria a trajetórias muito mais discrepantes e a uma polarização ideológica sem paralelo.[8]

No contexto de uma economia integrada sobreposta a um sistema territorialmente fracionado de autoridade política, a mudança institucional envolve processos que atravessam fronteiras. Mas os Estados nacionais continuam como instâncias estruturantes: é no quadro definido por eles e pelas relações mútuas que estabelecem entre si – cuja expressão jurídica é dada pelas fórmulas do direito internacional – que a ordem espontânea ou negociada dos outros elementos se desenvolve.

No caso de uma economia plenamente globalizada, essa condição não se verifica. Logo veremos por quê. Mas antes disso convém explicar melhor o que, em nosso entender, caracteriza uma tal economia.

Quando falamos em "economia global" referimo-nos a um tipo ideal[9] definido pela conjugação dos seguintes traços: 1) supressão dos obstáculos físicos e institucionais que insulam as economias nacionais, sob o efeito

---

8 O contraste entre os dois períodos – e destes com as respostas à crise da década de 1970 – é o tema central justamente do livro aclamado de Gourevitch (1987).

9 Inspiramo-nos aqui no procedimento adotado por Hirst e Thompson em seu conhecido livro sobre a globalização, embora deles nos afastemos na descrição do tipo (cf. Hirst; Thompson, 1996).

dos avanços revolucionários nas tecnologias de transporte e comunicação, bem como de reformas legais que asseguram a livre circulação, em escala global, de capitais, bens, serviços e indivíduos, garantindo-lhes, ainda, em toda parte, proteção contra todo tipo de tratamento discriminatório por parte do poder público. Persistem na economia global as diferenças decorrentes de particularismos linguísticos e culturais, mas ficam drasticamente reduzidos os custos de transação envolvidos nas relações econômicas que se multiplicam exponencialmente em todos os níveis, daí derivando, 2) a unificação dos mercados – de capitais, produtos e serviços –, que passam a se integrar em um espaço econômico do tamanho do globo, povoado por grandes empresas transnacionais, isto é, que cortaram os antigos vínculos com seus países de origem. Tal espaço não é indiferenciado. Nele continuam a operar fatores econômicos e sociais conducentes à especialização das atividades econômicas no plano funcional (características técnicas e organizacionais dos processos de produção) e espacial (dotação de recursos naturais, aglomeração de pessoal qualificado, existência ou não redes sociais facilitadoras de soluções para problemas de coordenação), levando ao surgimento – ou possibilitando a continuidade – de diferentes "sistemas sociais de produção" (Hollingsworth, 1998), cuja persistência dependerá do grau de maleabilidade, da capacidade de adaptação a mudanças que puderem demonstrar, pois 3) na economia global o sistema econômico ganha autonomia extraordinária e impõe globalmente sua lógica e seus movimentos, contra as demandas e imperativos que provêm do domínio da política e do mundo da vida – esfera em que a comunicação alimenta as relações sociais e as identidades individuais são definidas. Em uma economia assim, na qual as cadeias de interdependência se estendem ao máximo e se entrecruzam numa infinidade de pontos, que rompeu todo e qualquer laço com a moralidade tradicional, em que a impessoalidade é a norma, e as trocas, no fundamental, são efetuadas entre estranhos, a incerteza e o risco envolvidos na interação com o outro seriam magnificados ao limite do inaceitável se não fossem contidos pela efetividade da norma jurídica. Assim, 4) essa economia supõe o desenvolvimento de um Direito igualmente global, com a garantia coativa do poder político.[10]

Esse último ponto requer um comentário, porque parece estar em franca dissonância com teses muito difundidas sobre a globalização. Com efeito, é um lugar comum na literatura sobre o tema a ideia de que a globalização tem como corolário a crise do Estado, que sofre com ela perdas pesadas em sua capacidade de regular as atividades econômicas e de desenvolver políticas. No limite, o Estado esvaziar-se-ia, subsistindo de forma residual, sujeito passivo das forças incontroláveis dos mercados globais. Nesse

---

10 Coincidimos, neste ponto, com a conclusão do autor de um estudo muito instigante sobre as relações entre direito e globalização. Cf. Wiener (1999).

contexto, assistiríamos a um processo de encolhimento e de fragmentação do direito doméstico e a uma privatização acentuada do Direito no âmbito da "economia-mundo". Esse processo seria alimentado, de um lado, pela intensa atividade normativa a que se entregam as empresas transnacionais visando a assegurar seus padrões próprios de operação e a garantir a integração entre as múltiplas áreas em que atuam, e, de outro lado, pela jurisprudência das cortes privadas chamadas a resolver as disputas que surgem permanentemente entre essas empresas – os tribunais de arbitragem e a nova *lex mercatoria* por eles produzida (cf., por exemplo, Faria, 1999).

Existe nessa representação algo do mito da separação entre Estado e sociedade, caro aos doutrinadores do *laissez-faire* que Walter Lippman, em sua condição de liberal esclarecido, desmontava com observações desse tipo:

> O título de propriedade é uma construção da lei. Os instrumentos são contratos legais. As empresas são criaturas legais. É falso, por isso, pensar nelas como coisas de algum modo existentes fora da lei, e perguntar então se é permissível "interferir" nelas. [...] A propriedade de qualquer espécie, os contratos de qualquer espécie, as empresas de qualquer espécie, só existem porque há certos direitos e imunidades que podem ser garantidos, uma vez tendo sido legalmente estabelecidos, invocando-se a autoridade do Estado. Falar em deixar as coisas a si mesmas é, por isso mesmo, usar uma expressão sem sentido e enganosa. (Lippman, 1961, p.234)

Tomando o cuidado de colocar provisoriamente entre parênteses o termo Estado, podemos inserir essa observação no contexto da discussão que estamos travando. Com efeito, a economia internacional constitui-se como um entrelaçamento infinitamente complexo de relações jurídicas. É verdade que as empresas, as corporações, geram normas quando fixam padrões de organização interna e quando estabelecem relações contratuais umas com as outras. Mas elas próprias são "criaturas legais", e nem a regularidade de suas práticas, nem a segurança de seus contratos seriam imagináveis em um mundo que não estivesse dotado de normas legais sustentadas em sua efetividade pela possibilidade de recurso ao aparato coativo do poder público.

Não é preciso avançar na indagação sobre a maneira como essa exigência poderia vir a ser atendida na situação idealizada que estamos a considerar aqui. Admitida a existência nela das unidades políticas que denominamos Estados, aquele resultado poderia ser alcançado por diversas vias – tratados internacionais, aplicação extraterritorial da lei, harmonização –, mas, em qualquer desses casos, presenciaríamos a instauração de um ordenamento legal cuja jurisdição teria o tamanho do mundo.

Admitida a existência de unidades políticas que denominamos Estados, dissemos. Mas não seriam mais Estados no sentido próprio do termo. Em uma economia assim, os Estados nacionais dissolvem-se, em sua qualidade

Estados e mercados

de centros de poder independentes, ainda que subsistam como realidades administrativas mais ou menos relevantes. No limite, poderiam ser tratados como equivalentes funcionais de províncias de um sistema imperial, ou de entidades subnacionais de uma organização federativa. Nessa qualidade, continuam a exercer funções importantes, em seu triplo papel de agências normativas, reguladoras e provedoras de serviços. Mas a legalidade que produzem é subordinada: inscreve-se como elemento particular da ordem jurídica inclusiva.

Em uma configuração, sob tantos aspectos, sumamente complexa como essa, o processo de mudança institucional adquire uma forma, curiosamente, mais simples. Isso porque estão ausentes dela todas as complicações criadas pela pluralidade dos sistemas decisórios independentes. Em um quadro assim não cabe falar em relações internacionais, nem em política externa. Ao serem processados pelo sistema público de tomada de decisões, os problemas que surgem no intercurso econômico e social se traduzem em questões de política interior. Cai por terra, portanto, a segunda observação crítica que dirigimos a Douglas North. Em uma economia plenamente globalizada, a mudança das instituições formais seria determinada – em uma das pontas da cadeia causal – pelo movimento dos preços e dos padrões de gosto e – na outra – pela distribuição de poder entre os agentes. Ficaria de pé a objeção ao determinismo de seu esquema. Mas este é outro assunto.

Ao falar da forma que assume a mudança institucional na economia globalizada, estamos cientes de que entramos no terreno da ficção. A economia global, tal como definida, não existe. É um tipo ideal, uma obra da imaginação. Mas é mais do que isso: é também um vetor a indicar o que fazer, um modelo normativo implícito. Abraçado com graus variáveis de consciência por seus aderentes, a presença desse modelo manifesta-se de mil formas no debate público, no discurso de intelectuais e tecnocratas, em documentos de organizações internacionais e em exposições de motivo que acompanham medidas de política pública. Nesse sentido, ele não interpela ninguém em particular. A difusão desse modelo é universal, mas seu alvo privilegiado são os grupos estrategicamente situados, com meios para traduzir seus pontos de vista em políticas de Estado.

E não poderia ser de outra maneira. Pois os Estados – alguns Estados – estão na origem de muitas das iniciativas que produziram o contexto geral em que esse modelo se torna plausível, e depende dos Estados a criação das condições para que avanços em direção a ele sejam possíveis.

A construção do sistema multilateral de comércio no pós-guerra é uma evidência da primeira afirmativa; outra é o esforço continuado de alguns Estados no sentido de garantir – pelo uso da coerção direta, ou por meio de acordos internacionais – os direitos de propriedade de capitais sediados em seu território quando investidos em territórios sob a jurisdição de outros Estados (Silva, 2003). A segunda afirmativa pode ser justificada com uma

37

breve referência à enorme expansão da arbitragem internacional nas últimas quatro décadas, fenômeno que muitos autores interpretam como uma nova *lex mercatoria*, núcleo do direito global em formação.

Tal juízo, como se poderia imaginar, é controverso. A opinião dos especialistas divide-se entre a perspectiva autonomista – que sustenta a independência do direito produzido pela atividade contratual das empresas e pelo labor dos árbitros – e a perspectiva positivista, que mantém, apesar de tudo, o primado do direito estatal. Mas não é preciso entrar no debate. Para nossos propósitos basta esclarecer um ponto em particular. Como vimos, um dos atributos fundamentais do instituto da arbitragem é a liberdade que ele reserva às partes na escolha do direito nacional a que o contrato estará referido e que será usado no julgamento das eventuais controvérsias que ele venha a suscitar. Na ausência de manifestação explícita a esse respeito, cabe aos árbitros dispor sobre a matéria, o que eles fazem com a ajuda de doutrinas extraídas da tradição do direito internacional privado. Munidos desses recursos, eles decidem se vão aplicar no exame da pendência o Direito deste ou daquele país. Mas podem decidir, ainda, que o melhor a fazer é aplicar o direito comercial internacional. Vale dizer, o conjunto de princípios e normas que compõem o quadro não codificado da *lex mercatoria*. Em qualquer dos casos, porém, a sanção de seus julgados depende do reconhecimento destes pelas autoridades judiciais do país em que a sentença será executada. A frequência em que isso vem ocorrendo em todas as partes do mundo não é resultado de mudança na inclinação subjetiva dos juízes em cada país, mas produto de alterações no Direito doméstico e de convenções internacionais.

A constituição de uma economia plenamente globalizada, com seu complemento obrigado – a criação de um ordenamento jurídico igualmente global –, depende, pois, da disposição dos Estados nacionais de abrir mão de poderes que foram tradicionalmente entendidos como atributos essenciais àqueles como unidades soberanas do sistema internacional.

Trata-se, portanto, de um processo genuinamente constitucional. Mas um processo muito peculiar, posto que:

1. É parcelado, fragmentado em um sem-número de decisões, de todo afastada a possibilidade de uma grande assembleia de nações que decidiria da nova arquitetura jurídica do mundo. Por isso mesmo,
2. é diferido – impossível dizer exatamente quando começou, e somente no futuro os historiadores poderão julgar quando se concluiu, na hipótese duvidosa de que ele chegue ao final.
3. Envolve atores coletivos de natureza diversa – públicos e privados (Estados, organizações intergovernamentais, grupos e associações empresariais, organizações não governamentais, movimentos sociais e correntes de opinião) – e com pesos muito diferentes. As

relações entre eles são contingentes; vale dizer, não dão lugar a blocos duradouros e coerentes. Mas não são aleatórias: apesar das variações observáveis ao longo do tempo e na passagem de uma a outra questão, é possível constatar a existência de certos padrões de alinhamentos, que tornam possível a identificação de campos diferenciados no espaço mais amplo onde o processo transcorre.

4. Desenvolve-se em arenas distintas, em cada uma das quais o processo envolve subconjuntos diversos de atores, move-se sob o efeito de condicionamentos específicos, avança em ritmos e direções que lhes são próprias.

5. Depende, em cada uma dessas instâncias, do resultado de negociações delicadas. Nessas negociações conta, antes de tudo, o poder relativo das partes. Mas não só isso. Na disputa pela afirmação de seus interesses e na defesa das soluções institucionais a eles mais adequadas, em cada caso em particular, os atores envolvidos invocam princípios mais ou menos amplamente aceitos, que funcionam como *tópos*, pontos de apoio firmes a partir dos quais os argumentos podem ser formulados e defendidos com maior ou menor eficácia. "Não discriminação", "soberania", "reciprocidade", "transparência", são alguns desses princípios. Mas eles não são harmônicos, frequentemente se acomodam com dificuldade, e não raro são de todo contraditórios. O fato de serem admitidos em bloco como balizamento torna o debate possível e dá a este forma estruturada. Ainda que muitos desses princípios sejam rejeitados liminarmente por alguns, os atores que assim o fazem tendem a se posicionar à margem. A diferença entre os ocupantes das posições centrais no debate é marcada não pela impugnação desse ou daquele princípio, mas pela forma diversa de hierarquizá-los.

6. Reserva a uma categoria de atores coletivos um papel de todo especial. Esses atores são os Estados. Eles não são apenas diferentes dos demais: em sua dupla condição de *atores* – quando, com base no monopólio da representação política que detêm, negociam diretamente acordos uns com os outros, ou quando interagem em organizações internacionais – e de *arenas decisórias* – quando se trata de formular as normas do direito doméstico e de definir as posições negociadoras em fóruns internacionais –, os Estados estão no centro de todo o processo, que é por eles articulado.

7. Expressa, por isso mesmo, as profundas assimetrias que marcam o sistema internacional.

Esse processo está em curso, e a OMC é uma das arenas mais importantes entre as muitas em que ele se desenvolve.

Sebastião Velasco e Cruz

Do Gatt à OMC: direito transnacional em expansão e conflito político

Normas globais para uma economia que se globaliza. Essa é a ideia reguladora que parecia informar os trabalhos na rodada Uruguai do Gatt. Aberta em 1986, ao cabo de quatro anos de viva controvérsia, a previsão era a de que no final da década ela estaria concluída. As dificuldades em avançar satisfatoriamente no terreno pedregoso da negociação agrícola prolongaram-na por vários anos ainda. Mas a rodada Uruguai chegou a termo, e seu resultado já foi definido como uma verdadeira reforma constitucional.

Uma referência rápida a dois de seus elementos é o bastante para confirmar o acerto dessa avaliação. A primeira, sobre o acordo alcançado na área de propriedade intelectual. Seus dispositivos envolvem não apenas padrões gerais a serem observados pelas legislações nacionais, mas também disposições detalhadas sobre os procedimentos que deverão ser aplicados para sancionar direitos individuais (e corporativos) de propriedade. Esse traço exemplifica um fenômeno geral: o deslocamento do foco do regime de comércio, cujas disciplinas, mais do que limitar as práticas restritivas dos governos, passam a regular positivamente políticas nacionais (Ostry, 2002). A segunda, sobre a criação da OMC, com o mecanismo judicial de que ela é dotada.

O Gatt também dispunha de um mecanismo institucional de resolução de disputas, mas sua importância ficava extremamente reduzida pela exigência de consenso que devia ser atendida para que tal mecanismo fosse acionado. Como o país responsável em situação irregular podia bloquear a abertura de painéis, o funcionamento do sistema favorecia muito a busca de soluções negociadas por meio de barganhas, em que falava mais alto, evidentemente, a voz do mais forte. Esses incentivos não desapareceram de todo na OMC – a fase de consulta e mediação continua sendo o primeiro estágio no processo de resolução de controvérsias. Mas agora a possibilidade de bloquear um painel não mais existe. Ultrapassado um limite fixo de tempo (sessenta dias), se as partes não tiverem resolvido a pendência, o Organismo de Resolução de Controvérsias (Dispute Settlement Body) pode solicitar o estabelecimento de um painel, o que se dá automaticamente. Concluído o trabalho dos árbitros, que devem observar igualmente prazos predeterminados, se a parte perdedora considerar inaceitável seu veredicto, ela pode impetrar um recurso junto a uma corte permanente de apelação, que dará a palavra final. Caso as recomendações não sejam colocadas em prática, depois de esgotadas as tentativas de acordo sobre compensações devidas, a parte demandante pode pedir autorização para retaliar (Hoeckman; Kostecki, 1995, p.47). Como a diferença entre geração e interpretação de normas é sabidamente fluida, a operação desse mecanismo tem resultado em um processo de produção legal que já há algum tempo vem sendo

Estados e mercados

objeto de estudo como um aspecto relevante do processo mais amplo de judicialização das relações econômicas internacionais.[11]

Organização intergovernamental, estruturada com base no princípio da soberania – refletido na regra que assegura voto igual a todos seus membros –, a OMC está programaticamente voltada para a produção de normas destinadas a limitar a capacidade dos Estados de regular a atividade econômica e realizar políticas de desenvolvimento de acordo com seus próprios critérios.

> A OMC tornou-se o foco principal de um amplo processo de regulação da atividade econômica global frequentemente denominado "reforma regulatória" [...]. Ninguém com um mínimo de experiência sobre o modo de operação dos organismos públicos pode duvidar de que a reforma regulatória é muito desejável [...]. Entretanto, a predominância da OMC nesse processo cria sérios riscos. A OMC apoia-se em obrigações de acesso a mercado, cuja tendência é tratar as diferenças regulatórias como obstáculos indesejáveis. Assim, suas "disciplinas" [...] tendem a requerer a remoção dos regulamentos nacionais existentes e a criar restrições significativas para os processos regulatórios nacionais. (Picciotto, 2003, p.385)

Reforma constitucional, pois. Mas incompleta. Com efeito, o balanço das realizações da rodada Uruguai acusava ganhos limitados em várias áreas – como "serviços" e "medidas comerciais relacionadas a investimentos", por exemplo – e áreas inteiramente descobertas – caso, entre outros, de compras governamentais. Não surpreende, pois, que a disposição de manter o ímpeto reformista tenha sobrevivido a ela. E que continuasse a gerar viva controvérsia, como a que se acendeu na reunião ministerial de Cingapura, em 1996, e terminou na decisão salomônica de criar grupos de trabalho com a missão de estudar quatro novos temas ("investimentos", "política de concorrência", "compras governamentais" e "facilitação de comércio"), com vistas à sua incorporação eventual na agenda de negociações de uma futura rodada. Havia, ainda, a intenção proclamada de trazer para o fórum da OMC os temas sensíveis dos direitos trabalhistas e da proteção ambiental – o que provocava reações indignadas na maior parte dos países em desenvolvimento, Brasil incluso.

Apesar das resistências localizadas, em meados dos anos de 1990, o roteiro parecia estar traçado. O que se discutia não era *se*, mas *quando*: mais cedo, ou mais tarde, a agenda globalização seria cumprida. Nos últimos anos da década passada, porém, dois eventos abalaram as certezas e aconselharam a adoção de uma atitude mais sóbria.

---

11 Cf. os artigos reunidos por Judith Goldstein, Miles Kahler, Robert O. Keohane e Anne-Marie Slaughter no número temático sobre esse tema da revista *International Organization*, v.54, n.3, 2000.

Um deles foi a sequência estonteante de crises cambiais e bancárias que varreu a Ásia em 1997, passou pela Rússia em meados do ano seguinte, bateu no Brasil em setembro e atingiu o centro nervoso do sistema com a insolvência da firma de capital de risco Long-Term Capital Management, forçando a autoridade monetária norte-americana a organizar uma operação urgente e nada ortodoxa de resgate. A volatilidade dos mercados financeiros não era uma novidade no capitalismo *fin de siècle*. Antes dos episódios que mencionamos houve os ataques especulativos que levaram à desvalorização da lira e da libra esterlina, em 1992, e depois o colapso do peso mexicano, no final de 1994. Mas a impressão causada por esses acontecimentos foi passageira: vencido o susto, os agentes voltaram à sua rotina e continuaram a operar com tranquilidade. O choque produzido pela *débâcle* das economias asiáticas foi de outra ordem. Não apenas pela reação em cadeia que desencadeou, mas também por ter atingido países que até dias antes eram apresentados pelos donos do saber e do dinheiro como casos exemplares de economias saudáveis. Por ambos os motivos, as crises desse período abriram um debate áspero sobre o papel das instituições multilaterais (em especial, do Fundo Monetário Internacional – FMI) e, em termos mais amplos, sobre a arquitetura do sistema financeiro internacional.

O outro evento foi o fracasso estrepitoso da conferência ministerial da OMC, que se realizou em novembro de 1999, na cidade de Seattle. Ele ficará na história por seu aspecto espetacular: as manifestações de protesto, que mobilizaram mais de 70 mil pessoas, perturbaram significativamente os trabalhos dos negociadores e garantiram ao chamado movimento antiglobalização, em todo o mundo, um espaço reservado nas manchetes dos jornais. A partir desse momento, não havia mais como desconhecer a presença de atores sociais – de algumas ONGs, em particular – nos processos de negociação de acordos econômicos. Eles vieram para ficar.

Mas não foram os responsáveis pelo impasse em Seattle, nem representam o aspecto mais importante do que se passou naquele local. Prejudicada por erros bisonhos de condução, o malogro da conferência deveu-se, fundamentalmente, às discordâncias profundas que dividiam seus participantes oficiais. Diferenças entre as posições defendidas pelos Estados Unidos e pela União Europeia na questão agrícola – o que estava longe de constituir uma novidade – ; diferenças entre ambos e os países em desenvolvimento, que sustentavam seus pontos de vista com firmeza e preparo insuspeitados (Odell, 2002; Howse, 2002; Ostry,2002). A essa altura, a tensão, referida no início deste artigo, entre a regra majoritária que prevalece na OMC e o peso muito desigual de seus membros já era visível. Em Doha e, sobretudo, em Cancun ela manifestou-se de forma mais contundente.

Como dissemos, essa tensão é estrutural. Mas ela é exacerbada por uma circunstância que não passou desapercebida aos analistas mais finos. A OMC é uma organização de fronteiras móveis. Sua competência abrange o comércio internacional e temas a ele relacionados, isto é, outros tipos de medidas suscetíveis de traduzir-se em tratamento discriminatório contra os produtores externos. Ora, como economia e sociedade formam, em conjunto, um sistema de elementos interdependentes, em princípio, os mais diferentes temas podem ser trazidos para a jurisdição da OMC. Foi assim em sua pré-história: a inclusão de "novos temas" – "serviços", "propriedade intelectual" e "medidas de investimento relacionadas ao comércio". Continua sendo assim no presente, como já vimos, com a disputa acirrada em torno da inclusão na rodada Doha dos "temas de Cingapura". Pois bem, na medida em que expande sua jurisdição e passa a legislar sobre matérias tradicionalmente situadas na esfera da política doméstica, a importância da OMC cresce exponencialmente no cálculo dos mais diversos atores (estatais e não estatais), que fazem o possível para atuar em seu âmbito com máxima efetividade. A contrapartida desse movimento é que a OMC tende a absorver os conflitos multidimensionais, superpostos e cruzados, em que esses atores se encontram lançados.

A dinâmica que associa ampliação do papel regulador e aumento da demanda por decisões vinculantes sobre questões controversas é conhecida, e resulta com frequência em fortalecimento da instituição que é objeto de tal dinâmica. Essa proposição sintetiza uma parte não desprezível do processo que conduz à constituição dos Estados nacionais modernos. Mas aí reside o problema. Os Estados são entes caracterizados pelo controle exercido sobre territórios – vale dizer, sobre as populações que os habitam. Dessa condição decorre um conjunto de consequências que há mais de dois mil anos tem sido a seiva do pensamento político. Porque as relações entre o Estado e os grupos sobre os quais seu poder é exercido são duradouras, elas podem se traduzir em vínculos subjetivos de pertencimento e alimentar sentimentos fortes – de adesão ou rechaço. Aludimos, por aí, ao tema da legitimidade.

Ora, a OMC é uma entidade abstrata. É difícil imaginá-la como objeto de identificação para quem quer que seja. Na medida em que passa a internalizar conflitos em dose crescente, ela tende a enfrentar problemas de legitimidade cada vez mais graves... e não tem meios para enfrentá-los.

Mas não poderia vir a adquiri-los? Essa é a questão que vem sendo debatida por atores políticos e analistas de diferentes áreas. As posições divergem, em um espectro que vai da proposta de constitucionalização de direitos econômicos por meio da articulação dos regimes de direitos humanos e de comércio internacional, até a defesa de um claro estreitamento da agenda da organização. Não seria o caso, no espaço restrito deste artigo, examiná-lo de perto. Mas a simples menção ao debate nos permite enunciar a proposição que se segue: seja qual for a direção da mudança nesse domínio, a produção de normas econômicas internacionais tende a se dar no futuro mediante um processo cada vez mais politizado.

Será tanto mais assim quanto maior for a redistribuição de poder operada no âmbito da economia internacional, e quanto mais graves forem os problemas por ela enfrentados.

Convém indicar, por "problemas" estou entendendo aqui dois aspectos combinados: a ocorrência de desequilíbrios e distorções que se traduzam em resultados tidos por negativos sob diferentes pontos de vista (perda de dinamismo, queda generalizada no ritmo de crescimento, tendência pronunciada à concentração regional, agravamento de tensões sociais, impacto deletério sobre o meio ambiente, por exemplo) e a percepção socialmente validada das conexões causais envolvidas nesses fenômenos. Insistir sobre este segundo aspecto é importante, porque ele põe em realce o papel ativo dos Estados, das ONGS e dos movimentos sociais no processo político que define um conjunto de fenômenos como item da agenda de "problemas" para os quais soluções hábeis devem ser encontradas. Isso depende da capacidade que tenham os atores de mobilizar recursos materiais e simbólicos para a promoção de seus respectivos pontos de vista. Há, portanto, uma relação íntima entre esses dois fatores.

Há boas razões para acreditar que os processos em curso, em ambos os planos, venham a reforçar a aludida tendência à politização das negociações econômicas internacionais. O que suscita, naturalmente, a pergunta sobre as perspectivas futuras da OMC. Mas esta é uma questão que transcende os limites do presente artigo. Com ela saímos do domínio da análise e ingressamos no terreno da estratégia, em que a vontade – uma vontade, contra outras vontades – dirige a inteligência na definição de fins e na busca de soluções factíveis para problemas práticos.

2
COMÉRCIO INTERNACIONAL EM UM MUNDO PARTIDO
O REGIME DO GATT E OS PAÍSES EM DESENVOLVIMENTO

O todo e a parte

A primeira coisa importante a dizer a respeito do sistema multilateral de comércio, tal como emergiu no pós-guerra, é que ele preencheu o vazio criado por um grande fracasso.

Com efeito, o Gatt – acrônimo inglês para Acordo Geral sobre Tarifas e Comércio – originalmente não era mais do que isso: um acordo de objetivos limitados, cuja consequência prática mais importante foi a de ter produzido a primeira das várias rodadas de reduções tarifárias que destravariam o comércio internacional nas décadas que se seguiram àquele conflito. Negociado entre abril e outubro de 1947, em Genebra, pelos representantes das duas grandes potências aliadas, os Estados Unidos e a Inglaterra, o Gatt nasceu modestamente, como um simples acordo, não um tratado – os 23 países que subscrevem o ato de sua fundação aparecem no documento como "partes contratantes", não como membros ou associados. Membros deveriam tornar-se da Organização Internacional do Comércio (OIC), cujos estatutos estavam sendo negociados pelas mesmas pessoas, no mesmo lugar e na mesma época.

Com mandato de grande amplitude – seus dispositivos cobriam áreas tão diversas quanto comércio de bens, emprego, subsídios, investimento externo, práticas anticompetitivas e desenvolvimento, entre outras – a OIC era uma das peças centrais da arquitetura institucional desenhadas ao longo de anos pelos dois países para modelar a ordem internacional que deveriam construir conjuntamente quando as forças do Eixo estivessem definitivamente batidas, e a paz, finalmente restaurada. Àquela altura, as outras instituições previstas no projeto original – o Fundo Monetário Internacional (FMI), o Banco Internacional para Reconstrução e Desenvolvimento (Bird) e as Nações Unidas – já tinham recebido o necessário aval legislativo e estavam sendo introduzidas. A OIC vinha completar a obra. Com ela, acreditava-se, estariam estabelecidos os fundamentos de um ordenamento político e jurídico que – dessa vez, sim – exorcizaria verdadeiramente o espectro da guerra.

A Carta da Organização Internacional do Comércio foi assinada em 24 de março de 1948, no encerramento da Conferência das Nações Unidas realizada em Havana, pelos 53 países que dela participaram – ausente nesse grupo, cabe assinalar, a União Soviética. A nova organização, contudo, jamais sairia do papel. A razão imediata desse "não acontecimento" foi a resistência do Congresso dos Estados Unidos em ratificar o tratado que a criava. Mas esta é apenas a parte mais evidente da história.

Começaremos o presente capítulo com um olhar mais detido sobre as razões menos óbvias desse resultado frustrante, porque elas nos revelam muito sobre algumas das dimensões cruciais do regime do Gatt.

Planejamento da paz, negociações comerciais e o nascimento do Gatt

Na manhã do dia 2 de agosto de 1941, o presidente Franklin Roosevelt deixou a Casa Branca e iniciou, com pequena comitiva, uma viagem cercada de mistério. Oito dias depois ele encontrava-se com Winston Churchill, primeiro-ministro inglês, em Ships Harbor, bucólica enseada na costa de Newfoundland, no sul do Canadá. O resultado desse encontro, que se prolongou por quatro dias, foi um documento decisivo na história da Segunda Guerra Mundial: a Carta do Atlântico, pela qual os dois chefes de Estado proclamavam solenemente os princípios que deveriam nortear sua ação durante o conflito e na construção futura da paz. Negando, de saída, qualquer intenção de conquista territorial, o documento reafirmava o princípio wilsoniano de que nenhuma mudança nessa esfera era admissível se não coincidisse "com os desejos livremente expressos dos povos concernidos", e encerrava-se com a promessa de construção de um "sistema permanente de segurança geral". Mas entre os oito parágrafos em que se desdobrava o documento, dois diziam respeito diretamente ao tema do presente estudo. Um deles – o quarto – expressava o compromisso dos dois países "com o devido respeito às suas obrigações, promover a todos os Estados – sejam eles grandes ou pequenos, vencedores ou vencidos – o acesso em igualdade de condições ao comércio e às matérias-primas do mundo que sejam necessárias à sua prosperidade econômica". O outro – o parágrafo quinto,

Estados e mercados

incluído no texto por sugestão do Gabinete de Guerra britânico – manifestava o desejo comum de "promover máxima colaboração entre todas as nações no campo econômico, com o objetivo de garantir, a todos, normas trabalhistas aprimoradas, progresso econômico e seguridade social" (The Avalon Project at Yale Law School).

Ao leitor atento, duas coisas chamam a atenção nesses enunciados. A diferença de conteúdo e de força que existe entre eles: o primeiro vincula os signatários a um princípio formal e abstrato – a "não discriminação" no acesso às oportunidades de mercado –, que eles se comprometem a promover por meio de atos, ao passo que o segundo expressa apenas a aspiração de criar condições favoráveis ("ampla colaboração entre os países") à obtenção de um resultado determinado ("garantir a todos a melhoria dos padrões de trabalho, o avanço econômico e a segurança social"). E sua desigual ambiguidade: evidente neste último, mas presente também na cláusula ("respeitadas as obrigações existentes") que restringe o alcance do compromisso formulado no parágrafo que o antecede. Uma e outra são facilmente compreensíveis quando levamos em conta os antecedentes e as circunstâncias em que o documento em questão foi lavrado.

Circunstâncias: a assimetria que marcava a negociação entre o velho Império em declínio, ameaçado de morte pela ofensiva das forças inimigas, de um lado, e de outro, a grande potência ascendente, cuja vocação hegemônica fundava-se no tamanho de seu parque industrial, no poder de suas finanças e na incolumidade de seu território de dimensões continentais.

Antecedentes: o planejamento da paz, a que a classe dirigente do Estado norte-americano vinha se dedicando desde a eclosão das hostilidades, em 1939.

Não é preciso entrar em detalhes sobre tal atividade. Basta registrar, no momento, o papel decisivo desempenhado na organização desse esforço coletivo pelo Departamento de Estado, sob a firme liderança de Cordell Hull, e um aspecto fundamental de seu resultado: a concepção de um sistema multilateral de comércio, baseado no princípio da não discriminação e na franquia de acesso a todos os mercados. Essa visão, Hull a havia anunciado em discurso feito no início de sua carreira política, como deputado em Washington, durante a Primeira Guerra, e desde então vinha se batendo por ela com zelo missionário. Vale a pena ouvir sua palavra:

> Se eu fosse o presidente dos Estados Unidos, argumentei, em uma data futura e oportuna, proporia aos governos de todas as nações comerciais que, ao final da atual guerra europeia, uma conferência internacional de comércio se realizasse na cidade de Washington com a finalidade de estabelecer um fórum permanente de comércio internacional. A função e o dever de tal congresso, expliquei, seriam considerar todos os métodos, práticas e políticas de comércio internacional que se supõem, com efeito, criar controvérsias comerciais destrutivas ou guerras econômicas penosas, e formular acordos a esse respeito, com vistas a eliminar e evitar

47

resultados prejudiciais e possibilidades arriscadas de guerra econômica, bem como promover relações comerciais justas e amigáveis entre todas as nações do mundo. (Cordell, 1948, p.82)

Hull era um liberal manchesteriano, e o projeto formulado pelas equipes que ele montou refletia fielmente suas ideias. Que não eram propriamente suas: elas ganharam forma em solo inglês e propagaram-se por todo o mundo pelo proselitismo incansável dos ideólogos dessa terra. O problema para seus discípulos norte-americanos é que, cem anos depois, em seu país de origem, essas ideias eram encaradas com muita reserva.

Podemos entender a reação escandalizada de altos funcionários norte-americanos ao ouvir algumas declarações desabusadas de Keynes, na fase inicial das negociações do Acordo de Ajuda Mútua (Empréstimo e Arrendamento), pouco antes do aludido encontro dos dois chefes de Estado. E entendemos também a irritação provocada no sofisticado negociador inglês pelo que chegou a qualificar uma vez de "propostas lunáticas do Sr. Hull" (Harod apud Gardner, 1956, p.57, tradução nossa). É que, além de expressar diferenças normativas e cognitivas importantes, o conflito no terreno das ideias traduzia um choque de interesses muito palpável.

De fato, com a exigência de aplicação imediata do princípio do acesso livre e igual a todos os mercados, os representantes dos Estados Unidos atacavam de frente o Sistema de Preferências, que era parte essencial da economia política do Império Britânico. De outra parte, ao insistirem na questão do emprego, seus interlocutores encontravam justificativas válidas para um conjunto de instrumentos de intervenção econômica que julgavam indispensáveis à defesa da economia nacional e à estabilidade política interna, nas condições difíceis que deveriam enfrentar ao final da guerra.

Nas negociações do acordo de Ajuda Mútua, o foco desse desencontro foi o artigo de número sete. Devemos nos deter no exame das discussões travadas sobre a redação dessa cláusula porque ela serviu de modelo a todos os acordos de Empréstimo e Arrendamento celebrados pelos Estados Unidos no período – aí incluído, naturalmente, o acordo firmado pelo governo Vargas – e converteu-se em matriz jurídica de todo o planejamento econômico do pós-guerra.

As conversações foram abertas em meados de 1941, na fase preparatória da Conferência do Atlântico, e logo evoluíram para um impasse. No final de julho, Keynes voltava de mãos vazias a Londres, depois de rejeitar liminarmente mais um rascunho do Artigo Sete. As razões de seu gesto ficam transparentes quando tomamos ciência dos termos em que o texto lido por ele estava vazado.

Os termos e as condições em que o Reino Unido recebe ajuda militar dos Estados Unidos da América e os benefícios a serem recebidos pelos Estados Unidos da

Estados e mercados

América em troca, portanto, como finalmente determinado, devem ser tais que não prejudiquem o comércio entre os dois países, mas promovam relações econômicas mutuamente vantajosas entre si e a melhoria das relações econômicas mundiais: devem combater a discriminação seja nos Estados Unidos da América, seja no Reino Unido contra a importação de qualquer produto originário de um ou outro país; e devem providenciar a formulação de medidas para a concretização desses objetivos. (Notter apud Gardner, 1956, p.56)

O desequilíbrio é patente: em troca da ajuda, os negociadores norte- -americanos pedem que a Inglaterra sacrifique o Sistema de Preferências e abra sua economia, sem nenhuma consideração pelas circunstâncias excepcionais que o aliado vivia e sem uma palavra sobre suas próprias barreiras tarifárias.

Gardner, autor do estudo clássico em que nos apoiamos para tratar dessa matéria, observa que durante o outono de 1941 dois acontecimentos viriam a facilitar o entendimento entre as partes. Um deles consistiu na evolução do pensamento de Keynes, que teria visualizado, então, a possibilidade de converter seu projeto de Clearing Union em base de um sistema multilateral. O outro foi a flexibilidade maior de seus interlocutores. Gardner registra a mudança de atitude, mas não especula sobre os fatores que poderiam tê-la motivado. As diferenças entre Roosevelt e seu secretário de Estado em questões de comércio e a relação distante que existia entre eles talvez tenham algo a ver com o fato. E chama a nossa atenção, igualmente, o fato de que essa flexibilidade tenha se manifestado no momento de enorme inflexão no curso da guerra (em 7 de dezembro de 1941, os Estados Unidos sofriam o trauma do ataque japonês em Pearl Harbor). Seja como for, na última semana do ano, o Gabinete inglês aprovava uma nova versão do Artigo Sete. Ela repetia literalmente os termos do texto anterior, mas o fazia acompanhar de dois parágrafos. Vale a pena citá-los na íntegra.

Para esse fim, devem incluir provisão para uma ação acordada entre Estados Unidos da América e Reino Unido, aberta à participação de outros países afins, orientada à expansão, por meio de medidas internacionais e domésticas adequadas, de produção, emprego e intercâmbio e consumo de bens, que constituem as bases materiais da liberdade e do bem-estar de todos os povos; à eliminação de todas as formas de tratamento discriminatório no comércio internacional e à redução de tarifas e outras barreiras comerciais; e, de modo geral, à concretização de todos os objetivos econômicos estabelecidos na Declaração Conjunta feita em 14 de agosto de 1941 pelo presidente dos Estados Unidos da América e pelo primeiro-ministro do Reino Unido.

Em uma data próxima conveniente, conversações devem ser iniciadas entre os dois governos com o objetivo de determinar, à luz das condições econômicas dominantes, o melhor meio de alcançar os objetivos acima mencionados por sua própria ação acordada e de buscar ação acordada com outros governos afins. (Gardner, 1956, p.58-9)

Os comentários de Gardner a propósito desse texto são esclarecedores. Observando que, em sua versão definitiva, o Artigo Sete incorporava as preocupações britânicas com o tema expansão econômica e a geração de emprego, e que os compromisso nela previstos eram formulados em termos muito mais vagos ("Os termos do acordo não deveriam garantir, diretamente, um regime não discriminatório, mas uma 'ação acordada [...] direcionada para' esse fim – ação a ser determinada 'à luz das condições dominantes'"), o autor salienta a novidade maior que ela encerra.

> Os "considerandos" do artigo agora continham obrigações mutuamente interdependentes. A promessa de avançar na eliminação da discriminação, por exemplo, dependia da promessa de promover expansão econômica. Fracassos por parte do governo norte-americano em combater uma queda implicaria a liberação do governo britânico de suas obrigações de erradicar a discriminação. Além disso, a eliminação da discriminação deveria ocorrer em conjunto com a "redução de tarifas e outras barreiras comerciais". Assim, se os Estados Unidos decidissem perseguir uma política protecionista, não poderiam exigir que a Grã-Bretanha eliminasse o "tratamento discriminatório" (ibidem)

E conclui, de forma certeira: "Em suma, todo o caráter do Artigo 7º foi sutilmente alterado" (ibidem, p.59).

O Acordo de Ajuda Mútua foi assinado em 23 de fevereiro de 1942. A partir daí, as potências aliadas lançaram-se em um intenso processo de negociação que se desdobrou em três frentes e envolveu, no governo dos Estados Unidos, uma nítida divisão de trabalho.

A primeira frente tem relação indireta com o tema deste estudo. Referimo-nos aos entendimentos visando à constituição de um sistema efetivo de segurança internacional, que ganharam expressão institucional na Organização das Nações Unidas (ONU). Sobre ela diremos apenas uma palavra: o projeto dessa organização foi desenvolvido nas pranchetas do Departamento de Estado como solução de compromisso entre duas concepções opostas.

Tese: a visão "oligárquica" de Roosevelt – que confiava na ação concertada dos Quatro Grandes (quatro "policiais do mundo": Estados Unidos, Inglaterra, China e União Soviética) para desarmar os demais países, hostis ou amigáveis; submeter esses países a inspeções periódicas a fim de evitar o risco de rearmamento clandestino; e para punir os transgressores de forma exemplar (Gadis, 2000, p.25). Essa ideia, que Roosevelt expôs ao ministro das Relações Exteriores soviético, Vyacheslav Molotov, em coquetéis na Casa Branca, em 29 de maio de 1942, seria explicada, em versão mais crua, meses depois ao internacionalista Clark Eichelberger. Se nações fossem apanhadas desenvolvendo programas secretos de armamentos, "seriam ameaçadas primeiramente com uma quarentena e, se a quarentena não funcionasse, seriam bombardeadas" (Divine, 1970, p.61).

Antítese: a visão internacionalista – com força crescente na opinião pública norte-americana – que reivindicava o legado wilsoniano e defendia a criação de um sistema multilateral de segurança, centrado em uma organização mundial forte e representativa, como único meio efetivo de garantir a paz.

Síntese: o Conselho de Segurança da ONU, com membros permanentes dotados de poder de veto.

Na avaliação de um analista arguto como Gabriel Kolko (1968, p.275), o projeto assim concebido tinha como suposto a ideia de uma estrutura de poder piramidal, cujo vértice seria ocupado pelos Estados Unidos. Mas, de nosso ângulo, o que importa salientar é o aspecto mais óbvio desse projeto, a saber, a suposição de que, restaurada a paz, os Grandes, ora aliados, manter-se-iam de acordo para administrar conjuntamente seu *condominium*.

A segunda frente é a mais conhecida, e sobre ela também seremos breves: as negociações sobre a arquitetura do sistema monetário e cambial que resultou nas instituições de Bretton Woods. Aqui, o papel do Departamento de Estado foi nulo. Pelo lado norte-americano, o trabalho de planejamento e negociação esteve a cargo da Secretaria do Tesouro, sob a liderança de seu secretário adjunto, Harry Dexter-White; na representação inglesa, como sabemos, seu principal interlocutor era John M. Keynes, então no auge de sua reputação como teórico da economia. Nesse campo, os avanços foram muito rápidos. Já no início de 1942, Dexter White fazia circular seu "Plano para um Fundo de Estabilização das Nações Unidas e Banco de Reconstrução das Nações Unidas e Associadas"; a essa altura, os funcionários do Tesouro inglês estavam discutindo o memorando de Keynes sobre a Clearing Union. Para além das diferenças, um elenco comum de objetivos aproximava as duas propostas: evitar as flutuações cambiais bruscas que pusessem em risco a estabilidade do sistema monetário internacional, restaurar em bases sólidas o comércio internacional, garantir o fluxo de capital necessário à reconstrução dos países engolfados na guerra e criar condições para a realização de políticas efetivas de crescimento e geração de empregos. Os dois planos foram publicados na primavera de 1943; não foi preciso mais do que um ano para aparar as diferenças entre eles. Em julho de 1944, a Conferência de Bretton Woods aprovava a criação do Bird e do FMI.

O comentário a fazer aqui diz respeito ao desencontro entre as expectativas de seus idealizadores e o papel que o FMI veio a desempenhar depois de criado. No projeto original, o Fundo seria uma organização dotada de elevada autonomia e gerida imparcialmente, de acordo com critérios eminentemente técnicos. O irrealismo dessa concepção foi exposto já na fase de ratificação do tratado de constituição do organismo pelo Congresso dos Estados Unidos. Com efeito, para assegurar o controle da organização, os legisladores norte-americanos criaram um colegiado – o National Advisory Council on Internacional Monetary and Financial Problems –, presido pelo secretário do Tesouro, e subordinaram os diretores executivos norte--americanos do FMI a esse órgão, de cujo aval necessitavam antes de votar qualquer matéria que dependesse de sua aprovação, pelos artigos do Fundo (Gardner, 1956, p.133). A partir dessa posição de força, o passo seguinte foi impor uma interpretação restritiva às cláusulas que regulavam a concessão de empréstimos a países com dificuldades de balanço de pagamentos, condicionando a liberação de recursos à adoção de políticas fiscais e monetárias "austeras". O resultado é conhecido: de organismo multilateral criado para limitar o poder dos financistas e assegurar condições para políticas expansionistas nos países industrializados, o FMI converteu-se em guardião da ortodoxia financeira e sinônimo de estagnação no Terceiro Mundo.[1]

Nossa atenção neste trabalho estará fixada nos acontecimentos que se sucederam na terceira frente: as negociações visando à criação de um sistema multilateral de comércio. Essa, como indicamos, era a menina dos olhos do secretário Cordell Hull e sua equipe no Departamento de Estado. Não obstante, o ritmo das conversações nessa área foi bem mais lento. Depois do jogo pesado que resultou no compromisso sobre o Artigo Sete, os entendimentos sobre temas de comércio foram reabertos em setembro de 1943, com a visita a Washington de missão inglesa de alto nível para um "seminário sobre colaboração comercial". Pelo lado inglês, participavam do encontro figuras da importância de Lionel Robbins e James Meade, autor do plano de criação de uma União Comercial, que a Secretaria do Gabinete de Guerra inglês encaminhava a seus interlocutores como ponto de partida para a negociação. Do lado norte-americano, além de Myron C. Taylor, chefe da delegação, os negociadores principais eram Dean Acheson e Harry Hawkins. Com eles, a ideia de um código abrangente para governar o comércio mundial segundo os princípios já referidos da não discriminação e do livre acesso aos mercados.

Como já havia se dado antes – e continuaria a acontecer até o final do processo –, as discussões giravam em torno da relação entre comércio e emprego, ingleses e norte-americanos divergindo manifestamente a respeito da direção do nexo causal: para os ingleses, a obtenção de níveis elevados de atividade econômica e de empregos afigurava-se como condição para a liberalização do comércio exterior; para seus interlocutores, o desmantelamento das barreiras que embaraçavam o comércio internacional

---

1 Sobre a lógica dessa metamorfose, cf. Babb, S. The IMF in Sociological Perspective: A Tale of Organizational Slippage. *Studies in Comparative International Development*, v.38, n.2, 2003, p.3-28.

Estados e mercados

surgia como condição para a retomada do crescimento e para a geração de empregos nos níveis desejados. Sobre o pano de fundo dessa divergência "doutrinária", as conversas tinham por objeto três pontos principais: "restrições quantitativas", "preferências", e "barreiras tarifárias". Superadas as questões de princípio com o acordo de fevereiro de 1942, a discussão agora era alimentada pelas diferenças de interpretação a respeito das obrigações implicadas no Artigo Sete. Os negociadores norte-americanos apegavam-se à letra do primeiro parágrafo, cobrando de seus interlocutores a eliminação total das cotas e o desmantelamento do sistema de preferências imperiais, enquanto os ingleses insistiam na vinculação entre preferências e tarifas, condicionando a supressão das primeiras à redução horizontal dos níveis de proteção tarifária nos Estados Unidos, algo de aceitação muito difícil, posto que contrário à legislação comercial em vigor naquele país.

A discussão manteve-se nesses termos durante as conversas informais travadas em Londres, em abril de 1945, e no momento decisivo do processo de negociação comercial entre os dois aliados, cinco meses depois. Precipitada pela decisão unilateral do governo Truman de interromper bruscamente o acordo de Empréstimo e Arrendamento, em 21 de agosto de 1945, logo após a rendição japonesa, a negociação formal que se desenrolou em setembro, na capital norte-americana, resultou em um acordo final sobre os itens básicos da controvérsia. Com ele estavam estabelecidos os parâmetros da organização que viria a ser anunciada ao mundo em Havana, em março de 1948.

> Temos certeza de que Governos Soberanos compartilharão nossa satisfação de que, apesar da extrema suscetibilidade da opinião oficial dos Estados Unidos sobre a questão da preferência, no final das contas, todas as nossas principais aspirações foram atingidas. No que diz respeito à essência, os norte-americanos passaram a abandonar as propostas originalmente apresentadas de descartar imediatamente todas as preferências como moralmente reprováveis e estabeleceu-se a posição de que a minimização ou eliminação das preferências só podem ser levadas em consideração por meio de consenso entre as partes interessadas (ou seja, incluindo a parte beneficiada pelas preferências) em conjunto com reduções adequadas de tarifas e outras barreiras comerciais pelos Estados Unidos e outros países. Desse modo, o princípio primordial no qual nós e nossos negociadores insistimos até o momento está plenamente garantido. (Telegrama de Washington aos Escritórios do Gabinete, 6-11-1945, apud Miller, 2000)

Era esse o juízo que a delegação britânica transmitia ao Gabinete em Londres, em 6 de novembro de 1945. Trabalhando com arquivos até então inexplorados, o autor do estudo do qual extraímos esse trecho conclui não ter sido apenas no quesito "preferências" que os ingleses obtiveram sucesso. Em quase todos os temas eles teriam conseguido arrancar concessões significativas de seus parceiros norte-americanos. Daí o problema

53

que sua investigação procura responder: como explicar que em uma relação tão assimétrica o lado mais fraco tenha logrado impor seus pontos de vista sobre o mais poderoso. Não caberia reconstituir aqui a linha de seu argumento. Para nossos propósitos, basta reter a tabela em que ele resume a informação analisada:

Tabela 2.1 – Compromissos norte-americanos sobre o princípio econômico: 4 questões-chave

	Setembro, 1945	Dezembro, 1945
	Posições pré-negociação	Compromisso nas *Propostas de Washington*
Preferências	EUA: os norte-americanos exigem a abolição das preferências imperiais. Reino Unido: os britânicos pretendem manter as preferências imperiais.	Posição do Reino Unido aceita: nenhuma demanda por eliminação imediata das preferências; os norte-americanos também aceitaram a demanda britânica de que a redução nas margens de preferência exigia consideráveis concessões tarifárias dos EUA.
Cotas	EUA: os norte-americanos querem eliminar as restrições quantitativas. Reino Unido: os britânicos apoiam as cotas como auxílio a dificuldades na balança de pagamentos.	Posição do Reino Unido aceita: exceções em razão da balança de pagamentos, como os britânicos haviam exigido.
Cartéis	EUA: os norte-americanos opõem-se veementemente aos cartéis em princípio, por causa de seus efeitos nocivos à concorrência. Reino Unido: os britânicos pensam que os cartéis não devem ser proibidos, por proporcionarem estabilidade em preços e condições comerciais.	Posição do Reino Unido aceita: em vez de impor regras rígidas que restringissem as práticas dos cartéis, como o Departamento de Estado havia proposto, a organização internacional de comércio planejada investigaria caso a caso quaisquer cartéis supostamente malignos.
Comércio estatal	EUA: os norte-americanos pretendem tornar ilegal o comércio estatal. Reino Unido: os britânicos apoiam o comércio estatal não discriminatório.	Posição do Reino Unido aceita: os norte-americanos concordaram em permitir comércio estatal, desde que monopólios completos se comprometessem a comprar e vender em bases comerciais.

Nos momentos seguintes, a negociação mudaria de feitio, passando a assumir caráter multilateral. A ideia, que havia sido formulada pelo pessoal do Departamento de Estado em abril de 1945, consistia em negociar simultaneamente entre poucas nações comerciais uma série de acordos bilaterais, e estimular, a partir daí, a celebração de acordos adicionais com outros países. Depois de alguma resistência, finalmente os ingleses acabaram por aceder à abordagem proposta, e em dezembro vinha a lume o documento intitulado "Proposals for Expansion of World Trade and Employment". Como observa Susan A. Aaronson (1996, p.48), era o primeiro documento publicado pelo governo norte-americano a vincular políticas comerciais e de emprego. Era também a primeira expressão pública de sua intenção de trabalhar pela criação de uma organização internacional do comércio.

A partir daí os acontecimentos precipitam-se. Em fevereiro de 1946, o Conselho Econômico e Social da ONU cria um comitê preparatório para redigir o rascunho da Convenção sobre a OIC. Em outubro do mesmo ano, o Comitê Preparatório dá início aos seus trabalhos, tendo por base o documento "Suggested Charter for an International Trade Organization of the United Nations", divulgado pouco antes pelo governo dos Estados Unidos.

Clair Wilcox (1949, p.23), diretor de política de comércio internacional do Departamento de Estado e personagem central na negociação da Carta de Havana, tem razão, portanto, ao considerar a OIC como um projeto "distintamente americano". No entanto, como já vimos, ela foi abatida ali mesmo, na casa de seus criadores. Vários fatores convergiram para produzir tal resultado.

O primeiro foi a oposição estridente de amplos segmentos da opinião empresarial, na qual confluíam dois impulsos nitidamente distintos: de um lado, a reação dos setores vulneráveis à concorrência externa, que reagiam à promessa de redução de barreiras alfandegárias e negavam a OIC em nome da soberania nacional, vocalizando sentimentos isolacionistas com profundas raízes na tradição política norte-americana; de outro, a crítica dos liberais conservadores, que rejeitavam na OIC os compromissos de sabor social-democrata com o objetivo do pleno emprego e as concessões que sua Carta fazia ao intervencionismo do Estado. Na caracterização canônica de Diebold Jr. (1952, p.14):

> A objeção empresarial a políticas comerciais que supostamente exageram na remoção de barreiras comerciais é história antiga. A novidade neste caso foi a objeção à Carta por parte de empresários que a consideravam modesta na remoção de barreiras comerciais. Os que adotavam esse ponto de vista não se preocupavam primordialmente com o efeito da Carta sobre as barreiras comerciais norte-americanas. Sua objeção era a de que a Carta pouco faria para remover as barreiras comerciais estabelecidas por países estrangeiros e poderiam até fortalecer algumas delas. A essência desse ponto de vista era que as exceções às regras gerais

da Carta, e as cláusulas de escape aplicáveis a circunstâncias especiais, eram tão numerosas que a maioria dos países estrangeiros poderia cumprir a Carta sem necessariamente liberar o comércio das restrições vigentes. Além disso, os empresários que adotavam esse ponto de vista de modo geral acreditavam que a Carta ia longe demais em subordinar os compromissos internacionais dos países signatários aos requisitos – reais ou imaginários – dos planos e das políticas econômicas nacionais. Eles também acreditavam que a Carta estava carregada de parafernália ideológica e prática sobre regulação e controle governamental, de modo que não ajudaria e, muito provavelmente, prejudicaria o desenvolvimento da iniciativa privada. Em suma, os empresários que adotaram esses pontos de vista consideraram que a Carta não era suficientemente "liberal" nem suficientemente "internacional". Por causa de sua ênfase nessas imperfeições da Carta [...] será conveniente, e não injusto, chamar esse grupo de "perfeccionistas", em contraste com os "protecionistas" que se opunham à Carta por razões bastante diversas [...]

O segundo fator tem a ver com as dimensões institucionais da política comercial norte-americana e com o impacto dos resultados eleitorais na relação de forças no Congresso. Em relação ao primeiro aspecto, o dado fundamental era o papel que o Legislativo desempenhara tradicionalmente no traçado daquela política. Responsável constitucionalmente pela definição da política tarifária, o Congresso norte-americano abriu espaço para a atuação do Executivo nessa área com a aprovação da Lei de Acordos Recíprocos de Comércio, de 1934. Mas a autorização assim concedida tinha prazo limitado, devendo ser renovada a cada quatro anos. Aliada à extrema permeabilidade do sistema político norte-americano à expressão de interesses setoriais organizados, essa circunstância traduziu-se em várias decisões que limitavam severamente o alcance do liberalismo embutido nas normas do sistema multilateral de comércio em formação. Exemplo disso foi a validação, no acordo celebrado em setembro de 1945, das normas contidas na Lei de Ajustamento Agrícola, que autorizavam o presidente dos Estados Unidos a empregar restrições quantitativas a importações agrícolas para proteger programas domésticos de sustentação de preços – o que praticamente excluiu a agricultura do sistema liberal de comércio (Gardner, 1956, p.149). Outro exemplo consiste na Ordem Executiva 9.832, de 25 de fevereiro de 1947, que criava uma cláusula de escape para todos os setores cujas tarifas pudessem ser afetadas pelas negociações do Gatt. De acordo com esse dispositivo, "qualquer concessão poderia ser retirada ou modificada caso causasse ou ameaçasse causar injúria à indústria doméstica" (Aaronson, 1996, p.70-1).

Ao mencionar o impacto dos resultados eleitorais, o que temos em mente é a conquista da Câmara e do Senado pela oposição republicana nas eleições legislativas de novembro de 1946. Com a economia em recessão, diante de um Congresso poderoso e hostil, os operadores do

Departamento de Estado foram obrigados a fazer adaptações no modelo negociador que vinham seguindo até então. Foi assim que surgiu a "estratégia das duas vias" para o sistema multilateral de comércio: a negociação preliminar do Gatt, que prescindia de ratificação congressual, e a via que levava à OIC, com a vinculação já mencionada entre políticas comerciais e políticas de emprego (ibidem, p.61-2). Ora, ao atender parte expressiva das demandas dos atores políticos e sociais interessados em um regime liberal de comércio com o primeiro instrumento, os formuladores da política comercial norte-americana teriam reduzido significativamente os incentivos a que estes emprestassem seu apoio à segunda parte do pacote, onde estavam concentrados os custos, para eles, da negociação. Este é o núcleo do argumento exposto por Oddel e Eichengreen em estudo no qual comparam os processos de negociação que levaram à OIC e à OMC, quarenta e poucos anos mais tarde.

> [...] quando os dirigentes norte-americanos foram convidados a opinar sobre a carta completa da OIC em 1949 e 1950, aqueles a favor da liberalização do comércio já possuíam alguma ou a maior parte do que queriam na política norte-americana. Duas rodadas do Gatt estabeleceram a viabilidade de uma estratégia limitada de generalizar cortes tarifários bilaterais para todas as partes contratantes [...] Os críticos à OIC dentre as empresas e o Congresso dos Estados Unidos poderiam invocar o Gatt como uma alternativa comprovada a uma carta da OIC.6. (Odell; Eichengreen, 2000, p.168)

As concessões tornavam-se supérfluas porque eles dispunham de uma alternativa atraente aos resultados obtidos na negociação.

O argumento é persuasivo. Menos convincente é a tentativa de explicar por meio dele a baixa prioridade conferida à ratificação do tratado que criava a OIC na agenda do presidente Truman. O problema, no caso, é que a mudança de prioridades parece ter-se operado já no início de seu governo, muito antes, portanto, do Gatt, da formulação da "estratégia de duas vias" que lhe deu origem, ou mesmo do deslocamento na política interna norte-americana que a teria motivado. Pelo menos é isso que podemos depreender do comentário de Susan Aaronson (1996, p.52) que transcrevemos a seguir.

> A morte de Franklin D. Roosevelt, em 12 de abril de 1945, também minou os esforços de criar uma organização internacional de comércio. O novo presidente, Harry S. Truman, trouxe novas ideias, gestão e prioridades à política externa. A liberalização do comércio, e especificamente uma OIC, não era prioritária na pauta de sua principal equipe de política externa.
>
> Os homens no topo estavam preocupados com questões como o fim da lei de empréstimo e arrendamento, os problemas econômicos da Europa, a crise financeira

da Grã-Bretanha, o controle da energia atômica e a colaboração com o Departamento do Interior em um acordo internacional de petróleo.

E os acontecimentos posteriores não contribuíram em nada para alterar esse quadro. É o que sugere a observação da mesma autora sobre as atitudes predominantes no Departamento de Estado no final de 1947.

> A atratividade de uma alternativa à OIC pode ser explicada por uma ampla gama de fatores. Com a proeminente exceção de Clayton e Acheson, muitos dos indicados políticos que atuavam em política externa não estavam comprometidos em concretizar a OIC, a última das instituições planejadas no período pós-guerra. (ibidem, p.93)

A menção ao interesse continuado do secretário adjunto de Estado William Clayton na introdução da OIC é intrigante, porque seu nome está fortemente associado à iniciativa que galvanizou as energias do Departamento, lançou o governo Truman em uma campanha de opinião pública de intensidade inédita e condenou o tema do sistema multilateral de comércio à marginalidade. Estamos falando, naturalmente, do plano grandioso de reconstrução da Europa anunciado pelo secretário de Estado George C. Marshall em seu discurso, na Universidade de Harvard, em 5 de junho de 1947. Coautor do documento conhecido como Plano Acheson-Clayton, de abril de 1946, que previa ampla ajuda financeira e a criação, sob liderança norte-americana, de um organismo de cooperação para coordenar a recuperação das economias europeias desorganizadas pela guerra, autor, além disso, do *memorandum*, de 27 de maio de 1947, que, segundo os estudiosos, pesou decisivamente no consenso expresso no referido discurso, Clayton foi um dos pais intelectuais do Plano Marshall (Rostow, 1981; Hogan, 1989).

Lançado em um momento particularmente difícil, quando a Inglaterra se debatia em grave crise cambial, a escassez dos dólares era geral, e a tensão em torno da questão alemã provocava a ruptura declarada entre a União Soviética e os parceiros da Aliança Atlântica, o Plano Marshall continua sendo objeto de viva controvérsia. Na versão oficial, já esboçada no discurso do secretário de Estado em Harvard, ele surge como uma ação generosa da democracia norte-americana, que vem ao socorro dos povos europeus para viabilizar a reconstrução de suas economias devastadas, nos quadros de um plano integrado destinado a sanar os conflitos que os levaram à guerra no passado, a consolidar no seio deles a democracia e a defendê-los da ameaça comunista em sua dupla expressão, externa e interna. Essa versão é rejeitada pelos críticos, que a contestam no tocante aos antecedentes e aos objetivos visados. Apesar das dificuldades ocasionadas por um inverno excepcionalmente rigoroso, argumentam os revisionistas, em 1947 as economias europeias estariam em plena recuperação, sendo os problemas cambiais uma indicação clara desse fato.[2] De outra parte, o risco de tomada do poder pelos comunistas seria desprezível, quase inexistente: o verdadeiro móvel do Plano Marshall seria o de garantir a presença norte-americana no continente e afastar a possibilidade da reconstrução das economias europeias como capitalismos nacionais, que fechassem aos capitais norte-americanos seus respectivos mercados.[3] Outros analistas atribuem importância menor à questão dos motivos, preferindo salientar os aspectos objetivos do plano tal como foi colocado em prática. Nesta ótica, o Plano Marshall aparece como um ensaio de exportação institucional: a projeção dos diagnósticos e das receitas do New Deal para a cura dos males da Europa.[4]

Não vamos entrar nesse debate. Para nossos propósitos basta reter esse elemento, que é um denominador comum entre as várias interpretações que nele se chocam: o Plano Marshall é lançado em circunstâncias muito diferentes daquelas imaginadas pelos protagonistas do "planejamento" em tempo de guerra, e nele política econômica e política de segurança fundem-se como duas faces da mesma moeda.

Com essa afirmativa, fazemos alusão ao terceiro fator responsável pelo insucesso da OIC: a evolução imprevista da conjuntura econômica europeia e a nova configuração das relações de poder no sistema internacional. No nosso entender, não se trata de um fator entre outros, que incidiria sobre aquele resultado com peso maior ou menor: ele se faz presente em todos os planos, ao definir o contexto geral em que os atores relevantes nos Estados Unidos – governo e oposição, agentes do poder público e representantes do setor privado – definiam seus interesses e formulavam suas pautas. Subscrevemos, portanto, a avaliação de Gardner, que pode ser entrevista na passagem transcrita a seguir.

A esses homens não encantava um mecanismo de longo prazo, identificado com o *"big government"* (um Estado mais intervencionista e inchado). Além disso, em um mundo onde uma Tchecoslováquia outrora democrática transformara-se em uma

---

2 O argumento aparece em Joyce e Gabril Kolko, *The Limits of Power*: The World and United States Foreign Policy, 1945-1954. New York: Harper & Row, 1972, p.337, mas as evidências que o sustentam encontram-se em Alan S. Milward, *The Reconstruction of Western Europe, 1945-51*. London: Routledge, 1992 (primeira edição de 1984), resultado de pesquisa de grande fôlego que cedo se converteu em referência obrigatória no debate sobre a matéria.

3 Esse aspecto é salientado também em Fred L. Bolck. Cf. *The Origins of International Economic Disorder*: A Study of United States International Monetary Policy from World War II to the Present. Berkeley: University of California Press, 1977, p.79 e segs.

4 Nessa linha devem ser citados os trabalhos de Maier, C. S. The politics of productivity: foundations of American international economic policy after World War II. In: Katzenstein, P. J. (ed.). *Between Power and Plenty*: Foreign Economic Policies of Advanced Industrial States. Madison: The University of Wisconsin Press, 1978, p.23-50; e Hogan, M. J. *The Marshall Plan*: America, Britain, and the Reconstruction of Western Europe, 1947-1952. Cambridge: Cambridge University Press, 1989.

Tchecoslováquia comunista, uma organização destinada a facilitar a cooperação entre governos comunistas e capitalistas parecia um sonho [...] Naquela época, era preciso muita coragem política para defender um mecanismo de longo prazo, identificado com um Estado intervencionista e o pleno emprego. Não se tratava de uma posição politicamente ingênua. Alguns membros do Congresso estavam bastante dispostos a fazer uma associação entre o apoio ao internacionalismo e o apoio ao comunismo [...] (Gardner, 1956, p.94)

Convém recordar: 1948, junho: bloqueio de Berlim; 1949, abril: criação da Otan; junho: vitória definitiva das tropas comunistas na China; setembro: primeiro teste atômico bem-sucedido da União Soviética; outubro de 1950, início da Guerra da Coreia. A essa altura, Alger Hiss já tinha sido condenado por perjúrio. A caça às bruxas desencadeada pelo macarthismo estava começando, e Harry Dexter White, um dos protagonistas da história que revisitamos, seria uma de suas vítimas mais notórias. Mas passemos de novo a palavra a Gardner (ibidem, p.293, tradução nossa):

Os fundadores das instituições de Bretton Woods assumiram que, após um curto período de ajuste pós-guerra, o mundo se moveria rapidamente para o equilíbrio político e econômico. Essa suposição foi inteiramente destruída na primavera de 1947.

O contraste entre a expectativa e a realidade foi particularmente dramático no campo político. Em vez de caminhar em direção a "um mundo", as Nações Unidas se encontraram divididas em dois campos hostis, cada um dominado por um colosso de poder sem precedentes.

E o resultado desse desencontro é irônico, como o indica com precisão o comentário conclusivo de Gardner (ibidem, p.304):

A ênfase na política americana mudou da busca do multilateralismo em escala universal para a busca do multilateralismo dentro de uma região específica [...] foi um pouco paradoxal ver os Estados Unidos apoiando instituições como a Organização para a Cooperação Econômica Europeia e, ao final, a União Europeia de Pagamentos, que reduziu as restrições comerciais e de pagamentos numa base intraeuropeia e autorizou uma substancial "discriminação" contra os bens denominados em dólar.

Algo de todo avesso aos sonhos que embalaram o senador Cordell Hull desde o início de sua campanha por um sistema multilateral de comércio, no ano longínquo de 1916.

Estados e mercados

O regime do Gatt. Estrutura e normas

Fracassado o projeto de criação de uma organização internacional do comércio, os problemas de coordenação das políticas nessa área passaram a ser tratados nos marcos institucionais do Gatt. Em apenas um capítulo da Carta da OIC, originalmente, o Gatt proporcionou a seus membros, por mais de 45 anos, o lugar de encontro e o conjunto de normas, regras e procedimentos necessários a que buscassem conjuntamente fórmulas adequadas à promoção de seus interesses mútuos e soluções aceitáveis para as pendências que surgiam continuamente em seu intercâmbio.

De 1947 a 1995, quando a Organização Mundial do Comércio (OMC) foi fundada, o Gatt foi palco de sete rodadas de negociações comerciais. As cinco primeiras – a de Genebra, 1947; a de Anecy, 1949; a de Torqay, 1951; a de Genebra, 1956; a Rodada Dillon, 1960-61, e a Rodada Kennedy, 1963-67 – tiveram como objeto a redução negociada de barreiras tarifárias. As duas últimas – a Rodada Tóquio, que se prolongou de 1973 a 1979, e a Rodada Uruguai, que teve início em 1986 e terminou em 1994 – contaram com uma agenda muito mais ampla e diversificada. Falaremos delas em outro capítulo deste trabalho. Por ora devemos apresentar as linhas gerais do regime que se formou gradualmente no espaço deixado vazio pela morte prematura da OIC, buscando identificar as fontes que alimentariam as tensões responsáveis por sua transformação, em meados dos anos 2000.

Em seus começos, esse regime incidia, basicamente, nas relações comerciais entre os países desenvolvidos, o que justificou a expressão *"a rich men club"* (um clube de homens ricos), pela qual foi definido na época. Aos poucos ele se amplia e vem a incorporar, nesse passo, parte da agenda de desenvolvimento que o fim da OIC deixara na orfandade. Vamos ver, ainda neste capítulo, como e em que circunstâncias esse processo se verifica. Diremos ainda uma palavra sobre seu significado. Mas não nos adiantemos. As apresentações em primeiro lugar.

Aos olhos do observador distante, a primeira coisa que chama a atenção no Gatt é a simplicidade de seu aparato. Ao contrário de outras instituições internacionais, o Gatt dispensa prédios imponentes e multidões de funcionários. Sua estrutura organizativa é extremamente simples, e o fundamental do trabalho desenvolvido em seu nome é efetuado por quadros externos. Entende-se. Embora tenha se convertido em uma organização *sui generis*, o Gatt em sua origem era apenas um Acordo, que podia ser rompido a qualquer instante, por qualquer de seus signatários. Pensado como parte de uma organização a ser criada, seus arquitetos tomaram todo o cuidado em evitar que ele adquirisse os atributos de um ente distinto, para evitar superposições causadoras de dificuldades futuras e, sobretudo, para subtraí-lo ao poder ratificante do Congresso dos Estados Unidos.

Ainda assim, para que as obrigações nele previstas se tornassem efetivas era necessário que o Gatt fosse dotado de mecanismos de tomada de decisão e de monitoramento. A solução encontrada foi remeter todas decisões ao conjunto dos países signatários, os quais são referidos no texto do Acordo como PARTES CONTRATANTES, o emprego das maiúsculas servindo de subterfúgio para indicar que, no exercício dessa função, eles operam como uma entidade coletiva (Hudec, 1998).

Órgão superior do Gatt, as "Partes Contratantes" dispõem de amplos poderes. Elas detêm autoridade exclusiva para legislar, emitir julgamentos sobre a conformidade das políticas comerciais dos membros e retirar (*waive*) direitos e obrigações destes quando julgarem justificado. As "Partes Contratantes" são competentes para interpretar as estipulações do Acordo Geral e exercem função "quase judicial" quando são chamadas a se manifestar sobre conflitos entre as partes. Legalmente, cabe privativamente a elas estabelecer relações com Estados, organizações internacionais e pessoas privadas. Elas têm o poder de emendar e ampliar escopo do Acordo General. A delegação de autoridade pelas Partes Contratantes é a origem obrigada de todos os demais elementos da estrutura do Gatt (Weaver, 1993).

Nos primeiros anos de sua existência, as Partes Contratantes incumbiam-se diretamente de todas essas funções, o que fazia com que suas reuniões anuais frequentemente se prolongassem por várias semanas. Para dar maior agilidade aos trabalhos, em 1960 foi criado o Conselho de Representantes do Gatt, com as seguintes atribuições: considerar as matérias suscitadas entre as sessões das Partes Contratantes, supervisionar e orientar a atuação dos outros órgãos subsidiários das Partes Contratantes, preparar as sessões anuais, tratar de todas as matérias afetas às Partes Contratantes e agir em seu nome, por delegação.

A composição desse Conselho obedecia a uma regra generosa: faziam parte dele representantes de todos os membros interessados em participar que se dispusessem a aceitar as responsabilidades daí decorrentes e a mobilizar os meios necessários para tal. Não participantes interessados em matérias particulares em pauta nos trabalhos do Conselho eram nele incluídos, com todas as prerrogativas de um membro, para esse propósito.

No texto do Acordo Geral há menção à figura de um secretário executivo. Em 1965, essa função foi extinta, sendo substituída pela posição de diretor-geral do Gatt. Mas isso foi feito sem qualquer alteração no texto do Acordo. As funções e poderes associados ao cargo foram definidos ao longo do tempo, portanto, como resultado de decisões pragmáticas.

Responsável pelos trabalhos do Secretariado do Gatt, o diretor-geral ocupa-se com as atividades administrativas do órgão e desempenha papel ativo nas negociações que o envolvem – tradicionalmente, a presidência dos Comitês Negociadores cabe ao diretor-geral. Nessa condição, ele opera como intermediário e agente conciliador, buscando sempre soluções de consenso

Estados e mercados

para as discordâncias que emergem recorrentemente entre as partes. Desprovido de poder compulsório, o diretor-geral vale-se de suas habilidades de negociador e de seu poder de persuasão para atingir tal objetivo.

O Secretariado é outra figura ausente no texto do Gatt. A Conferência de Havana, em 1948, criou uma Comissão Interina, para cuidar da montagem da Organização Internacional do Comércio e ocupar-se dos serviços de secretaria do Gatt durante o interregno. Naufragado o projeto da OIC, a Comissão tornou-se permanente e passou a funcionar como Secretariado de fato do organismo remanescente, fornecendo apoio técnico aos comitês e aos grupos de trabalho, e auxiliando os painéis de peritos (*panels of experts*) em questões legais e de processuais.

A estrutura do Gatt comporta, ainda, os três elementos mencionados: os comitês – unidades com elevado grau de permanência criados pelas "Partes Contratantes" ou pelo Conselho para estudar questões importantes de forma continuada, abertos todos eles (com uma única exceção) à participação dos interessados; os "painéis de conciliação", compostos de peritos apontados pelo diretor-geral, com a incumbência de formular sugestões específicas visando à resolução de conflitos; e "grupos de trabalho" (*working parties*), corpos de maior densidade, incluindo representantes dos diferentes lados de uma disputa e de países não envolvidos nela, com vistas à solução por acordo do conflito entre as partes (Finlayson; Zacher, 1983, p.296).

Caberia mencionar, ademais, o "Grupo Consultivo dos Dezoito", estabelecido em 1975, durante a rodada Tóquio, para propiciar o encontro regular de altos funcionários dos países comercialmente mais importantes, para assessorar as Partes Contratantes no desempenho de suas responsabilidades no que tange à integridade do sistema multilateral de comércio e ao relacionamento com o FMI. E indicar, por fim, que todos esses corpos operam na realização das regras do Gatt; a prerrogativa de alterá-las, como já vimos, é privativa das "Partes Contratantes", que se reúnem, extraordinariamente, em Conferências expressamente convocadas para esse fim: as famosas "rodadas" (Weaver; Abellard, 1993, p.14-5).

Tosca como pode ser, a descrição anterior deixa transparecer uma das características centrais do regime do Gatt: a predominância esmagadora nele da lógica dos Estados que o integram. Do ponto de vista de sua estrutura organizativa, o Gatt aparece como uma arena em que esses Estados se encontram para negociar interesses e dirimir conflitos com o auxílio de mediadores aplicados, mas destituídos de poder para operar como árbitros.

Mas se fosse apenas isso, um espaço neutro, um lugar de encontro, o Gatt não mereceria o nome de regime. Ele funcionava como tal por cristalizar, em seu arcabouço e em suas práticas, um conjunto de princípios e normas, derivadas de uma dada visão sobre como deveria se estruturar o sistema de comércio internacional e como ele deveria inserir-se no contexto inclusivo do sistema de Estados.

Essa dupla referência balizou todo o processo de negociação que resultou na experiência abortada da OIC. Veremos agora como ela se apresenta no processo de tomada de decisões e na própria matriz normativa do Gatt.

Do ponto de vista de suas regras formais, o sistema decisório do Gatt segue de perto o modelo parlamentar: cada membro detém um voto, e todas as matérias são decididas por meio de votações, com requisito variável de quórum segundo sua importância relativa: maioria simples, como regra geral; dois terços para algumas questões, e para alteração dos dispositivos do Acordo; unanimidade, para emendas nos Artigos I e II, em que os compromissos centrais alcançados por meio do Acordo são definidos – a norma da Nação mais Favorecida, com suas exceções, e a lista de concessões tarifárias. Mas, em seu funcionamento real, o Gatt exibe um padrão muito diferente. Nele, o que sempre valeu foi a regra não escrita do consenso.

O Gatt não é um caso isolado. Com graus diferentes de formalização, muitas organizações internacionais evitam a tomada de decisões pela regra da maioria, ainda que esta esteja prevista em seus estatutos, dando preferência ao procedimento menos traumático, embora mais trabalhoso, da negociação com vistas a um resultado que possa ser aceito, dispensado o recurso ao voto, por todos os participantes. O termo consenso, nesse contexto, não deve ser entendido como adesão generalizada, embora não unânime, a uma dada proposta, mas como ausência de objeções manifestas, fortes o bastante para se constituírem em obstáculos a uma dada decisão.

Análogo à técnica empregada nas conferências diplomáticas, o mecanismo da decisão por consenso dá lugar a um processo característico, que foi descrito, por um observador qualificado, nos seguintes termos:

> Quando a agenda contém um item cuja importância e natureza polêmica justificam uma tentativa de aprová-lo por consenso, inicia-se uma discussão que raramente vai além de uma série de monólogos em que os Estados-membros e os grupos de Estados reiteram sua posição. Os rascunhos da resolução que são submetidos ao final da discussão podem expressar posições frequentemente divergentes. O próximo estágio é o da negociação, que pode assumir formas muito variadas: de pequenas reuniões realizadas a portas fechadas, sem registro, a ações de grupos regionais, que começam cada qual por buscar uma posição consensual internamente e em seguida negociar com os outros grupos por meio de representantes autorizados especialmente designados para esse fim [...] Uma técnica frequentemente usada é o "grupo de contato", composto por representantes designados por grupos regionais. Em alguns casos, esses grupos de contato também são receptivos a qualquer delegação que deseje participar. O papel do presidente do órgão deliberativo pode ser muito importante; na verdade, em alguns casos, decisivo. É ele quem tenta conciliar pontos de vista, promover reuniões, preparar ou supervisionar a elaboração de textos que possam dar sequência à negociação; é ele quem informa o corpo principal dos resultados. O corpo principal apenas volta a deliberar sobre a questão uma vez

concluída a negociação e obtido o consenso. O presidente, então, apresenta em uma reunião o texto que reflete o consenso e, após se certificar de que nenhuma oposição se manifesta, declara sua adoção. (M'Bow, 1978, p.897-8)

Tendo se difundido amplamente na década de 1960, o procedimento da decisão por consenso tem um significado prático que pode ser facilmente compreendido. Na ausência de laços de solidariedade mais sólidos entre os participantes do processo decisório, o consenso surge como expediente adequado para assegurar o apoio necessário à realização da decisão coletiva. Como a importância da contribuição de cada participante depende dos meios que possam mobilizar para esse efeito, a norma do consenso ganha relevo em contextos tais em que a aplicação da regra majoritária condenaria os atores mais poderosos – a rigor, qualquer ator cujo concurso seja indispensável à efetivação da medida acordada – à condição perdedora de minoria. Era exatamente essa a situação enfrentada por grande parte das organizações internacionais naquele período.

A solução do problema era o consenso, por reconciliar o aparentemente irreconciliável. Assim como a unanimidade, respeita plenamente a soberania e, assim como na votação por maioria, leva plenamente em consideração os interesses da maioria dos estados. Por fim, reconhece as diferenças de poder e os interesses entre estados. (Schermes; Blokker, 2003, p.784)

Recorrer ao mecanismo do consenso é optar, de antemão, por uma solução de compromisso. Veremos agora como essa opção se reflete na dimensão normativa do Gatt.

Dados os antecedentes, o fato não surpreende: o esforço por acomodar as prerrogativas de Estados soberanos em um sistema legal baseado no conceito universalista do livre comércio resultou em um texto normativo heteróclito.

Ele afirma, já em sua abertura, o princípio básico da "não discriminação", consagrada por meio das normas da "nação mais favorecida":

Qualquer vantagem, favorecimento, privilégio ou imunidade concedida por qualquer parte contratante a qualquer produto originário de ou destinado a qualquer outro país será concedido imediata e incondicionalmente ao produto similar originário de ou destinado a territórios de todas as outras partes contratantes (Art. I)

E do "tratamento nacional":

Os produtos do território de qualquer parte contratante importados para o território de qualquer outra parte contratante não estarão sujeitos, direta ou indiretamente, a tributos ou encargos internos de qualquer natureza que excedam àqueles que sejam aplicados, direta ou indiretamente, a produtos domésticos. [Art. III, 2]

> [...] Os produtos do território de qualquer parte contratante importados para o território de qualquer outra parte contratante deverão receber tratamento não menos favorável do que o concedido a produtos similares de origem nacional no tocante a todas as leis, regulamentos e requisitos que afetem sua venda interna, oferta para venda, compra, transporte, distribuição ou uso. (Art. III, 4)

O "princípio da liberalização", expresso na norma que assegura liberdade de trânsito (Art. V), na norma que veda o emprego de restrições quantitativas e administrativas (Art. VIII), e no objetivo de reduzir gradualmente as barreiras tarifárias, cujo primeiro passo – a lista de concessões negociadas na Conferência de Genebra, de 1947, está registrado no Art. II do Acordo Geral –, e o princípio da "transparência", que manifesta na exigência de informação pública e completa sobre leis, regulações e medidas administrativas com incidência nas relações comerciais externas das partes contratantes, que aparece em inúmeros artigos desse documento. Esta é a face liberal do Gatt.

Mas esse mesmo texto consagra, por outro lado, o "princípio da reciprocidade", que define o processo de redução de tarifas como uma barganha na qual a "oferta" feita por um país é "paga" pela redução de alíquotas do outro. Esse é o procedimento seguido pela diplomacia comercial norte-americana desde a aprovação do Trade Reciprocal Act, em 1934. Ele foi integrado formalmente no texto do Acordo em 1955, por meio do Artigo XXXVIII bis, que define a formato das negociações tarifárias, e até hoje continua moldando a linguagem das negociações comerciais no âmbito da OMC. O curioso é que um e outro – o procedimento e o vocabulário correspondente – estão em franca dissintonia com o universalismo que inspira outras partes do documento. Como vários analistas têm observado, a lógica implicada neles não é liberal, mas mercantilista (Finger, 2002). Além disso, o texto do Acordo reconhece aos Estados o "direito de salvaguarda", permitindo-lhes a adoção de medidas contrárias a normas gerais para fazer frente a circunstâncias excepcionais que ameacem a estabilidade de suas respectivas economias ou ponham em risco a integridade de setores particulares destas (Art. XIX), e incorpora – de forma limitada, em sua versão original – o princípio do desenvolvimento, com aceitação tácita do conceito de "indústria nascente" –

> As partes contratantes reconhecem, ainda, que pode ser necessário que as partes contratantes [países menos desenvolvidos], a fim de implementar programas e políticas de desenvolvimento econômico [...] tomem medidas protetivas ou outras que afetem as importações [...] Concordam, portanto, que as partes contratantes devam dispor de facilidades adicionais a lhes permitir: a) manter flexibilidade suficiente em suas estruturas tarifárias para que possam conceder a proteção tarifária necessária ao estabelecimento de uma dada indústria e (b) aplicar restrições quantitativas à balança de pagamentos de modo a levar em plena conta o continuado alto nível

de demanda por importações a ser provavelmente gerado por seus programas de desenvolvimento econômico. (Art. XVIII, 2)

Com o passar do tempo, a brecha aberta por esse princípio se tornaria maior e justificaria novas exceções, o que se daria em 1965, quando ao texto do Acordo foi adicionado o capítulo IV, todo ele dedicado ao tema Comércio e Desenvolvimento.

Mas a incongruência das normas substantivas não nos diz tudo. Outro sinal do compromisso difícil alinhavado pelos negociadores do Acordo é a discrepância desconcertante entre a forma do texto que redigiram, que observa nos mínimos detalhes o figurino dos códigos legais, e a inocuidade dos dispositivos previstos para sancionar as estipulações nele contidas. Sobre essa contradição aparente, vale a pena registrar o comentário de um renomado especialista.

> As aparentes contradições são manifestações de uma jurisprudência distintiva. Trata-se de uma jurisprudência que confunde os advogados, por ser principalmente função de diplomatas, e não de advogados. Trabalhando com ferramentas peculiares à sua profissão, os diplomatas do Gatt desenvolveram uma abordagem à lei que tenta conciliar, em seus próprios termos, os objetivos regulatórios de um sistema jurídico convencional com as realidades turbulentas das questões de comércio internacional. (Hudec, 1998, p.8)

Além das já mencionadas, as marcas desse laborioso compromisso aparecem nas inúmeras exceções à regra da não discriminação, explicitamente formuladas no texto do Acordo. Dentre elas caberia destacar duas: a que abre espaço para a criação de sistemas regionais de preferências (Uniões Aduaneiras e Áreas de Livre Comércio) (Art. XXIV), e a que desobriga os países-membros com as disciplinas do Acordo quando eles agem em nome da segurança nacional: "Nada neste Contrato deve ser interpretado como impeditivo a que qualquer parte contratante tome qualquer medida que considere necessária para a proteção de seus interesses essenciais de segurança" (Art. XXI, b). Combinadas, essas duas exceções inscreveram o Gatt no sistema internacional fraturado da Guerra Fria: a primeira deu cobertura legal ao Plano Marshall e a seu rebento, o Mercado Comum Europeu; a segunda justificou a discriminação contra membros do Gatt que passaram a integrar o bloco soviético – em 1951, decisão do Gatt a favor dos Estados Unidos, em uma disputa com a Checoslováquia, consagrou a norma de que restrições comerciais podiam ser justificadas por razões de segurança nacional (Murphy, 1984).[5]

---

5 Para um tratamento abrangente do tema, cf. Mastanduno, M. *Economic Containment:* CoCom and the Politics of East-West Trade. Ítaca; Londres: Cornell University Press, 1992.

Finalmente, indicativo do caráter problemático do referido compromisso é o Capítulo IV – Comércio e Desenvolvimento, agregado ao texto do Acordo Geral em 1965, em resposta à pressão crescente dos países em desenvolvimento.

A inserção dos países em desenvolvimento no Gatt

A observação precedente nos remete ao tema que reservamos para o final deste capítulo. Em suas origens, o regime cujas linhas gerais acabamos de descrever concernia basicamente aos países industrialmente avançados. Embora o Brasil, a Índia e outros países pobres estivessem entre os signatários do acordo de 1947, em seus primeiros anos de existência o Gatt foi uma arena de negociação de interesses comerciais que emergiam na relação entre os Estados Unidos e a Europa. Esse quadro começa a mudar na década de 1960, sob dois aspectos interligados. Por um lado, a agenda da organização passa a incorporar a temática do desenvolvimento, em um processo que vai culminar na inclusão do Capítulo IV, em 1964. Por outro, cresce significativamente o número de países que aderem ao Gatt, como se pode ver claramente pelos dados apresentados no quadro abaixo, e este crescimento se deve fundamentalmente à entrada de países do chamado Terceiro Mundo.

Tabela 2.2 – Número de membros por período e taxa de variação

Período	Nº de membros	Variação %
1948/50	28	–
1951/55	34	21,43
1956/60	37	8,82
1961/65	65	75,68
1966/70	77	18,46
1971/75	82	6,49
1976/80	84	2,44
1981/85	89	5,95
1986/90	99	11,24
1991/94	124	25,20

Seria um equívoco, porém, estabelecer uma conexão direta entre um fenômeno e outro. Para entender cada um deles, e a relação que mantêm entre si, devemos inseri-los no contexto mais amplo da economia política internacional, fazendo o recuo necessário para retraçar o histórico desse relacionamento desde o período formativo do Gatt.

Podemos começar chamando a atenção para o envolvimento contrastante desses países na elaboração do Gatt e na Conferência de Havana, que aprovou a criação da OIC. Não é preciso esmiuçar muito. Para transmitir uma ideia da discrepância, basta dizer: 1) que entre os dezessete países latino-americanos que subscreveram a Carta de Havana, apenas três eram partes contratantes do Gatt – o Brasil, o Chile, e Cuba; e 2) que a versão original do Acordo Geral não continha nenhum princípio que se aplicasse especificamente aos países em desenvolvimento – os quais, aliás, careciam na época de reconhecimento formal, como categoria distinta –, ao passo que, nos estatutos da OIC, o tema do desenvolvimento ocupava um lugar de destaque.

Com os elementos de informação de que dispomos, esse contraste não chega a surpreender. Como já vimos, o Acordo Geral foi concebido como uma etapa prévia do processo de formação da OIC, e a rodada de reduções tarifárias tinha baixa relevância para os países em desenvolvimento – as concessões foram feitas basicamente pelos Estados Unidos e concentravam-se em itens estranhos à pauta de exportação desses países. Mas essa consideração ilumina apenas uma parte do problema: o reduzido envolvimento dos países da periferia no Gatt. Ele nada nos diz sobre a outra: a participação intensa na discussão da Carta de Havana e o espaço que tais países conseguiram para seus pontos de vista nesse documento.

Ambos os fatos ficam mais compreensíveis quando levamos em conta duas circunstâncias. A primeira e mais importante diz respeito ao impacto do Plano Marshall. Em 1948, quando se realizou em Havana a conferência convocada para aprovar a proposta de criação da OIC, o Plano Marshall já saíra do papel e incendiava a imaginação de círculos dirigentes em toda parte do mundo. Se a superpotência hegemônica tratava com tal generosidade os países europeus, estendendo sua ajuda à reconstrução de todos, inclusive dos antigos inimigos, por que não esperar o mesmo tratamento aos países que foram vitimados pela guerra – como a Etiópia e alguns países asiáticos –, ou que lutavam para se liberar da herança de atraso deixada pelo colonialismo? Esse ponto é salientado por Craig Murphy em seu livro sobre a emergência da ideologia da Nova Ordem Econômica Internacional: no período imediatamente posterior à Segunda Guerra, o tema saliente na agenda internacional era a ajuda externa, e os programas lançados com grande alarde pelos Estados Unidos não incluíam os países subdesenvolvidos. Com o passar do tempo, concessões simbólicas foram feitas: em 1948 o governo norte-americano se dispôs a cooperar com o sistema da ONU em programas voltados para o desenvolvimento de países não industrializados, condicionando, porém, o apoio prometido ao atendimento, pelos projetos considerados, de critérios técnicos – coerência, coordenação, concepção correta –, sujeitos a sua avaliação própria. O segundo relatório anual do Banco Mundial ajudava a esclarecer o significado desses critérios, ao cobrar dos governos interessados em participar em programas de ajuda a adoção de medidas para encorajar o livre mercado e a livre circulação de capitais, além do pagamento de todas as dívidas com empresas privadas, em especial as norte-americanas. O oferecido era muito pouco, e o fardo, muito pesado.

Como relata o autor, até à abertura da Conferência de Havana, os países latino-americanos e asiáticos esperaram o anúncio de um plano equivalente – na natureza e na dimensão – ao Plano Marshall. Em vão. A resposta do governo norte-americano aos seus reclamos viria um pouco depois, sob a forma de uma declaração, durante a Conferência Interamericana de Bogotá, do próprio secretário Marshall, que disse com todas as letras a um repórter que os Estados Unidos não planejavam nenhuma ajuda externa à América Latina. E o argumento histórico desemboca na conclusão que se segue:

> Sem a promessa de uma ajuda norte-americana aceitável, grande parte da conferência de 1948 da OIC transformou o estatuto de livre comércio no estatuto de uma organização que poderia apoiar algumas políticas comerciais restritivas [...] Sob a liderança dos maiores Estados da América Latina e da Índia, a conferência da OIC retificou as propostas norte-americanas aceitando artigos que regem as tarifas preferenciais, os acordos de commodities e os acordos comerciais bilaterais, além de aceitar o princípio de que a OIC tomaria decisões na base do um voto por nação. (Murphy, 1984, p.26-7)

A insatisfação desses países pelo tratamento recebido dos Estados Unidos tornava-se mais intensa e ganhava tom moral devido a essa circunstância: muitos deles tinham dedicado parte expressiva de seus magros recursos ao esforço de guerra e à tarefa da reconstrução. Em diferentes fóruns, esse argumento foi invocado por representantes do Brasil, do México e da Índia (ibidem, p.34).

A análise que associa a frustração com a impermeabilidade da política norte-americana e a emergência de um discurso econômico alternativo, que punha ênfase na criação de ferramentas institucionais – internas e externas – para promover o desenvolvimento não soará estranha ao leitor familiarizado com a história da política externa brasileira. Mas de nosso ângulo, mais importante do que sopesar a influência desse fator é fazer o seguinte registro: no início dos anos 1950, no ápice da Guerra Fria, os países da periferia estavam marginalizados no grande palco da política internacional e encontravam muito pouca receptividade nos órgãos centrais do sistema da ONU para a expressão de seus interesses e seus pontos de vista. Nesse período, a incorporação dos temas levantados por esses países fazia-se basicamente por meio das comissões econômicas regionais da ONU – a Comissão Econômica para a América Latina e o Caribe (Cepal) e a Comissão Econômica para a Ásia e o Extremo Oriente (Ecafe, no acrônimo inglês).

Em meados dos anos 1960, essa situação estava inteiramente alterada, sob efeito de inúmeros fatores, dos quais dois nos parecem fundamentais.

Estados e mercados

O primeiro desses fatores consiste na modificação do quadro geopolítico mundial, decorrente da adoção da política de coexistência pacífica pela liderança soviética após a morte de Stalin (março de 1953); das evidências – derivadas, em parte, deste fato – de que a estratégia do *containment*, que informara a conduta dos Estados Unidos na cena internacional desde 1946, estava esgotada; e da afirmação vigorosa dos impulsos nacionalistas em todos os cantos daquilo que, desde então, passou a ser denominado o Terceiro Mundo. Este último fenômeno, que tem incidência direta sobre nosso tema, é marcado por alguns episódios emblemáticos.

O mais espetacular deles foi a derrocada dos impérios europeus – em alguns casos sob o peso de derrotas desmoralizadoras no campo de batalha – e o avanço consequente do processo de descolonização iniciado logo após o término da Segunda Guerra. Fica explicado, assim, o enorme salto, que se verifica entre 1961 e 1965, no número de membros do Gatt: dos 28 países que ingressam na organização nesse período, 23 são ex-colônias com soberania reconhecida nos primeiros anos da década.

Mais localizado, porém muito sintomático, o segundo episódio que destacamos é a crise do Suez, que levou à nacionalização do canal, um dos símbolos mais fortes da presença do colonizador europeu naquela região nevrálgica. No contexto da presente exposição, sua importância torna-se mais evidente quando levamos em conta o tema que deu origem à escalada de tensões entre a Inglaterra e o regime do coronel. Nasser: o projeto da represa de Asswan e o concurso da União Soviética na viabilização dessa obra grandiosa. Pois ele revela a associação entre os dois aspectos antes referidos: de um lado, a disposição de regimes recentemente instaurados, em regiões tradicionalmente subjugadas, de desafiar os impérios europeus decadentes, rompendo interditos formais e informais para fazer valer o que definiam, em circunstâncias diversas, como o interesse nacional; de outro, o reforço advindo para esses regimes da reorientação estratégica da União Soviética. Mas igualmente porque faz aflorar, no âmago da crise, a questão do desenvolvimento.

Esta observação nos remete ao terceiro episódio: a constituição gradativa de um campo diplomático cujos integrantes reconheciam-se mutuamente em um discurso articulado, que rejeitava o falso universalismo da retórica dominante nas organizações internacionais sob influência direta dos Estados Unidos, em nome de uma concepção alternativa, centrada na noção de direitos e deveres dos Estados e no respeito à diversidade – das tradições culturais e das opções de política econômica – como único caminho para a construção da paz e da unidade internacional.[6] Bandung, 1955, Belgrado, 1961, Cairo, 1962 – no suceder de conferências internacionais, os países participantes

---

6 Para uma análise iluminadora do conflito entre as duas concepções acima indicadas, cf. Murphy, op. cit., em especial p.28-41.

estabeleciam laços de solidariedade, afinavam um discurso comum e marcavam uma identidade própria. O Movimento dos Países Não Alinhados era o núcleo mais visível dele, mas o campo de que falamos era muito mais amplo. E nesse âmbito a temática do desenvolvimento era fundamental. A última das conferências citadas foi dedicada inteiramente a ela. Tendo dado origem a um documento programático importante – a "Declaração do Cairo" –, essa conferência propiciou o primeiro encontro de Raul Prebisch com interlocutores africanos e asiáticos. Por ambos os motivos, ela inscreve-se como um antecedente significativo no processo que levaria à Conferência de Genebra e à criação, em dezembro de 1964, da Conferência das Nações Unidas sobre Comércio e Desenvolvimento (Unctad) (Gosovic, 1972, p.17).

Aqui, mais uma vez, vamos observar o impulso que a heterodoxia desses países recebia de iniciativas originadas no bloco soviético. A ideia de recolocar o tema do desenvolvimento no âmbito da ONU partiu desse campo. Em 1954, a União Soviética propôs uma conferência de especialistas em comércio e passou a defender a criação de uma organização internacional de comércio com filiação universal; em 1955, os países socialistas apresentaram à Assembleia Geral da ONU uma resolução cobrando a ratificação da Carta de Havana, e no ano seguinte a União Soviética propôs a convocação de uma conferência econômica para estudar a criação de uma organização mundial de comércio no sistema da ONU. Essas iniciativas nos permitem salientar igualmente a natureza contingente da mencionada convergência: nenhum delas prosperou, por total carência de apoio – os países em desenvolvimento preferiam trabalhar no quadro das instituições existentes, solicitando uma conferência para discutir sua inserção no sistema multilateral de comércio, mas não do tema intratável do comércio Leste-Oeste (Ibidem, p.17).

O segundo fator decisivo na mudança da relação do Gatt com os países em desenvolvimento foi a consciência crescente de que esses países tendiam a perder espaço no comércio internacional, pouco ganhando com a forte expansão econômica que se verificou ao final do período de reconstrução das economias devastadas pela guerra. No início dos anos 1950, as exportações desses países cresciam a uma taxa anual média de 8,4%; dez anos depois essa taxa havia recuado para o patamar de 5% – entre 1950 a 1962, apesar do crescimento acumulado de 50% em suas exportações, a participação deles caiu de um terço para um quinto do total da exportação mundial. Base da argumentação em prol de programas dirigidos de industrialização desenvolvida pela Cepal e por líderes políticos do Terceiro Mundo, esses números acabaram por se impor à atenção do Gatt, que – na reunião ministerial de 1957 – constituiu um grupo de experts para estudar as causas de uma situação tão anômala sob o prisma da teoria econômica implícita da organização. Sob a direção de Gottfried Haberler, esse grupo – que contou com a participação de outros economistas ilustres, como James Meade, Jam Tinbergen e Roberto Campos – produziu o documento conhecido como o Relatório Haberler, no qual identificavam as barreiras tarifárias e não tarifárias erguidas pelos países industrializados como a raiz do problema, e sugeriam uma série de medidas para obviá-lo, entre as quais a formação de estoques reguladores a fim de atenuar as oscilações nos preços dos produtos primários, e a diminuição, nos países industrializados, dos tributos que incidiam sobre produtos primários como café, tabaco, e chá, elevando seus preços e comprimindo a demanda de importados (Michalopoulos, 1999).

Apesar da timidez de suas recomendações, o Relatório Haberler é tido como um ponto de inflexão no relacionamento entre o Gatt e os países da periferia. Com ele, o debate que vinha sendo travado há muito tempo em outros fóruns rompe as barreiras e instala-se nessa seleta organização. A partir daí, assistiremos a uma série de atos visando a satisfazer as demandas desse grupo de países, até chegarmos à reforma dos estatutos de 1964, com a inclusão de todo um capítulo dedicado ao tema do desenvolvimento.

Não cabe discutir aqui o teor dessas concessões. Para os observadores mais cáusticos, elas foram apenas simbólicas, pois não comprometiam os países industrializados com nenhuma mudança substantiva de vulto. Mas insistir nesse ponto para minimizar a importância do deslocamento operado seria laborar em erro. Com ganhos materiais maiores ou menores, os países em desenvolvimento foram instituídos como interlocutores legítimos no Gatt, e desde então seriam parte relevante em qualquer processo de negociação sobre o regime internacional de comércio.

3
1945-1984
Ordem (e desordem) econômica internacional e nova estratégia comercial dos Estados Unidos

Crescimento e liberalização comercial no pós-guerra: instituições internacionais e a política dos Estados Unidos

Quando a voz dos países em desenvolvimento começou a se fazer ouvir com maior sonoridade no Acordo Geral de Tarifas e Comércio (Gatt), a economia internacional encontrava-se em meio a um ciclo de crescimento sem precedente.

"Trinta gloriosos", "idade de ouro do capitalismo" – diante da grandiosidade dos deslocamentos operados no período, a hipérbole justifica-se. Com efeito, nas três décadas que se seguiram ao fim da Segunda Guerra Mundial, a economia global cresceu a taxas, antes ou depois, nunca vistas. E fez isso em um processo em que as flutuações típicas da economia capitalista – a alternância entre fases de expansão e de retração da atividade – foram excepcionalmente moderadas. Essa combinação feliz parecia dar crédito à ideia de que os governos dos países capitalistas avançados tinham aprendido muito com as experiências passadas e administravam a economia, agora, com instrumentos suficientes para evitar as crises.

O otimismo expresso nessa crença muito difundida refletia também a impressão causada no imaginário popular pelas grandes transformações sociais que marcaram o período: capitalização do campo – uso disseminado de implementos agrícolas e fertilizantes químicos; urbanização acelerada; aumento acentuado da produtividade industrial, pela difusão das formas de organização do trabalho desenvolvidas no início do século nos Estados

Unidos (produção em série, linha de montagem, taylorismo); generalização da relação salarial, com o declínio correspondente do trabalho por conta própria e dos antigos ofícios; entrada maciça das mulheres no mercado de trabalho; expansão das políticas de proteção social; mudança nos padrões de consumo, cuja expressão emblemática é a universalização do automóvel, símbolo *par excelence* da modernidade, em sua celebração à autonomia do indivíduo.

Com seus complementos ideacionais, essas mudanças pareciam encerrar a promessa de um mundo melhor, em que os "ganhos do crescimento" seriam repartidos com equidade; um mundo em que as desigualdades continuariam existindo, mas contidas dentro de limites relativamente restritos; um mundo de progresso social, enfim. Por isso, também, "era de ouro do capitalismo".

Característica geral do período, esse movimento ascendente transcendeu a órbita do capitalismo avançado e foi muito mais acentuado em alguns países. Tornou-se comum, então, falar em "milagres econômicos". "Milagre alemão", "japonês", "coreano" (tivemos um "milagre" aqui no Brasil também, mas evitaremos falar dele agora para não fugir ao tema deste capítulo). Muito diferentes sob tantos aspectos, esses casos nacionais apresentam um elemento comum: o dinamismo do setor externo de suas economias, a importância das exportações de bens manufaturados como mola propulsora do crescimento.

Destacar esse aspecto é preciso porque ele põe em evidência outro traço distintivo do período, a saber, a integração crescente das economias nacionais por meio da intensificação extraordinária do comércio entre os países.

O contraste com a situação que prevaleceu no entreguerras não poderia ser mais forte. Restabelecida a ordem burguesa, depois de longo período de convulsões econômicas e políticas, a Europa alcançou certa estabilidade em meados da década de 1920, com a consolidação do regime fascista na Itália, o fim da hiperinflação alemã e a restauração do sistema monetário lastreado no ouro, pelo retorno à conversibilidade das principais moedas, a começar pela libra esterlina.[1] A fase de relativa tranquilidade, porém, não durou muito. Em 1929, a crise financeira detonada pela quebra da bolsa de Nova Iorque converteu-se rapidamente em crise econômica mundial, que foi enfrentada, pelos mais diferentes governos, com políticas marcadamente defensivas. Uma das mais conhecidas delas foi a Lei Smoot-Hawley, aprovada pelo Congresso dos Estados Unidos em 17 de junho de 1930, que elevava brutalmente as tarifas alfandegárias em nome da proteção do produtor norte-americano contra as práticas desleais de seus concorrentes externos. Outro episódio importante foi a desvalorização da libra, em 1931,

---

1 Sobre essa quadra histórica, ver a obra monumental de Charles S. Maier, *Recasting Bourgeois Europe. Stabilization in France, Germany, and Italy in the Decade After World War I*. Princeton: Princeton University Press, 1975.

que pôs a pique o padrão-ouro. Cabe mencionar, ainda, a Conferência de Ottawa, em 1932, que estabeleceu o sistema imperial de preferências, um dos pomos de discórdia entre os Estados Unidos e a Inglaterra nas negociações desenvolvidas durante a guerra entre as duas grandes potências. Mais devastador ainda foi o efeito da desvalorização do dólar, decretada por Franklin D. Roosevelt em abril de 1933, pouco depois de sua posse como presidente dos Estados Unidos. Em meio à depressão, o efeito conjugado das medidas entrecruzadas de proteção comercial, cada vez mais rigorosas, e das desvalorizações cambiais competitivas foi a formação de blocos econômicos, a politização do comércio internacional e a significativa redução de seu volume.

Na interpretação predominante entre os contemporâneos, o resultado final dessa combinação funesta foi a guerra. Para evitar a repetição da sequência que conduziu ao desastre, seria necessário recompor o sistema multilateral mediante a criação de instituições internacionais capazes de garantir a liberalização do comércio e a coordenação de políticas econômicas. Em consonância com essa mesma visão, as análises que acabaram por prevalecer posteriormente passaram a atribuir, em grande medida, a prosperidade do pós-guerra à derrubada gradativa das barreiras comerciais possibilitada pelo regime do Gatt e à estabilidade monetária propiciada pelo sistema de Bretton Woods. Levando em conta, também, as instituições domésticas criadas no mesmo período (dispositivos negociados de moderação de demandas salariais; mecanismos de coordenação de investimentos e políticas monetária e fiscal anticíclicas), no plano mais geral essas análises ressaltam a importância das instituições no desempenho da economia.

Até certo ponto, não há o que objetar: as instituições importam, sem dúvida. Mas é um erro tomá-las como dadas, estruturas fixas que moldam as práticas dos atores sociais e determinam seus resultados. As instituições cristalizam compromissos decorrentes do entrechoque de forças sociais e realizam-se apenas por meio do comportamento dos agentes, que as transformam permanentemente, em maior ou menor grau, com sua atividade.

Como foi sugerido no capítulo anterior, a natureza do Fundo Monetário Internacional (FMI) foi sutilmente alterada pouco depois de sua criação por ato do Congresso dos Estados Unidos que condicionava o voto do representante do país no fundo à decisão de um colegiado (Conselho Consultivo sobre Problemas Monetários e Financeiros – NAC, na sigla em inglês) criado para esse efeito no âmbito do Executivo. Esta foi a primeira de uma série de mudanças "infraconstitucionais" que modificaram drasticamente o papel originalmente atribuído ao órgão. Como resultado delas, a organização criada para garantir a estabilidade das taxas de câmbio e viabilizar a realização de políticas econômicas norteadas pelo objetivo do crescimento e do pleno emprego acabou transformando-se em guardiã da ortodoxia financeira. De resto, o FMI foi lamentavelmente reprovado em seu primeiro grande teste – a crise cambial inglesa de 1947 –, sendo quase nulo seu papel na solução dos problemas monetários que afligiam as economias europeias e o Japão no período.

Da mesma forma, podemos dizer que foi muito modesta a ajuda do Gatt à reconstituição do sistema multilateral de comércio em sua etapa decisiva. Essa é a conclusão de renomado especialista, autor de estudo específico sobre o tema, que sintetiza os resultados de sua análise nestes termos:

> [...] a formação do Gatt não parece ter estimulado uma liberalização particularmente acelerada do comércio mundial na década após 1947. Por isso, é difícil atribuir ao Gatt um papel na recuperação econômica radical no período imediatamente pós--guerra que não o de um eficiente ator coadjuvante. (Irwin, 1995, p.128)

Estabilização monetária, reconstituição do sistema multilateral de pagamentos, de um lado; a remontagem do sistema liberal de comércio, de outro. Na solução desse duplo desafio, o elemento decisivo não foram as instituições criadas no final da guerra, mas a ação dos Estados envolvidos, com destaque para um Estado muito peculiar, os Estados Unidos.

No próximo tópico procurarei mostrar como a referida solução foi construída. Em seguida discutirei um aspecto importante da crise que afetou a economia capitalista internacional em meados dos anos 1970, indicando como ele tem origem na própria solução encontrada para os problemas da fase precedente. A última parte deste capítulo será dedicada à reconstituição do debate em torno do declínio da indústria norte-americana na década de 1980 e à mudança na agenda da política comercial dos Estados Unidos, que se opera nesse período.

1945-1958. Os Estados Unidos e a reconstrução do capitalismo na Europa

A despeito da enorme devastação causada pela guerra, dois anos depois da derrota do Eixo, as economias europeias estavam em franca recuperação. Excetuada a Alemanha, a Áustria e a Grécia, ainda mergulhada na guerra civil, no final de 1947 a produção industrial europeia já havia ultrapassado os níveis anteriores ao conflito. Na Suécia, ela era, naquele ano, 42% maior do que em 1938; na Irlanda, 20%; na Inglaterra, 10%. Na França e na Itália, onde a recuperação caminhava mais lentamente, a produção industrial chegava a 99% e 93% do patamar alcançado em 1938, respectivamente (Eichengreen, 2007, p.57).

A situação nos países ocupados continuava muito mais sombria, pelo tamanho da destruição prévia e pela indefinição a respeito de seu futuro. No caso da Alemanha, sob ocupação tripartite, os projetos iniciais

Estados e mercados

contemplavam o desmantelamento de sua indústria pesada e a reorganização econômica do país, como produtor rural e de bens não duráveis de consumo (agricultura e indústria leve) – para não falar do plano francês, que previa o desaparecimento da siderurgia alemã, pela internacionalização do Ruhr e a transferência do controle da região do Sarre para a França (Eichengreen, 2007; Wee, 1988; Milward, 1992); no caso japonês, as políticas adotadas inicialmente davam prioridade à transformação de sua estrutura social, com estímulo à sindicalização, por meio do reconhecimento de direitos sociais segundo o modelo do New Deal, e a desmontagem dos blocos empresariais integrados, os zaibatisus, considerados por uma parcela importante dos "planejadores norte-americanos" como um dos componentes básicos da matriz social do fascismo.[2]

Mesmo nesses países, porém, a economia começava a se recuperar a olhos vistos. Esse fato explica-se, em boa medida, pela seletividade dos ataques aéreos, que tinham como alvos principais o sistema de transporte e as áreas urbanas. Na Alemanha, o país mais duramente atingido, ao final da guerra, menos de 10% das estradas de ferro estavam em funcionamento – 2.395 pontes ferroviárias, 10 mil locomotivas e mais de 100 mil vagões tinham sido destruídos (Armstrong, 1984). Outra era a situação no tocante às unidades produtivas. "O objetivo da guerra é a paz", ensinava Clausewitz. Alunos aplicados, os planejadores estratégicos ingleses e norte-americanos cuidavam de evitar as plantas industriais do inimigo, de importância vital no processo de reconstrução que esperavam comandar em um prazo o mais breve possível. Segundo as estimativas de Maddison (1976), enquanto as perdas de capital bruto na União Soviética foram de 25%, na Alemanha elas não passaram de 13% (contra perdas de 8% na França, 7% na Itália e 2% na Inglaterra). Cabe observar, ainda, que, no caso alemão, a indústria havia passado por forte processo de renovação como parte do esforço de guerra.[3] Assim, eliminados os estrangulamentos (com a recuperação das vias de transporte e a recomposição das linhas de suprimento), a atividade econômica reage prontamente: em 1947, a produção industrial alemã correspondia a 46% do total obtido em 1937 (contra 35%

---

2 Essa perspectiva é exposta claramente na obra de Robert A. Brady, *Business as a System of Power*. Nova Iorque: Columbia Unversity Press, 1943. Para uma reconstrução da política adotada pelo governo militar de ocupação no Japão, cf., Halliday, J. *A Political History of Japanese Capitalism*. Nova Iorque: Pantheon Books, 1975, especialmente capítulos 7 e 8.

3 "Graças a investimentos efetuados durante a Guerra, um terço do equipamento industrial alemão tinha, em 1945, menos de cinco anos de existência... E as indústrias nas quais a Alemanha mais investira durante a guerra – indústria ótica, química, engenharia leve, veículos, metais não ferrosos – foram, precisamente, aquelas que haveriam de servir de base para o crescimento súbito ocorrido na década de 1950." Judt, T. *Pós-Guerra: uma história da Europa desde 1945*. Rio de Janeiro: Objetiva, 2997, p.100.

no ano anterior), enquanto a do Japão correspondia a 93% do produto industrial de 1937 (contra 80% em 1946) (Armstrong, 1984).

Em todos os países afetados pela guerra, a recuperação econômica envolveu pesados investimentos, que tinham que ser feitos em um quadro de escassez generalizada, em que todos eram convocados a "apertar os cintos" e trabalhar arduamente como contribuição intransferível à tarefa de reconstrução nacional. O volume desses investimentos variou de um país a outro, assim como o tamanho do sacrifício solicitado: na França, sob governo de União Nacional com forte presença socialista e comunista, os trabalhadores obtiveram concessões suficientes para recompor em pouco tempo boa parte dos rendimentos reais que obtinham antes da guerra. Na Alemanha ocupada, as dificuldades eram muito maiores: pelas estimativas da ONU, em 1947 o salário por hora na indústria manufatureira havia caído entre 25% e 33%, desde o final da guerra, nas zonas ocidentais do país; e sob a vigência de um sistema rígido de racionamento, com preços administrados em bases inteiramente arbitrárias,[4] os trabalhadores gastavam dois quintos de seus ganhos para comprar alimentos, roupas e cigarros no mercado negro, onde os preços eram de cinco a dez vezes maiores do que os tabelados (ibidem).

Implicados nessa situação crítica estavam dois problemas conjugados, ambos alarmantes do ponto de vista do planejamento estratégico norte-americano.

1. Um enorme desequilíbrio nas relações comerciais entre a Europa e os Estados Unidos. Com efeito, cessadas as hostilidades, a Europa se via em situação de profunda dependência das importações provenientes da grande potência, cujo território saía incólume da guerra e cuja economia dera um salto gigantesco durante o conflito. Era nos Estados Unidos que os países europeus buscavam os bens de capital, os meios de transporte e os insumos necessários ao reaparelhamento de suas economias. Era para lá também que eles se voltavam para garantir o fornecimento de matérias-primas e produtos semimanufaturados, bem como de combustível e gêneros alimentícios. A Europa, porém, exportava muito pouco para os Estados Unidos. Daí resultava um déficit estrutural expressivo.

---

4 "Estes problemas foram mais severos na Alemanha, onde os salários e os preços fixados pelos nazistas em 1936 continuaram a constituir a base para a estrutura de preço administrada dos ocupantes aliados uma década depois" (Eichengreen, 2007, p.62, tradução nossa).

Quadro 3.1 – Balança comercial da Europa Ocidental com os Estados Unidos (milhões de dólares correntes)

1937	- 655,57
1938	- 898,66
1946	-2.356,11
1947	-4.742,14
1948	-3.345,47
1949	-3.491,59
1950	-1.755,92
1951	-2.510,71

Fonte: National Trade Returns. OEEC, Statistical Bulletin of Foreign Trade. Apud, Alan S. Milward, The Reconstruction of Western Europe, 1945-51.

Como se pode depreender dos dados reunidos na Tabela 3.1, a situação não chegava a ser de todo nova. Embora muito menor, desde o entreguerras o referido desequilíbrio já se fazia presente. Mas nesse período o déficit europeu nas transações comerciais com os Estados Unidos era compensado pelo retorno em dólares de ativos intangíveis e pelas exportações a outras regiões do mundo. No quadro da divisão de trabalho que se esboçava depois da guerra, e com a transferência, em grande escala, dos ativos europeus para financiar o esforço bélico, esse padrão não se repetiria.[5]

Agravado ainda pela fuga de capital da Europa, que chega a quase um bilhão de dólares por ano nesse período (Triffin, 1961),[6] o estrangulamento financeiro decorrente desse descompasso punha em questão os planos norte-americanos para o mundo do pós-guerra sob dois ângulos: a) ameaçava a continuidade do fluxo de exportações para a Europa, tido como essencial à vitalidade econômica e ao pleno emprego nos Estados Unidos; b) punha a Europa diante ao dilema de aprofundar o controle estatal sobre as atividades econômicas – algo incompatível com a Aliança Atlântica –, ou buscar o ajuste externo por meio de programas recessivos, com as consequências políticas calamitosas que essa decisão quase certamente provocaria. Esse cenário parecia inaceitável. E não por acaso.

2. Um quadro de tensão social e grande incerteza política. A memória dos horrores do entreguerras ainda estava bem viva. É verdade, agora a disposição

---

5 Nesse sentido, a informação a seguir é eloquente. "Financeiramente, a Grã-Bretanha estava perto do fim. Suas reservas de ouro e dólar, que excederam US $ 4 bilhões em 1938, caíram para pouco mais de US $ 1 bilhão em setembro de 1940, quando nacionalizaram os investimentos externos de suas grandes empresas e colocaram-nos à venda no exterior". (Hudson, 2003, p.119, tradução nossa).

6 Entre 1946 e 1947, a França perdeu 60% de suas reservas de ouro, enquanto as reservas da Suécia tiveram redução de 75% (ibidem, p.156).

das forças sociais e políticas era outro. A extrema direita, fator decisivo naquele período, estava prostrada, com seus expoentes presos, perseguidos, estigmatizados, sem qualquer possibilidade de reingressarem com suas cores próprias na cena política. E em alguns países a condenação estendia-se aos grupos sociais que os apoiaram – na França, um dos objetivos das nacionalizações feitas depois da Libertação foi o de punir o colaboracionismo. Os partidos de esquerda tinham presença forte, e em muitos países estavam no governo – mas, tomando a reconstrução econômica como um desdobramento da luta contra o fascismo, conclamavam seus seguidores a dedicarem-se com afinco ao trabalho, operando como um elemento moderador de demandas corporativas. Por toda parte, a palavra de ordem era recriar as bases da prosperidade; a revolução não estava na ordem do dia.

Mesmo assim, havia algo de perturbador na boa vontade proclamada. As correntes políticas divergiam nos caminhos propostos para a consecução dos fins aceitos por todos, ou quase todos. Mas em geral eles se situavam bem à esquerda do que se consideraria admissível nos Estados Unidos. A tese contida no programa Ahlen da União da Democracia Cristã, escrito, a maior parte dele, por Konrad Adenauer, o político conservador entronizado pela administração militar dos Estados, como chefe do governo alemão, é uma ilustração eloquente dessa tendência.

> O sistema econômico do capitalismo não satisfez o estado vital e os interesses sociais do povo alemão [...] O conteúdo e o objetivo dessa... nova ordem social e econômica não podem mais ser o do capitalista em busca de lucro e poder, mas apenas a qualidade de vida (*Wolhlergehen*) das pessoas. (Therborn, 1995, p.27)

É que a derrota do nazifascismo teve um alcance muito maior do que faria pensar a simples contabilidade da distribuição de forças na cena política. No plano da luta ideológica, o desaparecimento da extrema direita colocou na defensiva o centro liberal ou social-cristão, abrindo espaço, mesmo nesse campo, para ideias "coletivistas" que tiravam o sono de von Mises, Hayek e companhia. Fora dele, as propostas eram mais radicais e muito mais precisas. Assim, sob a liderança de Kurt Schumacher, dirigente social-democrata que permanecera na Alemanha durante jugo nazista, o Partido Social-Democrata (Sozialdemokratische Partei Deutschlands, SPD) defendeu a nacionalização da indústria pesada, a unidade do Estado alemão e a democracia socialista.[7] A ideia do planejamento como forma adequada de coordenação econômica tinha aceitação generalizada. A propriedade

---

7 O leitor pode encontra informações sobre a trajetória de Schumacher e a política da social democracia alemã no período na obra de Joseph Rovan, *Histoire de la Social-Démocratie allemande*. Paris: Seuil, 1978. Para um estudo mais profundo, cf. Edinger, L. J; Schumacher, K. *A Study in Personality and Political Behavior*. Stanford: Stanford University Press, 1965.

Estados e mercados

estatal dos serviços de utilidade pública era uma realidade, e em muitos países – como França e Itália – ela estendia-se a parcelas significativas do setor produtivo. Em vários países, a negação do direito ilimitado de comando do empresário e a afirmação do direito do trabalhador ao emprego ganhava força (a lei alemã de Proteção contra Demissões é de 1950). O conceito de "função social da propriedade" convertera-se em um lugar comum.

Os problemas, porém, não se limitavam ao terreno da política eleitoral, nem à esfera do discurso. Eles expressavam-se no plano da ação coletiva, onde a mobilização dos trabalhadores organizados multiplicava demandas radicais de participação e impunha o reconhecimento de direitos sociais até bem pouco tempo antes tidos por "subversivos". A passagem a seguir, transcrita de matéria da época publicada na revista *The Economist*, expressa bem esse estado de coisas, ainda que em tom um tanto alarmista.

> O colapso dessa Nova Ordem deu um grande impulso revolucionário à Europa. Estimulou todos os sentimentos vagos e confusos, mas radicais e socialistas das massas. Significativamente, todos os programas com os quais os vários grupos da Resistência emergiram do subsolo em toda a Europa continham demandas de nacionalização dos bancos e indústrias de grande porte; e esses programas traziam tanto as assinaturas dos democratas-cristãos, como dos socialistas e dos comunistas. (*The Economist*, 1945, p.43, tradução nossa).

Dois anos depois do final da guerra, com a reativação econômica em marcha, fortes pressões inflacionárias e a dose de sacrifícios cobrada à população mantida, os conflitos sociais tendiam a ganhar maior volume e intensidade. Nessas condições, a preocupação dos estrategistas norte-americanos com a estabilidade da ordem que cuidavam de criar se justificava plenamente.

A hora da verdade soou no começo de 1947, quando a combinação dos problemas estruturais antes aludidos com um inverno extremamente rigoroso derrubou a confiança dos investidores e precipitou um movimento de manada contra a libra esterlina. Vendo rapidamente esvaírem-se suas reservas em ouro, o governo inglês abandonou a conversibilidade, que tinha adotado meses antes, por força de cláusula estabelecida em acordo de empréstimo firmado com os Estados Unidos.

Como se viu, o socorro que a Inglaterra recebeu então não veio do FMI. Pouco depois da oficialização da Guerra Fria (o discurso presidencial que enunciou a chamada "Doutrina Truman" é de 12 de março de 1947), a ajuda viria por meio de ambicioso programa de recuperação europeia, inteiramente patrocinado pelo governo dos Estados Unidos. Para distribuí-la entre os países contemplados e dirigir sua aplicação, em conformidade com os objetivos definidos, o Plano Marshall envolveu a criação de mecanismos de coordenação e monitoramento específicos (a Administração da Cooperação

Econômica, agência do Executivo norte-americano rebatizada depois como Usaid, e o Comitê para a Cooperação Econômica Europeia, ascendente direto da Organização para Cooperação e Desenvolvimento Econômico – OCDE). Mais adiante direi uma palavra sobre esse aspecto. Por ora o importante é destacar o significado das transferências unilaterais realizadas no contexto do programa. Foram 13 bilhões de dólares, em quatro anos, correspondendo quase exatamente ao déficit comercial acumulado dos países europeus no mesmo período. Os dados apresentados na tabela a seguir chamam a atenção para outro aspecto que nos ajuda a aquilatar a importância dos recursos aportados pelo Plano Marshall naquela conjuntura crítica.

Tabela 3.2 – Ajuda dos Estados Unidos e formação de capital em países selecionados

		1948	1949	1950	1951
Inglaterra	Ajuda	937	1.009	629	129
	FBCF (%)	9	11	10	2
França	Ajuda	781	766	465	421
	FBCF (%)	14	12	10	7
Alemanha Ocidental	Ajuda	1.130	948	470	362
	FBCF (%)	31	22	11	7
Itália	Ajuda	399	437	257	261
	FBCF (%)	27	34	10	9

Fonte: Maier 1987, p.153-84

De posse desses elementos, podemos retomar agora a questão suscitada no capítulo anterior sobre os objetivos gerais do Plano Marshall e do significado histórico mais amplo do processo que ele anima.

Do ponto de vista estritamente econômico, parece-nos correta a avaliação de Eichengreen (2007, p.65), segundo o qual:

> O Plano Marshall [...] resolveu o dilema de ter que exportar para pagar as importações, mas não poder produzir para exportação sem antes importar materiais e maquinário. O plano endossou a estratégia europeia de crescimento impulsionado pelo investimento e reconciliou a necessidade de financiamento para investimento com a insistência em padrões de vida mais elevados.

Soa convincente também o argumento do autor a respeito da contribuição do Plano Marshall para a restauração dos mecanismos de preços de mercado pela atenuação das pressões inflacionárias.

Mas o mais revelador, neste particular, é seu comentário de natureza política.

Na Alemanha, onde o descontrole dos preços de Ludwig Erhard elevou o custo de vida e provocou uma série de greves no final de 1948, o advento dos fundos do Plano Marshall deu ao governo margem para oferecer concessões e evitar ter que reverter suas medidas de liberalização anteriores. (ibidem, p.66)

Considero convincente a objeção feita por Armstrong, Glyn e Harrison (1984) contra o argumento de Fred Block, que via no Plano Marshall a disposição dos Estados Unidos de barrar o caminho para a reconstrução econômica Europa mediante a reconstituição de capitalismos nacionais, que poderiam mais tarde lhes fazer sombra. Os parcos elementos apresentados até aqui me parecem suficientes para convalidar o juízo dos autores, para quem a fragilidade econômica e política das burguesias europeias no imediato pós-guerra tornava risíveis quaisquer veleidades exageradas de autonomia.

Acompanho esses autores ainda quando eles salientam que a "ameaça soviética" foi, antes de tudo, um dispositivo retórico, que funcionou como arma potente no combate ao inimigo ideológico e como instrumento eficaz para tornar palatável a ajuda internacional perante um Congresso em que era forte a oposição a esse tipo de compromisso.

E concordo com a conclusão final de seu argumento: "portanto, a tarefa fundamental dos Estados Unidos consistia em reestruturar a provisão dos recursos necessários à recuperação europeia – para substituir os acordos pragmáticos existentes por aqueles destinados a garantir o restabelecimento de um efetivo controle capitalista" (ibidem, p.112).

Com diferenças de ênfase, mais detalhes e conotações muito distintas, essencialmente é a mesma avaliação esposada por Eichengreen (2007, p.67-7), como fica transparente à leitura do trecho seguinte:

> Essas observações destacam outra importância do Plano Marshall: ele pendeu o equilíbrio do poder político a favor dos partidos centristas. Autoridades dos Estados Unidos, como Dean Acheson, subsecretário e mais tarde secretário de Estado que formulou a Doutrina Truman e o Plano Marshall, deixavam clara sua relutância em favorecer o governo socialista com ajuda. O Plano Marshall fortaleceu a posição de políticos moderados que podiam citar a perda de subsídios dos Estados Unidos como um custo adicional da oposição a seus programas.
>
> No plano mais fundamental, o Plano Marshall definiu o conflito entre Oriente e Ocidente como uma escolha entre o planejamento central e o mercado. Como afirmou Klaus Hinrich Hennigs, "o Plano Marshall implicava uma economia de propriedade privada e, portanto, efetivamente pôs fim aos debates sobre outras formas de organização econômica.[8]

---

8 A menção na passagem citada é ao texto de Klaus Hinrich Hennings sobre a Alemanha na coletânea organizada por Andrea Boltho, *The European Economy*: Growth and Crisis. Oxford: Oxford University Press, 1982, p.472-501.

***

A dimensão fundamental no Plano Marshall era o projeto de reconstituir as sociedades europeias como economias capitalistas de mercado. Para garantir a consecução desse objetivo maior seria preciso, muitas vezes, fazer concessões aos Estados e aos europeus, e mesmo lhes tolerar a violação de princípios solenemente proclamados – como a "não discriminação", com sua tradução operacional: as normas do "tratamento nacional" e da "nação mais favorecida" tão caras ao Gatt – com os quais estes foram obrigados a se comprometer como condição para receberem a ajuda do Plano. É o que constatamos quando estendemos nosso olhar ao tratamento dado no início da década de 1950 aos problemas financeiros que continuavam, renitentemente, a atormentar a Europa.

De fato, apesar da ajuda recebida, o problema do desequilíbrio europeu de balanço de pagamentos persistia. Os recursos do Plano Marshall permitiam compatibilizar investimento e níveis aceitáveis de consumo, ao mesmo tempo em que deslocavam momentaneamente a constrição externa. Mas a Europa mantinha um desequilíbrio estrutural, que se reproduzia a cada ano: o crescimento maior acarretava o aumento significativo da demanda de produtos importados (principalmente insumos e bens de capital). Assim, o déficit comercial da Europa Ocidental nas transações comerciais com os Estados Unidos passa de 2.356,11 bilhões, em 1946, para 3.491,99 bilhões, em 1949 (Milward, 1992).

A escassez de dólar não afetava apenas as transações com os Estados Unidos. O comércio intrarregional via-se também severamente prejudicado, porque as moedas europeias eram inconversíveis. Obrigados a praticar regras rigorosas de racionamento para canalizar suas parcas divisas à aquisição de bens essenciais, os países recorriam a acordos intergovernamentais para comerciarem entre si. Não se tratava de situação nova: os primeiros acordos desse tipo foram assinados entre os governos da Bélgica, da Holanda e de Luxemburgo no exílio. Escreve Eichengreen (2007, p.73):

> No final da década de 1940 o comércio europeu parecia uma tigela de espaguete [*spaguetti bowl*] de mais de duzentos acordos bilaterais. Os governos contratantes acordavam em listar as mercadorias para as quais iriam expedir licenças para importações provenientes de países parceiros e especificavam a taxa de câmbio pela qual as transações seriam realizadas. Os acordos mais restritivos preestabeleciam tanto os preços quanto as quantidades para garantir o equilíbrio contínuo do intercâmbio comercial.

Um dos objetivos centrais no planejamento estratégico norte-americano era o de liberalizar o comércio intrarregional, como parte do programa maior de restaurar o sistema multilateral de comércio encarnado no Gatt.

Estados e mercados

Para tanto, o Programa de Recuperação Europeia (PRE) exigia dos países membros a adesão de cláusula contratual comprometendo-se a abolir as referidas práticas restritivas. Mas como fazer isso em um quadro de dificuldades tão severas como as que prevaleciam na época?

Essa é a alegação básica de Milward (1992, p.220) para discordar da avaliação muito negativa sobre os referidos acordos, praticamente unânime na narrativa liberal.

> Sob circunstâncias incertas e imprevisíveis, o comércio bilateral protegia as políticas econômicas domésticas escolhidas por cada país ao eliminar a necessidade de estabilizar taxas de câmbio por meio de alterações drásticas de suas políticas. Ele era visto pelos governos [...] como uma salvaguarda contra o risco de manter taxas de câmbio estáveis em períodos de deflação. A aspiração a um mundo melhor, pela qual a guerra havia sido travada, serviu para fortalecer o sistema controlado e relativamente inflexível de comércio e pagamentos na Europa Ocidental [...]

Mesma descrição, juízos diversos. Na verdade, trata-se de uma questão de ponto de vista – a natureza da comparação tácita que informa a análise. Seria possível arguir que o resultado da liberalização comercial proposta pelos Estados Unidos seria exatamente a "primeira melhor condição" cuja ausência justificaria, no entender da crítica revisionista, – da qual Milward é um expoente – a aplicação de tais esquemas. Mas essa resposta não encerraria o debate, pois há maneiras diferentes de liberalizar as relações comerciais entre um conjunto de países, e nem todas seguem o roteiro inspirado nos princípios gerais do Gatt que os planejadores norte-americanos seguiam. Como informa a autora de um estudo histórico muito bem documentado, o projeto francês de liberalização previa um cronograma em cinco estágios, com proteção transitória a empresas para proteger o emprego, e a gestão do processo por comitês técnicos. Com papel destacado na coordenação dos investimentos e na promoção do crescimento integrado, esses comitês supranacionais estabeleceriam regras para evitar a concorrência desleal e desencorajariam a adoção de políticas deflacionárias (Espósito, 1995).

No final da década de 1940, o prazo do Plano Marshall começava a esgotar-se, mas os problemas do balanço de pagamentos europeu persistiam. Na impossibilidade política de sequer solicitar ao Congresso a extensão do programa, a ação do Executivo norte-americano desdobrou-se em duas grandes linhas. A primeira delas, mais óbvia, foi anunciada por Paul Hoffman, titular da Administração da Cooperação Europeia (ECA, no acrônimo inglês) em 31 de outubro de 1949: a criação de um sistema europeu de pagamentos, que reduziria drasticamente as exigências de liquidez no comércio intrarregional por meio da compensação regular de débitos e créditos, como parte de um programa ambicioso de liberalização comercial. Valendo-se da experiência prévia de acordos mais limitados desse tipo (o primeiro foi firmado por Bélgica, Luxemburgo, Holanda, França e Itália, em novembro de 1947), as negociações para a criação da União Europeia de Pagamentos (UEP) chegaram a bom termo em julho de 1950.

Mas para isso foi preciso pagar um preço. Segundo a historiadora antes referida:

> A França também obteve concessões. A liberalização do comércio seria gradual e cobriria inicialmente 60% de todos os produtos, a seguir 75% e, finalmente, 100%. Seria permitido discriminar países que obstruíssem a liberalização ou praticassem dumping de bens nos mercados de outros países. A UEP continha várias salvaguardas para amortecer os efeitos da liberalização do comércio enquanto proporcionava os meios para intensificar o comércio intrarregional, como pretendia a França...
>
> As prioridades britânicas e francesas foram, portanto, substancialmente preservadas. Os norte-americanos não conseguiram impor-lhes um esquema multilateral de comércio e pagamentos que pudessem colocar em risco o êxito de suas políticas econômicas nacionais. (ibidem, p.76)

A UEP contribuiu muito para desobstruir os circuitos comerciais na Europa e para aliviar os problemas de escassez de dólares que afetavam o continente. Contudo, como nos informa outro estudo especializado, durante seu primeiro ano de existência, os déficits bilaterais acumulados nunca ultrapassaram 3,2 bilhões de dólares, dois terços dos quais foram automaticamente cancelados, o restante tendo sido financiado com ouro depositado na UEP pelos participantes, por meio de operações de crédito e – a parcela maior – com ajuda dos Estados Unidos (Reichlin, 1995, p.53). Mas a questão de como cobrir o déficit europeu nas transações comerciais com os Estados Unidos permanecia aberta.

A resposta cabal ao problema foi dada por outra linha de ação, aparentemente sem nenhuma relação direta com as questões da liberalização comercial e da estabilidade monetária: o rearmamento. Aparentemente, digo. Como Fred Block salienta, a estratégia formulada pelo Secretário de Estado, Dean Acheson – que já foi apresentado ao leitor por Barry Eichengreen – e pelo sucessor de Kennan no Policy Planning Staff do Departamento de Estado, Paul Nitze, tinha a vantagem de responder a mais de um problema ao mesmo tempo: o equilíbrio financeiro da Europa e a solidificação dos laços de dependência estratégica que a ligavam aos Estados Unidos – em 1950, a União Soviética tinha posto na mesa a proposta de reunificar a Alemanha, com a neutralização do país, tese recebida com simpatia por ampla parcela da opinião pública alemã, mas cuja aceitação representaria um golpe fatal na lógica bipolar da guerra fria.

Sob o choque provocado pelo anúncio do primeiro teste nuclear soviético (feito por Truman em 23 de setembro de 1949), na votação do Orçamento para o ano fiscal de 1950 o Congresso, majoritariamente republicano, aprovou uma verba de 1 bilhão de dólares em ajuda militar à Europa – cortando cerca de 30% do valor solicitado pelo Executivo. Poucos meses depois, a eclosão da Guerra da Coreia exacerbava o sentimento de ameaça iminente, e o mesmo Congresso aprovaria rapidamente pedido de mais 5 bilhões de dólares em ajuda militar aos países da Otan.

Entre 1949 e 1953, a rubrica "despesas militares diretas" na balança de pagamentos dos Estados Unidos aumentou quase 600% (passa de 576 milhões para 2.615 bilhões de dólares), e continuou a crescer depois do final da guerra na Ásia, para atingir o pico de 3.435 bilhões em 1958 (Block, 1978, p.115).

Nem toda ajuda militar tinha o efeito de aliviar a escassez de dólares dos países europeus. Fred Block (ibidem) chama a atenção para esse fato e discrimina criteriosamente as modalidades de uso com impacto positivo em seus balanços de pagamentos. Assinala, ainda, a importância do dispêndio direto com as tropas estacionadas na Europa na resolução do problema de liquidez que afligia o continente. Podemos formar uma ideia do peso desse fator quando levamos em conta que, em 1960 – quando os termos do problema de balanço de pagamentos entre Europa e Estados Unidos estavam inteiramente invertidos –, os custos de manutenção das tropas norte-americanas na Alemanha respondiam, sozinhos, por dois terços do superávit em conta corrente deste país, que acumulava reservas em ritmo crescente desde 1950 (Strange, 1976, p.47).

Mas, para efeitos do argumento desenvolvido aqui, não é preciso descer a esse nível de detalhes. Basta assinalar o descompasso entre o que os criadores das instituições de Bretton Woods imaginavam e o que foi obtido. Em 1958 os países europeus aboliram quase todos os controles de capital, e suas moedas tornaram-se conversíveis. Mas o FMI pouco contribuiu para esse resultado. Agora havia um sistema monetário internacional em funcionamento, mas ele era muito diferente do que fora projetado. Decorridos treze anos desde o final da Segunda Guerra Mundial, o dólar convertera-se em moeda-chave, universalmente aceita, por agentes públicos e privados, em sua tríplice função como unidade de conta, reserva de valor e meio de pagamento. E ao controlar a política monetária internacional por meio da oferta de liquidez, os Estados Unidos passavam a operar como Banco Central dos países capitalistas.

A solução e o problema que ela gera

O crescimento vigoroso das economias europeias – algumas mais do que outras, e a Inglaterra como nota dissonante – vem suscitando há tempos interpretações muito diversas. Algumas delas acentuam fatores relativos à demanda – novo modelo de política econômica comprometido com a sustentação da demanda, que gera expectativas positivas nos agentes econômicos e condiciona positivamente suas decisões de investimento. Outras interpretações acentuam alguns elementos decisivos na oferta de fatores de produção, como a disponibilidade de ampla reserva de trabalhadores aptos e dispostos a trabalhar operosamente por salários muito inferiores aos seus congêneres norte-americanos.

Muito importante nessa linha de argumentação é também o efeito de *catching up*, a existência de um grande diferencial em termos de produtividade do trabalho entre Europa (e Japão) e os Estados Unidos. Esse diferencial, que já era bastante acentuado antes da guerra, aprofundou-se ainda mais com a recuperação da economia norte-americana que se dá a partir de 1939. Cinco anos depois do final do conflito, a produtividade média do trabalho na Europa (medida em termos de produto por hora trabalhada) não alcançava a metade da média norte-americana (Eichengreen, 2007, p.18). Mas, removidos os gargalos que emperravam o investimento produtivo na região, esse atraso enorme logo se traduziria em vantagem, ao garantir às economias desses países um dinamismo ímpar. Isso não apenas pelos ganhos advindos da tecnologia embutida nas máquinas e equipamentos importados, mas também pela modernização das estruturas empresariais e dos métodos de gestão.

Esse é o aspecto destacado por Charles Maier: o Plano Marshall envolvia muito mais do que simples ajuda financeira e apoio político às forças de centro-direita na Europa. A ideia-força que norteava os *new dealers*, encarregados de planejar a reconstrução europeia, era a de exportar a "política produtividade", como fórmula finalmente encontrada nos Estados Unidos para aplacar os conflitos de classe e garantir a prosperidade. A campanha a que eles se entregaram impetuosamente com esse fim buscava promover uma mudança profunda na cultura e nas formas de organização das empresas, bem como em seu modo de relacionamento com o meio social envolvente. Testemunho do sucesso desse esforço, a modernização observada nos países-alvo ajudaria a explicar o dinamismo de suas economias.

Têm razão, porém, os autores que qualificam esse argumento, apontando o equívoco contido na ideia da "importação". O que ocorreu na Europa e no Japão não foi a aplicação de tecnologias sociais inventadas em outro lugar, mas a produção de modos de ser e fazer originais com base na combinação de elementos derivados de experiências externas, com elementos previamente estocados na memória institucional daqueles países.

Seja como for, interpretações desse tipo desembocam em um argumento mais geral sobre as bases do crescimento europeu, que enfatiza o papel das instituições sociais. Esse argumento sugere, ainda, um caminho para explicar a reversão ocorrida na década de 1970, quando a economia mundial entra em fase de forte turbulência e crescimento muito reduzido. Com o esgotamento dos fatores macroeconômicos propulsores, as instituições referidas, antes tão "funcionais", passam a acusar inadequação crescente. Esse ponto de vista, que norteia importante obra de Eichengreen já várias vezes citada neste capítulo, está formulado de maneira singela no trecho que se segue.

> Se por um lado essa herança das instituições econômicas e sociais contribuiu para o desempenho extraordinariamente bem-sucedido da economia europeia no terceiro trimestre do século XX, por outro também explicava em parte o desempenho menos satisfatório da Europa nos 25 anos subsequentes. À medida que as primeiras oportunidades de recuperação e convergência se esgotavam, o continente precisava encontrar outras formas de sustentar seu crescimento. Devia passar de um crescimento baseado na acumulação de capital à força bruta e na aquisição de tecnologias conhecidas para um crescimento baseado em aumentos de eficiência e inovação gerada internamente. (ibidem, p.5)

A crise dos anos 1970 e a queda prolongada no ritmo de crescimento econômico – fenômenos que nem de longe se restringem à Europa – são temas tão controversos quanto o do crescimento extraordinário do período antecedente. Não vou entrar nesse debate. Mas considerarei com algum vagar esse aspecto curiosamente silenciado no esquema interpretativo de Eichengreen: os desequilíbrios monetários que se manifestam de forma patente no início dos anos da década de 1960 e as tensões políticas deles decorrentes.

Desde o final da Segunda Guerra a economia internacional debateu-se com um problema: a escassez de dólares, a liquidez insuficiente. Vimos como ele foi equacionado: a emissão de moeda pelos Estados Unidos e sua transferência por meio dos fundos do Plano Marshall e do orçamento de defesa. No decurso do tempo, outro fluxo ganhou importância crescente: o investimento direto no exterior, que se fez na época com forte estímulo do governo.

***

Responsáveis por 39% do produto, detentores de cerca de 70% das reservas em ouro, com sua enorme superioridade econômica e ascendência política, no início da década de 1950 os Estados Unidos operavam confortavelmente como banqueiros do mundo. A conta do governo no balanço de pagamentos podia ser deficitária, pois ninguém se importava muito com isso. A economia internacional tinha fome de dólares, e o Tesouro atendia a seus reclamos do modo que bem lhe convinha. A base de sustentação do sistema monetário internacional continuava sendo o metal precioso, mas com sua paridade inalterada desde 1934, o dólar gozava de confiança tamanha que era tido como "tão bom como o ouro", como se dizia.

O primeiro sinal de que o edifício podia não ser tão sólido veio em 1958. Nesse ano, o passivo externo dos Estados Unidos (soma de obrigações oficiais e não oficiais com estrangeiros) ultrapassou o valor total das reservas do país em ouro. A partir daí, a luz amarela acendeu-se – teve início, então, um intenso debate sobre a cotação adequada do dólar e, além disso, sobre seu papel como moeda de reserva. Esse debate, que se prolongou por cerca de uma década, começou no meio acadêmico, estendeu-se aos círculos governamentais e ganhou novo caráter em 1963, com a abertura oficial de um processo de negociação complexo cujo horizonte era a reforma do sistema monetário internacional.

Essa é a consequência prática do argumento exposto em 1959 por Robert Triffin. Ao dar a salva que desencadeou a controvérsia, o professor belga da Universidade de Yale afirmava que o sistema monetário em vigor era internamente contraditório. Ao entronizar o dólar como moeda dominante e ao fixar sua paridade com o ouro, o sistema expunha as autoridades do país emissor a uma escolha impossível: atender a demanda de liquidez da economia internacional em constante expansão – o que implicava acumular déficits em sua balança de pagamentos e debilitar no longo prazo sua moeda –, ou adotar medidas de ajuste interno para fortalecer o dólar – com os efeitos recessivos produzidos por tais políticas.

O problema que foi comprimido no parágrafo anterior entrou para a história como o "dilema Triffin". Para enfrentá-lo, o autor concebia uma solução logicamente impecável e notável por sua ousadia: eliminar de uma vez por todas a "relíquia bárbara", substituindo o ouro por uma moeda inteiramente fiduciária a ser gerida multilateralmente.

Introduzida essa inovação, os Estados Unidos estariam liberados para perseguir as políticas domésticas mais adequadas às circunstâncias de sua economia, mas perderiam, em contrapartida, a condição de "banqueiros do mundo", com a prerrogativa de financiar seus déficits emitindo moeda, que tal condição envolvia. Não surpreende, pois, que a recepção da proposta de Tiffin no país tenha sido mista: a perspectiva de vê-la adotada projetava para o futuro novos dilemas, tão angustiantes quanto aqueles que ela resolvia.

O debate sobre a reforma monetária internacional nasceu da percepção da vulnerabilidade do dólar, e foi impulsionado pelas pressões sobre o dólar que essa mesma percepção induzia. Elas vinham de dois lados: dos governos superavitários – e, dentre eles, principalmente da França –, que resistiam à ideia de guardar suas suadas reservas em uma moeda que podia se depreciar em um dado instante, e dessa entidade fantasmática que atende pelo nome de "mercado" e faz sentir pesadamente sua presença pelo movimento de preços e a colocação de fundos.

Não vou me deter na análise desse processo, mas devo chamar a atenção para dois aspectos essenciais à compreensão do argumento esboçado neste capítulo.

1. A posição dos atores estatais que protagonizaram o debate. De um lado, os países superavitários, que receavam o efeito inflacionário dos déficits no balanço de pagamentos dos Estados Unidos, e buscavam disciplinar a política econômica da potência hegemônica, insistindo na necessidade de medidas corretivas. Clube basicamente europeu (o Japão só se qualifica para ingressar nele em 1968, quando já se encerrava a partida) (Strange, 1976), os países que o integravam diferiam sensivelmente em suas condutas. O polo extremo era ocupado pela França, que defendeu inicialmente a criação de uma moeda internacional de reserva (o CRU, *Composite-Unit Reserve*) e radicalizou, depois, sua posição, passando a advogar a adoção, pura e simples, de forma aperfeiçoada do padrão ouro. Consequente, com essa postura, solenemente anunciada ao mundo pelo General de Gaulle em fevereiro de 1965, a França manteve o Tesouro dos Estados Unidos sob pressão constante ao converter volumes expressivos de suas reservas em ouro.

> No final de 1963, de fato, o Banque de France havia começado a converter suas participações em dólares para aumentar as reservas de ouro em 30 toneladas por mês. Pouco mais de um ano depois, em janeiro de 1965, anunciou que não só continuaria a fazer isso, mas também converteria imediatamente US$ 150 milhões e automaticamente tentaria converter qualquer novo acúmulo de dólares (ibidem, p.284, tradução nossa)

Do outro lado, os Estados Unidos. Aqui também as posições variaram no decorrer do tempo: a reiteração do compromisso com a paridade do dólar feita por Kennedy antes mesmo de assumir a presidência; a busca de soluções acomodatícias pela dupla Douglas Dillon/Robert Roosa, secretário do Tesouro e subsecretário para Assuntos Monetários Internacionais, respectivamente; a disposição de negociar a reforma do sistema, a partir de 1965, com o sucessor de Dillon, Robert Fowller – reforma que, em sua perspectiva, incluiria a criação de uma moeda internacional, os Direitos Especiais de Saque (DES), mas desprovida de qualquer elemento embaraçoso, porquanto desvinculada do ouro.

É que por trás de todas as variações de atitude e diferenças de pontos de vista havia um forte consenso em torno do propósito de preservar a condição privilegiada do dólar. E a razão principal para isso era expressa claramente, sem nenhum subterfúgio. "A posição de crédito de um centro bancário é tal que, na realidade, pode conceder empréstimo para atender às suas necessidades de forma quase imperceptível, sem a necessidade de arranjar e negociar empréstimos como outros tomadores devem fazer" (Roosa apud Odell, 1982, p.99).

Em outras palavras, era possível endividar-se sem perda de autonomia.

2. A arena onde se processou a negociação. Aqui também vamos observar uma mudança sutil, mas significativa. As discussões começam por iniciativa do governo dos Estados Unidos, que convidou um grupo seleto de países – a *oligarquia dos abastados*, na fórmula colorida de Susan Strange – para buscarem, juntos, os meios mais adequados à solução dos problemas da ordem monetária internacional que afetavam a todos, indistintamente. Assim, na primeira fase, os trabalhos se desenvolvem em nível técnico, sob a ilusão confortante do interesse comum. A insistência francesa na defesa de um ponto de vista inaceitável para os condutores do processo traz à tona seu caráter essencialmente político. Em dado momento, verifica-se uma "mudança de fórum", e a discussão é transferida para o âmbito do FMI.

Trata-se, naturalmente, de uma simplificação. O Grupo dos 10 não se dissolveu, e foi no interior dele que as "grandes decisões" foram produzidas. Ainda assim, o transbordamento do debate para a reunião dos governadores teve efeitos políticos não desprezíveis. Podemos intuí-los ao ouvir a voz do ministro das Finanças australiano no Encontro Anual do FMI, em 1966.

> O Grupo dos Dez, qualquer que seja seu poder de voto, não pode de modo algum pretender-se totalmente representativo dessa instituição mundial nem, imagino eu, alegaria sê-lo [...] o Grupo dos Dez não pode reivindicar nenhum mandato para legislar pelo resto do mundo.
>
> Oponho-me fortemente à ideia de discriminação no âmbito das instituições financeiras mundiais: nenhum grupo de países pode assumir direito exclusivo de predeterminar, fora do fundo, questões vitais aos interesses de todos os seus membros.. (International Monetary Fund apud Cohen, 1970, p.100-1)

Stephen D. Cohen, autor do livro de onde extraí essa citação, percebe argutamente o jogo de poder que estava em curso nesse instante. Os europeus, coerentemente com sua posição de credores, favoreciam fórmulas voltadas para a defesa do valor em ouro de suas reservas e resistiam à ampliação do debate a países com interesses "inflacionistas". Os Estados Unidos, convertidos agora em devedores, só tinham a ganhar com a entrada em cena desses novos atores. Certamente não pela expectativa de tê-los a seu lado no momento das decisões, mas porque o tempo corria contra seus interlocutores, e estes sabiam que a demora em concluir o acordo só faria aumentar a pressão de países em que tinham grandes interesses – Ásia, África, América Latina (ibidem).

O argumento do autor fica reforçado quando levamos em conta o que se passava nesse pedaço do mundo naquela quadra histórica e a maneira como os aludidos fenômenos repercutiam em outras organizações internacionais, como o Gatt. Já toquei no assunto páginas atrás, e voltarei a ele em outros capítulos.

No fim das contas, a reforma monetária foi aprovada no Encontro Anual do FMI, em 1967, que se realizou no Rio de Janeiro. Na ocasião, as inovações introduzidas com a criação dos Direitos Especiais de Saque – ainda que em versão mais próxima às teses defendidas pelos Estados Unidos – pareceram marcar uma inflexão importante no sistema monetário internacional. Retrospectivamente, é fácil notar que essa impressão era exagerada. Evidência disso foi o ataque sofrido pelo dólar em março de 1968, poucos dias depois do choque provocado pela entrada das tropas vietcongues em Hué, na Ofensiva do Tet, que apanhou de surpresa o comando militar e os analistas norte-americanos. E a forma encontrada para enfrentá-lo: com as reservas em ouro minguando celeremente, o governo dos Estados Unidos anula o resultado de tão laboriosas negociações ao suspender unilateralmente a venda de ouro para agentes privados, que desde então passam a negociar o metal em um mercado paralelo, em que seu preço em dólar flutua livremente.

Mas ainda não era a virada de página. Com muitos furos, e com a ajuda de dispositivos estranhos à sua lógica – desde 1961 o governo norte-americano vinha tomando medidas para restringir o fluxo de capital ao exterior – o regime ouro-dólar mantinha-se. Durante dois anos e meio, aproximadamente, a preservação de sua regra básica, a paridade do dólar, continuou como objetivo prioritário dos Estados Unidos. A mudança profunda veio em 1971, quando a notícia de que o país conheceria seu primeiro déficit comercial desde 1893 agita os mercados e precipita nova corrida contra o dólar. O desfecho é sabido: no dia 15 de agosto daquele ano, o presidente dos Estados Unidos, Richard Nixon, anuncia a suspensão de todas as transações com ouro, o congelamento temporário de preços e salários, uma sobretaxa aplicada horizontalmente a todas as importações, entre outras medidas.

Esse ato é visto por muitos como movimento de alcance estratégico, que estabelece as condições para a retomada hegemônica dos Estados Unidos. Michael Hudson, autor de livro importante sobre o tema, reeditado recentemente, escreve sobre o episódio.

> O padrão de moeda baseado na convertibilidade do dólar em ouro estava acabado. O padrão da lei do Tesouro dos Estados Unidos [...] era inaugurado. Em vez de usar seus dólares para comprar ouro norte-americano, os governos estrangeiros passaram a poder comprar apenas obrigações do Tesouro dos Estados Unidos [...]
>
> O orçamento federal dos Estados Unidos mergulhava em déficit em decorrência da "economia de armas e manteiga" [...] Mas, em vez de tributar cidadãos e empresas norte-americanos ou obrigar os mercados de capitais norte-americanos a financiar o aumento do déficit federal, as economias estrangeiras foram obrigadas a adquirir os novos títulos emitidos do Tesouro. Os gastos dos Estados Unidos com a Guerra Fria converteram-se, assim, em um imposto sobre os estrangeiros.

Eram seus bancos centrais que financiavam os custos da guerra no Sudeste Asiático. (Hudson, 2003, p.17)

Há alguns problemas, porém, com esse argumento retrospectivo. Eles começam a aflorar quando formulamos esta pergunta singela: a fragilidade do dólar estava diagnosticada desde o final dos anos 1950. Sendo assim, por que a substituição unilateral do regime monetário demorou tanto a vir?

Não porque a ideia de operar a mudança fosse nova. Já em meados dos anos 1960 ela era claramente formulada por economistas notáveis, que escreviam com a certeza de serem ouvidos.

> Mas, se, no entanto, a Europa optasse inadvertidamente por converter dólares em ouro, os Estados Unidos poderiam restabelecer um verdadeiro sistema de moeda de reserva, mesmo sem a cooperação da Europa [...] a decisão exigiria cabeça fria dos Estados Unidos. O verdadeiro problema é criar um forte mecanismo monetário internacional com base no crédito, com o ouro ocupando, no máximo, uma posição subordinada. Visto que o dólar ocupa posição especial como moeda mundial, os Estados Unidos podem provocar essa mudança por conta própria. (Kindleberger; Despres; Salant, 1981, p.45-52)

O "roteiro" estava esboçado há muito tempo, e o significado dele era conhecido. Basta ver como a mensagem, enviada por Kindleberger e colegas aos europeus, era decodificada na linguagem mais áspera de Paul Sweezy (1972, p.156): "Não pense que pode blefar conosco! Se quiser pegar todo o ouro, vá em frente. Vamos desatrelar o dólar do ouro, e no mundo de hoje você descobrirá rapidamente que precisa dos Estados Unidos e do dólar mais do que precisa do ouro".

Em termos mais suaves, ao falar em *centre country view*, a interpretação de Susan Strange não é muito distinta. Na reconstrução detalhada que faz dos debates prévios e das negociações que levariam à reforma de 1967/68, a autora observa como o agravamento dos problemas de balanço de pagamentos e as dificuldades em obter consenso em torno de suas posições estavam fortalecendo nos Estados Unidos os "duros", que se dispunham a jogar mais pesado com os aliados e agir unilateralmente, se fosse preciso. O documento de Kindleberger e colegas, publicado na Europa pela *The Economist*, é expressão de uma tendência mais geral nos círculos dirigentes norte-americanos que se manifestava à época de forma repetida (Strange, 1976).

A descrição do lance a ser efetuado em caso de recalcitrância dos interlocutores estava disponível com antecedência de cinco anos. Mas o que dizer da antecipação das consequências? O que resultaria do desmonte do sistema monetário laboriosamente construído depois da Guerra? Como seria o *day after*? Para essa pergunta também havia uma resposta simples,

Estados e mercados

como nos informa Sweezy (1972, p.165), em texto escrito três anos antes do gesto dramático de Nixon.

> Do ponto de vista do imperialismo dos Estados Unidos, naturalmente só pode haver uma resposta: o padrão dólar. As unidades subordinadas do império deverão manter suas reservas em dólares, talvez um tanto disfarçadas por alguma nomenclatura fornecida pelo Fundo Monetário Internacional, e aceitar dólares adicionais à medida que os Estados Unidos optem por pagá-los sob a forma de déficits de balança de pagamentos... os Estados Unidos poderão continuar a incorrer em déficits que... fazem parte dos custos indispensáveis do império.

Como se vê, a descrição é essencialmente a mesma de Michael Hudson. Mas, na análise de Sweezy, essa era apenas a perspectiva do *establishment* norte-americano. O resultado de sua ação dependeria fundamentalmente dos lances efetuados por seus parceiros-rivais, que poderiam aquiescer, desempenhando pacatamente o papel a eles designados no *script*, mas poderiam igualmente recusar as falas propostas e produzir surpresas desagradáveis, de consequências imprevisíveis.

A rigor, a perspectiva expressa no documento citado não era de todo o *establishment*. Essa é uma parte importante da resposta à pergunta sobre por que a decisão de abandonar o padrão ouro demorou tanto a chegar. No governo Johnson, os que podiam defender essa posição não tinham espaço. Eles passaram a ocupar lugares estratégicos no governo Nixon, quando a Secretaria do Tesouro foi entregue ao ex-governador do Texas, John Connally. Mesmo assim, até a undécima hora, a guinada foi objeto de intenso debate.

O governo Nixon dividia-se, em seus diferentes escalões, entre os que defendiam a transição para um sistema de taxas flutuantes por meio de medida de choque, e aqueles que insistiam na negociação com os aliados para obter os ajustes necessários à preservação do sistema em vigor. A tensão, que se prolongou durante meses, fica transparente nos argumentos trocados durante a reunião secreta que Nixon manteve com quinze altos funcionários selecionados a dedo em Camp Davis, na sexta-feira, 13 de agosto, dois dias antes do anúncio bombástico da "Nova Política". Vale a pena ouvir com atenção as razões dos derrotados – representados no diálogo pelo presidente do Sistema de Reserva Federal (FED), o colaborador íntimo de Nixon, de longa data, Arthur Burns.[9]

---

9 Toda a parte relativa às dissensões internas no governo norte-americano sobre como lidar com o problema do déficit no balanço de pagamentos está apoiada o livro já citado de John S. Odell.

Burns: se fecharmos essa janela, outros países podem dobrar o preço do ouro. Estamos liberando forças que não precisamos liberar. Penso que Paul Volcker [então subsecretário para Assuntos Monetários do Tesouro] deve seguir em frente e começar a negociar com outros países um realinhamento de moedas [...]

Connally: Qual é o nosso problema imediato? Estamos reunidos aqui hoje porque temos problemas externos. Os britânicos vieram nos pedir a cobertura de US$ 3 bilhões, todas as suas reservas em dólares. Qualquer um pode nos derrubar – quando quiserem –, nós nos deixamos completamente expostos [...]

[...]

Connally: Então os outros países não gostam disso. E daí?

Burns: Eles podem retaliar.

Connaly: Deixe-os. O que eles podem fazer?

Burns: Eles são poderosos. São orgulhosos, assim como nós. (Safire, 2005, p.513-5)

O editor da *Monthly Review* imaginava a possibilidade desses desdobramentos ao escrever o artigo sobre o discurso feito por Nixon em 15 de agosto de 1971.

É cedo demais para caracterizar a nova fase que agora se abre de forma definitiva, mas parece razoável admitir que nenhum país ou grupo de países será capaz de estabelecer uma posição hegemônica clara e que uma luta intensa entre as maiores potências capitalistas está começando. Nesse processo várias alianças e alinhamentos serão buscados, às vezes com sucesso e às vezes não, às vezes como um expediente temporário e às vezes por longos períodos. (Sweezy, 1971, p.198)

As advertências de Arthur Burns e o comentário de Sweezy complementam-se e põem em evidência o problema fundamental no juízo que estamos criticando: o anacronismo.

***

Com efeito, ao surpreender o mundo com o anúncio daquelas medidas, Nixon manejava um recurso que poderíamos denominar, tomando de empréstimo a distinção proposta por Stephen Krasner, de "meta-poder" – capacidade de alterar as regras que regem as disputas entre atores –, em contraposição ao "poder relacional" – capacidade de um ator de fazer valer os seus interesses, observadas as regras que pautam suas relações com os demais (Krasner, 1989). Em clave jurídica, diríamos que o presidente dos Estados Unidos fez uso da prerrogativa de definir a exceção, atributo no qual, segundo Karl Schimitt, reside a essência da soberania.

Um gesto como este, porém, não é jamais completo em si mesmo. Ao decretar "Estado de exceção", ou ao dar um golpe de Estado, os governantes (velhos ou novos) esperam que suas ordens sejam acatadas, mas se preparam seriamente para agir como se essa pretensão fosse de aceitação improvável. Por isso, tomam controle preventivamente de posições estratégicas, ocupam com forte aparato militar vias e praças públicas e aprisionam adversários políticos e personalidades propensas a lhes criar embaraços. Muitas vezes, a receita dá certo, mas nem sempre isso acontece. No fundo, tudo depende da maneira como o "lance" que efetuam se inscreve na trama das ações e nos cálculos estratégicos dos demais protagonistas.

Este não é o lugar para uma análise detida das circunstâncias que cercaram o "golpe monetário" de Nixon e das condições que redundaram na reafirmação da supremacia do dólar no decurso do tempo. Mas alguns aspectos devem ser, ainda que sumariamente, assinalados.

1. O golpe foi, ao mesmo tempo, monetário e comercial. Sob a concorrência cada vez mais acirrada dos produtos japoneses, o governo norte-americano vinha esforçando-se para limitar a pressão que ela exercia sobre a indústria têxtil norte-americana. Diante da resistência do governo nipônico, a ideia de recorrer a sanções comerciais ganhava corpo em muitos círculos e se fortalecia com a ascensão de Connally à Secretaria do Tesouro. Com a "Nova Política", o governo norte-americano lançava aos seus aliados um duplo repto: lidar com os efeitos da inconversibilidade do dólar e responder, ao mesmo tempo, a uma ameaça de guerra comercial, quando estabelecia uma sobretaxa horizontal de 10% sobre todas as importações realizadas pelo país e embalava o pacote em linguagem belicosa, pouco condizente ao trato entre "amigos".

Por certo tempo, a intransigência das autoridades norte-americanas parecia empurrar os acontecimentos para esse desfecho. Em novembro sua atitude torna-se mais flexível, e as negociações que levariam ao Acordo Smithsoniano de dezembro de 1971 (mudança negociada na paridade das principais moedas, com significativa depreciação do dólar) começam a prosperar. Seria possível ver nessa alternância um jogo tático consciente para levar os interlocutores a concessões que, de outra forma, estariam pouco inclinados a aceitar. Mas convém não exagerar na dose de malícia atribuída aos negociadores norte-americanos: é bastante sintomático o fato de que a mudança de atitude tenha ocorrido depois que o assunto foi classificado como de significado estratégico, e sua condução passou às mãos do conselheiro de segurança nacional, Henri Kissinger (Odell, 2000; Mayer, 1980; Kissinger, 1979).

2. A disposição de negociar com seus parceiros uma fórmula compatível com as regras formais do regime monetário em vigor não envolvia, da parte dos Estados Unidos, nenhum compromisso com a manutenção a longo prazo desse regime. Pelo contrário, o objetivo continuava sendo o de ampliar sua autonomia financeira e de extrair dela todas as vantagens possíveis. Por isso, o governo norte-americano vetou todas as propostas de

coordenação de políticas, para dar maior efetividade aos controles de capital, mecanismo essencial ao funcionamento daquele regime – que deixou de existir em janeiro de 1973, quando os bancos europeus desistiram de queimar reservas na vã tentativa de segurar a cotação do dólar. Fez mais: em janeiro de 1974, aboliu os controles de capitais adotados desde o início da década anterior e passou a pressionar pela limitação do direito de outros países de recorrerem a tais dispositivos para regular as taxas de cambio. O sucesso alcançado nesse empenho pode ser aferido pela reforma dos Artigos de Acordo do FMI, aprovada em 1976, que adaptou a organização ao regime de câmbio flutuante: pela nova redação, o artigo 4-1 incluía o estímulo ao movimento de capitais entre os países como um dos objetivos básicos do sistema monetário internacional, lado a lado com a facilitação do comércio de bens e serviços.

Assistia-se então a um episódio decisivo no processo de liberalização financeira, eixo da estratégia dos Estados Unidos para restaurar a primazia de sua moeda e reafirmar o seu poder de comando sobre as finanças internacionais. Essa estratégia acabou sendo vitoriosa, como sabemos. Mas no início da década de 1970, os elementos que possibilitaram esse resultado ainda não estavam presentes.

3. O anúncio do fechamento da "janela do ouro" aconteceu em agosto de 1971. No mesmo período, o mundo assistia, estupefato, aos lances espetaculares que inauguraram a *détente*: acordo entre os Estados Unidos e a União Soviética nas conversações com vistas à limitação de armamentos estratégicos (SALT); revelações sobre a viagem secreta de Kissinger à China e sobre os preparativos da visita de Nixon a Pequim e a Moscou, previstas para o início do ano seguinte. Esses acontecimentos não tinham incidência direta nas relações monetárias, mas reconfiguravam inteiramente o campo das relações de força na política mundial, deixando os Estados Unidos em situação muito mais sólida perante seu contendor soviético e seus aliados. Com o devido desconto, porque seu autor é parte interessada na história, o balanço que Kissinger fez desse reposicionamento estratégico contém observações irrefutáveis: a abertura para a China produziu efeitos de contenção sobre a União Soviética, que foi expelida do Egito, em 1972, deixando os Estados Unidos como presença dominante no Oriente Médio; a promessa de abertura de linhas de crédito e de mercados à União Soviética favorecia as negociações para limitar a corrida armamentista e à unidade política do bloco ocidental, ao facilitar encaminhamento da "questão alemã" (Kissinger, 2001). Além disso, ao preparar o terreno para a retirada do atoleiro em que se tinha convertido o Vietnã, a política de *détente* contribuiu para conter uma hemorragia que debilitava econômica e politicamente o Estado norte-americano.

4. O outro elemento decisivo para relações entre os Estados Unidos e seus aliados foi a crise que explodiu com o choque do petróleo. A história

pública é conhecida: em outubro de 1973, em retaliação ao apoio norte--americano a Israel, os países da Organização dos Países Exportadores de Petróleo (Opep) decretam o embargo aos Estados Unidos e um aumento brutal do preço do petróleo. Na verdade, a história é um pouco mais complexa. Desde o início da década de 1960, a Opep vinha batendo-se por elevação da renda do petróleo. Em 1969, depois da tomada de poder na Líbia pelos militares liderados por Muammar al-Kadhafi, e da ascensão de Saddam Hussein no Iraque, a pressão por novos termos nas relações entre produtores e consumidores do combustível tornou-se muito mais forte. De outro lado, a política dos Estados Unidos era acomodatícia, informada que era pela avaliação de que o preço do petróleo tendia a aumentar e que a questão vital não era exatamente o preço, mas a garantia de fornecimento, sem solução de continuidade (Akins, 1973). As evidências de que o governo dos Estados Unidos estava disposto a assimilar um aumento no preço do petróleo (e que talvez tenha incentivado os produtores do Oriente Médio a insistir nele) deram origem à interpretação segundo a qual o choque do petróleo teria seguido, de uma forma ou outra, o traçado do planejamento estratégico norte-americano (Oppenheim, 1976). Essa versão de sabor conspiratório é controversa[10] e, no meu entender, pouco convincente. Mas a consequência invocada em favor dela parece-me indiscutível: dada a dependência energética da Europa e do Japão, o encarecimento do petróleo e as incertezas políticas que passam a cercar seu fornecimento reduzem as veleidades de autonomia desses países e os tornam mais vulneráveis às pressões de Washington.

5. O choque do petróleo precipitou as economias capitalistas desenvolvidas em profunda crise, que se prolongou até meados da década seguinte. Essa crise, que tinha raízes estruturais, pôs em questão os equilíbrios sociais implícitos no modo de desenvolvimento sedimentado no pós-guerra, com as formas institucionais correspondentes. No primeiro momento, porém, era escassa a consciência que se tinha da real dimensão do desafio. Na Europa e nos Estados Unidos, os governos reagiram ao choque de preços acionando os instrumentos rotineiros de política econômica: medidas restritivas para absorver o impacto inflacionário da crise energética, primeiro, e pacotes de estímulos monetários e fiscais, depois, para combater a assustadora recessão que suas políticas tinham provocado.

Nos Estados Unidos, a permissividade fiscal e monetária tinha como complemento uma política energética que assegurava, no país, preços de petróleo inferiores àqueles vigentes no mercado internacional.

Ao avançar nesse caminho, o governo norte-americano fazia pleno uso de sua soberania monetária: embora depreciado, o dólar continuava

---

10 Para interpretações alternativas, cf. Krasner, S., *Defending the National Interest* (cap. VII: "The Oil Crisis"), e Moran, T., The Future: OPEC Wants Them, *Foreign Policy*, n.25, p.58-77, 1976-7.

intocado em seu papel de moeda internacional de reserva, ausente – no curto ou médio prazo – qualquer substituto plausível (o ouro não era uma opção, pelas consequências depressivas que a restauração de um regime monetário baseado nele teria, e pela dependência em que todas as economias se veriam, caso ele fosse adotado, dos grandes produtores do metal: a África do Sul e a União Soviética). Com base nessa posição privilegiada, os Estados Unidos puderam atrair para seu sistema financeiro as rendas do petróleo (os petrodólares), que eram "reciclados" por meio de seus bancos.

Mas o poder do dólar não era ilimitado: ele dependia da confiança do investidor, que começou a ser erodida à medida que a inflação norte-americana escalava. Em dezembro de 1978, quando a crise política no Irã já se encaminhava celeremente para seu desfecho revolucionário, essa confiança faltou. Depois de ter sido forçado a medidas extremas – pela primeira e única vez na história, o Tesouro dos Estados Unidos emitiu na ocasião títulos denominados em outras moedas (Wells, 2003) –,sob o impacto das informações nervosas que chegavam de suas embaixadas mais importantes e dos avisos que vinham dos bancos internacionais, as autoridades norte-americanas concluíram que a depreciação do dólar precisava ser revertida. Foi esse juízo que informou a decisão do FED de promover uma elevação drástica na taxa básica de juros.[11]

Essa medida – o segundo "golpe monetário" em menos de sete anos – consolidou a supremacia do dólar. Veremos a que preço na próxima seção deste capítulo. Aqui o importante é salientar que tanto o "choque de juros" quanto seus efeitos indiretos são incompreensíveis se não levarmos em conta as condições produzidas no decurso dessa movimentada década.

O debate sobre a política industrial e a nova agenda comercial dos Estados Unidos

Ao se voltar para o debate de ideias sobre os rumos da economia nos anos 1980, o observador da cena norte-americana depara-se com um movimento intrigante. Na atmosfera pesada do início da década, o desempenho medíocre do passado recente difundia no público a percepção de que a supremacia industrial detida pelo país havia quase um século sofria uma erosão rápida e justificava a defesa de políticas não convencionais para reverter tal processo. Esses dois elementos – o diagnóstico do declínio e a advocacia de novos métodos de gestão para vencê-lo – conjugaram-se no movimento em defesa de uma estratégia coerente de política industrial que ganhou corpo nessa época.

---

11 O livro já citado de Martin Mayer oferece uma reconstituição vívida do processo que leva a essa decisão. Cf. *The Fate of the Dollar*, op. cit., p.291 e segs.

Estados e mercados

Aberto já em 1980 com a publicação de estudos de grande impacto, o debate sobre a política industrial ganhou densidade e penetrou a arena político-partidária, onde se manteve até meados da década. Depois refluiu, desintegrou-se. Até mesmo a expressão tornou-se suspeita, sendo de bom tom evitá-la. Aparentemente, os partidários da tradição haviam obtido uma vitória definitiva. Não era bem assim. Alguns anos mais tarde, o debate ressurge, e as ideias banidas reaparecem, ainda que com roupagens um pouco diversa.

> No decorrer de quatro décadas após a Segunda Guerra Mundial [...] líderes políticos e acadêmicos aceitaram amplamente o livre comércio multilateral como o princípio básico da política norte-americana.
>
> Recentemente, esse princípio passou a ser alvo de ataque crescente e não apenas por representantes dos setores industriais mais antigos [...] No cenário acadêmico, muitos economistas desenvolveram novas teorias ou refinaram outras existentes que explicam como, pelo menos conceitualmente, uma nação pode enriquecer por meio de políticas de comércio ativistas para expandir a participação de mercado de suas indústrias de alta tecnologia.

Essa constatação, feita por dois dos mais aguerridos defensores da tradição do livre comércio no referido debate, abre a introdução do livro *An American Trade Strategy. Options for the 1990s*, compilação de textos apresentados em seminário sobre o tema promovido pela Brookings Institution, em setembro de 1989 (Lawrence; Schultze, 1990). Algum tempo depois, essas teorias e alguns dos mais conhecidos entre seus proponentes estavam de volta – primeiro na campanha do candidato democrata William J. Clinton, e logo a seguir em postos importantes de seu governo.

Em sua brevidade, o relato feito anteriormente suscita no observador algumas interrogações:

1. Como os advogados da política industrial construíam seu "caso"? Quais os argumentos levantados para justificar suas propostas?
2. Como entender que a mobilização em torno desse tema tenha surgido exatamente nessa época, início dos anos 1980, não antes ou depois?
3. Como explicar o seu súbito eclipse?
4. E como entender que as ideias tidas por derrotadas tenham reaparecido, com viço, um pouco depois?

A última seção do presente capítulo será dedicada à tentativa de responder, ainda que de forma sumária e preliminar, a esse conjunto de questões. Não pela simples curiosidade despertada por um episódio remoto, mas interessante. Fazer isso é preciso porque essa página histórica lança luz

103

sobre as mudanças estruturais em curso na economia norte-americana e nos ajuda a entender melhor o núcleo duro da estratégia comercial dos Estados Unidos nos últimos decênios.

***

O discurso da política industrial

> A perda de competitividade da indústria norte-americana nas últimas duas décadas não foi nada menos que um desastre econômico. Ainda em 1960 [...] os Estados Unidos representavam mais de um quarto das exportações de manufatura das nações industrializadas, ao mesmo tempo que abastecia 98% do mercado interno. Desde então, o país não só tem perdido participação de mercado tanto no nível doméstico quanto no externo, mas o declínio vem na verdade acelerando.

Começava com essa afirmação peremptória o dossiê publicado no número especial da revista *Business Week*, de junho de 1980, dedicado ao tema "Reindustrialização da América" (*Business Week*, 1980). O quadro traçado pelas matérias que se sucediam ao longo das oitenta páginas do documento justificava a linguagem alarmista do trecho citado. Passando em revista a situação dos mais diferentes segmentos da indústria norte-americana, os redatores da *Business Week* apoiavam-se em copiosa informação estatística e em incontáveis depoimentos – de empresários, sindicalistas, políticos, acadêmicos, especialistas (de entidades patronais, de agências governamentais) – para formular um diagnóstico inquietante que pode ser resumido como se segue.

Nas duas últimas décadas, a economia norte-americana vinha perdendo terreno, paulatinamente, para seus concorrentes – em especial a Alemanha e o Japão. Nesse período, o crescimento médio caiu significativamente, enquanto a inflação deu um salto – em 1979, pela primeira vez na história, os Estados Unidos tiveram o mais alto índice de inflação entre todos os países industrializados. Nesse interregno, o padrão de vida dos norte-americanos, antes o mais elevado do mundo, recuou para o quinto lugar entre os países industrializados

Nesse panorama geral, o aspecto mais saliente é o declínio da indústria: ele se expressa de forma eloquente na perda de posições relativas nos mercados, externo e interno, que pode ser constatada nos segmentos mais diversos – da indústria aeronáutica à siderúrgica, do setor automotivo à microeletrônica de consumo, para citar apenas alguns dos exemplos tratados na matéria. Decorrentes, em parte, da difusão das inovações tecnológicas e organizativas originadas nos Estados Unidos, esses resultados refletem também alguns aspectos endógenos à economia norte-americana:

o baixo crescimento dos gastos em desenvolvimento tecnológico, a queda nos níveis de poupança, o crescimento declinante da produtividade. De 1948 a 1968, informava a *Business Week*, a produção por hora trabalhada havia aumentado a uma taxa média de 3,2% ao ano. Entre 1968 e 1973, essa taxa caiu para 1,9%, e nos seis anos seguinte, para 0,7%, com alguns setores, como mineração, construção civil e utilidades públicas, acusando perdas absolutas de produtividade. Apesar de igualmente atingidos pela crise econômica internacional, seus competidores comportaram-se muito melhor: nos seis anos anteriores (entre 1973 a 1979), a taxa de crescimento da produtividade caiu significativamente no Japão, mas se manteve acima de 4%. Na França ela decaiu ligeiramente (de 6,1% a 4,9%), enquanto na Alemanha ficou praticamente inalterada.

Mas o desempenho medíocre da indústria norte-americana não se explica pela queda nos ganhos de produtividade, ela própria efeito conjugado de um conjunto de fenômenos mais profundos. É nesse plano que os problemas reais estão situados. Na seção dedicada às causas da crise, a matéria da *Business Week* discute cada um deles detidamente. Aqui basta enumerá-los: a) a incoerência das políticas governamentais – nos Estados Unidos o sistema de gestão econômica é complexo e fragmentado, carente dos mecanismos efetivos de coordenação necessários para dar respostas aos desafios de um mundo em que a concorrência se torna cada vez mais aguçada; b) o fracasso nos esforços para abrir mercados externos – a rodada Tóquio do Gatt é uma boa ilustração: tendo se prolongado por sete anos, seus resultados são ambíguos e ainda estão para ser testados. Enquanto isso, os concorrentes usam variada gama de artifícios para barrar a entrada de produtos norte-americanos em seus mercados, tentando construir nesses espaços defendidos suas próprias indústrias de ponta, com ajuda de subsídios e contratos governamentais; c) o predomínio das considerações de curto prazo nas estratégias empresariais; d) o efeito negativo da inflação sobre o incentivo do lucro – ao criar oportunidades de ganhos especulativos e dificultar a aferição precisa dos resultados operacionais; e) a rigidez das relações industriais – fruto de um sistema de negociação coletiva baseado na premissa do conflito irredutível de interesses entre empresas e trabalhadores, em que o preço da trégua é a formalização estrita do contrato de trabalho; f) a disseminação de atitudes em relação ao trabalho e ao governo que se traduzem em expectativas irrealistas dos cidadãos quanto aos seus direitos e às instituições que regulam a vida social.

Como costuma acontecer em exercícios retóricos desse tipo, o diagnóstico soturno prepara o anúncio dos meios mediante os quais a regeneração pode ser alcançada. Apesar de suas mazelas, a economia norte-americana continua sendo a maior e mais produtiva do mundo. Ela tem todas as condições para responder ao desafio de seus concorrentes. Mas para tanto é preciso criar as condições para um novo "contrato social", que possibilite o planejamento das empresas em escala temporal mais ampla e o estabelecimento de relações cooperativas – uma verdadeira parceria – nos locais de trabalho. O governo tem um papel central na formação desse "novo consenso". Ele deve seguir tentando melhorar as condições de vida dos cidadãos, sobretudo dos grupos de baixa renda e das minorias, e criar uma sociedade igualitária. Mas deve mostrar que nada disso será possível sem crescimento econômico. E que este depende da modernização industrial. Para passar das palavras aos atos, caberia ao governo formular uma "estratégia industrial" ambiciosa, dotando-a de mecanismos permanentes de consulta para que os grupos sociais interessados pudessem levar suas avaliações e recomendações ao Congresso e ao presidente.

A *Business Week* não se detém na defesa dessa diretiva geral. Buscando contribuir para a elaboração da estratégia de modernização industrial, ela expõe sua própria proposta. Essa parte ocupa quase a metade da matéria. Não é preciso examiná-la, mas convém indicar alguns de seus elementos para que o leitor tenha uma ideia do que seus redatores visavam. Quanto aos objetivos, a prioridade absoluta é dada ao desenvolvimento das indústrias de alta tecnologia, com destaque especial para a informática, a biotecnologia, a indústria aeroespacial e a pesquisas portadoras de futuro, como o aproveitamento da energia solar. Entre os objetivos precípuos incluem-se, ainda, o de facilitar o ajuste da economia norte-americana às novas condições criadas por um mundo de energia cara, e a adaptação de algumas de suas indústrias básicas aos novos dados da concorrência internacional. No tocante aos meios, trata-se, para a revista, de fazer o melhor uso possível das vantagens detidas pelos Estados Unidos – potência financeira, riqueza em ativos energéticos – e investir pesadamente, de forma inteligente, na formação de recursos humanos, para poder dispor da força de trabalho motivada, bem paga e altamente qualificada que o estágio mais avançado de modernização industrial requer. Em outro plano, será preciso desenvolver uma ação muito mais incisiva no âmbito das negociações internacionais, para coibir políticas protecionistas e garantir condições de acesso equânime aos produtos nacionais.

> Qualquer nova política comercial destinada a impedir o crescimento do protecionismo deverá cessar o comportamento não recíproco. Reciprocidade [...] deve ser a base das relações externas dos Estados Unidos. Por exemplo, Washington pode ter de insistir que a França se abra ao comércio e ao investimento norte-americano antes de permitir compras futuras de empresas norte-americanas inovadoras [...] E talvez os Estados Unidos tenham de atrelar a continuidade das importações de Toyotas à abolição da política de compra de telecomunicações nacionais da Nippon Telephone & Telegraph. Na realidade, uma nova política comercial pode ter de se concentrar em negociações envolvendo indústrias em nível mundial, em vez de em tarifas, cotas ou até mesmo subvenções ocultas.(ibidem, p.135)

A *Business Week* não estava sozinha. Com diferenças de ênfases na formulação do diagnóstico e variações mais ou menos sensíveis nas recomendações avançadas, os mesmos argumentos expostos no número especial da revista seriam esgrimidos no debate sobre a política industrial. Com efeito, impulsionado pela atuação persistente de jornalistas influentes, publicistas prolíficos e acadêmicos reputados, a questão da decadência da indústria norte-americana e das políticas necessárias para renová-la esteve no centro de um movimento de ideias que ensejou a publicação de inúmeras obras de grande repercussão. A relação a seguir contém apenas as mais representativas, algumas das quais publicadas em muitos países, entre eles o Brasil: Lester Thurow, *The Zero-Sum Society* (1980); Barry Bluestone e Bennett Harrison, *Desindustrialization of America* (1982); Ira Magaziner e Robert R. Reich, *Minding America's Business. The Rise and Decline of American Economy* (1982); Robert Reich, *The Next American Frontier* (1983); Chalmer Johnson, *MITI and the Japanese Miracle. The Growth of Industrial Policy, 1925-1975* (1982) (Thurow, 1980; Bluestone; Barry; Bennett, 1982; Magaziner; Reich, 1983; Johnson, 1982).

Desobedeci propositalmente a ordem cronológica para citar no final o livro de Chalmer Johnson. Professor na Universidade da Califórnia, Berkeley, especialista em política comparada e estudos asiáticos (mais especificamente China e Japão), sua obra exerceu grande influência por descrever e analisar em detalhes a organização altamente integrada do aparato econômico do Estado nipônico. Esta, como foi sugerido na apresentação da matéria da *Business Week*, era utilizada pelos adeptos da política industrial como marco de referência para a crítica ao caráter fragmentário dos sistemas de decisão econômica nos Estados Unidos e como fonte autorizada de inspiração para suas propostas de modelos organizacionais alternativos. Não apenas por oferecer o exemplo de um caso de sucesso fora do modelo de política consagrado. Ao revelar as bases institucionais das experiências asiáticas, estudos como os de Chalmer Johnson alimentavam a crítica que os defensores mais sofisticados da política industrial lançavam contra alguns dos fundamentos teóricos da ideologia do livre comércio. O alvo em questão era a teoria das vantagens comparativas, que, em suas variações desde Ricardo, sustenta-se em algumas abstrações insustentáveis. Em particular, essas teorias tomam a disponibilidade de recursos como algo dado e supõem que os países têm acesso às mesmas tecnologias de produção. O comércio livre é mutuamente vantajoso, porque permite a cada país especializar-se naquelas atividades que empregam os recursos nos quais o país é mais bem-dotado. O que as teorias convencionais desconhecem é o papel da ação coletiva consciente – comumente materializada em políticas de Estado – na criação daquelas vantagens. Na formulação sintética de dois dos mais influentes representantes dessa perspectiva,

[...] a vantagem comparativa não é estática, mas dinâmica, e as políticas governamentais que influenciam a vantagem competitiva de determinadas empresas em setores específicos podem alterar o padrão de vantagem comparativa ao longo do tempo. Sob essa perspectiva, as prescrições políticas implícitas na teoria do comércio internacional deixam de ser óbvias. (Tyson; Zysman, 1983, p.31)

As prescrições no caso são de dois tipos: aquelas voltadas para evitar a intervenção nociva do Estado, que multiplicava distorções ao canalizar para setores e/ou firmas recursos escassos, cujo emprego seria mais eficiente se respeitada a lógica do mercado; e aquelas que condenam a interferência direta do Estado na determinação dos resultados do comércio internacional. Nesse sentido, as qualificações feitas pelos defensores da política industrial abrem o espaço, ao mesmo tempo, para políticas de fomento de corte setorial e para a justificativa racional de negociações entre países com vistas não ao estabelecimento de regras para regular o intercâmbio entre os agentes, mas à definição substantiva de resultados – quantidades, preços, participação recíproca em mercados.[12]

Encabeçada por intelectuais públicos, a campanha pela política industrial extrapolou o campo da opinião cultivada, estendeu-se à arena político-partidária, ao ser encampada por políticos democratas com posições importantes na estrutura congressual, e ascendeu ao topo da agenda política como um dos itens de destaque na plataforma de Walter Mondale, o candidato democrata nas eleições presidenciais de 1984. Depois, como sabemos, ela saiu de cena.

Os elementos avançados até aqui nos dão uma ideia aproximada do discurso que animava a campanha pela política industrial. Mas o que dizer a respeito da segunda pergunta? Por que ela acontecia agora?

O momento da campanha

Ao considerar a inscrição do debate sobre a política industrial no tempo, a primeira coisa a fazer é registrar que ele não começa verdadeiramente em 1980. Desde meados da década de 1970 os Estados Unidos foram abalados por um conjunto de ocorrências negativas: choque do petróleo, inflação ascendente, recessão e aumento do desemprego. As primeiras falas influentes, fora dos círculos da esquerda socialista, sobre o declínio da economia norte-americana e a necessidade de reformar o aparelho de intervenção econômica do Estado para que ele pudesse fazer face a essa tendência

---

12 Esta implicação prática do argumento aparece, de forma bem desenvolvida, em Zysman, J. *Governments, Markets, and Growth:* Finance and the Politics of Industrial Change. Ítaca; Londres: Cornell University Press, 1983; e Tyson, L. *Who's Bashing Whom*? Trade Conflict in High-Technology Industries. Washington, D.C.: Institute for International Economics, 1992.

Estados e mercados

fizeram-se ouvir nessa conjuntura. Basta citar, a título de exemplo, o artigo de Charles P. Kindleberger (1974), publicado com este título provocativo, "An American Climateric?", em que o renomado economista compara o destino dos Estados Unidos ao da Inglaterra, sede da revolução industrial e, desde então, potência hegemônica, mas já na menopausa ao ingressar no século XX. Ou a proposta defendida pelo financista Felix G. Rohatyn (1974) – sócio do banco de investimento Lazard Frères, historicamente vinculado aos círculos democratas, e célebre pelo papel desempenhando na engenharia financeira que assegurou saneamento da cidade de Nova Iorque – de recriação da extinta *Reconstruction Finance Corporation*, ente público dotado de poder e recursos financeiros para proporcionar grandes volumes de capital próprio a empresas norte-americanas mediante compra de ações.[13]

Mas naquela época, o ambiente político não era muito favorável ao acolhimento dessas propostas. Diante da crise, a resposta cada vez mais forte dos republicanos, agora na oposição, não era a defesa do governo ativo, mas de "menos governo" – no cotidiano do cidadão e no manejo da economia. Resultado de ação cuidadosamente planejada, a revolta contra os tributos – de que a Proposição 13, na Califórnia, constitui a expressão emblemática – inscreve-se na estratégia conservadora de movimentos em torno de questões isoladas (*"single issue movements"*), que teve papel proeminente na ascensão da "nova direita" – combinação nem sempre confortável de "fundamentalistas de mercado", "direita religiosa" e neoconservadores – às posições de mando dentro do Partido Republicano e na sociedade. Nesse contexto, não havia lugar algum entre os republicanos para propostas como as de Rohatyn e outras da mesma espécie.

No campo democrata, tampouco, as condições eram muito propícias. Saído do período de disputas internas traumáticas aberto pela revolta contra a Guerra do Vietnã – cujos marcos simbólicos foram a violência policial na convenção de Chicago, em 1968, e o abandono do candidato McGovern pelo *establishment* democrata, em 1972 – durante o mandato de Carter, o Partido Democrata buscava reinventar sua identidade sob o impulso de sua ala mais conservadora.[14] Em sua primeira fase, a política econômica do governo Carter não deixava muito espaço para propostas

---

13 O artigo de Rohatyn foi publicado no *The New York Times* em 1º de dezembro de 1974. Para uma apresentação fortemente crítica da proposta, cf. Sweezy, P. "A crise econômica em uma perspectiva histórica – Parte 2", publicado originalmente na edição de abril de 1975 da *Montly Review* e reeditado em Magdoff, H. e Sweezy, P. M., *O fim da prosperidade:* a economia americana na década de 1970. Rio de Janeiro: Campus, 1978, p.79-92. Rohatyn voltaria insistentemente ao tema nos anos 1980, como se pode ver em alguns dos artigos reunidos na coletânea de Rohatyn, F. G., *The Twenty-Year Century:* Essays on Economics and Public Finance. Nova Iorque: Random House, 1983.

14 Sobre a reconfiguração do Partido Democrata no período, cf. Ferguson, T; Rogers, J. *Right Turn. The Decline of the Democrats and the Future of American Politics*. Nova Iorque: Hill and Wang, 1986.

menos convencionais, como as sustentadas pelos defensores da política industrial. Combinando medidas de estímulo fiscais para combater os efeitos da recessão profunda de 1975 e uma política monetária errática, com a difícil missão de combater as pressões inflacionárias sem prejudicar a desejada recuperação econômica, o governo Carter fracassou no seu intento de reduzir o desemprego e ainda foi obrigado a administrar uma onda inflacionária inédita na história dos Estados Unidos. Como já vimos, a política econômica do governo Carter sofreu uma inflexão em 1978, quando o cruzamento entre aceleração inflacionária e problemas políticos externos (Revolução Iraniana) levou a uma corrida contra o dólar. A partir daí, a estabilização monetária subiu ao topo das prioridades, e a receita para o crescimento passou a ser buscada na desregulamentação da economia. Em nenhuma das duas etapas o governo Carter demonstrou qualquer abertura aos pontos de vista que seriam sistematizados a seguir pelos defensores de uma estratégia industrial abrangente. Não por acaso, um dos críticos mais contundentes dessas teses viria a ser Charles L. Schultze, autor já citado, que presidiu o Council of Economic Advisers entre 1977 e 1981.

**

O número especial da *Business Week* sobre a "Reindustrialização da América" saiu em junho de 1980. Nos anos seguintes, a evolução da conjuntura política e econômica ajudou muito a empurrar o tema da política industrial para o centro da arena.

Sabemos que, no plano econômico, o final do governo Carter foi marcado pela decisão do FED de elevar drasticamente a taxa básica de juros. Essa medida precipitou a economia dos Estados Unidos em sua mais funda e longa recessão desde o final da Segunda Guerra Mundial, desencadeando uma série de reações que propagariam a crise por todas as regiões do mundo (entre as quais as mais afetadas foram a África e a América Latina). Diante da retração das atividades, cuja duração e profundidade foram além de suas expectativas, em meados de 1982 o FED abandona sua política ortodoxa de rígido controle dos agregados monetários e passa a injetar liquidez na economia. Os efeitos não tardariam a se fazer sentir: já no final do ano surgiam os primeiros sinais de recuperação. Tinha início, então, um ciclo longo de crescimento, que se estenderia por seis anos, até o final de 1988.[15]

A recuperação econômica, com queda nos índices de preços, foi impulsionada, sobretudo, pelo aumento do gasto público – o colossal programa de rearmamento lançado pelo governo Reagan, aspecto central da conjuntura

---

15 Sobre a política monetária do primeiro governo Reagan, cf. Camapagna, A. S. *The Economy in the Reagan Years:* The Economic Consequences of the Reagan Administration. Westport; Conn; Londres: Greenwood Press, 1994, p.86 e segs.

batizada pelos estudiosos das relações internacionais de a "segunda Guerra Fria". A desgravação tributária (redução das alíquotas do imposto de renda incidentes sobre os lucros das empresas e sobre os rendimentos de pessoas físicas das faixas mais altas, o "socialismo dos ricos", como foi batizada pelos opositores) não surtiu o efeito esperado. Ao invés de funcionar como uma mola propulsora para o investimento produtivo, como queriam os ideólogos da "economia de oferta", a redução dos impostos, conjugada com o aumento das despesas do governo, resultou em gigantesco déficit público, que foi financiado sem dificuldade com emissão de títulos de dívida pública. Dois corolários da situação sumariamente descrita nesse parágrafo são os juros altos (em 1984, os juros reais pagos pelos títulos do Tesouro mantinham-se na casa dos 8%) e a apreciação do dólar. Este, por sua vez, ampliava a tendência histórica de deterioração da balança comercial dos Estados Unidos. A tabela a seguir resume essas informações.

Tabela 3.3 – Déficit público, dívida pública, déficit comercial

Ano	PIB %[1]	Déficit orçamen-tário[2]	Dívida pública[3]	Taxa básica de juro real[4]	Déficit comercial[5]
1980	-0,2	2,80	34,4	2,9	-25,5
1981	2,5	2,86	33,5	10,0	-28,0
1982	-1,9	4,10	36,4	11,0	-36,5
1983	4,5	6,45	41,3	7,0	-67,1
1984	7,2	5,01	42.3	8,0	-112,5
1985	4,1	5,35	45.8	6,1	-122,2
1986	3,5	5,25	50,3	7,2	-145,1
1987	3,4	3,36	52,7	3,8	-159,6
1988	4,1	3.23	54,1	4,9	- 127,0
1989	3,5	2,95	55,4	–	-115,2
1990	1,9	4,04	58,5	–	-109,0
1991	-0,2	4,75	63,4	–	

Fontes: 1. Bureau of Economic Analysis. *National Income and Product Accounts*. Table 1.1.1. Percent Change from Preceding Period in Real Gross Domestic Product; 2. Elaboração do autor, com dados do Statiscal Abst., 1994, p.330; 3. U.S. Department of Commerce. *Statistical Abstract of the United States*, 1994, p.330; 4. Campagna, A. S., op. cit., p.88; 5. Destler, I. M. *American Trade Politics*, [s. d.], p.45.

O descontentamento gerado pela situação descrita – que acentuava dramaticamente os problemas apontados pelos redatores da matéria da *Business Week* comentada no início deste tópico – é uma das peças centrais de nosso quebra-cabeças. Na esteira da devastação causada pela política econômica de Reagan, os setores mais afetados – empresas industriais, sindicatos de trabalhadores e comunidades locais condenadas à anemia crônica pelo fechamento das fábricas que, outrora, haviam garantido seu florescimento – faziam pleno uso das franquias políticas de que desfrutavam para canalizar suas demandas aos órgãos competentes do Executivo e cobrar de seus representantes no Congresso medidas de proteção eficazes. Em relação ao primeiro foco dessa atividade, os dados fornecidos por um arguto analista da política comercial norte-americana são reveladores.

> Houve uma explosão no volume de casos [comércio desleal]. Em resposta a petições setoriais, o Ministério do Comércio iniciou um total de 249 investigações CVD (*countervailing duty* – direito de compensação) no período 1980-1984 e mais 96 em 1985-1989. (Isso se compara a uma investigação iniciada em 1973 e cinco em 1974). Números paralelos de investigação *antidumping* foram 221 para o período de 1980-1984 e 217 para 1985-1989. (Destrer, 1995, p.154)

A informação que encontramos em outro trabalho de referência sobre o tema mostra que a pressão exercida sobre o Legislativo também foi grande, e não desprovida de resultado.

> Aproximadamente trezentos projetos de lei destinados a restringir de alguma forma as importações foram apresentados no 99° Congresso de 1985-1986. Muitos eram sumariamente protecionistas no conteúdo, enquanto vários outros visavam forçar a administração a negociar um acordo melhor para os produtores dos Estados Unidos ou, caso contrário, impor barreiras de retaliação. (Cohen, 1994, p.235)[16]

Os políticos democratas operavam prestimosamente como canais para tais demandas. Mas não se limitavam a esse papel. Acossados pela retórica agressiva da "nova direita", que tinha no ator-presidente seu mais competente porta-voz, já há algum tempo decididos a buscar um posicionamento novo, que lhes pudesse evitar a pecha de "liberais" ultrapassados, boa parte dos políticos democratas abraçou o discurso da política industrial. Esse fato refletiu-se na atividade legislativa já em meados de 1983, com a introdução de inúmeros projetos de lei – mais na Câmara do que no Senado – que se inspiravam nas formulações antes comentadas. Uma das mais importantes foi a proposta de criação de um Banco Nacional de Desenvolvimento Industrial e de um Conselho de Cooperação Econômica, apresentada conjuntamente pelos deputados Stanley Lundine (Nova Iorque) e David

---

16 A pressão no congresso efetuava-se principalmente por meio do Comitê de Energia e Comércio, que desafiava, com relativo sucesso, a proeminência detida tradicionalmente pelo Way and Means Committee nas questões comerciais. Cf. Lande, S. L.; VanGrasstek, C. *The Trade and Tariff Act of 1984*: Trade Policy in the Reagan Administrtion. Lexington; Mass; Toronto, D. C.: Heath and Company, 1986.

Bonoir (Michigan). Outra foi a proposta assinada por TIM Wirth, deputado pelo Colorado, e Richard Gephardt, do Missouri, que oferecia sua própria versão de Conselho, mas cuidava de evitar a ideia mais controversa de um banco industrial (Shoch, 1994).

Não se tratavam de gestos isolados. No ano seguinte, com uma única exceção, todos os candidatos às primárias do Partido Democrata incluíram a política industrial em suas plataformas eleitorais, entre eles o que foi escolhido como desafiante de Reagan, o senador Walter Mondale, que teria se convertido à tese da política industrial depois de ler o livro *A nova fronteira americana*, de Robert Reich (Shoch, 1994; Spulber, [s.d.]).

Saída de cena

Mondale foi severamente batido na eleição de 1984, mas a simples vitória de Reagan não é suficiente para explicar por que o discurso da política industrial foi abandonado pelos democratas, como mais uma das ideias vistosas, mas de pouca utilidade. Para entender esse fato, precisamos atentar para três aspectos da conjuntura da época, pelo menos.

1. A contraofensiva dos economistas acadêmicos e a mobilização do senso comum antiestatista.

Já fiz referência a alguns nomes importantes na ofensiva contra os proponentes da política industrial (Charles Schultze e Robert Z. Lawrence, cuja base de operações, a *Brookings Institution* era um dos *think tanks* mais importantes do campo democrata). Ao rechaçarem a pretensão dos "leigos" – que se julgavam autorizados a questionar o senso comum da profissão – e a heresia dos economistas de formação – que se desqualificavam ao andar em tão má companhia –, esses e outros acadêmicos de orientação mais ou menos liberal (no sentido que os norte-americanos emprestam ao termo, vale dizer, de inclinação social-democrata) uniam-se aos economistas conservadores na reafirmação combativa dos princípios do livre comércio.[17]

Para fazer isso, esses economistas punham em tela de juízo o diagnóstico formulado por seus adversários e suas propostas. Sem brigar com

---

17 Posição curiosa nesse confronto foi a adotada pelo então jovem Paul Krugman. Tendo conquistado precocemente alta dignidade acadêmica por seus trabalhos inovadores sobre a concorrência oligopolista, que estão na origem da literatura sobre o "comércio estratégico", Krugman procurou dissociar-se dos autores que tiravam consequências práticas desses desenvolvimentos teóricos, criticando causticamente, com a verve conhecida, os defensores da política industrial. A atitude cautelosa de Krugman está bem exposta no seu artigo "Is Free Trade Passé?", *Journal of Economic Perspectives*, v.1, n.2. (outono de 1987), p.131-144. Para um comentário crítico das ambivalências de Krugman, cf. Kuttner, R. "Peddling Krugman", *American Prospect*, set.-out.1996.

os dados relativos à queda nos ganhos de produtividade, questionavam seriamente as interpretações correntes sobre suas causas e seu significado. Para os economistas do *mainstream*, não havia nada de anômalo na redução do diferencial entre a produtividade da indústria norte-americana e a europeia, ou japonesa – tratava-se apenas de uma correção esperada, depois de vencidas as condições excepcionais vividas pelos países referidos em passado próximo. Houve, sem dúvida, uma queda significativa no crescimento da produtividade do trabalho na indústria dos Estados Unidos, mas esta continuava sendo mais elevada do que a de qualquer outra economia desenvolvida. Contrariando a tese da "desindustrialização da América", esses estudos assinalavam que a participação da indústria na composição setorial do produto continuou praticamente a mesma nas décadas anteriores, representando 22,9% do PIB em 1982, contra 23,3% em 1960. A redistribuição do emprego deve-se aos ganhos de produtividade muito maiores na indústria do que em grande parte dos segmentos que compõem o setor de serviços. Há, sim, uma clara deterioração do emprego industrial, mas, com auxílio de modelos econométricos sofisticados, esses economistas esforçavam-se para demonstrar que a inflexão deve muito mais ao comportamento da economia do que aos efeitos do mercado exterior. Os problemas nessa área são decorrentes de políticas macroeconômicas falhas, que elevam o déficit fiscal e apreciam o dólar, e é nesse terreno que devem ser combatidos. A situação delicada de certas indústrias (têxteis, aço, automóveis, entre elas) é indiscutível. Mas esse fato está associado à elevação do poder de compra e à mudança nas preferências dos consumidores, que deslocam a demanda em direção a produtos com características encontradas em artigos importados (automóveis menores, mais econômicos e com padrões mais elevados de qualidade, por exemplo). A ideia de mimetizar modelos externos – mal interpretados, de resto – para fazer face a esses problemas localizados não poderia ser mais desastrada. A intervenção pontual do Estado serviria apenas para dificultar os ajustes necessários, e para criar nichos protegidos, garantindo rendas aos setores beneficiados, em detrimento dos consumidores. A tese da "estratégia industrial" repousa na suposição errada de que o governo tem meios racionais para escolher os vencedores de amanhã (*to pick the winnings*), e peca por irrealismo ao desconhecer os obstáculos institucionais instransponíveis ao planejamento abrangente derivados da estrutura institucional do sistema político norte--americano (federalismo, fragmentação decisória, dispositivos de freios e contrapesos etc.) (Lawrence, 1984).[18]

---

18 .Esse livro, escrito por um jovem economista de origem sul-africana então pesquisador da Brookings Institution, analisa detidamente as transformações recentes da indústria norte--americana e critica a tese da política industrial, seguindo a linha de argumentação exposta

Essa linha de ataque mais elaborada, cujo público-alvo eram os economistas profissionais – ou o leitor intelectualizado, com razoável informação econômica –, complementava outra, mais imediata e de eficácia maior na opinião pública em geral: a denúncia da proposta de política industrial como sinônimo de planejamento centralizado, maquinação insidiosa para destruir o regime de liberdade individual, patrimônio inestimável da sociedade norte-americana.

O estudo exaustivo de Otis L. Graham Jr. (1992) sobre esse episódio fornece evidências abundantes do caráter concertado da reação despertada pelo discurso da política industrial. Mas para a análise esboçada aqui, o aspecto mais relevante é a eficácia dessa contramobilização. Nos Estados Unidos, pelo menos, ela conseguiu marcar negativamente a própria expressão "política industrial". Por isso, quando as ideias que se apresentaram sob esse rótulo voltam a circular, no final da década, elas evitam o termo suspeito e adotam a etiqueta mais leve de "política de competitividade".

2. A resposta do governo Reagan ao duplo desafio das pressões sociais e do discurso produtivista de seus adversários.

Quanto ao primeiro, ela foi marcadamente sinuosa. No plano da ação legislativa, o governo mobilizou-se – por meio de seu representante comercial, William Brock, e de seus líderes no Congresso – para bloquear as propostas democratas classificadas como protecionistas. Foi assim que os principais dispositivos dessa natureza incluídos no projeto original da Lei de Comércio desapareceram do texto aprovado em 1984. Mas, ao mesmo tempo em que levantava essas barreiras antiprotecionistas no Congresso e vetava a aplicação de procedimentos administrativos para limitar a concorrência estrangeira, o governo Reagan pressionava desinibidamente seus parceiros comerciais – em primeiro lugar, o Japão – para firmar acordos de restrição voluntária de exportações. Em 1981, o governo introduziu cotas para automóveis; em 1982, impôs "restrições voluntárias" aos seus parceiros europeus na siderurgia (obrigando a desativação de plantas de última geração na França); em dezembro de 1983, aumentou as restrições às importações têxteis; e em setembro do ano seguinte abriu negociações com todos os exportadores de aço para que estes limitassem suas vendas no mercado norte-americano (o que atingiu em cheio a siderurgia brasileira, por exemplo) (Destler, 1995).

Para se defender dos ataques de seus contendores políticos, Reagan propôs, em junho de 1984, já em plena campanha eleitoral, a criação de um Departamento do Comércio Internacional e da Indústria (*Department*

---

em artigos de Charles L. Schultze, que presidiu o Conselho de Assessores Econômicos na administração Carter.

of International Trade and Industry), no mês seguinte anunciou a formação de uma Comissão sobre a Competitividade Industrial, e no dia 12 de setembro promulgou a Lei de Produtividade Nacional, que buscava fomentar o desenvolvimento de novas tecnologias pela diminuição das restrições à pesquisa conjunta entre empresas concorrentes (Shoch, 1994).

O registro de algumas das conclusões da referida Comissão, divulgadas em dezembro de 1984, depois da vitória eleitoral consagradora de Reagan, dará ao leitor uma ideia do sentido geral do movimento realizado: "Os Estados Unidos estão perdendo sua capacidade de competir nos mercados mundiais [...] Embora ainda sejam a economia mais forte do mundo [...] uma análise atenta do desempenho do país nas últimas duas décadas revela uma redução de sua capacidade de competir.".

O documento da Comissão sobre Competitividade Industrial apresentava uma série de 32 recomendações para reverter esse processo. Constavam da lista sugestões no sentido de ampliar os incentivos fiscais para a atividade de Pesquisa e Desenvolvimento (P&D), aumentar as dotações para a pesquisa em universidades, aliviar as regulamentações que inibiam a atividade empresarial na área e fortalecer as ações em apoio aos exportadores. Além disso, o documento defendia a adoção de dispositivos institucionais para dar efetividade às políticas que sugeria: criação de um Departamento de Ciência e Tecnologia e de outro voltado especificamente ao comércio exterior (*Department of Trade*), ambos de nível ministerial, além de mecanismo de coordenação, sob a direção direta do presidente, para integrar e reconciliar as políticas domésticas e internacionais e buscar o consenso entre os setores concernidos. A Comissão evitou cuidadosamente o termo proibido, mas, pelo diagnóstico formulado e pelo conteúdo de suas recomendações, ela produziu uma proposta de política industrial, ainda que minimalista (Graham Jr., 1992).

3. A inflexão na política econômica internacional dos Estados Unidos

Além de induzir o governo Reagan a fazer as concessões já indicadas, a pressão cada dia maior e mais exitosa dos lobbies empresariais no Congresso (entre os quais, no final do período, até mesmo de setores de tecnologia de ponta) teve outro efeito: forçou-o a abandonar a negativa renitente de que houvesse qualquer problema na apreciação do dólar e a adotar um novo enfoque para sua política econômica internacional. Essa mudança se dá a partir da substituição de Donald Reagan por James A. Baker III no cargo de secretário do Tesouro, em fevereiro de 1985.

As manifestações mais imediatas e notáveis dessa nova postura foram a articulação do grupo dos Cinco (Estados Unidos, Japão, Alemanha, França e Inglaterra), em setembro, para administrar conjuntamente a desvalorização do dólar, e o Plano Baker para os grandes devedores do Terceiro Mundo, apresentado na reunião conjunta do FMI/Bird, em Seul em outubro do mesmo ano.

Até então, a política do governo norte-americano para a crise da dívida consistia em ajudar informalmente a organização do cartel dos bancos, mediante o fortalecimento do FMI e o empenho de sua autoridade no respaldo das decisões tomadas neste órgão. No mais, insistia na retórica da "não intervenção", rejeitando liminarmente as tentativas dos devedores de acertar uma "negociação política da dívida". No tocante à política comercial, afora as medidas *ad hoc* de proteção já mencionadas, a administração republicana depositava parte de suas fichas no propósito de forçar a liberalização dos mercados internacionais de bens e serviços, por meio da ação multilateral pela abertura de mais uma rodada de negociações no Gatt, com a inclusão em sua agenda de "novos temas", até aquele momento não sujeitos à disciplina daquele órgão – "serviços", "propriedade intelectual", e "investimentos".

A ação diplomática com esse fim será examinada no próximo capítulo. Por ora, convém salientar dois aspectos: 1) os objetivos referidos anteriormente são claramente enunciados no primeiro documento de política do governo Reagan dedicado ao tema do comércio internacional – o depoimento prestado pelo representante comercial, o embaixador William Brock, no Senado, em 8 e 9 de julho de 1981 (Senate..., 1969); 2) durante o primeiro mandato de Reagan, o esforço da administração republicana concentrou-se na campanha pela abertura de nova rodada de negociação no Gatt, nenhum trabalho sendo desenvolvido para obter do Congresso a autoridade necessária à conclusão dos acordos comerciais abrangentes que deveriam resultar de tais negociações.

Com a aprovação da Lei de Comércio e Tarifa de 1984, o Executivo ganha essa autorização. E mais, com a definição de objetivos de política comercial contidos nessa lei e os novos dispositivos nela criados em sua seção 301, que estabelece os instrumentos de retaliação a seu alcance, o Executivo passa a contar com um instrumento poderoso para combater tudo que viesse a classificar como práticas "desleais" de comércio na conduta de seus parceiros.

Ao demonstrar sua disposição de aplicar sistematicamente essa ferramenta, o governo Reagan obtém dois rendimentos. 1) incorpora "produtivamente" a pressão protecionista interna, instrumentalizando-a como ameaça para extorquir dos interlocutores o assentimento às exigências de sua política – liberalização do comércio exterior, desregulamentação da atividade empresarial, privatização de empresas públicas, e outras medidas para que esses países atraiam capitais externos de risco e empréstimos; 2) neutraliza a oposição democrata, que vinha batendo desde o início da década na necessidade de exigir "reciprocidade" de seus parceiros comerciais e via agora o governo republicano agir agressivamente na arena internacional como campeão dessa política.

4. O retorno do reprimido: a política industrial sob nova roupagem

Pelo que se viu até agora, o debate sobre a política industrial foi impulsionado por fatores conjunturais, e sufocado, pouco depois, por fatores da mesma ordem. Mas, como sabemos, as propostas de política industrial voltam a circular, ainda que de forma "camuflada", no final da década de 1980. Como entender a recorrência do tema?

O primeiro passo na resposta a essa questão consiste, no meu entender, em distinguir claramente duas acepções do termo em causa. Na linguagem normativa usada pelos participantes do debate, dos dois lados, um atributo central da política industrial é o seu elevado grau de coerência. Os defensores usam esse critério para criticar o caráter fragmentário das políticas realmente existentes; os críticos, para afirmar que as exigências compreendidas na ideia de política industrial são deslocadas no contexto de uma sociedade complexa e pluralista como a norte-americana, quando não a denunciam, pura e simplesmente, como sinônimo de "planejamento", "caminho sem volta ao totalitarismo". Mais útil para propósitos da análise que se faz aqui é o conceito de política industrial, em sua acepção descritiva.

Definida de forma ampla, a noção de política industrial compreende o conjunto de intervenções, mais ou menos coerentes, de maior ou menor alcance, do poder público no campo da produção, com o fim de aliviar pressões econômicas e/ou propiciar o acesso (ou manutenção) de uma dada nação a posições mais elevadas na hierarquia do sistema internacional. Ao intervir na realidade econômica por meio da política industrial, o Estado pode ter em vista uma série de objetivos: promover o crescimento da indústria (ou de alguns de seus setores), fortalecer algumas áreas de atividade (como a inovação tecnológica), fomentar o desenvolvimento de determinadas regiões, elevar o nível de eficiência da indústria e/ou alterar os padrões de competição nela prevalentes. Com esses fins, a política industrial mobiliza uma panóplia de instrumentos, dentre os quais se destacam as tarifas aduaneiras, o controle de importações, os estímulos às exportações, a política de compras do governo e das empresas estatais e os incentivos fiscais e creditícios (Suzigan, 1979).

Entendida assim, a política industrial expressa uma dimensão geral da presença do Estado na economia, sendo praticada mais ou menos conscientemente, por meio de unidades administrativas de âmbito nacional ou subnacional, em todos os países, mesmo naqueles onde o peso da ideologia liberal impede o reconhecimento do fato e a constituição desta em uma área de política pública institucionalizada e claramente definida.

Estados e mercados

Esse é, exatamente, o caso dos Estados Unidos (Vogel, 1987). Embora o conceito normativo de política industrial fosse rejeitado pela opinião dominante nos Estados Unidos, desde o século XIX, tanto o Governo Federal quanto os governos estaduais acumularam ampla experiência com políticas desse tipo. E continuaram experimentando com elas durante a presidência de Reagan. Encontramos abundante informação a esse respeito no livro já citado de Otis L. Graham, Jr. A passagem citada a seguir dá uma ideia da importância dos recursos mobilizados para esse fim pelas autoridades estaduais e do apoio que receberam do Governo Federal para seus programas.

> As autoridades federais não só têm suas próprias políticas industriais, mas também incentivam e pagam parcialmente pelas de cinquenta estados. Em 1983, governos estaduais e municipais gastaram US\$8,6 bilhões de verba federal em programas de desenvolvimento econômico per se. Outros US\$12,8 bilhões foram gastos em infraestrutura, grande parte diretamente vinculados a metas de desenvolvimento industrial. Ainda outros US\$4 bilhões (uma despesa fiscal) foram direcionados a indústrias segmentadas por meio de subsídios do BID, uma fonte de financiamento que aumentou consideravelmente nas duas últimas décadas. (Graham, 1992)

Porém, esses valores empalidecem quando levamos em conta as dimensões dos programas de desenvolvimento de tecnologias militares, forma peculiarmente norte-americana de realização de políticas industriais, e as cifras neles envolvidas: em 1986, o Strategic Defense Initiative (SDI) – programa lançado três anos antes com o objetivo de criar um sistema de defesa antimísseis – consumiu 28% do orçamento federal de P&D, e as estimativas de seu custo total feitas na época ascendiam a 5 trilhões de dólares (ibidem).

Esse exame rápido nos deixa com um primeiro resultado importante: existe nos Estados Unidos forte descompasso entre o discurso econômico dominante (que consagra os princípios do livre comércio e da não interferência do governo) e a realidade de uma tradição rica de políticas de desenvolvimento, a qual, por essa razão mesma, tem escassa visibilidade pública. Apesar disso, ela se reproduz rotineiramente na ação de ramos distintos do aparelho governamental – nos níveis federal e estadual – e no tecido de relações que estes mantêm com os mais diversos setores da sociedade. Essa é uma das faces de sua forte institucionalização. A outra é a cristalização dos dispositivos de política industrial, e dos subentendidos que os justificam, em peças de legislação.

Para os propósitos da análise que se faz aqui, a mais importante delas é a Lei de Comércio e Tarifas de 1984. Sabemos que ela deu autoridade ao Executivo para entabular negociações comerciais abrangentes, fortalecendo ao mesmo tempo seu poder retaliatório. Caberia dar indicações mais precisas sobre a maneira como definia os objetivos de política comercial e os mecanismos concebidos para viabilizá-los.

Para não alongar demasiadamente a exposição, farei isso sob forma de alusões rápidas à lei, seguidas de breves comentários.

Serviços: A Seção 305 da lei estabelece que nas negociações comerciais os Estados Unidos procurariam "Reduzir ou eliminar barreiras, ou ordenar distorções do comércio internacional de serviços [...], incluindo barreiras que negam tratamento nacional e restrições ao estabelecimento e operação em tais mercados".

Item destacado da política comercial do governo Reagan, anunciada em julho de 1981, a prioridade concedida ao setor de serviços atendia aos reclamos de poderosa coalizão empresarial formada no começo da década passada sob a liderança dos dirigentes da AIG, a gigante do setor de seguros, cujos pontos de vista já tinham sido contemplados na Lei de comércio de 1974, que previa a extensão de toda norma referente ao comércio exterior ao setor de serviços.

É fácil entender o consenso em torno do tema: nas duas últimas décadas, a participação do setor de serviços na economia norte-americana crescia incessantemente – em termos de valor adicionado e, mais ainda, de emprego absorvido –,[19] muitos segmentos dele desfrutando de grandes vantagens comparativas internacionais. Entre 1981 e 1984, os serviços responderam por 40% de todas as exportações, gerando um saldo acumulado de cerca de 123 bilhões de dólares, em forte contraste com o déficit de aproximadamente 234 bilhões, acumulado na balança de mercadorias (Landes; VanGrassteck, 1986, p.32). À luz desse dado, entende-se a importância estratégica atribuída à abertura dos mercados externos às empresas norte-americanas do setor de serviços.

Investimentos: Nos termos da Seção 305 da Lei de Comércio e Tarifa de 1984, os Estados Unidos procurariam reduzir ou eliminar "Barreiras artificiais ou de distorção do comércio ao investimento estrangeiro direto, para ampliar o princípio do tratamento nacional e reduzir barreiras irracionais de estabelecimento".(ibidem).

Novamente, o consenso bipartidário: este objetivo também constava dos primeiros documentos de política comercial do governo Reagan. O tema, porém, é mais espinhoso e suscitava reações diferenciadas no universo empresarial norte-americano. O próprio governo mantinha uma posição canhestra sobre o assunto, haja vista as muitas restrições por ele criadas, como a legislação sobre conteúdo nacional no setor automotivo. Como se verá em outro capítulo deste livro, até hoje as negociações

---

19 Entre 1959 e 1989, a participação do setor de serviços (excluído o governo) no total do emprego nos Estados Unidos passou de 38,2% para 49,8%. Cf. Spulber, op. cit. p.154. Essa obra analisa, de forma desagregada, a expansão do setor de serviços.

multilaterais sobre o tema pouco avançaram – os acordos bilaterais tendo sido o meio mais eficaz encontrado pelos Estados Unidos para ver suas pretensões atendidas.

Propriedade intelectual. A lei de 1984 não dedica uma seção separada aos objetivos a serem perseguidos nesta área, mas eles aparecem em diferentes lugares do documento. Assim, ao tratar das indústrias de alta tecnologia, ele estabelece que o governo buscará eliminar ou reduzir as medidas de governos estrangeiros que "não forneçam meios adequados e eficazes para estrangeiros para garantir, exercer e fazer valer direitos exclusivos em propriedade intelectual".

A parcimônia da Lei não condiz com a importância que seria atribuída ao tema logo a seguir. No momento de sua elaboração, a campanha pelo fortalecimento dos direitos de propriedade intelectual começava a dar seus primeiros frutos. Deslanchada no final dos anos 1970 pelos produtores de artigos sensíveis ao uso fraudulento de marcas e a imitações – entre eles a *Levi Strauss Corporation*, dona de uma das mais conhecidas marcas de *jeans* –, no início da década seguinte ela receberia grande reforço, com o ingresso no movimento das indústrias intensivas em informação. Desde então, a campanha pela reforma do regime de propriedade intelectual ganha verdadeiro alento e começa a acumular triunfos: em 1980, o Congresso estende a cobertura da lei de Copyright aos programas de computadores; no mesmo ano, a Suprema Corte admite o patenteamento de produtos biotecnológicos; e em 1984, o Congresso cria uma forma original de direito de propriedade para semicondutores. Compreende-se, assim, a timidez da Lei de Comércio de 1984 na matéria. A rapidez com que ela ascenderia na escala de prioridades da política comercial dos Estados Unidos explica-se pela magnitude dos interesses em jogo e pelo grau de internacionalização das indústrias envolvidas (Doremus, 1995).

O elemento mais importante na Lei de Comércio de 1984, porém, não estava na definição de objetivos, mas nas inovações conceituais nela contidas. A reformulação do conceito de "reciprocidade" é uma delas. Sobre o alcance da mudança introduzida, vale a pena acompanhar a avaliação insuspeita do senador Robert Dole – então presidente do Comitê de Finanças do Senado, mais tarde candidato republicano à presidência dos Estados Unidos, nas eleições de 1996, que perdeu para Bill Clinton.

> [...] reciprocidade significa uma mudança drástica do "princípio da nação mais favorecida". Isso significa que outros países devem nos oferecer oportunidades de comércio e investimento iguais não apenas ao que eles oferecem a seus outros parceiros comerciais "mais favorecidos", porém iguais aos que lhes oferecemos, e a reciprocidade deve ser avaliada não por promessas de acordos, mas por resultados efetivos – por variações na balança comercial e no crescimento do investimento

entre nós e nossos principais parceiros econômicos. (Dole apud Landes; VanGrass-teck, p.38)

Essa noção, que vinha sendo trabalhada em discursos e projetos de lei no Congresso (cerca de 35 iniciativas nas duas últimas legislaturas), é a fonte de inspiração para as mudanças introduzidas na Seção 301 pela Lei de Comércio e Tarifa de 1984. Além de ampliar o alcance desse dispositivo, para colocar em seu raio os novos temas, a Lei definia de forma extremamente elástica a noção de práticas comerciais "não razoáveis", uma das condições previstas na Lei de 1974 para emprego das medidas de retaliação previstas na lei de 1974. Com efeito, a Seção 304 desse documento identifica "não razoável" com:

[...] qualquer ato, política ou prática que, embora não necessariamente viole ou seja inconsistente com os direitos legais internacionais dos Estados Unidos, seja de outro modo considerada injusta e desigual. O termo inclui, mas não está limitado a qualquer ato, política ou prática que recuse tratamento justo e equitativo a:
1. oportunidades de mercado;
2. oportunidades de estabelecimento de uma empresa; ou provisão adequada e efetiva dos direitos de propriedade intelectual. (ibidem)

Naturalmente, de acordo com a referida lei, cabia ao governo dos Estados Unidos estipular, em cada caso, o que consistia em prática desleal e/ou iníqua.

"Recuperando o papel de *Yankee Trader*" – intitulava-se assim a última secção da matéria da *Business Week* que serviu de mote para o estudo que fizemos nesta seção. Nela os redatores transcrevem declarações de um funcionário identificado do Escritório do Representante de Comércio dos Estados Unidos (USTR), que clama por medidas consequentes para abrir mercados externos aos produtos norte-americanos de alta tecnologia. Se as tentativas negociadas fracassarem, "nós teríamos que considerar a hipótese de combater fogo com fogo", dizia ele. Os redatores da matéria eram menos cautos, e afirmavam, sem papas na língua:

Quaisquer novas políticas comerciais destinadas a impedir o crescimento do protecionismo deverão cessar o comportamento não recíproco. A reciprocidade – aplicação das mesmas regras para ambos os lados – deve ser a base das relações comerciais externas dos Estados Unidos" (The Reindustrialization of America, 1980, p.135).

A corporificação desse princípio na Lei de Comércio e Tarifa de 1984 e na legislação comercial subsequente justifica a conclusão com a qual encerro esta análise: a tese da política industrial volta a circular no final da década de 1980, quando a economia norte-americana se via outra vez às voltas com uma recessão grave, por um motivo bem simples: apesar de batida no debate público, as ideias que se articulavam nela continuaram, durante todo o período Reagan, bem vivas.

O movimento conjunto

"Reconstrução econômica", "tensões monetárias internacionais", "debate interno e mudança na política comercial dos Estados Unidos" – três temas diferentes e que se inscrevem no tempo e no espaço de formas muito distintas. Mas três temas tão estreitamente ligados que podem ser vistos como aspectos particulares de um mesmo problema.

Podemos formulá-lo assim: o papel da potência hegemônica na configuração da ordem econômico-política internacional do pós-guerra e nas mudanças profundas que esta conhece no último quartel do século XX.

Ao abordar esse tema, o capítulo que se encerra com esta nota conta, em seu conjunto, uma história em três tempos.

No primeiro, solidamente assentado no topo da hierarquia internacional, os Estados Unidos presidem à reconstrução econômica do bloco ocidental, fornecendo aos seus aliados o suporte financeiro necessário e admitindo exceções importantes no cumprimento das regras do regime liberal de comércio que se empenhavam em reconstruir. Fazem isso sob dois condicionamentos fortes: a necessidade de estabilizar as relações políticas domésticas na Europa e Ásia e de fazer frente à ameaça representada pela União Soviética. É nesse contexto que se cristalizam na Europa as distintas variantes nacionais do que veio a ser conhecido como o *Welfare State*.

Sob vários aspectos, o contraste entre a situação nesses países e aquela existente nos Estados Unidos até meados da década de 1960 é muito pronunciado, dada a prevalência da empresa privada em todos os setores e de uma ideologia francamente hostil à presença do governo na economia.

Apesar das diferenças nacionais, porém, cabe falar, nesse período, de um novo padrão organizacional do capitalismo. Na obra magistral de Andrew Shonfield, ele foi caracterizado pela convergência dos seguintes traços: 1) "uma influência cada vez maior das autoridades públicas sobre a gestão do sistema econômico"; 2) "o uso de fundos públicos numa escala crescente", para garantir as condições mínimas de bem-estar socialmente aceitáveis; 3) a "regulamentação da concorrência" para aplacar a "violência do mercado"; 4) a expectativa institucionalizada de um "aumento visível na renda real per capita da população"; 5) o "planejamento nacional de longo alcance " (Shonfield, 1968, p.107-9).

"Compromisso social-democrático" e "Capitalismo Organizado" – duas fórmulas correntes para designar essa configuração *sui generis*. Para ressaltar a complementaridade entre a face nacional e internacional desta, John Ruggie (1989) sugeriu que a expressão "liberalismo embutido" (*embedded liberalism*) seria a maneira mais própria de referi-la.[20]

No segundo tempo, o protagonista aparece debilitado pela mudança nas relações econômicas de forças com seus aliados e pelo custo incorrido no enfrentamento de crises e guerras na periferia. Os problemas de balanço de pagamento daí decorrentes põem em xeque o papel desempenhado por sua moeda, coluna mestra do regime monetário internacional em vigor. Observadas as normas desse regime, a solução para o problema envolveria a adoção de remédios amargos para corrigir os referidos desequilíbrios. É o que os aliados solicitam. Mas seguir seu conselho significaria conformar-se com a ideia de fazer dos Estados Unidos um "país normal", sujeito como os demais aos constrangimentos externos que limitam o leque de suas escolhas de política econômica. Essa alternativa nunca foi levada a sério. Os Estados Unidos insistiram sempre no propósito de manter a primazia de sua moeda e a autonomia de suas políticas. Frustradas as tentativas de produzir tal resultado por meio de negociações internacionais, prevalece ali a opção pelo unilateralismo. Ao suspender a conversibilidade do dólar, primeiro, e ao desvinculá-lo definitivamente do ouro, um pouco depois, o governo norte-americano sepulta o regime monetário lastreado no ouro, sem ter nada a colocar, de imediato, em seu lugar. Sucede-se, então, um período de turbulência econômica internacional, cujas manifestações mais patentes são a crise energética, a escalada da inflação e queda acentuada nos índices de crescimento. Esse período encerra-se com o choque de juros decretado pela autoridade monetária norte-americana, que reafirma a supremacia do dólar, mas ao preço de uma crise internacional de grandes proporções e de uma recessão prolongada nos Estados Unidos.

No terceiro tempo, os personagens são outros: não mais os Estados, mas os participantes de um debate travado nos Estados Unidos. A questão em foco é a de como avaliar as transformações em curso na indústria norte-americana e o que fazer para restaurar seu dinamismo. Essa controvérsia – que opõe propositores de estratégias abrangentes de modernização industrial e críticos do dirigismo estatal no domínio econômico – entra na agenda política nacional, em um contexto marcado pelas demandas de proteção contra a concorrência estrangeira. De um lado, a oposição democrata, de outro, o governo republicano de Ronald Reagan. O embate político termina

---

20 Na mesma linha, vale a pena mencionar ainda o artigo de David A. Gold, The Rise and Decline of the Keynesian Coalition, in: *Kapitaliststate:* Working Papers on the Capitalist State, 1978, e o de Charles S. Maier, The Politics of Productivity: Foundations of American International Economic Policy after World War II, in: Katzenstein, P. J. (ed.), *Between Power and Plenty:* Foreign Economic Policies of Advanced Indusstrial States. Madison: The University of Wisconsin Press, 1978, p.23-49.

Estados e mercados

com a derrota do desafiante. Mas suas teses sobrevivem. Elas reaparecem depois, no fim do período.

No meio tempo, opera-se uma síntese, nos termos da qual a proteção de setores declinantes coexiste pacificamente com a ação agressiva para abrir mercados estrangeiros, e o trabalho metódico, apoiado no emprego aberto de meios coercitivos, pela criação de normas internacionais que garantam rendas de monopólio maiores e mais seguras às indústrias de alta tecnologia.

Essa síntese vem embalada no velho discurso do livre mercado, complementado, porém, pela exigência do comércio justo (*fair trade*).

Fórmulas antigas, significados novos. Com resultados originais, como se verá na sequência deste estudo.

4

UM NOVO JOGO
O LONGO CAMINHO RUMO À RODADA
URUGUAI DO GATT

Pequeno drama em Genebra

"O Gatt está acabado, *c'est fini, kaputt*". Um tanto bombástica, era essa a avaliação que o senador William Proxmire, Democratas, Wisconsin, fazia da reunião ministerial do Acordo Geral de Tarifas e Comércio (Gatt) – a primeira em nove anos –, realizada em Genebra entre os dias 24 e 29 de novembro de 1982. Em linguagem mais comedida, esse era também o juízo expresso por vários de seus pares, como o senador Grassley, Republicanos, Iowa, que acompanhou de corpo presente o desenrolar dos acontecimentos no conclave.

> Durante a reunião do Gatt na semana passada, em Genebra, ficou evidente que o Gatt não pode ou não vai lidar com as áreas difíceis e complexas de barreiras não tarifárias, subsídios à exportação, licenças de importação, comércio de serviços, investimentos e alta tecnologia. (Glick, 1984, p.162)

Expressa de forma mais ou menos agressiva, a decepção dos congressistas norte-americanos justificava-se. Com efeito, desde agosto de 1981, quando deu a conhecer as linhas gerais de sua política comercial, o governo Reagan empenhou-se pela abertura de uma nova rodada de negociações multilaterais no âmbito do Gatt. Essa disposição manifestou-se oficialmente pela primeira vez no discurso do Representante Comercial dos Estados Unidos (USTR, na sigla em inglês), William Brock, durante o encontro ministerial da Organização para a Cooperação e

Desenvolvimento Econômico (OCDE), em junho de 1981. Pouco depois, a ideia foi levada ao grupo dos 18 do Gatt (grupo informal reunindo os principais países comerciais) e, logo a seguir, à conferência de cúpula do Grupo dos Sete, realizada em julho em Ottawa. Três meses mais tarde, ao chegar a Cancun para participar da Primeira Sessão Plenária do Encontro Internacional sobre Cooperação e Desenvolvimento, Reagan trazia no bolso essa proposta.

Convocada pelo presidente mexicano Jose Lopez Portillo para desbloquear o diálogo Norte-Sul, emperrado desde o final da década anterior, a conferência de Cancun inspirava-se no trabalho recém-publicado da comissão liderada pelo ex-chanceler alemão Willy Brandt, cujos resultados confluíam com o discurso da Nova Ordem Econômica Internacional (Noei). Já tocamos no tema em outra parte deste livro. Aqui basta relembrar que entre os temas centrais da agenda da Noei estavam a afirmação do princípio do tratamento especial e diferenciado para os países em desenvolvimento, a formação de estoques reguladores para sustentar o preço das *commodities*, a defesa da proteção de mercado para a consolidação de indústrias nascentes (*infant industries*) e, particularmente, o tema da transferência tecnológica. Ideias que eram anátemas para os mentores ideológicos do presidente dos Estados Unidos e de seu partido. Não surpreende, pois, que Reagan tenha declinado inicialmente do convite, que acabaria aceitando finalmente, diante da insistência do patrocinador da conferência e por conselho enfático da primeira-ministra inglesa Margareth Thatcher (Toye, 2005).

A presença de Reagan na conferência, contudo, não era uma concessão a seus adversários. Ele não chegava ao balneário mexicano a fim de ouvir, mas para trazer àquele público heterogêneo e desorientado o poder de sua mensagem.

> A história demonstra que, repetidas vezes, nas mais diversas localidades, o crescimento econômico e o progresso humano fazem seus maiores avanços em países que incentivam a liberdade econômica.
>
> O governo tem o importante papel de ajudar a desenvolver a base econômica de um país. Mas o teste crucial é se o governo está realmente trabalhando para liberar as pessoas criando incentivos para trabalhar, poupar, investir e ter sucesso. (White House, 1981)

Profissão de fé cuja tradução prática incluía, entre outros pontos, a recusa à tese de maior ajuda externa e novas agências no sistema da Organização da Nações Unidas (ONU) como meios efetivos para atacar as mazelas do subdesenvolvimento, a defesa de algumas organizações internacionais existentes (o Fundo Monetário Internacional – FMI e o Banco Mundial em especial) como fóruns adequados às negociações voltadas

Estados e mercados

a esse fim, e o compromisso com novas iniciativas para a promoção do "livre comércio".[1]

Assistiu-se, assim, em Cancun, a um "diálogo de surdos", que por anos a fio ainda daria o tom das relações Norte-Sul no âmbito do Gatt.

A insistência dos Estados Unidos na abertura de nova rodada de negociações comerciais nascia da importância estratégica que suas elites passavam a atribuir, como pudemos ver, a temas até então estranhos às disciplinas do Gatt (serviços, propriedade intelectual, investimentos) e da frustração com os resultados da Rodada Tóquio. Voltaremos ao episódio em outro lugar deste livro. Por ora basta indicar que, lançada em 1973, durante o governo Nixon, e encerrada em novembro de 1979, no final do mandato de seu sucessor, Jimmy Carter, a Rodada Tóquio representou um marco na história do Gatt por atacar frontalmente a questão espinhosa das "barreiras não tarifárias ao comércio".

A mais longa de todas até aquele momento, a Rodada Tóquio inovou ao produzir um conjunto de códigos estabelecendo regras para essas práticas. Do ponto de vista norte-americano, porém, estes continham dois inconvenientes graves: não eram vinculantes (obrigavam apenas seus signatários) e eram desprovidos de mecanismos efetivos de sanção, razão pela qual sua realização era mais do que duvidosa.[2]

Sob a pressão da concorrência europeia e japonesa – mas também dos "NICS" (acrônimo em inglês de Novos Países Industrializados) –, exasperadas com os expedientes, a seu ver desleais, empregados por seus parceiros, as autoridades norte-americanas passavam a pleitear mudanças nas regras do jogo no sistema multilateral de comércio com vistas a três objetivos principais: 1) ampliar a cobertura do Gatt para incluir o comércio de serviços, medidas relativas à propriedade intelectual e investimentos; 2) restringir severamente o alcance do princípio consagrado do "tratamento especial e diferenciado" aos países em desenvolvimento; 3) reforçar o mecanismo de resolução de controvérsias do Gatt, retirando das partes denunciadas por práticas ilegais de comércio o poder de veto sobre a realização de painéis – o que implicava contornar nessa esfera a norma do consenso.

Mas não só isso. Constava do pacote ainda o tema da liberalização do comércio agrícola, que atendida a interesses internos muito fortes, econômica e politicamente, e tinha o condão de abrir uma frente comum entre

---

1 Além do discurso citado, cf. White House. *Remarks to Reporters Upon Departure for the International Meeting on Cooperation and Development in Cancun, México*, 21 out. 1981, e *Question-and-Answer With Reporters During the International Meeting on Cooperation and Development in Cancun, México*, 23 out. 1981.

2 Para um estudo circunstanciado, em perspectiva programaticamente realista, da aplicação efetiva desses códigos, cf. Grieco, J. M., *Cooperation among Nations:* Europe, America, and Non-Tariff Barriers to Trade. Ítaca; Londres: Cornell University Press, 1990.

os Estados Unidos e os países em desenvolvimento – contra a Europa, cujo apoio era vital para fazer avançar os pontos principais da agenda.

Em torno dela trabalharam os grupos técnicos encarregados de preparar a reunião ministerial do Gatt, ao longo de onze meses (*The Economist*, 1982). Em vão. Apesar da intensidade do esforço despendido, não foi possível alcançar o consenso mínimo necessário entre os interlocutores relevantes – Estados Unidos, Comunidade Econômica Europeia e o bloco dos países em desenvolvimento. Na avaliação do diplomata canadense que presidiu a conferência, já estava desenhado aí o impasse que a levaria muito perto de um final catastrófico.

> Uma realidade assustadora tornou-se aparente logo após a chegada [...] Ao contrário da rodada de Tóquio em 1973, onde o documento final havia sido previamente aprovado por todos os governos (exceto por dois pequenos itens), a reunião de 1982 começou com nada preliminarmente acordado [...] Questões sobre as quais esses órgãos não haviam conseguido chegar a um consenso no decorrer de vários meses foram encaminhadas aos ministros para resolução em um prazo de três dias.. (MacEaschen, 2004, p.28)

Nas duas fases, o processo negociador foi atravessado por conflitos aparentemente insuperáveis entre Estados Unidos e Europa, de um lado, e entre Estados Unidos (com apoio fraco de alguns dos países industrializados) e o bloco dos países em desenvolvimento.

Estes mantinham posição de princípio contra a discussão de qualquer novo tema enquanto a "agenda pendente", de interesse vital para eles (restrições ao comércio de têxteis e confecções reunidos no regime especial de multifibras, medidas protecionistas não previstas nas disciplinas do Gatt), não fosse equacionada. Além da exigência de introdução na pauta dos novos temas, os Estados Unidos insistiram também em mudanças no mecanismo de resolução de controvérsias do Gatt.

O desacordo generalizado prolongou a reunião bem além do previsto. A insistência europeia na defesa de sua política agrícola era esperada. O surpreendente foi a assertividade inédita dos países em desenvolvimento. A narrativa de MacEaschen (ibidem, p.40) salienta este fato.

> [...] os países em desenvolvimento devem receber atenção e possivelmente marcações especiais. Foram os países em desenvolvimento que manipularam o processo de modo mais bem-sucedido até o momento da crise, quando sua frente comum entrou em colapso. Na verdade, nos doze meses anteriores à conferência, os países em desenvolvimento levaram a melhor nas negociações com o mundo industrial. À medida que a declaração ministerial evoluiu, eles obtiveram êxito em descartar os itens futuristas propostos pelos Estados Unidos.

Nesse contexto, a paralisia dominou o encontro até a undécima hora. Entendimentos precários eram concluídos depois de ingentes esforços, apenas para serem desfeitos a seguir, por divergências que eclodiam em outras áreas. Na linguagem cifrada dos participantes, as manifestações evidentes do impasse eram referidas por meio de fórmulas consagradas: "a possibilidade de 'dar e receber' estava 'ausente'. Ausência de uma dinâmica de negociação" (ibidem, p.27).

Manhã de domingo. Vencido há mais de 24 horas o prazo inicialmente fixado para o término da reunião, depois de noite de vigília, ao abrir nova sessão, o presidente da conferência não tinha nenhum progresso a relatar. E ao cair da noite o processo continuava no mesmo lugar. "Neste ponto, apesar dos esforços extenuantes, tornou-se evidente que chegamos a um impasse" (ibidem, p.32), rememora o diplomata canadense. Foi somente depois das 20 horas que as peças começaram a se mexer.

No apagar das luzes, o impasse foi rompido pela conjugação de dois reposicionamentos: da Comunidade Europeia, cujo Conselho referendou relutantemente a atitude do chefe de sua delegação, que avalizara o texto proposto pelo presidente da conferência, e do Brasil, que acabou por aceitar a incorporação em tal texto do tema "serviços". Dessa forma, a declaração ministerial, aprovada já na madrugada de segunda-feira, continha cláusulas recomendando aos países interessados que realizassem estudos nacionais sobre o setor de serviços, convidando-os a trocar informações sobre o tema por meio de "organizações internacionais relevantes, como o GATT". A discussão sobre "se alguma ação multilateral nessas matérias era apropriada e desejável" ficava transferida para o encontro ministerial seguinte, a realizar-se em 1984.

O documento fazia alusão velada também ao tema da propriedade intelectual, sob forma de instrução ao Conselho do Gatt para que examinasse o problema dos bens falsificados (*counterfeit goods*) e consultasse a Organização Mundial de Propriedade Intelectual (Ompi) a respeito de questões de competência legal nele envolvidas.

A declaração ministerial continha, ainda, referências diluídas/aguadas ambíguas sobre vários outros pontos controversos, expressando bem a fragilidade do consenso produzido a tão duras penas.

Na interpretação de MacEaschen (ibidem), o posicionamento do Brasil e de outros países em desenvolvimento esteve sempre intimamente associado ao da Europa. No seu entender, o radicalismo na recusa a qualquer mudança de regras que viesse a tolher sua liberdade para adotar políticas de fomento do setor de serviços e de indústrias de alta tecnologia era uma manobra tática, "uma cortina de fumaça para proteger seus objetivos de política comercial" (ibidem, p.41). Quando o empate provocado pela intransigência das duas partes pôs seriamente em risco estes últimos, deu-se a mudança de atitude.

É uma hipótese. Mas ela tem o defeito fatal de desconsiderar inteiramente a gama de interesses sociais (não apenas empresariais) envolvidos nos setores citados e a importância atribuída a estes pelas políticas de desenvolvimento daqueles países.

O artigo analítico que o semanário *The Economist* dedica ao evento sugere uma hipótese diferente.

> Os norte-americanos opunham-se principalmente às restrições no Japão, mas os países do Terceiro Mundo pensavam que poderiam ser impedidos de proteger seus serviços financeiros e companhias aéreas emergentes contra gigantes ocidentais. As fileiras do Terceiro Mundo sofreram um racha quando a América usou as dificuldades financeiras do Brasil e da Argentina para que concordassem com um estudo. (*The Economist*,1982a)

Não temos dados documentais para apoiar esta afirmativa, mas quando levamos em conta que a conferência do Gatt ocorreu três meses depois da moratória mexicana (19/8/1982), estopim da "crise da dívida", e menos de dois meses antes da divulgação da primeira carta de intenções do governo brasileiro ao FMI (6/1/1983), acreditamos poder subscrevê-la sem hesitar.[3]

No relatório que apresentou ao primeiro-ministro logo que chegou a seu país, o diplomata canadense fez um balanço, apesar de tudo, positivo da conferência de Genebra.

> A possibilidade de adotar uma declaração ministerial com base no consenso era, por si só, uma conquista importante. Em vários pontos ao longo da semana, tal resultado parecia praticamente impossível. (Isso levou um participante da conferência a observar que era quase como se a existência do texto ministerial fosse mais significativa do que seu conteúdo.)
>
> O compromisso político de resistir ao protecionismo é uma conquista positiva [...] A importância do programa de trabalho acordado não deve ser subestimada. O pacote global representa uma conquista importante, mostrando resultados positivos em várias questões difíceis. (MacEaschen, 2004, p.38)

O referido programa previa a adoção de uma série de iniciativas com vistas à preparação de futuras negociações multilaterais. Destas, convém salientar a que se expressava na cláusula 7.1., introduzida no texto por exigência dos países em desenvolvimento. Esta cláusula estabelecia que,

---

3 Vários estudos dedicados à participação do Brasil na Rodada Uruguai corroboram a interpretação aqui esposada. Cf. Lima, M. R. S. de. *The Political Economy of Brazilian Foreign Policy. Nuclear Energy, Trade, and Itaipu.* Nashiville: Vanderbilt University (Ph.D. Dissertation), 1986; e Mello, F. de C. *O Brasil e o GATT:* análise da posição brasileira nas negociações comerciais multilaterais. Rio de Janeiro: IRI-PUC (Dissertação de Mestrado), 1992.

Ao elaborar o programa de trabalho e as prioridades para a década de 1980, as partes contratantes comprometem-se, individualmente e em conjunto a:
(i) empreender determinados esforços para garantir que políticas e medidas comerciais sejam consistentes com princípios e regras do Gatt e resistir a medidas protecionistas na formulação e implementação da política comercial nacional e na proposição de leis; e também abster-se de tomar ou manter quaisquer medidas incompatíveis com o GATT e empreender determinados esforços para evitar medidas que restrinjam ou distorçam o comércio internacional.

Como se verá a seguir, os países em desenvolvimento fizeram desse dispositivo uma verdadeira trincheira durante todo o processo de pré--negociação da Rodada Uruguai.

Menos comprometido com o sucesso da reunião ministerial do Gatt do que seu colega canadense, William Brock, o USTR também deve ter sentido uma ponta de alívio ao ver que o pior tinha sido evitado. Embora insatisfeito, ao ser indagado sobre sua avaliação daqueles cinco dias de trabalho estafante ele teria feito esse comentário sóbrio: daria nota "C" e talvez um "C+", dependendo dos acontecimentos futuros (Glick, 1984).

Presente na afirmativa de Brock o reconhecimento, afinal realista, de que o caminho até o objetivo visado seria bem mais longo do que o previsto, mas que podia e seria trilhado. Hoje, se chamado a pronunciar-se sobre a conferência, provavelmente daria a ela uma nota mais elevada.

O longo caminho de Genebra a Punta Del Este

O grande jogo

O momento favorável a uma reavaliação mais generosa, contudo, custou a chegar. Com efeito, o impasse que se manifestou no inverno suíço de 1982 prolongou-se por muito tempo mais, e só foi definitivamente vencido quase quatro anos depois, na conferência ministerial do Gatt que se realizou em setembro de 1986, em Punta Del Este.

Os fatores imediatamente responsáveis por ambos os efeitos – o bloqueio duradouro dessa fase preliminar da negociação e sua remoção em meados de 1985 – dizem respeito aos posicionamentos adotados, em momentos diversos, pelos atores relevantes – em particular os Estados Unidos, a Comunidade Econômica Europeia e o coletivo muito mais precário composto pelos países em desenvolvimento. Nesse plano, teve importância decisiva a evolução da postura europeia em relação ao tema do "comércio de serviços".

Em novembro de 1982, quando da reunião ministerial de Genebra, os Estados Unidos pressionaram sozinhos pela inclusão do tema na agenda da nova rodada do Gatt. A hesitação da Comunidade Europeia justificava-se. O novo tema era sumamente complexo, e seus interesses na matéria permaneciam muito obscuros.

Classificados tradicionalmente como "invisíveis ou intangíveis", os serviços constituíam, no início da década de 1980, um universo muito pouco conhecido. Os dados estatísticos disponíveis sobre o setor eram parcos e demasiadamente agregados. Mais importante ainda, era escasso o entendimento a respeito de sua natureza e sobre a maneira adequada de categorizá-lo. Atribuindo por muito tempo pouca importância à noção, os economistas contentaram-se com uma definição ostensiva de "serviços", indicando seu conteúdo pela mera enumeração de casos: educação, saúde, construção, transporte, bancos, construção civil, publicidade, entretenimento, cuidados pessoais... Diferentes como possam ser, há um elemento negativo comum entre essas atividades, que as diferencia claramente da produção de bens tangíveis: nelas, produção e consumo são inseparáveis. Os serviços não podem ser alienados pelo vendedor, despachados para o comprador, no lugar por este escolhido e lá estocados. Os contratos de prestação de serviço envolvem tipicamente o deslocamento físico de uma das partes ao local da outra, em bases permanentes ou temporárias. Em vista disso, parece um contrassenso falar em "comércio de serviços". Pelo mesmo motivo, não surpreende que os "serviços" tenham ficado fora do regime do Gatt, permanecendo como objetos de políticas regulatórias definidas domesticamente, segundo as características distintas das atividades e as prioridades nacionais do país considerado.

Entretanto, as transformações tecnológicas na década de 1970, que propiciaram o fluxo de dados transfronteiras por via eletrônica, alteraram os termos da questão. Com o casamento das telecomunicações e da informática, surgiu uma maneira inédita de provisão de "serviços": "autoestradas eletrônicas" que permitam a vendedores e compradores manterem-se separados enquanto trocam serviços baseados em informações, que poderiam por sua vez ser separadas de suas fontes, armazenadas em computadores e 'despachadas' através das fronteiras" (Drake; Nicolaidis 1992, p.48). Como observam os autores da passagem citada, a partir daí tornou-se mais fácil conceber a venda de serviços como comércio e tentar estender a esse campo os princípios normativos inscritos no regime de comércio internacional ("mercado livre", "não discriminação", "redução/eliminação de barreiras não tarifárias ao comércio").

Os autores do estudo citado referem-se ao deslocamento semântico produzido pela consagração da expressão "comércio de serviços" como uma "revolução na ontologia social" (ibidem, p.38), e não exageram. Com efeito, sob o impulso de poderosas alianças empresariais, secundados por variada gama de profissionais (acadêmicos, advogados, especialistas no ramo, jornalistas), altos executivos e funcionários de agências governamentais ligadas ao setor promoveram amplo movimento de ideias com vistas a generalizar para o conjunto dos serviços o conceito de comércio.

O palco originário dessa iniciativa foi a OCDE – mais especificamente, o grupo de alto nível criado pela instituição, em 1972, para subsidiar a Rodada Tóquio. O relatório publicado por esse grupo no ano seguinte reservava um capítulo ao tema dos serviços e o tratava como questão de "comércio" (ibidem). Desde então, inúmeros estudos foram produzidos para mapear o novo universo e esquadrinhá-lo com auxílio de instrumentos estatísticos cada vez mais refinados. Mas a dianteira nesse movimento foi tomada pelos Estados Unidos. Até a reunião ministerial do Gatt, em Genebra, os países europeus ainda tateavam.

Não apenas por não terem avançado suficientemente nos estudos empíricos sobre o setor – indispensáveis para uma definição mais esclarecida de seus respectivos interesses na área –, mas também pelas reservas que mantinham em relação à proposta de liberalização defendida pelos Estados Unidos, por serem detentores de muitos monopólios públicos no setor e pelo caráter de suas políticas regulatórias. O tema sensível da "proteção à privacidade" é bastante ilustrativo.

> As leis de privacidade tomavam diferentes formas na Europa e nos Estados Unidos em grande parte devido aos diferentes princípios que orientam a formação das regras de privacidade em cada país. A maioria dos governos europeus adotava a proteção da privacidade como princípio fundamental para formular políticas abrangentes ou "coletivas" de proteção da privacidade que abarquem uniformemente todos os setores econômicos. As leis de proteção de dados na Áustria, Dinamarca, Luxemburgo e Noruega estendiam-se a "pessoas jurídicas", ou corporações, bem como a "pessoas físicas" que incluem apenas os indivíduos. Em contrapartida, o governo norte-americano opôs-se à inclusão de pessoas jurídicas na legislação de privacidade, argumentando que as diversas questões em jogo para indústrias e corporações exigiam políticas distintas..(Shoommaker, 1995, p.224-5)

A partir de 1983, contudo, a multiplicação de estudos conduzidos por órgãos oficiais e institutos privados de pesquisa, aliada à intensa atividade voltada para a produção de consenso em torno das novas teses a respeito do setor, levou a uma reavaliação do posicionamento europeu. Nesse sentido, foi importante a descoberta de que as economias da Comunidade eram exportadoras líquidas de serviços (o bloco formava o maior exportador mundial de serviços, repetia Willy De Clercq, o comissário para Assuntos Exteriores da Comunidade Econômica Europeia (Drake; Nicolaidis, 1992) e que tinham fortes vantagens competitivas em vários de seus segmentos mais importantes. A Inglaterra e a Suécia foram as primeiras a seguir o Japão no apoio à proposta dos Estados Unidos de incluir os serviços nas negociações do Gatt. Em março de 1985 essa tese foi encampada pela Comunidade

Econômica Europeia. Dois meses depois, a resolução foi confirmada em Bonn, na conferência de cúpula do G7.

Destacar esse último episódio é importante porque ele sugere haver algo além dos temas comerciais na interlocução sobre a proposta de uma nova rodada do Gatt. Com efeito, para entendermos, em sua complexidade, o movimento percorrido de Genebra a Punta del Este será preciso tomar alguma distância do objeto específico do estudo – as negociações no âmbito do Gatt – e trazer para os marcos da análise o contexto econômico e político mais geral em que essas negociações se inscrevem.

A matéria que a revista *The Economist* dedica à reunião ministerial de Genebra, uma semana depois do evento, pode nos servir de atalho.

> Por cinco dias e noites difíceis em Genebra, o espetáculo burlesco encenado por 88 ministros ocupou as manchetes em todo o mundo e foi amplamente condenado por produzir um final infeliz. As reportagens são muito duras. Distraído pelo show, a maioria do público não percebeu o comportamento muito melhorado dos dois mestres marionetistas que causaram a maior parte das disputas comerciais, um dólar muito avaliado e um iene extremamente subestimado.
>
> Felizmente, o dólar por fim começou a se enfraquecer e o iene a se fortalecer [...] Se continuar assim, as possibilidades são melhores do que quase todo mundo agora acredita ... As mudanças nas taxas de câmbio podem fazer mais para corrigir desequilíbrios no comércio mundial e afastar o protecionismo do que os acordos multilaterais mais amplos. (*The Economist*, 1982, p.83)

Argumento econômico sólido, mas expectativas infundadas. A despeito da variação conjuntural positiva, a tendência à valorização do dólar persistiu por muito tempo mais, como tivemos oportunidade de ver no capítulo anterior. Vimos também como a alta do dólar castigava inúmeros setores sociais nos Estados Unidos e como era forte a reação que ela provocava. Desnecessário voltar ao tema.

Cabe mostrar agora como a apreciação do dólar – com as políticas monetária e fiscal a ela associadas – afetava os parceiros comerciais dos Estados Unidos, e como estes se comportavam diante da situação criada por ela. Poderemos constatar então a existência de uma clara tensão entre a orientação da política macroeconômica dos Estados Unidos no período e as prioridades de sua política comercial.

Os efeitos do choque de juros de 1979 e da sobrevalorização do dólar sobre o Brasil e o conjunto dos países em desenvolvimento são sobejamente conhecidos. Menos comentadas são as consequências teratológicas dessa combinação para o regime internacional de comércio.

"A inflação aleija, mas o balanço de pagamentos mata" – explicava o ex-ministro Mario Henrique Simonsen. Compelidos a gerar saldos comerciais gigantescos a fim de honrar os compromissos de uma dívida externa que

Estados e mercados

aumentava dia a dia, para evitar o mal maior do *default* os países mais duramente atingidos pela crise foram forçados a adotar medidas draconianas de controle direto sobre a atividade econômica – independentemente das preferências doutrinárias das autoridades envolvidas. A experiência brasileira nesse sentido é ilustrativa: ela envolveu a centralização *cum* racionamento do câmbio, a elevação de barreiras tarifárias e não tarifárias (ampliação indiscriminada da lista de itens com importação vedada e procedimentos administrativos que retardavam a emissão de "guias de importação"), e o emprego maciço dos instrumentos de política disponíveis para fomentar a substituição de importações (Velasco e Cruz, 2004).

Mas os efeitos constritivos da política monetária norte-americana não se faziam sentir apenas sobre os países periféricos. Eles pesavam também sobre as economias centrais, e entre estas, mais do que em qualquer outra, a França.

Vale a pena relembrar: em 1981 a França lançou-se em arrojado programa de reforma cujos pilares eram a ampliação dos direitos sociais, a expansão do setor empresarial do Estado e a adoção de políticas keynesianas de estímulo à demanda. Essa era a estratégia perseguida pelo governo socialista de François Mitterrand no primeiro ano de seu governo. Os economistas divergem em suas interpretações sobre o fracasso dessa política – mas eles raramente convergem. Não vamos acompanhar o debate. Para a análise que desenvolvemos aqui o importante é o fato de que, sob a pressão cruzada do aumento exponencial das importações e da fuga de capitais, a experiência cedo traduziu-se em crise cambial de grandes proporções. Confrontado com a alternativa entre aprofundar a heterodoxia – desvalorizar o franco e sair provisoriamente do sistema monetário europeu (mecanismo criado em 1979 que previa a preservação da paridade entre as moedas da Comunidade Econômica Europeia – CEE) – ou ajustar a economia, alinhando-se ao consenso monetarista prevalente, o governo Mitterrand escolheu a segunda opção. Como em outras partes, o ajuste foi buscado na França por meio da conjugação de políticas monetária e fiscal restritivas – "austeridade", "rigor", palavras que imediatamente entraram em voga –, mas não dispensou o emprego de dispositivos "criativos" para conter o fluxo de bens importados.

> Enquanto as autoridades do Gatt perdiam tempo, os países capitalistas seguiam a todo vapor para criar novas barreiras protecionistas [...] A França assumiu a liderança. Seu governo [...] criou novas maneiras tortuosas de bloquear as importações. Todos os documentos de importação deviam agora estar em francês [...] Todos os gravadores de vídeo importados deviam passar pelo distrito aduaneiro de Poitiers. Poitiers [...] tem apenas quatro funcionários aduaneiros e nenhum computador, mas muito espaço de estacionamento para caminhões contêineres. (ibidem, p.84)

A França não estava sozinha nesse impulso protetor, que se realizava usualmente mediante meios menos insidiosos, mas bem mais potentes. O dossiê preparado pela mesma revista para seu último número do ano traz uma amostra dos mais importantes deles, em diferentes setores de atividade. Não é preciso arrolá-los. Para transmitir ao leitor uma ideia viva do significado dessas práticas para as relações econômicas internacionais, basta registrar o que aconteceu naquele ano fatídico no âmbito da siderurgia, cuja importância histórica no conjunto do sistema industrial dispensa comentário. Embora tivessem reduzido em 20% o número de seus trabalhadores nos sete anos precedentes, as empresas siderúrgicas dos 24 países da OCDE operaram no último trimestre de 1982 com apenas 52% de sua capacidade. O problema era particularmente agudo nos Estados Unidos. Com efeito, ao gerar superprodução em escala global, a crise agravava ainda mais a situação – há longo tempo precária – da siderurgia norte-americana, impotente diante de seus concorrentes externos (japoneses e europeus, mas brasileiros igualmente). A demanda por proteção não era nova, mas ela intensificou-se compreensivelmente no período em causa. E o governo Reagan não foi indiferente a ela: não obstante os reiterados protestos de fé no princípio da liberdade de mercado, o governo norte-americano pressionou fortemente seus parceiros para que aceitassem uma solução administrativa para minimizar as agruras de sua siderurgia obsoleta e custosa. Depois de muitas idas e vindas, quando o prazo para a adoção das anunciadas sanções unilaterais estava quase esgotado, norte-americanos e europeus estabeleceram de comum acordo um sistema de quotas. "O Mercado Comum Europeu concordou em limitar as exportações de aço a 5,4% do mercado norte-americano (contra 6,2% em 1981) e a limitar as exportações de tubos de aço a 5,9% do mercado" (*The Economist*, 1982, p.80). Para o governo Mitterrand, essa decisão implicou o ônus de desativar duas usinas tecnologicamente de ponta (Usinor e Sacilor), introduzidas recentemente com base em investimentos vultosos.

Havia, portanto, muito mais do que defesa egoísta de interesses agrícolas na oposição movida pela França à agenda comercial dos Estados Unidos. Ela se manifestou em inúmeros fóruns, a começar pelos encontros de cúpula do G7, que reuniam os chefes de Estado das grandes potências do bloco Ocidental. Foram cinco, ao todo, no período considerado: Ottawa, de 19 a 21/7/1981; Versailles, de 4 a 6/6/1982; Williamsburg; de 25 a 30/5/1983; e Londres, de 7 a 9/6/1984; Bonn, de 2 a 4/5/1985. Com exceção do último, que encampou formalmente a proposta de uma nova rodada de negociações no Gatt, em todos esses encontros a pretensão norte-americana esbarrou nas divergências suscitadas por outros temas mais relevantes, entre eles os desequilíbrios macroeconômicos provocados pela política monetária e fiscal do governo Reagan.

Nesses embates, a fala mais crítica era sempre a de Mitterrand. Em Ottawa, sua mensagem era simples: para vencer a recessão interna e contribuir para o crescimento equilibrado da economia internacional, o governo norte-americano deveria combater seu crescente déficit fiscal e expandir a oferta monetária, reduzindo nesse compasso a taxa básica de juros. Os colegas de Mitterrand discordavam do segundo item da proposta,[4] mas faziam coro com ele em sua prédica pela responsabilidade fiscal nos Estados Unidos. Na ocasião, o primeiro-ministro alemão, Helmut Schmidt referiu-se aos juros reais induzidos pela política econômica dos Estados Unidos como "os maiores do mundo, desde Jesus Cristo" (Putnam; Bayne, 1987, p.130).

Na cúpula de Versailles, realizada entre 4 e 6 junho de 1982, a postura francesa foi mais contida. Na ocasião, o programa socialista de *"relance"* já estava em xeque, com os indicadores econômicos apontando claramente para uma deterioração grave da conjuntura (inflação, déficit comercial, pressões crescentes sobre o franco). Nessas circunstâncias, o anfitrião assumiu uma atitude mais defensiva: condicionando a liberalização comercial à retomada do crescimento econômico, Mitterrand conseguiu resguardar os subsídios europeus para a siderurgia e a agricultura.

Em Versailles, mais uma vez, o impacto das taxas de juros dos Estados Unidos no sistema monetário internacional esteve na berlinda. A intensidade da divergência sobre o tema já tinha se manifestado no encontro preparatório do G-5, que reunia os ministros de finanças dos países desenvolvidos, realizado em Rambouillet, em 24 e 25 de abril de 1982. Na ocasião, o debate acalorado entre o subsecretário do Tesouro Beryl Sprinkel – cujo dogmatismo, no entender de alguns de seus pares, chegava ao limite da "irresponsabilidade" – e o ministro francês Michel Camdessus – que algum tempo depois assumiria a presidência do FMI – terminou em um compromisso frágil, pelo qual o G-5 (reunião dos ministros de finanças das cinco maiores potências: os Estados Unidos, a Alemanha, a Inglaterra, a França e o Japão) realizaria estudo colaborativo sobre o tema e se reuniria periodicamente, com a presença do diretor executivo do FMI, que participaria das discussões como pessoa física, e não como representante da instituição (Putnam; Bayne, 1987; James, 1996; Roberge, 1988). Em meio a desentendimentos vários, que iam das questões comerciais a temas estratégicos – os europeus reagiram mal às sanções decretadas por Reagan contra a União Soviética, em resposta à decretação de lei marcial na Polônia, em dezembro de 1981, incluindo o embargo de equipamentos e tecnologia no setor de energia –, sob a tensão provocada pelas guerras do Líbano e das Malvinas,

---

4 Depois de anos tentando superar a crise econômica com os instrumentos de política consagrados desde o pós-guerra, os governos dos países desenvolvidos renderam-se todos ao credo pregado pela ortodoxia monetarista.

os chefes de Estado reunidos em Versailles validaram politicamente o mecanismo proposto por seus ministros em Rambouillet.

O primeiro encontro do G-5 em seu novo formato ocorreu em Toronto, pouco antes do encontro anual do FMI e do Banco Mundial, em 3 de setembro de 1982. Nem por isso as divergências foram aplacadas, como fica evidenciado pela reação do governo norte-americano à interpretação que Mitterrand fez da declaração oficial do grupo, ao final do encontro. Desmentindo a expectativa de Mitterrand, baseada na declaração conjunta de que pudesse haver intervenção coordenada para aliviar a especulação contra o franco, Reagan fez esta declaração brutal:

> Se for um dólar forte, não vamos intervir para enfraquecê-lo. Se for um dólar fraco, não vamos intervir para torná-lo forte. Se for um mercado tumultuado no dólar, vamos intervir. Ele acrescentou que o presidente Mitterrand não leu a letra miúda e que a posição dos Estados Unidos estava longe de mudar.. (James, 1996, p.425)

No final de 1982, sob o efeito combinado do relaxamento da política monetária restritiva do Sistema de Reserva Federal (FED) e do aumento expressivo do gasto público, a economia norte-americana sai da recessão e volta a exibir taxas exuberantes de crescimento. Mas esse resultado, conscientemente buscado pelo governo dos Estados Unidos, tem uma contrapartida perturbadora: a escalada do déficit e a apreciação em flecha do dólar, que constrange fortemente a política econômica de seus parceiros. Não é de estranhar, portanto, que o tema se mantenha no topo da pauta nos encontros seguintes do G-7 e que ele continue a obstar a agenda comercial dos Estados Unidos.

Na cúpula de Williamsburg, o máximo que estes conseguiram foi a promessa vaga de continuar as consultas ministeriais visando uma nova rodada de negociações no Gatt. Na cúpula de Londres II (junho de 1984) houve uma novidade: a posição da Alemanha, que desarrumou o coro europeu ao apoiar a proposta norte-americana. Mas esse fato não produziu consequências significativas. Diante da resistência tenaz de Mitterrand – que contava com o apoio do presidente da Comissão Europeia e do primeiro-ministro italiano –, os norte-americanos foram forçados a aceitar um acordo vago que previa "consultas" sobre decisões em data próxima a respeito de objetivos, cronograma e formato de uma nova rodada de negociações comerciais (Putnam; Bayne, 1987).

O desencontro de pontos de vista sobre a questão cambial a essa altura se expressa de forma eloquente no comportamento verbal de europeus e norte-americanos. A atitude destes últimos está expressa lapidarmente na declaração feita pelo secretário do Tesouro Donald Reagan na reunião do Comitê Interino do FMI, realizada em Washington, em abril de 1984, segundo a qual os Estados Unidos sentiam-se

Estados e mercados

[...] inquietos com a preocupação excessiva com a política fiscal dos Estados Unidos no documento preparado para essas reuniões pela equipe (do FMI) e pelo diretor-gerente. Francamente, o déficit orçamentário dos Estados Unidos não é a causa de todos os problemas econômicos do mundo, nem a redução de nosso déficit é uma panaceia [...] Não há prova empírica direta e convincente de uma ligação sistemática entre o déficit orçamentário dos Estados Unidos, o comportamento da taxa de juros dos Estados Unidos e as tendências seculares no valor do dólar americano. Os fatos simplesmente não sustentam o argumento de que as altas taxas de juros levaram a um dólar forte.

Declaração à qual o humor britânico do ministro Niguel Lawson respondeu de pronto: "Congratulo-me com a garantia do Sr. Reagan de que os primeiros passos para enfrentar esse problema tão sério podem estar agora prestes a serem dados, mesmo que ele pareça crer que não se trate realmente de um problema" (apud James, 1996, p.432).

A essa altura, com a campanha presidencial nos Estados Unidos ganhando ímpeto, a disposição norte-americana para admitir a validade da crítica era nula. Porém, concluído o ciclo eleitoral com vitória por ampla margem de Reagan, a atitude do governo norte-americano em relação ao câmbio muda sensivelmente. Já em janeiro de 1985, a delegação norte-americana aprovava o primeiro comunicado do G-5 reconhecendo que o dólar estava sobrevalorizado e que medidas coordenadas seriam necessárias para sanar o problema (Roberge, 1988).[5] No mês seguinte, o novo secretário do Tesouro, James Baker, consumaria a inflexão na política cambial dos Estados Unidos. Assim, na reunião da Organização para a Cooperação e Desenvolvimento Econômico (OCDE) realizada em 12 de abril, Baker declarava formalmente: "Os Estados Unidos estão preparados para analisar o possível valor de hospedar uma reunião de alto nível dos principais países industrializados sobre a reforma monetária internacional". Mas persistiam as dúvidas francesas sobre se esse seria o melhor caminho para corrigir os desequilíbrios, enquanto a Inglaterra e a Alemanha reagiam à proposta com ceticismo. Daí o fato de Baker não ter insistido nela naquele momento (Putnam; Bayne, 1987).

A disposição de patrocinar um encontro de alto nível para tratar das tensões cambiais que vinham marcando a economia internacional nos últimos anos não se traduziu imediatamente em ato, pela recepção fria que a proposta recebeu dos países europeus. Mas voltaria à cena alguns meses depois, até se converter em realidade no acordo de Plaza, de setembro de

---

5 De acordo com o relato de Harold James (1996, p.435), antes da reunião do G-5, Reagan recebeu carta de Margret Thatcher sobre os efeitos nocivos da sobrevalorização do dólar sobre a libra e implicitamente sobre a situação política na Inglaterra.

1985, que abriu o caminho para uma operação bem-sucedida de correção cambial conduzida pelos Estados Unidos e seus principais parceiros.

Henning e Destler (1988) estão certos em salientar o duplo aspecto contido nessa inflexão. Em primeiro lugar, a política cambial conduzida por James Baker e seu subsecretário, Richard Darman, rompe com o princípio de não intervenção no mercado de câmbio que tinha orientado a ação do Tesouro durante todo o primeiro mandato de Reagan. Em segundo, a correção cambial, que poderia ser buscada por meio de medidas unilaterais, foi perseguida mediante uma estratégia multilateral, que apostava na coordenação dos Estados Unidos com seus principais parceiros. O artigo, merecidamente célebre, que dedicaram ao tema procura esclarecer os dois lados da questão.

A decisão de intervir para depreciar o dólar explica-se pela conjugação entre as pressões cada vez maiores dos setores castigados pela concorrência externa (tema que discutimos no capítulo precedente) e o interesse específico do Tesouro, que via na política cambial um terreno propício para afirmar seu papel próprio no conjunto do sistema de decisões sobre a política econômica: "Baker e seu vice, Richard Darman, tiveram fortes incentivos, então, para concentrar seus esforços iniciais em algo que o Tesouro pudesse dominar, ao que chamamos de política de taxa de câmbio 'direta'" (ibidem, p.325). (Curioso: eles não se perguntam por que esse interesse não se manifestou antes, na gestão do Secretário Reagan.)

Quanto à opção pela abordagem multilateralista, os autores esclarecem que foi realmente uma escolha, pois o efeito esperado poderia ter sido obtido por meios tão unilaterais quanto os usados pela velha política (por exemplo, a declaração enfática de que os Estados Unidos passariam a comprar agressivamente divisas estrangeiras). Em sua interpretação, a opção pela via multilateral poderia ser explicada pela presença de cinco elementos: a) necessidade de conter as tendências protecionistas do congresso, mostrando que outros governos se dispunham a contribuir para solucionar problemas comerciais norte-americanos; b) a possibilidade de facilitar o ajuste das contas-correntes pela expansão da demanda externa; c) a facilidade maior de um ajuste efetivo ser realizado multilateralmente; d) a existência prévia de um mecanismo de acompanhamento no âmbito do G-5; e) as vantagens advindas dessa política para o Tesouro, em suas disputas interburocráticas: "Ao usar e fortalecer o G-5, os líderes do Tesouro poderiam fortalecer sua política econômica em Washington" (ibidem, p.326-7), tradução nossa).

Embora o argumento de Henning e Destler seja muito convincente, ele silencia um aspecto decisivo para os propósitos da presente análise. Com efeito, ele põe em evidência a relação câmbio e comércio, mas apenas pelo ângulo da política doméstica. Ora, como pudemos observar, o desequilíbrio nas relações monetárias durante o primeiro mandato de Reagan gerava tensões no relacionamento com seus aliados europeus e dificultava o bom encaminhamento da agenda comercial (abertura de nova rodada do Gatt, com avanços na agricultura, e incorporação de novos temas). Como também já vimos, a repactuação das regras do sistema multilateral de comércio constou desde o início como um dos objetivos do governo Reagan. E esperamos ter demonstrado no capítulo anterior o significado que esse objetivo adquiria na concepção estratégica do Estado norte-americano – institucionalizados na lei de comércio de 1984, não por acaso continuam a nortear a política comercial dos Estados Unidos até os dias de hoje. Sendo assim, é possível perceber na opção pela abordagem multilateral para o problema da sobrevalorização do dólar algo mais do que a confluência entre pressões sociais domésticas e incentivos à ação de uma agência burocrática, mesmo uma agência-chave como o Tesouro dos Estados Unidos.

Essa conexão fica clara quando voltamos os olhos novamente à arena da política comercial dos Estados Unidos. Nesse campo, a primeiro elemento a destacar é a menção feita ao tema do Gatt no discurso sobre o Estado da Nação pronunciado por Reagan perante o Congresso em fevereiro de 1985. O documento é importante porque, indo além das declarações genéricas de intenção, nele Reagan especifica o objetivo de abrir nova rodada de negociações comerciais no Gatt e esclarece que isso deveria acontecer no ano seguinte.

> Esta noite eu peço a todos os nossos parceiros comerciais, desenvolvidos e em desenvolvimento, que se juntem a nós em uma nova rodada de negociações comerciais para expandir o comércio e a concorrência, e fortalecer a economia global – e que a comecemos no próximo ano. (Address..., 1985)

O segundo elemento a considerar é a lógica assumida pela política comercial dos Estados Unidos no período e o papel que a questão do câmbio nela assumia. Podemos obter uma noção aproximada de ambos os aspectos por meio da leitura dos trabalhos apresentados em seminário promovido em 1985 por importante *think tank* de Washington, com participação de William Brock, então representante comercial dos Estados Unidos. O livro que reproduz as peças desse debate constitui um documento valioso porque expressa o pensamento vivo de alguns dos nomes mais representativos da "comunidade da política comercial" dos Estados Unidos no momento em que esta se preparava para entrar em campo, na mais ambiciosa rodada de negociações desde a criação do Gatt.

Os pontos de vista dos apresentadores e debatedores diferem em questões de detalhe, mas o consenso de fundo expressa-se claramente no capítulo introdutório, escrito por Ernest H. Preeg. Ali encontramos claramente expostas algumas posições de grande interesse para nossa análise.

Definidos os problemas principais no relacionamento com os países em desenvolvimento: a) "Necessidade de uma orientação de desenvolvimento eficaz para a política comercial"; b) "urgência de ajuste a uma rápida industrialização dos NICs [países recentemente industrializados]". ("O dinamismo e a competitividade dos NICs estão causando difíceis problemas de ajuste aos países industrializados e suscitando questões quanto à forma de acesso recíproco a seus próprios mercados [...]"), caracterizadas as tendências que vinham mudando dramaticamente a configuração do comércio mundial no período – crescente dependência do comércio; importância ascendente do comércio dos países em desenvolvimento; pequeno crescimento do comércio entre esses países – e indicados os interesses gerais dos Estados Unidos nesse campo, o autor relaciona didaticamente os objetivos de política dos Estados Unidos naquele momento.

1. Restaurar a nação mais favorecida como o princípio e a prática primordiais para o comércio internacional.

2. Ampliar o escopo do comércio que está sujeito às regras e aos procedimentos do Gatt.

3. Estabelecer uma base para acesso mútuo e melhorado aos mercados entre os países industrializados e os NICs.

4. Pôr em prática um programa cooperativo de medidas especiais para beneficiar os países menos desenvolvidos.

5. Fortalecer o quadro institucional do Gatt.

6. Dar prioridade aos efeitos comerciais das estratégias nacionais de política macroeconômica.

A respeito deste último ponto, que nos interessa mais de perto, a ênfase do autor recai na necessidade da inclusão de objetivos comerciais nos pacotes de ajustes negociados com os países em desenvolvimento pelo FMI e pelo Banco Mundial – as famosas "condicionalidades privadas", que tiveram um papel tão importante na adoção das reformas neoliberais nos países em desenvolvimento.[6] Mas não se limita a essa nota. Vale a pena transcrever o que ele tem a dizer a respeito do efeito da valorização do dólar.

Em todo caso, a gestão das políticas internas que afetam as contas externas claramente será um fator crucial para os objetivos de política comercial no próximo período. Duas grandes preocupações nessa área merecem especial atenção: o efeito do dólar forte sobre o déficit comercial atualmente insustentável e a necessidade de uma estratégia mais clara e responsiva para o ajuste estrutural nos casos em que as importações sejam um componente importante de mudança [...] há quase um consenso de que uma flexibilização significativa do dólar será necessária, mais cedo ou mais tarde, para reduzir o déficit comercial a proporções administráveis

---

6 Examinamos detidamente o tema no livro *Trajetórias*. Capitalismo neoliberal e reformas nos países da periferia.

Estados e mercados

[...] Gerenciar uma "aterrissagem suave" para o dólar deve, assim, ser altamente prioritário para a política econômica nacional; isso exigirá análises cuidadosas da combinação correta de políticas fiscais, monetárias e outras relevantes, bem como uma estreita consulta e complementaridade de política com outros países de moeda forte. (Preeg, 1985, p.18)

Vinte e quatro de maio de 1985. O G-7 volta a se reunir em Bonn. Apesar da sensível redução da distância entre as posições dos principais interlocutores, quando a discussão entre os chefes de Estado chegou aos temas comerciais e monetários, o acordo revelou-se impossível. Os Estados Unidos contaram com o apoio da Inglaterra, do Japão e da Alemanha para sua proposta de abrir a rodada do Gatt no ano seguinte, mas a França manteve-se irredutível: endossava a posição do Conselho Europeu a favor da nova rodada do Gatt, mas recusava-se a fixar uma data para seu início. O comunicado emitido no final da conferência explicitava o desentendimento. Na entrevista coletiva dada à imprensa ao fim do encontro, Mitterrand justificou sua atitude: ele teria defendido fielmente a posição da Comunidade Europeia, com o intuito de proteger a Política Agrícola Comum e promover os entendimentos paralelos sobre comércio e as questões monetárias (Putnam; Bayne, 1987). A Declaração conjunta reafirma apoio à abertura de nova rodada de negociações comerciais, precisando que "alguns países pensam que isso deve se dar em 1986".

Vinte e dois de setembro de 1985. A convite do secretário do Tesouro James Baker, os ministros de finanças do G5 reúnem-se no Hotel Plaza em Nova Iorque e concluem acordo para coordenar suas políticas a fim de administrar a depreciação do dólar. O mercado reage fortemente ao anúncio dessa decisão, provocando queda sensível do dólar já no dia seguinte.

Um dia depois do acordo de Plaza, Reagan anuncia a adoção de uma estratégia agressiva para coibir "práticas desleais" de concorrentes e veta sem maior resistência lei aprovada pelo Congresso que agraciava o setor têxtil com medidas fortemente protecionistas.

A sequência de eventos reconstituída aqui sugere que a coordenação com os outros países relevantes (leia-se, o G-5) no tocante ao câmbio era imprescindível também para obter o apoio necessário à abertura da nova rodada do Gatt.

Confrontos na Arena do GATT

Como quer que seja, a convergência crescente entre os Estados Unidos e seus aliados estratégicos ia criando para os países em desenvolvimento uma situação cada vez mais ingrata. Como sabemos, eles tinham se oposto denodadamente à proposta de reabrir as negociações comerciais – com a inclusão na agenda de "novos temas" –, em dezembro de 1982, apoiando-se no argumento sensato de que não havia por que criar novas frentes enquanto os entendimentos celebrados no passado continuavam sendo solenemente descumpridos. Vimos como esses países acabaram forçados a fazer as concessões cosméticas necessárias para evitar o completo fracasso da reunião ministerial de Genebra – e manter aberta a porta para a campanha dos Estados Unidos em prol de uma futura rodada. A declaração emitida ao final do encontro representava apenas de uma trégua. Na sequência, o embate seria reatado.

Mas não imediatamente. Com a crise da dívida, que punha em cena o fantasma da quebra em cadeia dos bancos credores, no início de 1983 o imperativo para as autoridades econômicas norte-americanas e europeias era evitar o colapso do sistema financeiro internacional. Sabemos como se alcançou esse objetivo. Os países devedores foram colocados sob intervenção do FMI e tiveram de aplicar medidas drásticas de contenção, para esfriar a demanda interna e gerar os superávits comerciais enormes requeridos para a rolagem de suas respectivas dívidas. Para garantir tal resultado, as autoridades econômicas desses países foram compelidas a recorrer, muitas vezes, a instrumentos agressivos de controles diretos, mesmo se ao fazê-lo violentassem suas convicções profundas.

Mas as medidas "pouco recomendáveis" não se limitaram aos países diretamente atingidos pela crise da dívida. Como já vimos, no quadro recessivo do início da década, as economias centrais faziam uso, cada vez mais amplamente, de expedientes "imaginativos" para atenuar a pressão da concorrência externa sobre seus produtores. Nessas condições excepcionais, tratar da reforma do regime multilateral de comércio parecia algo ocioso.

Esse fato fica transparente nos registros do encontro das Partes Contratantes, realizado em Genebra entre 21 e 23 de novembro de 1983. Excetuadas as discussões sobre temas rotineiros da organização, a questão que domina os debates é a da ameaça ao sistema multilateral de comércio representada pelo avanço das formas disfarçadas de protecionismo (Gatt, 1983). O fato novo, nessa reunião, é o anúncio pelo diretor-geral do Gatt, Arthur Dunkel, de que, no exercício de sua competência, tinha tomado a decisão de constituir um grupo de alto nível, composto por sete especialistas de vários países, para realizar um estudo de fôlego sobre os grandes problemas do comércio internacional naquele transe. Coordenado por Fritz Leutweiler, presidente do Banco Central da Suíça e do Banco de Compensações Internacionais (BIS, na sigla em inglês), esse grupo foi integrado também pelo ex-ministro brasileiro Mario Henrique Simonsen (idem, 1983a). É verdade, houve também a sugestão japonesa de que seria conveniente estudar a abertura de uma nova rodada de negociações comerciais, mas esta surgia de passagem, como medida cautelar diante das medidas unilaterais contra produtos japoneses adotadas pelos Estados Unidos.

Foi apenas no final do ano – recobrada a saúde dos bancos credores e redespertado certo otimismo com as perspectivas da economia internacional, pelas evidências da recuperação norte-americana – que os temas da agenda estratégica voltaram à ordem do dia.

A primeira iniciativa destinada a retomar o processo de negociação com vistas à nova rodada aconteceu em fevereiro de 1984, quando o representante comercial dos Estados Unidos, o mesmo William Brock que vimos em ação no início deste capítulo, convoca os ministros de comércio do Quad (de quadrângulo, expressão empregada no jargão do Gatt para designar o grupo composto pelos Estados Unidos, a Comunidade Econômica Europeia e o Japão) para discutir o assunto. Na ocasião, como informa um observador arguto e privilegiadamente informado, a delegação dos Estados Unidos ofereceu um documento detalhado sobre o conteúdo e a forma da nova rodada, mas não obtiveram nenhuma resposta de seus interlocutores.

> Na reunião do Quad no Cheeks Lodge, Islamorada, Flórida, em fevereiro de 1984, os Estados Unidos apresentaram um documento de dez páginas: o Documento Conceitual do USTR sobre Novas Negociações Comerciais Multilaterais. Ele comportava uma discussão detalhada sobre uma possível agenda e sobre procedimentos para o lançamento de uma nova rodada. E começava com a declaração: "Há uma série de razões pelas quais é oportuno considerar uma nova negociação multilateral". Os outros ministros do Quad, no entanto, ainda não estavam preparados para responder positivamente à iniciativa dos Estados Unidos. (Prreg, 1995, p.21-2)

Três meses depois, o grupo volta a reunir-se – agora com a presença de mais dez países, entre os quais o Brasil, além do diretor executivo do FMI (Croome, 1995).

A essa altura estava em gestão o chamado grupo informal dos países em desenvolvimento. Pelo que a consulta à correspondência diplomática da representação do Brasil em Genebra revela, ele formou-se a partir de iniciativa de seu chefe, o embaixador Paulo Nogueira Batista, que declinou da condição de coordenador do grupo em favor do embaixador Felipe Jaramillo, da Colômbia. Desde então, esse grupo original – que reunia cinco países: Argentina, Brasil, Colômbia, Índia e Iugoslávia – passou a se reunir na sede da representação colombiana em Genebra. E tinham avançado a um ponto tal que qualquer passo adiante dependeria de entendimento direto entre as capitais. Nesse sentido, o telegrama que resumimos neste parágrafo sugere que os respectivos governos agendassem um encontro ministerial a realizar-se com urgência no consulado da Colômbia, no Rio de Janeiro (Delbrasgen... 1983).

Quase simultaneamente realizava-se em Genebra uma reunião do Conselho do Gatt, que deve ser ressaltada nesta narrativa pelo que revela a respeito das posições dos principais atores nessa altura do processo. Na abertura das discussões sobre o programa de trabalho estabelecido na declaração ministerial de 1982, o representante do Uruguai leu, na íntegra, o documento encaminhado por seu país ao Conselho, em nome do conjunto dos países em desenvolvimento. Tratava-se de texto sucinto, que denunciava o protecionismo dos países ricos e condicionava uma eventual abertura de negociações multilaterais à efetivação do compromisso expresso na declaração ministerial de 1982, de eliminar os dispositivos contrários à letra e ao espírito do Gatt, que entravavam o comércio dos países em desenvolvimento.

> Contanto e até que o programa de trabalho seja totalmente implementado dessa maneira [concluía o documento], qualquer iniciativa, como uma nova rodada de negociações no Gatt, careceria de credibilidade e de relevância, particularmente para países em desenvolvimento. (Gatt, 1984)

Nas reações que se seguiram, chama a atenção o contraste entre o comentário lacônico do representante dos Estados Unidos e a acolhida simpática dada ao documento pela Comunidade Europeia. Dizendo compreender plenamente as preocupações nele expressas, o representante europeu esclarecia que, por depender fortemente do comércio e dos serviços, a Comunidade apoiava "qualquer medida específica e concreta" capaz de reforçar um sistema de comércio mundial aberto na década em curso. Nesse sentido, a primeira prioridade consistiria em "resistir às pressões protecionistas", "desmontar as ações restritivas" e "implementar o programa de trabalho de 1982". E arrematava: "Só então o lançamento de uma possível nova rodada seria credível".

O chefe da delegação europeia quase repetia, como se pode ver, o texto glosado. Mas ia além, ao enunciar as condições preliminares para o lançamento de qualquer nova rodada de negociações.

> Em primeiro lugar, deveria haver confirmação de uma recuperação econômica definitiva e generalizada; também deveria haver uma melhora no funcionamento do sistema monetário e financeiro internacional. Por fim, a consulta prévia deveria levar a um consenso tão amplo quanto possível sobre os objetivos, a participação e o cronograma de qualquer nova rodada. (idem, 1984a)

A menção ao sistema financeiro internacional não era fortuita. Encerrada a discussão sobre a realização do Programa de 1982, abriu-se o debate sobre o ponto seguinte da pauta, "As flutuações das taxas de câmbio e seus efeitos sobre o comércio". Nele, os representantes da Comunidade Europeia e dos Estados Unidos fizeram uso farto da palavra. O primeiro, para criticar o estudo sobre o tema encomendado ao FMI e pedir ao diretor-geral que solicitasse à instituição um estudo suplementar sobre os efeitos da volatilidade

Estados e mercados

cambial em perspectiva de médio e longo prazo; o segundo, para enaltecer o dólar forte e rejeitar as queixas contra a política econômica de seu país com base nas conclusões do relatório em causa (ibidem).

O outro embate relevante para os propósitos da análise empreendida aqui é o que se deu na reunião ministerial das Partes Contratantes do Gatt em novembro de 1984. Embora informada por textos oficiais da instituição (relatórios de comitês e conselhos), como em maio, a discussão sobre o Programa de Trabalho de 1982 foi pautada por documento dos países em desenvolvimento. Apresentada pela Índia, a comunicação expandia os argumentos expostos em maio, vazando-os agora em termos muito mais enérgicos. As passagens citadas a seguir dão uma ideia do tom adotado.

> As partes contratantes menos desenvolvidas avaliam que as discussões sobre a realização do atual Programa de Trabalho exigida pelos ministros permaneceriam como exercício acadêmico e pró-forma, a menos que na 40ª sessão vigente as partes contratadas desenvolvidas assegurem uma paralisação em todas as medidas protecionistas, juntamente com uma adequada e significativa reversão, a começar pela ação em favor das partes contratantes menos desenvolvidas.
>
> Embora a adesão aos princípios de livre comércio sob a cláusula NMF [nação mais favorecida] e a rejeição do protecionismo sejam continuamente proclamadas como objetivos genericamente compartilhados, o ambiente de comércio internacional continua a piorar em suas bases devido às flagrantes ações protecionistas [...] realizadas por grandes parceiros comerciais e seu descumprimento das disposições do Gatt.

Porém, o que havia de mais contundente no documento não era aspereza da forma, mas a disposição revelada na tomada de posição substantiva. Se as pré-condições enunciadas no documento fossem atendidas, concluía a comunicação lida em plenário pelo chefe da delegação indiana, S. P. Shukla.

> [...] as partes contratantes menos desenvolvidas estariam em posição de considerar... tomar a iniciativa de propor negociações comerciais específicas no Gatt [...] Essas negociações comerciais específicas devem limitar-se ao comércio de mercadorias e abranger produtos manufaturados e semiprocessados, bem como produtos agrícolas e de recursos naturais, bem como abranger a totalidade das barreiras tarifárias e não tarifárias.

Dessa vez, a resposta dos países interpelados não foi tão dissonante. Elas variaram da manifestação de concordância parcial da Áustria e da exposição dos esforços da Comunidade Europeia para colocar em prática o Programa de 1982, à expressão elíptica de desagrado do negociador canadense, segundo o qual

149

O Gatt operou de forma pragmática no fornecimento de uma estrutura de condução do comércio; servia e protegia os interesses dos governos soberanos através de um processo consensual. Cada parte contratante era uma entre iguais, independentemente de seu peso econômico. Embora as partes contratantes tivessem prioridades diferentes, sempre fora a prática do GATT que o interesse de cada membro fosse respeitado pelos outros... Para o Canadá, seria motivo de preocupação séria e um precedente perigoso, se a prática existente não fosse reconfirmada na presente sessão. (Gatt, 1985, p.9)

As reações seguiam dessa manifestação de impaciência genérica à ameaça implícita, mas com endereço certo, que se insinua na fala ríspida do negociador norte-americano.

Para continuar a prover um arcabouço eficaz para o comércio internacional, o Gatt devia ser dinâmico, flexível e capaz de responder a novos desafios. Se as questões emergentes não fossem tratadas no âmbito do Gatt, as partes contratantes perderiam o interesse e inevitavelmente recorreriam a outros meios para perseguir seus objetivos comerciais locais. Embora as questões tradicionais não devessem ser ignoradas [...] sua delegação não poderia aceitar a premissa apresentada por algumas partes contratantes de que todas as questões pendentes do passado deveriam ser resolvidas antes que novos desafios fossem abordados. (ibidem)

Depois de louvar a recuperação da economia norte-americana e pedir o apoio dos parceiros comerciais aos esforços de seu governo para resistir às pressões protecionistas, sem o qual "seria difícil manter o grau liberal de acesso aos mercados nos Estados Unidos", o representante concluía com essa declaração, que impugnava conquistas acumuladas pelos países em desenvolvimento em décadas de história do Gatt,

Os Estados Unidos consideravam o Gatt, antes de tudo, uma organização de nações comerciais, e não uma organização de blocos; o objetivo primordial do Gatt não era promover o diálogo entre países em desenvolvimento e países desenvolvidos, mas sim promover o diálogo entre as nações comerciais. (ibidem)

Antes de encerrar, o chefe da delegação norte-americana fez questão de manifestar seu apoio à proposta da Comunidade Econômica Europeia (CEE) de um encontro de funcionários de alto nível, de todos os governos envolvidos, para explorar as possibilidades de uma nova rodada de negociações do Gatt.

Em novembro de 1984, as diferenças entre os Estados Unidos e seus aliados principais estavam atenuadas, mas não o suficiente. A quadragésima reunião das Partes Contratantes do Gatt foi inconclusiva, seu único resultado prático tendo sido a criação de um mecanismo informal com o

Estados e mercados

fim de organizar a troca de informações entre os países na tentativa de aplainar o caminho para encontros – em futuro próximo – mais produtivos.

O jogo foi armado no primeiro semestre do ano seguinte. Em 19 de março de 1985, o Conselho da CEE aprova a proposta de abertura de nova rodada de negociações no Gatt, com inclusão do tema serviços, embora insista na necessidade de amplo consenso internacional como condição prévia de seu lançamento (na ocasião Mitterrand insiste na vinculação entre negociação sobre comércio e câmbio – em sua opinião, o debate do tema agrícola é aceitável, mas os princípios da Política Agrícola Comum não podiam ser colocados em questão) (Wiener, 1999). No mês seguinte, a OCDE emite Declaração sobre Fluxo Suprafronteiras de Dados e propõe a realização de encontro de comitê preparatório, composto por funcionários de alto nível em Genebra, antes do final do terceiro trimestre do ano, para definir a agenda da futura rodada de negociações (Croome, 1995, p.23).

Na reunião do Conselho do Gatt, em 30 de abril, o diretor-geral submete à apreciação do plenário o Relatório Leutwiler, "Trade Policies for a Better Future", que havia sido encomendado por ele no final de 1983. Abria-se assim uma série de longos e acalorados encontros, interrompida apenas em maio, quando o tema dominante no Conselho do Gatt foram as sanções aplicadas à Nicarágua pelos Estados Unidos, que insistiam em mantê-las, a despeito de decisão da Corte Internacional de Justiça em contrário e da condenação geral de seus parceiros comerciais expressas repetidamente em inúmeras instâncias do Gatt.

Na sessão do dia 30, o debate foi precedido de uma apresentação elogiosa do relatório Leutwiler feita pelo diretor-geral. Depois de agradecer a dedicação da equipe, chamar a atenção para a escolha que presidiu a redação do texto – ter como alvo o público em geral, e não apenas o universo rarefeito de especialistas em comércio internacional – e de ressaltar o fato, incomum em trabalhos dessa natureza, de ter sido subscrito unanimemente pelos integrantes do grupo, Dunkel expõe seu teor geral e suas principais recomendações, deixando para o final a mais sensível delas: a de número 13, pela qual o grupo expressava seu apoio ao lançamento de uma nova rodada de negociações multilaterais.

Entre elogios previsíveis e críticas de fundo – como a do representante da Noruega, que via o relatório como uma apresentação simplificada do "evangelho do livre mercado", na qual pouco ou nenhum espaço havia para "imperfeições no mercado internacional", "monopólios", "cartéis" e "empresas multinacionais", nem para a constatação das "assimetrias entre países desenvolvidos e em desenvolvimento" –, as reações mais notáveis vêm da Índia e do Brasil.

A do representante indiano é seca: o relatório é de responsabilidade do diretor-geral, e assim deve ser tratado; as autoridades de seu país estão examinando o documento; ele não se pronunciaria sobre o conteúdo do documento.

151

Enfatizando, como seu colega indiano, que o relatório em questão era de responsabilidade pessoal do diretor-geral do Gatt, o representante do Brasil vai além. Vale a pena transcrever na íntegra seu comentário.

> Foi lamentável que o relatório tenha sido distribuído à imprensa antes de ser distribuído às delegações e que tenha sido apresentado ao Banco Mundial – Comitê de Desenvolvimento do Fundo Monetário Internacional antes de ser apresentado ao Conselho do Gatt. A delegação também achou peculiar que o relatório fosse publicado com a inscrição "GATT" na capa, o que poderia dar a falsa impressão de que seu conteúdo havia sido aprovado pelas PARTES CONTRATANTES. Estas deveriam refletir cuidadosamente antes de decidir se havia alguma necessidade ou justificativa para o relatório ser discutido em uma reunião especial do Conselho ou no Grupo Consultivo dos 18. (Gatt, 1985a)

A dureza da admoestação sinaliza o que estava por vir. Em 7 de junho a Índia encaminha ao conselho do Gatt documento em nome de 22 outros países.[7] O mais amplo e mais incisivo de todos os produzidos pelo grupo no decorrer do debate, o texto intitulado simplesmente *Improvement of World Trade Relations*" rechaçava a posição verbalizada pelo representante dos Estados Unidos na conferência de novembro anterior ao enunciar explicitamente o objetivo fundamental norteador do grupo – o de "remover a assimetria nas relações comerciais entre países desenvolvidos e em desenvolvimento". Mantinha o desafio ao reivindicar o princípio consagrado no Gatt desde a década de 1960 do "tratamento especial e diferenciado" e ao condenar as grandes potências pela insistência em trazer para a esfera do Gatt temas novos, estranhos a sua jurisdição, e sua negligência diante da "tarefa básica de preservar o sistema multilateral de comércio". Reiterando a disposição dos países em desenvolvimento de empenharem-se na organização de uma rodada de negociações "confinada apenas em comércio de bens", o documento formula em termos precisos as condições preliminares para o lançamento de tal iniciativa.

> Um compromisso firme e viável amparado por uma sanção legislativa apropriada quando necessário:
> i. não introduzir novas medidas comerciais restritivas que sejam inconsistentes com o Gatt ou não baseadas no Acordo Geral [...]
> reverter as medidas inconsistentes com o Acordo Geral, quer por eliminação imediata, quer, ao menos, por uma eliminação gradual de acordo com um cronograma a ser submetido ao Gatt. (idem, 1985b)

---

7 A lista dos países signatários já revela fissuras claras no grupo informal dos países em desenvolvimento. Constam dela Argentina, Bangladesh, Brasil, Burma, Camarões, Colômbia, Cuba, Chipre, Egito, Gana, Costa do Marfim, Jamaica, Nicarágua, Nigéria, Paquistão, Peru, Romênia, Sri Lanka, Tanzânia, Uruguai, Iugoslávia e Zaire

Estados e mercados

Foi o introito de uma discussão amarga, que se prolongou por duas sessões do conselho. Na mesa, a proposta encaminhada pela CEE, com apoio dos Estados Unidos; de outro lado, a comunicação apresentada pela Índia. Na tentativa de obter o almejado consenso, a Suécia avançou proposta conciliatória, mas não foi bem-sucedida. Durante a segunda reunião, a delegação brasileira introduziu documento próprio sobre o caráter de eventuais negociações em torno do tema dos serviços, no qual estabelecia clara separação entre estas e as negociações a serem desenvolvidas na nova rodada do Gatt (1985c).[8] Como se poderia presumir, essa proposta foi rejeitada pelos países desenvolvidos. Ao final da segunda sessão, constatado impasse, a delegação dos Estados Unidos tomou a medida extrema de solicitar do presidente das Partes Contratantes a convocação de uma sessão especial em setembro de 1985 (idem, 1985c).

O desenlace estava próximo. Como qualquer Sessão Especial das Partes Contratantes tinha que ser aprovada por maioria absoluta, foi organizada às pressas uma consulta por correspondência aos governos dos países membros. No final de agosto, mais de dois terços deles haviam prestado apoio ao lançamento da nova rodada.

Realizada no final de setembro, a Sessão Especial aprovou a criação de um grupo de altos funcionários, com a incumbência de preparar os trabalhos sobre a nova rodada na reunião ordinária a se realizar em novembro. Desta resultou um comitê preparatório, aberto a todos os membros, para "determinar os objetivos, temas, modos e formas de participação nas negociações multilaterais de comércio" (Croome, 1995, p.26-7). Mas essa fórmula era enganosa: a essa altura, o objeto e as regras do jogo já estavam quase inteiramente decididos.

Quase – a ressalva é importante porque havia um tema na agenda vencedora ainda muito pouco amadurecido: os direitos de propriedade intelectual. Ele constava da pauta desde a reunião ministerial de 1982. Mas de maneira indireta, e de forma apenas alusiva. E continuou assim até meados de 1985, reduzido a um aspecto, entre outros, do problema posto em discussão: o comércio de bens falsificados.

Foi apenas depois do fracasso dos Estados Unidos em sua tentativa de reformar os tratados administrados pela Organização Mundial de Propriedade Intelectual (Ompi, ou Wipo, como é mais conhecida, na sigla

---

8 As condições previstas no documento, para o caso de se julgar "adequada e desejável "qualquer ação multilateral sobre o tema de serviços", eram as seguintes: "(a) não pode haver paralelismo entre possíveis ações multilaterais sobre questões de Serviços e quaisquer negociações do GATT sobre o comércio de mercadorias; (b) em nenhuma etapa pode haver compensações ou interconexão entre os dois processos; (c) Os princípios e regras do GATT não se aplicam a qualquer ação multilateral possível em questões de Serviços; (d) o apoio do secretariado para qualquer possível ação multilateral sobre Serviços, incluindo a preparação, será provido conjuntamente por organismos internacionais a serem acordados".

153

em inglês), em de 1985, que as discordâncias de pontos de vista entre as autoridades norte-americanas foram vencidas e foi tomada a decisão de realizar a agenda estratégica sobre propriedade intelectual no âmbito do Gatt (Preeg, 1995; Mattheus, 2002). Não houve tempo hábil, contudo, para avançar muito nessa matéria. Somente em abril de 1986, na reunião do Comitê Preparatório, os Estados Unidos anunciaram que seu interesse na matéria ia muito além do comércio de contrafações, estendendo-se à proteção de direitos de propriedade intelectual em sua integralidade: patentes, marcas, direitos autorais (Preeg, 1995). Como informa Preeg (ibidem), a resposta da CEE à iniciativa norte-americana foi hesitante, em abril, mas já na reunião do Comitê Preparatório de maio ela estava perfilada na defesa do novo conceito, contra as críticas do Brasil, Índia, Argentina e Cuba, que rejeitavam discutir o tema na Rodada Uruguai. Em vão. A partir de julho, os documentos oficiais do Gatt já substituíam a fórmula até então consagrada pela nova sigla Aspectos Relacionados ao Comércio (Trips, na sigla em inglês). Voltaremos ao tema em outra parte deste livro.

A reunião do Comitê Preparatório realizada naquele mês foi palco do último embate significativo na fase prévia à Conferência de Punta del Este. Dispostos a marcar posição até o derradeiro momento, os países agregados no G-10, sob a liderança do Brasil e da Índia – os remanescentes dos 24 signatários do documento *Improvement of World Trade Relations* referido antes, os "linha dura", como são retratados na história oficial da Rodada Uruguai – circularam em junho o "esboço de Declaração Ministerial" em que voltavam a estipular as condições requeridas para o lançamento da nova rodada e rejeitavam a incorporação nela dos chamados "novos temas" (serviços, propriedade intelectual e investimento externo). Em reação a essa iniciativa, um grupo misto, composto pelos países da Associação Europeia de Livre Comércio (Efta, na sigla em inglês: Austrália, Canadá e Nova Zelândia) e vinte países em desenvolvimento constituíram um fórum que chegou a contar com a adesão de quarenta países – entre os quais, no último estágio, a CEE, o Japão e os Estados Unidos – para elaborar um esboço de declaração ministerial alternativo.

É o que reza o relato oficial. A versão ligeiramente cínica do cronista – norte-americano é mais saborosa.

> Um grupo informal de países industrializados, chamado "Dirty Dozen", realizou uma série de reuniões privadas e produziu a primeira declaração ministerial abrangente. Por razões táticas, os três grandes membros – Estados Unidos, CE e Japão – retiraram-se temporariamente do grupo, enquanto os países industrializados menores se juntaram a cerca de vinte países em desenvolvimento moderados (ou seja, não linha dura) para promover e distribuir o rascunho. Outros países em desenvolvimento aderiram ao grupo, os três grandes voltaram e os 48 participantes passaram a constituir formalmente o G-48. O representante suíço do Gatt, Pierre

Louis Girard, e o representante colombiano, Felipe Jaramillo, presidiram o grupo, que se reunia no centro de conferências das delegações da Efta [Associação Europeia de Livre Comércio], a menos de um quilômetro da sede do Gatt. A partir da terceira semana de julho, o G-48 reuniu-se diariamente por cerca de dez dias, varando noites, e completou o rascunho da declaração final, que Girard e Jaramillo apresentaram ao Diretor Geral Dunkel como base para a discussão ministerial em Punta del Este, em setembro. (ibidem, p.58)

Na impossibilidade de fundir os dois documentos (e um terceiro, de intenção conciliatória, formulado pela Argentina), Dunkel enviou-os todos a Henrique Iglesias, ministro do Exterior do Uruguai, país sede da Conferência, com a observação de que "um grande número de membros do Comitê tinha indicado sua preferência" pelo texto suíço-colombiano" (Croome, 1995, p.29).

Tida por muitos como expressão exasperada de radicalismo, com efeitos divisionistas (Narlikar, 2003), a iniciativa do G-10, na verdade, operava realisticamente com base na constatação de que a unidade sempre precária do grupo dos países em desenvolvimento já fora quebrada e de que a ousadia do gesto era indispensável para construir uma posição negociadora forte na Conferência. O longo telegrama "urgentíssimo" que o embaixador Paulo Nogueira Batista enviou ao secretário-geral do Itamaraty no dia 14 de julho de 1986, com pedido de instruções sobre a postura a adotar, desvela com toda clareza o cálculo estratégico que informou a decisão do G-10. Transcrevemos a seguir as passagens mais relevantes desse documento, cuja íntegra, por sua importância – que transcende em muito o tema tratado neste trabalho – vai em anexo:

O quadro parlamentar no comitê preparatório indica que, face ao entendimento agora existente entre os Estados Unidos e a CEE, o recurso em Punta del Este a um veto aa formação de consenso – prática até agora usada com sucesso – não bastará para impedir uma decisão favorável a uma negociação sobre serviços. Os EUA provavelmente não hesitariam em solicitar uma decisão por voto

10. Por ocasião da recente permanência em Genebra, do secretario de comercio da índia, Prem Kumar, tive a ocasião de trocar ideias sobre a necessidade de se rever a tática comum baseada na ameaça do recurso ao voto ou no seu efetivo exercício, até agora utilizada para impedir o inicio de uma negociação no Gatt, sobre serviços, investimentos e propriedade intelectual.

11. O secretário de comercio da Índia está de acordo com a avaliação de que não existem mais condições politica para continuar a defender nossos interesses com base apenas no veto a um consenso...

12. Durante as conversações com o secretario de comercio da índia evidenciou-se que qualquer das duas soluções alternativas a uma negociação "ad hoc" dos códigos somente se viabilizaria pela manutenção, no Prepcom, da mesma postura firme que

vimos adotando, em particular no que se refere aa questão do procedimento a observar na consideração das recomendações a serem feitas aa reunião de Punta del Este.

15. Nossas objeções se localizariam na área das recomendações a serem feitas aa reunião de Punta del Este, a fim de forcar uma situação que cire [sic] para os EUA e a CEE, conjunta ou individualmente, o interesse em buscar uma solução de conciliação com o grupo dos 10, na linha das alternativas indicadas acima (paragrafo 11).

16. Para atingir esse resultado, julga-se que será necessário impedir que o Prepcom faça qualquer recomendação por consenso, ou decida encaminhar textos com colchetes, ou mesmo se limitar a encaminhar todos os projetos de declaração apresentados ao comitê.

17. Em resumo, estima-se que somente pela caracterização de um impasse em Genebra será possível gerar condições para uma negociação em Punta del Este (CPDOC).

Essa avaliação mostrou-se acertada. A discussão dos "novos temas" em Punta del Este foi polarizada pelo choque entre Estados Unidos e a dupla Brasil-Índia. O resultado de uma longa noite de negociações coordenada por Iglesias foi o compromisso definindo procedimentos estritos segundo os quais os três temas seriam negociados simultaneamente, mas em separado das matérias tradicionais do Gatt: o tema "serviços" seria tratado como negociação à parte; propriedade intelectual e investimento, junto com os temas tradicionais, mas com entendimento de que a negociação sobre estes seria independente do avanço alcançado nos temas novos.

Sabemos que essa solução foi transformada em letra morta no decorrer da rodada. Mas isso não diminui em nada o tamanho do feito. Seria um anacronismo julgar o que se obteve em 1986 a partir do que aconteceu anos depois, quando o mundo estava radicalmente mudado.

****

Ao cabo de uma semana de negociações, na cerimônia de seu encerramento, em 20 de setembro de 1986, a Conferência de Punta del Este adotou a declaração ministerial que dava por oficialmente aberta a Rodada Uruguai do Gatt. Em que pesem as concessões, com acomodações localizadas, o documento consagrava em linhas gerais a plataforma que vinha sendo promovida desde o início da década pelos Estados Unidos.

De acordo com o argumento desenvolvido nestas páginas, o elemento decisivo na produção de tal resultado foi a aproximação entre a Europa e os Estados Unidos, que se verifica em meados da década, quando os interesses europeus no tema dos serviços tornaram-se mais claros e as divergências no tocante ao câmbio, que azedaram a relação entre os aliados durante anos, foram dirimidas.

Antes de concluir a análise, é preciso registrar, ainda que muito sumariamente, um aspecto adicional, que contribuiu de forma independente para aquele desfecho: a política comercial dos Estados Unidos, em duas de suas vertentes – o reforço dos mecanismos unilaterais de coerção e o recurso estratégico da carta do regionalismo.

Tratamos do primeiro ao discutir a Lei do Comércio de 1984 em outra parte deste livro. A esse respeito, basta acrescentar que, embora muito dura, essa lei constituiu apenas um passo a mais na tendência ao unilateralismo agressivo que vinha marcando a política comercial norte-americana já há algum tempo, e se aprofundou ainda mais no período imediatamente anterior e durante a rodada do Gatt. Naturalmente, esse movimento era observado com inquietação pelos negociadores dos demais países, como se pode constatar no comentário do embaixador George A. Maciel (1986, p.87), um dos mais conceituados diplomatas brasileiros da época, internacionalmente reconhecido por sua experiência na área de comércio internacional.

> Em fins de maio, a Câmara de Representantes dos EUA aprovou projeto de lei de comércio que, se vier a ser aprovado pelo Senado e sancionado pelo Presidente Reagan na sua forma atual, aumentaria consideravelmente as dificuldades que já se antepõem à realização de nova rodada de negociações, uma vez que tem caráter demasiadamente protecionista e é, poder-se-ia dizer, contrário ao Acordo Geral sobre Tarifas e Comércio.

Com as modificações naturais em qualquer processo legislativo, o projeto em questão foi sancionado em 1988, quando a Rodada Uruguai caminhava para o final da primeira etapa das duas previstas em seu cronograma original (Birbaum, 1989). É difícil afirmar o que sucederia se a tramitação do projeto fosse mais rápida. O que se pode afirmar é que as ações desencadeadas pelo governo norte-americano com base na lei de 1984 – uma das primeiras delas contra o Brasil, que foi colocado na lista de países em observação (*watch list*) por sua política de informática, no dia 7 de setembro de 1985, precisamente, como que por acaso[9] – e a perspectiva de uma legislação ainda mais agressiva nos Estados Unidos, em futuro próximo, pesaram como uma espada de Dâmocles sobre os negociadores da Rodada Uruguai do Gatt e afetaram de diversos modos seus atos.

---

9 Além do Brasil, os seguintes países foram alvo de ações com base na Seção 301, durante a rodada do Uruguai: China, Índia, Tailândia, México, Arábia Saudita, Coreia do Sul, Taiwan, Austrália, União Europeia, Hungria, Polônia, Filipinas, Turquia, Egito, Argentina. Cf. Stewart, Terence P. (ed.). *The GATT Uruguay Round*: A negotiating History (1986-1994), v.IV: The End Game (Part I), The Hague-London-Boston, Kluwer Law International, 1999, p.495-508. Levantamento sistemático das ações conduzidas com base na Seção 301 em seus primeiros anos de vigência pode ser encontrado em Sykes, A. O. Constructive Unilateral Threats in International Commercial Relations: The Limited Case for Section 301. *Law and Policy in International Business*, v.23, n.2, 1992, p.263-330.

O mesmo pode ser dito do segundo aspecto da política comercial dos Estados Unidos: a abertura de negociações com vistas à conclusão de acordos preferenciais de comércio. O primeiro passo nessa direção foi dado ainda em agosto de 1983, com a assinatura da Iniciativa do Caribe, dispositivo que assegurava acesso unilateral ao mercado dos Estados Unidos aos países da bacia caribenha. Em janeiro de 1984, os Estados Unidos abriam conversações com Israel, e no mês seguinte, com o Canadá, com vistas à conclusão de acordos de livre comércio, o primeiro dos quais viria a ser assinado em agosto de 1985, e o segundo, em janeiro de 1988. Também em 1984, o Congresso norte-americano autorizava a conclusão de acordo bilateral com Israel, enquanto o executivo abria conversações com o governo mexicano com o objetivo de liberalizar o comércio entre os dois países – como se sabe, mais tarde esses entendimentos evoluiriam até a incorporação do México à área de livre comércio formada pelos Estados Unidos e Canadá, por meio do Tratado Norte-Americano de Livre Comércio (Nafta, na sigla em inglês), que foi ratificado pelo legislativo norte-americano em 1993, já no governo Clinton. Antes disso, seu antecessor havia causado grande alvoroço em toda a América Latina ao lançar, no final de 1990, a proposta da Iniciativa das Américas.

Dez anos de aplicação de uma orientação estratégica que segue em vigor até os dias de hoje. A importância atribuída a ela no conjunto da política econômica internacional dos Estados Unidos variou ao longo do tempo, mas seu sentido básico não se alterou. Ele foi claramente indicado, desde o início, como no discurso à União de janeiro de 1988, no qual, ao comentar o histórico tratado de livre comércio com o Canadá, Reagan afirmava:

> Também posso dizer que estamos determinados a expandir esse conceito, tanto ao sul quanto ao norte. No próximo mês, irei ao México, onde as questões comerciais serão a maior preocupação. E, nos próximos meses, nosso Congresso e o Parlamento canadense podem tornar realidade o início desse acordo da América do Norte [...] Nosso objetivo deve ser o dia em que a livre circulação do comércio, desde a ponta da Terra do Fogo até o Círculo Ártico, junte o povo do Hemisfério Ocidental em um elo de intercâmbio mutuamente benéfico. (Peters; Woolley, 1988, online)

Algumas semanas depois, a relação entre esse projeto grandioso e as negociações em curso em Genebra eram explicadas pelo secretário do Tesouro James Baker em termos muito didáticos:

> Os benefícios desse acordo (EUA-Canadá) incentivam outros acordos. Esperamos que a continuidade dessa liberalização ocorra na Rodada Uruguai. Caso contrário, podemos nos dispor a explorar uma abordagem do tipo "clube de liberalização do mercado", por meio de acordos minilaterais ou uma série de acordos bilaterais. (apud Preeg, 1995)

Na literatura sobre processos de negociações, umas das noções mais importantes é aquela conhecida pela sigla em inglês Batna – "melhor alternativa a um não acordo". A disposição de um ator em fazer concessões para tornar viável um acordo de qualquer natureza depende não apenas da estimativa dos ganhos a serem obtidos com o desfecho positivo da negociação em causa, mas da avaliação feita por ele do quadro em que operará no caso de a negociação redundar em fracasso. Ao se lançar, simultaneamente, em negociações multilaterais e na busca de acordos preferenciais de comércio, os Estados Unidos visavam um duplo objetivo: criar alternativas satisfatórias ao acordo na arena multilateral e tornar mais penosa para seus parceiros a expectativa do insucesso.

Nesse sentido, os acordos ditos regionais e os mecanismos coercitivos da legislação comercial norte-americana funcionavam como dois braços de uma tenaz. Não há como subestimar a importância desse instrumento nas diferentes fases da Rodada Uruguai.

5
A RODADA URUGUAI DO GATT
ESBOÇO DE UMA ANÁLISE POLÍTICA

Um incidente (não) trivial

No dia em que a notícia da abertura de nova rodada de negociações no Acordo Geral de Tarifas e Comércio (Gatt) veio a público, o caso Daniloff ainda ocupava as páginas do noticiário político internacional.

Nicholas Daniloff, esse é o nome do correspondente do *U.S. News and World Report*, que se tornou subitamente conhecido em todo mundo ao ser preso, em Moscou, sob acusação de espionagem. O fato se deu em 30 de agosto de 1986. Uma semana antes, agentes do FBI haviam detido, em estação do metrô de Nova Iorque, o físico soviético Gennadi Zakharov, no momento em que este pagava um informante por documentos secretos com a descrição de aparelhos da Força Aérea dos Estados Unidos.

O governo norte-americano denunciou a ação da KGB como medida retaliatória e exigiu a pronta libertação do jornalista. As autoridades soviéticas retrucaram, afirmando que o membro de sua representação na Organização da Nações Unidas (ONU) tinha sido vítima de um complô e que portava documentos confidenciais quando foi detido.

Fatos do gênero eram corriqueiros em tempos de Guerra Fria. Segundo o *script*, as acusações continuariam por tempo indefinido, e poderiam ser seguidas – como foram, nesse caso – de medidas mais duras, mas pontuais, como a expulsão de diplomatas de um ou outro dos países envolvidos. Depois, com os ânimos serenados, as duas potências voltariam a negociar suas diferenças, até que outro incidente viesse crispar novamente a longa rotina de seu relacionamento. Mas em meados de 1986 havia sinais de que esta rotina estava prestes a ser alterada.

Com efeito, pouco depois de assumir o cargo de secretário-geral do Partido Comunista da União Soviética, em março de 1985, Gorbachev externou a disposição reformista que ganharia forma mais sistemática a seguir sob a dupla rubrica da *perestroika* e da *glasnost*. No campo das relações exteriores, essa política traduzia-se na busca de entendimento com a potência rival, a fim de pôr cobro à corrida armamentista. Esse era o objetivo da primeira reunião de cúpula entre Reagan e Gorbachev, realizada em Genebra em novembro de 1985.

Os preparativos para a segunda cúpula estavam avançados quando se produziu a crise. E não foram interrompidos por ela. Era o que informava a edição de 21 de setembro do *The New York Times*, em extensa matéria sobre a entrevista coletiva dada pelo secretário de Estado George Schultz e seu congênere, o ministro de Relações Exteriores soviético, Eduard Shevardnadze, ao final de um encontro de dois dias (*The New York Times, 1986*). De fato, solucionado o caso pela troca dos dois personagens citados, e mais alguns dissidentes soviéticos, os dois chefes de Estado reuniram-se em Reykjavik, Islândia, onde mantiveram conversações inconclusivas, mas tidas como muito proveitosas. Cerca de um ano mais tarde, em Washington, Reagan e Gorbachev assinariam o tratado sobre Armas Nucleares de Médio Alcance, que espantou da Europa o fantasma da guerra atômica.

1989: queda do Muro de Berlim, dissolução do Pacto de Varsóvia; 1991: crise catastrófica, dissolução da União Soviética. O final da história é conhecido, mas referi-la é preciso, porque raramente ela é evocada quando o assunto é o sistema multilateral de comércio. E, no entanto, é difícil entender a Rodada Uruguai, que reformou profundamente este sistema, se desconhecermos o fato de que ela ocorreu em um momento de inflexão histórica. O fim da Guerra Fria é uma das dimensões fundamentais da mudança sísmica que se verifica então. Mas não é a única, e em alguns aspectos não é a mais importante.

Em conexão mais próxima com o tema deste estudo ganham relevo dois outros processos.

O primeiro deles nos é muito familiar. Falo da crise econômica global no início da década de 1980 e de seus efeitos indiretos: a desestabilização dos padrões de organização econômica em vigor nos países em desenvolvimento e a adoção, mais ou menos imediata, em praticamente todos eles do pacote de reformas estruturais preconizado pelas instituições financeiras internacionais, com destaque para o Banco Mundial e o Fundo Monetário Internacional (FMI). Precedidos pelo Chile e pela Argentina, que se lançaram em ensaios de reformas radicais em meio a crises nacionais profundas, esses países aplicaram, em dosagens variadas, as medidas constantes do

Estados e mercados

referido pacote, sob pressão de problemas econômicos prementes e das condicionalidades cruzadas dessas duas instituições. Esse movimento ganhou ímpeto maior a partir da metade da década de 1980.

Estendia-se sobremaneira, assim, o processo de reestruturação iniciado nas economias centrais ainda nos anos 1970, processo que se completaria logo a seguir, com o *débâcle* do campo socialista e a consequente incorporação dos países que o compunham na órbita do capitalismo global.[1]

O segundo processo com incidência direta no tema que nos ocupa neste capítulo não é estranho ao movimento antes aludido, mas, para fins de análise, deve ser tratado separadamente: a multiplicação de projetos de integração regional, entre os quais sobressaem aquele que resultou no Nafta (siga em inglês de Área de Livre Comércio da América do Norte) e o que se completou em 1991, com o tratado que criou a União Europeia.

Vimos no capítulo precedente como a carta regional foi manejada refletidamente pelos Estados Unidos como instrumento de pressão para impor a interlocutores recalcitrantes a aceitação de sua agenda na arena das negociações multilaterais. Reduzir a tendência à formação de blocos econômicos regionais a esse móvel, porém, seria obrar em equívoco. O projeto da União Europeia era, de longe, mais ambicioso, e eram de outra ordem as motivações que o impeliam. Desenhada no início da década de 1980, depois de longa letargia, a proposta de completar o processo integrativo mediante a construção de instituições requeridas para o avanço em direção à união política nasceu da percepção difundida em grandes parcelas das elites europeias de que esse passo seria indispensável para que pudessem fazer frente ao duplo desafio colocado pela concorrência do Japão e dos Estados Unidos.[2]

Uma vez deslanchado o processo, ele ganha dinâmica própria, que varia de acordo com as configurações de poder e de interesses cristalizadas em torno de cada política.

O tema da integração regional é extremamente complexo, e não pretendemos discuti-lo aqui. O importante neste tópico introdutório é salientar que ele ganhou importância no decorrer da Rodada Uruguai do Gatt, e a condicionou fortemente, embora de maneira muitas vezes contraditória.

Fim da Guerra Fria; reformas neoliberais; integração regional. No restante deste capítulo veremos como a confluência dessas correntes dá origem a alguns desenvolvimentos curiosos no desenrolar da Rodada Uruguai do Gatt.

---

1 Para uma análise sistemática desse processo, cf. Velasco e Cruz, S. C. *Trajetórias:* Capitalismo neoliberal e reformas econômicas nos países da periferia. São Paulo: Unesp, 2007.

2 Acolho neste parágrafo a interpretação exposta em Sandholtz, W.; Zysman, J. 1992: Recasting the European Bargain. In: *World Politics*, v.XLII, n.1, 1989, p.95-128..

Sebastião Velasco e Cruz

Planejamento dos trabalhos: primeiras escaramuças

> Os Ministros, reunidos por ocasião da sessão especial realizada pelas Partes Contratantes em Punta del Este, decidiram iniciar Negociações Comerciais multilaterais (a Rodada Uruguai). Para isso, adotaram a seguinte declaração. As Negociações Comerciais Multilaterais estarão abertas à participação dos países enumerados nas partes I e II da presente Declaração. Estabelece-se um Comitê de Negociações Comerciais para conduzir as negociações. O Comitê realizará a sua primeira reunião até 31 de outubro de 1986, no mais tardar, e se reunirá em nível ministerial, conforme apropriado. As Negociações Comerciais Multilaterais serão concluídas dentro de quatro anos.

Tem início assim, em tom assertivo, a Declaração Ministerial sobre a Rodada Uruguai, assinada em 20 de setembro de 1986 pelos representantes pleniponteciários dos 92 países que participaram da Conferência de Punta del Este. Além de anunciar a decisão coletiva de abrir nova rodada, ela define dois elementos decisivos no desenrolar do processo: sua estrutura organizativa e sua duração. Este último não volta a aparecer, e os demais serão especificados no restante do documento.

A natureza da rodada de negociações é indicada no enunciado de seus princípios norteadores e objetivos gerais, na definição de seus participantes, e nos temas compreendidos em sua pauta. Diremos uma palavra sobre os primeiros mais adiante.

Por ora convém fixar a atenção na matéria em discussão. Ela se desdobra em 12 chaves temáticas, a saber: 1) tarifas; 2) medidas não tarifárias; 3) produtos tropicais; 4) produtos baseados na exploração de recursos naturais; 5) têxteis e vestuário; 6) agricultura; 7) artigos do Gatt; 8) salvaguardas; 9) acordos das Negociações Comerciais Multilaterais (NCM); 10) subsídios e medidas compensatórias; 11) solução de controvérsias; 12) aspectos dos direitos de propriedade intelectual relacionados ao comércio, incluído o comércio de mercadorias falsificadas; 13) medidas em matéria de investimentos relacionadas ao comércio. A declaração reserva uma seção para o tema do funcionamento do sistema do Gatt e inclui outro em sua segunda parte: o tema dos serviços. Essa, como se viu, foi uma exigência do Brasil e da Índia, que resistiram até o derradeiro momento em tratar dessa questão no âmbito do Gatt. Contados os dois últimos, estavam na mesa quinze temas – que tinham para os negociadores significados muito diversos.

Não é preciso muito esforço para perceber que alguns deles interessavam basicamente aos países em desenvolvimento. Integram a lista os temas 3, 4 e 5. Este – têxteis e vestuário – era de longe mais polêmico. Com efeito, sob essa rubrica o que estava em jogo era o Acordo Multifibras, de 1974, instrumento mediante o qual os países ricos suspendiam a aplicação das

Estados e mercados

normas do Gatt em um setor de importância vital para muitos países em desenvolvimento, a fim de proteger partes envelhecidas de sua indústria com a aplicação de um sistema de cotas. No extremo oposto situam-se os "novos temas" – "serviços", investimentos" e "propriedade intelectual", prioritários na agenda dos Estados Unidos desde o início da década, como já vimos, e incorporados à pauta dos demais países da Organização para a Cooperação e Desenvolvimento Econômico (OCDE) na fase de pré-negociação da Rodada Uruguai. Ao lado destes, caberia incluir, ainda, "solução de controvérsias", tema destacado na plataforma dos Estados Unidos em sua campanha pela abertura de novo ciclo de negociações multilaterais, e "Acordos das NCM", cujo referente eram os códigos negociados na Rodada Tóquio do Gatt (1973-1979), tidos como muito insatisfatórios por serem de adesão voluntária.

Dos restantes, o mais sensível era o tema da liberalização agrícola, que suscitava, nos dois campos – Sul e Norte – posicionamentos contraditórios.

As marcas desse conflito de interesses podem ser vistas já na apresentação dos objetivos gerais da rodada, por exemplo, na distância entre o segundo objetivo ("submeter uma proporção maior do comércio mundial [leia-se "serviços", "investimentos" e "propriedade intelectual"] a disciplinas multilaterais acordadas, eficazes e aplicáveis – *enforceable*") e o quarto ("fortalecer a inter-relação entre as políticas comerciais e outras políticas econômicas que afetem o crescimento e o desenvolvimento"; "contribuir [...] para melhorar o funcionamento do sistema monetário internacional e o fluxo de investimento de recursos reais e financeiros para os países em desenvolvimento"), cuja enunciado, embora asséptico, mal esconde a crítica às distorções provocadas pelo manejo da política econômica internacional dos Estados Unidos.

Elas mostram-se mais nitidamente na definição dos princípios que estariam a reger as negociações. Atente o leitor para o contraste entre o princípio do "compromisso único" (*single undertaking*) e o do "tratamento diferenciado e mais favorável" devido aos países em desenvolvimento. O primeiro – "a abertura e o desenvolvimento das negociações, bem como a aplicação de seus resultados, serão tratados como partes de um compromisso único" – foi a fórmula encontrada para evitar os inconvenientes denunciados nos códigos aprovados, poucos anos antes, na Rodada Tóquio. O segundo condensa muitas das concessões feitas em passado recente pelos países capitalistas avançados, quando a conjuntura internacional lhes desfavorecia (a reforma do Acordo Geral, efetuada em 1965, com a inclusão do capítulo IV, sobre Comércio e Desenvolvimento, e a decisão adotada em 28 de novembro de 1979, no encerramento da mesma Rodada Tóquio objeto das reservas antes referidas).

Mas é na definição dos objetivos a serem alcançados nas negociações sobre os temas críticos que se expressam com maior ênfase as divergências

165

remanescentes ao final da Conferência de Punta del Este. Dois tópicos ilustram com eloquência essa afirmativa.

Agricultura. De longe o mais extenso – 241 palavras –, o texto dedicado ao tema prevê em termos genéricos a aplicação dos princípios e normas liberais do Gatt à área – "submeter todas as medidas que afetem o acesso às importações e a concorrência das exportações a normas e disciplinas do GATT", ao mesmo tempo em que reconhece tacitamente a legitimidade de políticas em vigor que os violam – "maior disciplina na utilização de todas as subvenções diretas e indiretas e demais medidas que afetem direta ou indiretamente o comércio de produtos agropecuários".

Propriedade intelectual. Neste item, a declaração de propósitos é ainda mais nebulosa. Por um lado, afirma:

> A fim de reduzir as distorções do comércio internacional e os obstáculos ao mesmo, e levando em conta a necessidade de promover uma proteção eficaz e adequada dos direitos de propriedade intelectual [...] as negociações terão por finalidade clarificar as disposições do GATT e elaborar quando convier novas normas e disciplinas.

Enunciado vago, mas que contempla os argumentos dos defensores da conexão entre direitos de propriedade intelectual e comércio, na época basicamente os Estados Unidos. O problema é que o espaço na frase indicado pelas reticências é preenchido pela seguinte interpolação: "e assegurar que as medidas e procedimentos destinados a fazer respeitar os direitos de propriedade intelectual não se convertam por sua vez em obstáculos ao comércio legítimo". À luz desses dois desideratos, a conclusão "clarificar as disposições do Gatt" e "elaborar novas normas e disciplinas" torna-se particularmente ambígua.

Sobre o programa da rodada, caberia mencionar, ainda, a reiteração do compromisso assumido no passado de suspender a adoção de medidas contrárias à legislação do Gatt e de reverter os dispositivos dessa natureza então em vigor. Apresentada pelos países em desenvolvimento em 1982 como condição prévia à abertura de nova rodada de negociações multilaterais, a exigência de "paralisação" e "reversão" (*standstill* e *rollback*) foi incorporada em sessão à parte da declaração, com cláusula prevendo o monitoramento multilateral de sua realização por meio de mecanismo específico a ser criado pelo Comitê de Negociação Comercial.

Esse era o órgão superior na estrutura estabelecida em Punta del Este para organizar os trabalhos. Vinculavam-se diretamente a ele dois grupos; o Grupo Negociador sobre Mercadorias (GNG, na sigla em inglês), e o Grupo Negociador sobre Serviços (GNS). A declaração atribuía amplas atribuições ao primeiro, entre elas a de "definir o mecanismo adequado para o monitoramento dos compromissos de *standstill* e *rollback*", e de "estabelecer os grupos de negociação que se façam necessários". E fixava um prazo para a conclusão da fase preliminar de suas atividades: "elaborar e pôr em prática planos detalhados de negociação comercial antes de 19 de dezembro de 1986".

A história oficial registra que esse prazo foi rompido, mas não dá maior importância ao fato (Croome, 1995). É lamentável, porque as escaramuças nessa fase inaugural antecipam, em alguma medida, os embates pouco depois que marcariam a rodada. É o caso da discussão sobre o número de grupos de negociação a serem criados, que parece ter em sua origem a resistência dos Estados Unidos à formação de um grupo especial para tratar do tema "têxteis e vestuários" (*Suns*, 1986). É o caso também do debate sobre o papel a ser desempenhado pelo GNG – marginal, na opinião dos representantes dos Estados Unidos, e central, no entender dos países em desenvolvimento, empenhados que estavam estes em garantir o avanço equilibrado das negociações em todas as áreas, e não apenas naquelas de interesse da superpotência (idem, 1987). Mas onde as diferenças substantivas afloravam vivamente era no detalhamento dos planos para cada um dos temas, diferenças que separavam os Estados Unidos e a Comunidade Europeia no capítulo agricultura, e dos países em desenvolvimento em vários temas, especialmente têxteis e vestuários, serviços, investimentos e propriedade intelectual, como seria de prever (ibidem).

Essa etapa preliminar foi encerrada no início do ano seguinte. Depois de uma série de reuniões, a última das quais em 28 de janeiro, o GNG desenhou um "mecanismo de vigilância" para acompanhar a realização do compromisso de "paralisação e reversão" (*standstill & rollback*), e aprovou a criação de quatorze grupos de negociação comercial, um para cada tema referido na Declaração de Punta del Este, com seus respectivos coordenadores e programas de trabalho. O GNS concluiu seus preparativos na mesma semana. No último dia do mês, o Trade Negotiations Committee (TNC) estabeleceu o mecanismo de vigilância proposto pelo GNG e aprovou os procedimentos para a avaliação periódica de seus resultados.[3]

De maneira geral, os programas de trabalho dos grupos negociadores previam uma primeira fase dedicada a estudos, levantamento de dados e – em alguns casos – definições de conceitos e princípios que servissem de base para a atividade subsequente de negociação. Essa fase deveria estar concluída até o final do ano.

Os trabalhos nessa etapa preliminar transcorreram sem grandes surpresas, apresentando progressos maiores em alguns temas, bem menores em outros. Não ganharíamos muito com o exame, mesmo sumário, de cada um deles, mas vale a pena observar os termos do debate em dois grupos críticos.

---

3 MTN.GNG/5, 9 Feb. 1987; MTN.TNC/2.

A discussão no grupo negociador sobre serviços reproduz, em grande medida, aquela travada no período de pré-negociação da rodada. De acordo com o plano aprovado no final de janeiro, em sua fase inicial os trabalhos no GNS deveriam contemplar cinco aspectos interligados: definição de serviços e questões estatísticas; conceitos gerais necessários à formulação de princípios e normas; cobertura setorial do quadro jurídico futuro; disciplinas e acordos internacionais pré-existentes; obstáculos institucionais à expansão do comércio de serviços e medidas para sua liberalização progressiva. As diferenças no grupo começavam aí.

Para os países em desenvolvimento, esses elementos obedeceriam a uma ordem sequencial – como enunciar princípios e normas, ou identificar entraves ao "comércio de serviços", se não sabemos com exatidão o que queremos dizer com essa fórmula? Seria preciso avançar nos dois primeiros itens antes de atacar os demais.

Com pragmatismo característico, os Estados Unidos discordavam. Interessados em resultados rápidos, defendiam que se procedesse logo à discussão do marco jurídico geral, antecipando que este deveria incorporar as normas da transparência e do tratamento nacional – a cláusula da nação mais favorecida, porém, era discretamente silenciada.

Conquanto reconhecesse a necessidade de esclarecer os aspectos conceituais, a Comunidade Europeia, por sua vez, insistia desde o início na defesa de princípios, como o da "não discriminação", e normas, como a da "presença comercial" – direito de instalação da empresa fornecedora de serviços em mercados de outros países.

A diferença entre Sul e Norte – com todas as nuances que pudesse haver entre os integrantes de cada um desses agregados – não surpreende. Como sabemos, os países em desenvolvimento opuseram-se durante anos à abertura de negociações sobre o tema "serviços" no âmbito do Gatt. Como sabemos também, os dois países que lideraram essa resistência – o Brasil e a Índia – aceitaram fazer isso a contragosto, e assim mesmo de forma muito condicionada.

Boas razões para a atitude refratária do grupo não faltavam. Com efeito, incorporados à economia mundo, quase todos, como colônias das potências europeias, mesmo depois de conquistada sua autonomia política, esses países continuaram a depender do capital metropolitano para ampliar suas precárias redes de serviços públicos e para integrar-se nos circuitos internacionais – de comércio, financiamento, comunicação e transporte. Alguns desses países esforçaram-se para superar essa situação de dependência e já tinham logrado criar capacidade própria em ramos importantes, como engenharia pesada e transporte marítimo. Mesmo assim, sua situação geral seguia frágil, o que se reflete na posição estruturalmente deficitária de sua balança de serviços (Unctad, 1982; Gonçalves, 1989). Nessas condições, como aceitar o convite para uma abertura geral e indiscriminada que lhe faziam?

Contudo, havia mais do que mera oposição de interesses nos embates travados no grupo negociador sobre serviços.

A proposta de incorporar o tema de serviços no arcabouço do Gatt emerge como resultado de amplo movimento de opinião que mobilizou setores burocráticos e acadêmicos nos Estados Unidos e em outros países da OCDE a partir da década da década de 1970. Encarados com certo desprezo pela teoria econômica corrente, por sua natureza ancilar e pela baixa produtividade que – real ou supostamente – os caracterizava, os serviços passaram a ser objeto privilegiado de pesquisa a partir dessa época. Em um plano, buscava-se suprir as deficiências de informações estatísticas por meio da compilação e sistematização de dados disponíveis e de projetos ambiciosos de pesquisa com vistas à geração de dados novos. Em outro, tratava-se de construir categorias mais adequadas para dar conta da natureza desse setor e desvendar o papel por ele desempenhado. É nesse contexto intelectual que a noção de "comércio de serviços" aparece e logo se consagra. Daí à ideia de elaborar um marco regulatório internacional para o setor de serviços, com base nos princípios do Gatt, era apenas um passo.[4]

No entanto, essa proposta envolvia, intrinsecamente, inúmeras dificuldades. Percebemos com facilidade esse fato quando consideramos a missão original do Gatt. O comércio foi tradicionalmente entendido como a operação regular de compra e venda de bens com objetivo de lucro. O objeto do Gatt não era o "comércio" nesse sentido amplo, mas o "comércio internacional": as transações de compra e venda entre pessoas físicas ou jurídicas de diferentes países. O compromisso de reconstituir o sistema liberal de comercio desorganizado pela crise de entreguerras expressava-se nos princípios da não discriminação e da liberalização, dos quais derivavam diretivas relativamente simples e claras: supressão de obstáculos administrativos a importações, redução de barreiras tarifárias e garantia – assegurada a todos os bens importados, independente de sua origem – de tratamento igual ao bem de mesmo tipo produzido no país considerado.

Ora, quando se procura aplicar esses mesmos princípios aos "serviços" – por suas características próprias –, tudo se revela mais complicado. Não há uma definição consensual para o termo, que recobre os resultados de uma gama muito heterogênea de atividades, mas, de maneira geral, os serviços requerem o contato direto entre o prestador e o usuário, são produzidos e consumidos simultaneamente e não podem ser transportados ou estocados (United Nations Statistical Office, 1987; Pariag, 2009).

O que significaria não discriminação nesse contexto? Garantir igualdade de condições no intercâmbio internacional de serviços, como sugeriam

---

4 Para uma exposição ampla da história condensada neste parágrafo, cf. Drake, W. J.; Nicolaïdes, K. Ideas, Interests, and Institutionalization: "Trade in Services" and the Uruguay Round. *International Organization*, v.46, n.1, 1992, p.37-100.

o Brasil, a Índia e vários outros países? Mas isso equivaleria a excluir do princípio a maior parte das atividades que compõem o setor. Dar tratamento nacional aos fornecedores de serviços, assegurando-lhes a "presença comercial" – como queriam os Estados Unidos e demais países da OCDE? Mas, se é assim, como separar serviço de investimento direto? E como negar este à pessoa física do empregado no setor de serviços? O "direito de estabelecimento" pleiteado para as empresas não teria como contrapartida a garantia do "direito de residência" ao trabalhador individual? Essa pergunta remete à dificuldade de ordem geral: como separar, no conjunto das atividades desenvolvidas pelo agente, aquela que resulta em determinado serviço de todas as demais? Dado que os serviços não têm existência própria, desvinculados de seus produtores, como separar os aspectos econômicos de seus correlatos socioculturais? Estes foram sempre – e, todos concordam, devem continuar sendo – domínio privilegiado de regulação estatal. Mas então como imaginar a regulação dos serviços por meio de um quadro jurídico multilateral?

Esses e outros dilemas estavam na base das divergências expressas nas intervenções dos participantes do grupo negociador de serviço e nos documentos de trabalho que passaram a apresentar. Não precisamos nos deter neles. Para nossos propósitos basta assinalar apenas três aspectos adicionais do debate: a recusa pelos países em desenvolvimento em tomar a liberalização como um valor em si mesmo, a insistência no desenvolvimento como objetivo último e critério de avaliação das medidas propostas e a disparidade implícita na exigência feita a cada país de congelar suas regulamentações restritivas e de proceder, no futuro, à sua progressiva desmontagem. Como os países industrializados já contavam com sistemas regulatórios complexos e consolidados, ao contrário do que ocorria em geral nos países em desenvolvimento, com o acordo eles se veriam em situação muito vantajosa.

Restaria dizer uma palavra sobre o papel da Declaração de Punta del Este na argumentação desses países. Os Estados Unidos e seus aliados no grupo negociador de serviços não tinham muito uso para ela. Em movimento marcadamente ofensivo, partiam do patamar estabelecido nesse documento para conquistar objetivos mais avançados. Os países em desenvolvimento, por sua vez, tomavam a declaração como uma trincheira: reiteravam os termos do mandato negociador do grupo e enfatizavam que ele não admitia barganhas cruzadas, na tentativa de defender, apesar de tudo, suas precárias posições.

Incorporando diretivas de inspiração opostas, como se viu, o mandato fixado na Declaração de Punta del Este para o grupo negociador sobre propriedade intelectual era ainda mais limitado. E não é de estranhar que tenha sido assim, pois à primeira vista o lugar indicado para tratar do assunto não era o Gatt.

Com efeito, o tema da propriedade intelectual vinha sendo objeto de regulamentação internacional desde o último quartel do século XIX. Nessa ocasião, sétimo quartel do século XIX, foram celebrados os dois tratados pioneiros sobre a matéria: a Convenção de Paris, de 1883, que tratava da propriedade industrial (patentes de invenções; modelos de utilidade; desenhos ou modelos industriais; marcas; nome comercial; e indicações de proveniência ou denominações de origem), e a Convenção de Berna, de 1886, que cuidava do direito do autor sobre obras literárias e artísticas (compreendidas aí, em qualquer forma de expressão, todas as produções no campo da arte, da ciência e da cultura).

Administrados anteriormente pelo Bureaux Internationaux Réunis Pour la Protection de la Propriété Intellectuelle (Birpi), esses tratados, revistos e atualizados várias vezes, foram colocados sob a alçada da Organização Mundial de Propriedade Intelectual (Ompi), criada para esse fim pela Convenção de Estocolmo, de 1967, e desde 1974 parte integrante do sistema das Nações Unidas.

Havia ainda a Convenção de Roma (para a Proteção dos Artistas Intérpretes ou Executantes, dos Produtores de Fonogramas e dos Organismos de Radiodifusão) administrada conjuntamente pela Ompi, a Organização das Nações Unidas para a Educação, a Ciência e a Cultura (Unesco) e a Organização Internacional do Trabalho (OIT), e também a Convenção Universal sobre o Direito do Autor, de 1952, cuja gestão estava a cargo da Unesco.[5]

Em contrapartida, o texto do Gatt mal se referia ao tema da propriedade intelectual: limitava-se a prever que os signatários concederiam tratamento uniforme nessa matéria para produtos domésticos e importados.

Nessas condições, a proposta de negociar a questão da propriedade intelectual no Gatt parecia fazer pouco sentido. Contudo, no último quartel do século passado, a insatisfação com o regime internacional em vigor nessa área era grande e traduzia-se em pressões cruzadas por sua mudança.

Elas vieram, em primeiro lugar, dos países em desenvolvimento. Dependentes de fontes externas de tecnologia para modernizar seus respectivos sistemas produtivos e realizar os anseios de melhores condições de vida e de prosperidade de seus povos, esses países ressentiam-se do poder conferido às corporações estrangeiras pelo sistema de patentes, com as práticas abusivas que o acompanhavam. Uma rápida lista das distorções mais citadas nessas críticas dará ao leitor uma ideia da gravidade dos problemas enfrentados: 1) preços administrados em níveis frequentemente extorsivos; 2) políticas de preço discriminatórias; 3) "acordos fechados", forçando o cliente a adquirir produtos indesejados; 3) uso de patentes (que incluem

---

5 Sobre a conformação do regime de proteção dos direitos de propriedade intelectual, com atenção particular na Ompi, cf. Basso, M. *O Direito internacional da propriedade intelectual.* Porto Alegre: Livraria do Advogado, 2000.

a faculdade de impedir a "importação paralela"), não com o objetivo de produzi-lo no país, mas como meio para barrar a entrada de concorrentes em seu mercado; 3) acordos cruzados de licenciamentos, entre detentores de patentes, a fim de dividir o mercado mundial, evitar a competição e desfrutar conjuntamente de seus privilégios de monopólio; 4) manejo de patentes para bloquear a pesquisa independente passível de resultar em inovações incrementais – forma específica de desenvolvimento tecnológico nos países da periferia (Vaitsos, 1972).

Para fazer frente a problemas dessa natureza e fomentar o desenvolvimento de capacidades próprias, muitos desses países – em particular, na América Latina e na Ásia – passaram a adotar políticas explícitas de transferência tecnológica, condicionando a autorização dos planos de investimento apresentados pelas multinacionais à observância de regras relativas ao treinamento e ao emprego de pessoal local, à compra de bens no país e à obrigação de transferir *know how* a agentes domésticos.[6] Conforme ilustrado pela experiência do Instituto Nacional de Propriedade Industrial (INPI) brasileiro, em especial no governo Geisel, por meio dessa política os Estados introduziam-se nas relações contratuais entre firmas privadas, objetivando alterar as relações de forças entre elas, em benefício do sócio nacional (o que nem sempre atendia às suas conveniências de curto prazo, é bom que se diga).[7]

Não só isso. Com seu poder de vocalização grandemente ampliado pelo avanço do processo de descolonização, esses países mobilizaram-se para inscrever o tema no debate que promoviam nas organizações multilaterais sobre a necessária reforma da economia mundial. Impulsionado por encontros, conferências e decisões carregadas de forte simbolismo (como a *Carta dos Direitos e Deveres Econômicos dos Estados*, aprovada pela Assembleia Geral da ONU, em 1974), esse movimento culminou na Conferência das Nações Unidas sobre Comércio e Desenvolvimento (Unctad) sobre o Código de Conduta Internacional para a Transferência de Tecnologia, aberta em 1978.

Os resultados da investida, porém, não foram os esperados. No discurso dos países em desenvolvimento, a propriedade intelectual aparecia como questão de interesse público, subordinada aos imperativos do desenvolvimento. Do ponto de vista dos países industrializados, ela importava como um aspecto crítico nas relações de concorrência entre empresas. Esses países também viam muitos problemas no regime vigente. Mas as distorções que

---

6 Para uma visão abrangente dessas políticas e de seus fundamentos, cf. Sell, S. K. *Power and Ideas:* North-South Politics of Intellectual Property and Antitrust. New York: State University of New York Press, 1998.

7 Uma apresentação arguta da tensão interna que habita tais políticas pode ser encontrada em Lessa, C. *A estratégia de desenvolvimento, 1974/76:* sonho e fracasso. Universidade Estadual de Campinas, Instituto de Economia, 1998.

identificavam eram de outra ordem – e boa parte delas advinha das políticas adotadas por seus interlocutores.

Muito resumidamente, na perspectiva desses países – cuja linha de frente era ocupada pelos Estados Unidos –, o sistema precisava ser reformado, porque se assentava em tratados de parca efetividade, assinados por número reduzido de países, carecia de poder de aplicação e mecanismos de resolução de disputas tinha abrangência muito reduzida (áreas sensíveis permaneciam desprotegidas) e dependia exclusivamente das legislações nacionais para garantir a proteção que prometia.

Essas falhas genéricas traduziam-se em problemas concretos, que alimentavam as queixas recorrentes das empresas multinacionais interessadas: ausência frequente de legislação específica, ou concessão de patentes sob condições muito restritivas; patentes com duração muito reduzida (particularmente nos setores químico e farmacêutico, e em produtos agrícolas); leis permissivas de licenciamento compulsório (quebra de patentes); baixa efetividade das leis nacionais sobre a matéria; proteção inadequada aos direitos autorais; uso generalizado de marcas falsificadas (Benko, 1988).[8]

O embate entre as duas perspectivas marcou a conferência da Unctad, em que os países da OCDE defenderam o caráter voluntário do código a ser aprovado, uma definição estritamente privatista da noção de práticas comerciais restritivas, e a garantia de ampla margem de liberdade às partes contratantes na escolha das leis e dos tribunais para a resolução das controvérsias envolvendo suas relações contratuais.

Aberta em 1978, como vimos, seis sessões e quatro anos depois, a conferência acabou melancolicamente por desinteresse das partes, sem produzir nenhum resultado conclusivo.[9]

O confronto que condenou a tentativa de elaboração de um Código sobre Transferência de Tecnologia repetiu-se, com idêntico efeito, na Conferência para a Revisão da Convenção de Paris, iniciada em Genebra, sob os auspícios da Ompi, em 1980. Fracassada, em meados de 1985, a derradeira tentativa de superar os impasses que paralisaram a quarta sessão do conclave, entre fevereiro e março de 1984, os Estados Unidos perderam as esperanças de aprovar seus planos de reforma do sistema de propriedade intelectual pela via do consenso no sistema da ONU (Sell, 1998).

Foi então que os Estados Unidos deslocaram o foco para o Gatt. Em passado recente, já tinham investido nesse fórum, mas com vistas a objetivo bem limitado: um código sobre produtos falsificados, que propuseram sem êxito na Rodada Tóquio, em 1978. Mas agora o programa era diferente.

---

8 Para a composição dessa lista, Benko valeu-se do documento *Global Competition:* the New Reality. Report of the President's Commission on Industrial Competitiveness, publicado em 1985 pelo U.S. Government Printing Office.

9 Susan Sell dedica um capítulo inteiro ao episódio. Cf. op. cit., p.79-106.

Nascido da interlocução institucionalizada entre os organismos especializados do Estado norte-americano e o poderoso *lobby* criado pelas firmas com interesse estratégico na matéria (cujas expressões mais conspícuas eram a *Business Software Association,* o *Intellectual Property Committee* e a *International Intellectual Property Alliance*), ele visava alterar os fundamentos do regime de propriedade intelectual existente, pela definição de normas globais substantivas, pelo comprometimento de todos os Estados na sua aplicação (com as mudanças em seus respectivos ordenamentos jurídicos requeridas para o cumprimento de tal obrigação) e pela criação de mecanismo multilateral de solução de controvérsia. Esse programa estava contido em trabalho confidencial feito sob encomenda para a IBM, em setembro de 1985, e nas recomendações da Força Tarefa sobre Propriedade Intelectual, criada no âmbito do Conselho Consultivo para Negociações Comerciais (ACTN, na sigla em inglês), cujo relatório, não publicado, data de março de 1986 (Drahos, 1995).

Para ambição tão grande, o Gatt parecia ser a melhor alternativa. Não apenas porque já contava com um dos ingredientes do pacote que se queria vender: um mecanismo quase judicial de resolução de conflitos (ele era frouxo, mas um dos objetivos precípuos da rodada que se iniciava era precisamente o de fortalecê-lo). No Gatt era possível trocar demandas no terreno da propriedade intelectual por vantagens ao interlocutor em outras áreas de seu interesse (como têxteis, agricultura e produtos tropicais, por exemplo) (Adade, 2003) – com o seu reverso, a capacidade de penalizá-lo caso as referidas demandas não fossem atendidas.

As relações no GATT eram ditadas pelos interesses comerciais e pelo poder de barganha das partes. A diferença implicada nessa característica é bem exposta no comentário do embaixador Rubens Ricupero transcrita a seguir.

> A diferença é que as obrigações contratuais são negociadas no âmbito do Gatt, enquanto somente os documentos declaratórios são aprovados na Unctad e outras organizações das Nações Unidas. Não haveria espaço no Gatt para esse tipo de negociação, que costumava ocorrer na Unctad [...] quando as obrigações contratuais são negociadas, interesses concretos impõem sua própria lógica e cruzam fronteiras grupais, minando a solidariedade interna e, às vezes, gerando as alianças mais inesperadas..(Ricupero, 1998, p.15)[10]

Havia, porém, um problema conceitual a ser enfrentado. O Gatt estava votado à liberalização do comércio internacional. Já as patentes – monopólio

---

10 Versão preliminar e condensada desse texto foi publicada sob o título "Los países em desarrollo y la Ronda Uruguay: desencuentros de um amor no correspondido?". In; Leiva, P. (ed.). *La Ronda Uruguay y el desarrollo de América Latina.* Santiago: Clepi; PNUD, 1994, p.71-92.

sobre o uso de invenções, criado para gerar escassez e integrar no sistema de preços bens essencialmente públicos – operam em sentido exatamente contrário. A afirmação vale também para os direitos autorais.

Sendo assim, é fácil entender porque o tema da propriedade intelectual acabou ingressando na agenda da rodada Uruguai do GATT, mas também porque fez isso – sob o disfarce de "aspectos relacionados ao comércio" – pela porta dos fundos.

Mas logo seria levado à parte mais nobre da casa. Já na primeira reunião do grupo negociador sobre o Trips ficou evidente que a fórmula acordada em Punta del Este era apenas um estratagema. Na ocasião, os Estados Unidos abriram o jogo e disseram com todas as letras onde pretendiam chegar. Nesse documento, que alinha todos os "defeitos" do sistema de proteção existente, os objetivos que o grupo negociador deveria perseguir são definidos assim:

> Os Estados Unidos acreditam que o grupo de negociação deve identificar as áreas em que já exista um consenso internacional e desenvolver um mecanismo de aplicação desse consenso.
>
> Além disso, ao identificar as deficiências nas normas e padrões internacionais para a proteção dos direitos de propriedade intelectual existentes em algumas áreas, o grupo de negociação deve analisar sugestões concretas para o desenvolvimento de um consenso internacional sobre normas e padrões adequados nessas áreas. Tais normas e padrões, evidentemente, fortaleceriam e de forma alguma reduziriam normas e padrões vigentes. O grupo de negociação deve, então, incorporar esses esforços a um acordo sobre proteção e observância dos direitos de propriedade intelectual..(Statement by…, 1987)

A reação ao maximalismo desse programa não se fez esperar. Segundo reportagem veiculada em publicação especializada, a rejeição ao documento dos Estados Unidos foi vivamente expressa nos comentários feitos oralmente pelos representantes dos países em desenvolvimento. De acordo com essa fonte, esses países – com o Brasil e a Índia na linha de frente – insistiram em que o grupo negociador não tinha mandato para criar novas normas e padrões internacionais, ou reforçar a proteção garantida nos acordos multilaterais, e que a discussão de propostas desse teor deveria se dar em espaços adequados, como a Ompi, criada para cuidar desse tema específico. Deixavam registrado, ainda, que os Estados Unidos estavam contestando na prática todo o arcabouço da Convenção de Paris, que assegurava aos países-membros a autonomia para decidir quais setores seriam cobertos pela proteção de suas leis e qual o nível desta.

Digno de nota também, nesse primeiro *round*, foi o posicionamento da Comunidade Europeia. Classificando cuidadosamente os diferentes problemas envolvidos na matéria, o representante europeu teria defendido a clarificação das regras e a estipulação de "disciplinas mais explícitas" para evitar o tratamento discriminatório contra importações, em favor do produto doméstico, e a celebração de um acordo sobre bens falsificados, abrangente o bastante para incluir direitos de autor, denominações de origem e desenhos industriais. Quanto ao tema crítico da definição de normas e padrões e dos mecanismos institucionais para aplicá-los, a Comunidade Europeia recomendava cuidado em manifestação sobremaneira vaga (*Suns*, 1987).

Um semestre depois, quando o grupo negociador se reuniu pela quarta vez para fazer o balanço da atividade desenvolvida no ano e programar a etapa seguinte, as posições haviam evoluído em alguma medida. Os Estados Unidos passaram dos enunciados gerais, como os citados, a propostas detalhadas a respeito do que deveria constar do futuro acordo do Acordo sobre Aspectos dos Direitos de Propriedade Intelectual Relacionados ao Comércio (Trips, na sigla em inglês). A Comunidade Europeia, que apresentou sua primeira contribuição escrita em março de 1987, aproximara-se bastante das teses norte-americanas, embora permanecesse mais aberta aos países em desenvolvimento e continuasse indefinida no tocante à definição de normas e padrões substantivos (Meeting of..., 1987). Os países em desenvolvimento seguiam na sustentação de suas primeiras teses e retorquiam apontando que as propostas em discussão criariam novas barreiras e restrições às importações, em flagrante contradição com o mandato estabelecido na Declaração de Punta del Este para o grupo, segundo o qual este devia "garantir que as medidas e procedimentos para (to enforce) Direitos de Propriedade Intelectual não se tornem em si mesmos barreiras ao comércio legítimo" (*Suns*, 1987).

***

Serviços e Propriedade Intelectual. No final de dezembro de 1987, quando o Comitê de Negociações Comerciais voltou a reunir-se em nível ministerial, as posições polares nesses dois temas críticos continuavam muito afastadas de um ponto médio mutuamente aceitável. Não apenas neles: as conversações pareciam estacionadas também em temas como serviços, têxteis e agricultura, entre outros.

Mas esse estado de coisas era previsível. Apesar dos percalços nessa primeira fase, o moral dos protagonistas continuava elevado, e mantinha-se intacto seu otimismo. A tal ponto que o Canadá sentiu-se encorajado a oferecer sua capital como sede da reunião ministerial no final do ano seguinte, para fazer um balanço provisório dos resultados já obtidos nas negociações (a revisão de meio período), e a delegação norte-americana cunhou uma fórmula expressiva – "colheita antecipada" (*early harvest*) – para indicar esse fim.

Estados e mercados

Montreal e a revisão de meio período

Na verdade, o otimismo não era unânime. Segundo informação veiculada à época, na reunião ministerial do TNC, alguns países, entre eles o Brasil e a Índia, recomendaram cautela a seus pares, chamando a atenção para as incertezas que pairavam sobre o quadro econômico internacional (*Suns*, 1987).

Prudência, contudo, parecia ser uma palavra estranha ao vocabulário dos representantes dos Estados Unidos. Manifesta já na ideia de obtenção de resultados antecipados, a autoconfiança norte-americana expressava-se antes de tudo no maximalismo de suas pretensões, mesmo em áreas que os punham em rota de colisão com seus aliados da OCDE.

Falamos, naturalmente, do tema da agricultura, que viria a desempenhar um papel central no desenrolar da Rodada Uruguai, como logo se verá. Com efeito, no dia 6 de julho de 1987, o chefe da delegação dos Estados Unidos apresentou uma proposta grandiosa, que incluía entre outras coisas a chamada "opção zero" – eliminação de subsídios agrícolas em um prazo de dez anos. Classificada de "visionária" e "ideológica" mesmo por membros de sua própria equipe, a proposta de Amstutz foi rejeitada liminarmente pela Comunidade Europeia, que repelia a ideia de abandonar os subsídios como instrumento de política legítimo no quadro de sua Política Agrícola Comum. Em vez de compromissos irrealistas como esse, a Comunidade Europeia propunha que as negociações estivessem centradas em medidas de curto prazo, dispondo-se a quantificar o apoio assegurado a seus agricultores, desde que no contexto de uma negociação que preservasse os elementos principais de sua política (Ulrich, 2004).

A presença do grupo Cairns – aliança criada durante a fase de pré--negociação da rodada em torno da questão agrícola e que reunia, sob a liderança da Austrália, a Nova Zelândia, o Canadá, a Argentina, o Brasil e mais seis exportadores agrícolas – parecia abrir uma via de entendimento entre essas duas posições polares. O grupo identificava-se com a defesa norte-americana da liberalização agrícola, mas – com interesses muito mais concentrados nessa área – procurava garantir ganhos reais em termos de acesso a mercados, mesmo que para isso fosse necessário assumir uma atitude mais flexível. Na perspectiva do grupo, a adoção de medidas imediatas de alívio deveria preparar o terreno para a rápida conclusão de um acordo que estendesse a cobertura dos princípios do Gatt ao setor, sua mais elevada prioridade. Em que horizonte de tempo? Ao apresentar as posições do grupo na reunião das Partes Contratantes do Gatt, em outubro de 1987, o primeiro-ministro Australiano, Robert Hawke, deixou claro esse ponto: o programa deveria ser acordado até o final do ano seguinte, ou antes, mesmo se ficassem por definir alguns detalhes (*Suns*, 1987).

Dias depois, na reunião do grupo negociador de agricultura, a proposta do grupo Cairns foi detalhada. Ela previa uma estratégia desdobrada em

177

três fases, compreendendo um programa de reforma a ser realizado em um ano, um marco geral a regular o comércio de bens agrícolas no longo prazo (com previsão de mecanismo específico para consulta e solução de disputas), e as referidas medidas de alívio: compromisso de congelar restrições ao acesso a mercados, inclusive as medidas fitossanitárias adotadas para esse efeito; congelamento de todos os subsídios à exportação e produção; e "gerenciamento responsável dos estoques acumulados". A proposta do grupo contemplava o princípio do "tratamento diferencial e mais favorável" devido aos países em desenvolvimento, aos quais seria concedido tempo mais dilatado para pôr em prática as medidas aprovadas (ibidem).

Nessa mesma reunião começou a tomar forma um quarto grupo com posições próprias nas negociações agrícolas. Reunindo países com grande parte de sua população dependente da atividade agrícola, esse grupo – que incluía notadamente a Índia, a Nigéria e vários países africanos – insistia no tema da segurança alimentar e na legitimidade dos mecanismos de proteção embutidos em suas políticas de desenvolvimento.

Apesar da boa vontade de muitos, à medida que o tempo avançava, crescia o pessimismo em relação às expectativas de um acordo rápido nas negociações agrícolas. Em abril de 1988, a reunião do grupo negociador foi bloqueada pela desinteligência no campo dos países industrializados sobre as abordagens gerais, pelas discordâncias em torno das medidas de curto prazo em debate e sobre o tema agricultura e desenvolvimento no Terceiro Mundo – os Estados Unidos insistindo na tecla de que a liberalização proposta por eles constituía a via correta para a esse fim e exigindo dos países pobres o compromisso com a eliminação escalonada das barreiras não tarifárias e a significativa redução de suas tarifas (idem, 1988).

Quatro meses depois, em que pesem os indícios de que um acordo de caráter geral entre Europa e Estados Unidos estava a caminho, as diferenças entre os dois grandes blocos na questão agrícola continuavam profundas (idem, 1988a). Enquanto isso, um documento oficial indiano sobre o tema dava contornos mais nítidos ao conflito de perspectivas no tocante à questão da agricultura e do desenvolvimento, com a contestação aberta da tese do livre mercado como solução para os problemas da pobreza e do bem-estar do Terceiro Mundo (idem, 1988b).

Mas as negociações não patinavam apenas no tema agricultura. Era esse o caso também, entre outros, no grupo negociador sobre serviços.

Sem grande avanço no primeiro dos cinco pontos que compunham o roteiro estabelecido no início da rodada (questões de definição e informações estatísticas), as conhecidas divergências entre Norte e Sul manifestaram-se mais uma vez na reunião de março. Na ocasião, o representante brasileiro, embaixador Rubens Ricupero, rejeitou a ideia de definir a liberalização dos serviços como um objetivo da negociação, sustentando que esta deveria ocorrer progressivamente, se e quando não estivesse em conflito com os objetivos maiores do crescimento e do desenvolvimento. Para o Brasil, o marco regulatório multilateral deveria cobrir apenas o comércio interfronteiras de serviços. As transações sobre serviços entre empresas ou indivíduos em um mesmo país continuariam definidas como transações domésticas, mantendo-se, portanto, fora do alcance de suas disciplinas (idem, 1988c).

Ao sustentar essa posição, o Brasil e vários outros países que comungavam tal ponto de vista apenas reiteravam uma posição já amplamente conhecida. A novidade a tornar ainda mais complexa a tarefa do grupo negociador em serviços veio em julho, com a constatação de que nem a Comunidade Europeia nem os Estados Unidos – até então o país mais empenhado na liberalização dos serviços – dispunham-se a arrolar os setores particulares a serem incluídos no futuro acordo multilateral – ou estavam em condições de fazer isso. É que, embora muito sensíveis às pressões dos *lobbies* empresariais interessados na expansão internacional dos seus negócios, as autoridades dos dois blocos começavam a sentir o peso da reação em contrário dos grupos domésticos hostis à abertura de seus respectivos setores. Voltaremos ao tema mais adiante. Por ora, basta assinalar que tal recusa – ou dificuldade – dava respaldo à posição verbalizada por vários países em desenvolvimento segundo os quais não haveria como acordar princípios de um marco multilateral sem garantia de que os setores de seu interesse seriam por estes alcançados (idem, 1988d).

Diante dos desencontros de perspectivas e das hesitações das grandes potências a respeito da definição mais precisa de seus próprios interesses, a opção tomada pelo coordenador do grupo negociador de serviços parece ter sido a mais sábia: apresentar aos ministros que se reuniriam no final do ano em Montreal um relatório longo e genérico, com um conjunto abrangente de conceitos, princípios e regras – em diferentes versões, colocadas entre parênteses, para decisão futura –, mas sem nenhum compromisso substantivo nele consignado (idem, 1988e).

O andamento dos trabalhos no grupo do Trips foi um tanto diferente. Aqui também os conflitos de interesses e orientações no eixo Norte-Sul continuavam a manifestar-se intensamente, mas à medida que se aproximava a data do encontro ministerial, a convergência entre os países da OCDE aumentava. O documento apresentado pelos Estados Unidos para apreciação do grupo negociador em outubro de 1988 reflete esse movimento.

A aludida convergência e o próprio documento referido devem muito à forte mobilização de grupos corporativos com interesses na área, que já há algum tempo concentravam seus esforços na consolidação de poderosa aliança internacional para promoção unificada de seus pontos de vista. O resultado mais importante dessa atividade, para os propósitos da análise esboçada aqui é o longo documento divulgado conjuntamente pelo Keidanren, pela Fundo das Nações Unidas para a Infância (Unicef) e pelo Intellectual Property Committee, em junho de 1988. Intitulado muito descritivamente *Basic framework of GATT provisions on intellectual property statement of views of the European, Japanese and United States business communities*, esse verdadeiro manifesto, no dizer de um analista, deveria constituir-se – no entender de seus signatários – em modelo para um código legal cobrindo todos os aspectos da matéria (Drahos, 1995).

Tal expectativa viria a ser confirmada pelos fatos. Mas não imediatamente. O documento apresentado pelos Estados Unidos acirrou o embate no interior do grupo negociador do Trips, tornando ainda mais remota a possibilidade de acordo em torno de um texto básico para compor o pacote da revisão de meio período.

Na mesma ocasião, o Brasil submetera à apreciação do grupo negociador comunicado escrito em que sustentava que seu mandato cingia-se à discussão de "aspectos comerciais relativos aos direitos de propriedade intelectual", tais como "proteção rígida e excessiva aos direitos de propriedade intelectual", "uso abusivo" desses direitos e suas relações com distorções comerciais e acesso à tecnologia (Gatt, 1988).

Em novembro, o texto de compromisso elaborado por Lars Anell, coordenador do grupo negociador sobre o Trips, foi recusado tanto pelos Estados Unidos quanto pelos países em desenvolvimento, por razões diametralmente opostas (Watal, 2003).

Não era um caso isolado. Apesar do esforço ingente dos negociadores, que se reuniram em Genebra, em tempo quase integral durante toda a semana precedente, a fim de reduzir suas diferenças, quando os ministros chegaram a Montreal, em 6 de dezembro, nove dos quinze grupos continuavam sem o consenso mínimo necessário para finalizar seus respectivos relatórios.

Cinco dos temas pendentes foram objeto de acordo nos três primeiros dias do conclave: produtos tropicais, solução de controvérsias, funcionamento do sistema do Gatt tarifas e serviços – este vazado em termos bastante vagos, na linha do que foi visto anteriormente. Nos quatro temas remanescentes – têxteis e vestuário, salvaguardas, Trips e agricultura –, o impasse persistia (Croome, 1995).

Mas foi o último deles o escolho que pôs a pique a conferência. Já caracterizamos o irrealismo da posição norte-americana, com sua exigência de compromissos que seus parceiros sabidamente seriam incapazes de cumprir, mesmo se decidissem aceitá-los. Cabe aduzir que, diante do fracasso mais que provável dessa política, a atitude dos Estados Unidos não foi a de corrigi-la, mas a de negar-lhe maior importância.

Com efeito, em reunião de um grupo seleto de países com interesse no tema agrícola ("o grupo Morges", cuja denominação derivava da cidade suíça onde realizou seu primeiro encontro), Cleyton Yeutter, titular da poderosa Representante Comercial dos Estados Unidos (USTR), anunciou em alto e bom som que seu país considerava um não acordo melhor que um mau acordo (*Suns*, 1988f), posição classificada como típica de um pensamento Rambo pelo comissário para Relações Exteriores da Comunidade Europeia, Willy de Clercq, que explicava didaticamente: "Muitas vezes, eles adotam uma atitude ameaçadora, afirmando a intenção de se voltar para o bilateralismo caso não encontrem satisfação no nível multilateral. Em outras palavras, é a lei da selva, o direito de prevalência do mais forte" (apud Preeg, 1995, p.84).

Agora, mesmo para o mais forte, as decisões de força costumam ter custos. No caso, a disposição do negociador norte-americano esbarrava na atitude de alguns países, que não podiam exibir atitude tão fleumática diante da hipótese de fracasso na negociação agrícola. Era o caso da Argentina, que já no encontro do grupo Morges teria ameaçado negar consenso sobre outros temas caso não houvesse acordo em agricultura.

Os acontecimentos em Montreal seguiram esse *script*. Na narrativa de um observador participante:

> Na tarde da quinta-feira, ficou evidente que as negociações agrícolas haviam fracassado. Os Estados Unidos então propuseram que os ministros adotassem os acordos fechados sobre os assuntos negociados, inclusive serviços, deixando as quatro questões restantes [...] para discussão posterior. Outros se recusaram a desmembrar o pacote, e os exportadores latino-americanos mostraram-se particularmente inflexíveis. A delegação argentina, liderada por Bernardo Grinspun, disse simplesmente: "Não gostamos de pagar e não temos nada a receber"..(Preeg, 1995, p.86)

A conferência de Montreal estava perto do fim. No mesmo dia, à noite, depois de encontrar-se com Yeutter, de Clerck e Andriessen, já designado como seu substituto, o diretor-geral do GAtt, D. G. Dunkel propôs que a "revisão de meio período" fosse suspensa até a primeira semana de abril, quando a equipe econômica nomeada por George Bush, recém-eleito presidente, falaria pelos Estados Unidos.

***

Além da distância entre as posições de países relevantes em itens centrais na negociação, os analistas costumam apontar dois elementos institucionais como condicionantes do fracasso de Montreal: a forma segmentada do processo negociador – sua estruturação em grupos separados, com pouca comunicação entre si, o que teria dificultado a barganha generalizada e as concessões cruzadas necessárias para azeitar o processo –, e a circunstância já referida de que os negociadores dos blocos principais estarem fragilizados, por terem praticamente esgotado seus respectivos mandatos.

Sob os dois aspectos, o ano de 1989 inaugura uma nova página na história da Rodada Uruguai. Além da entrada em cena de novas personagens na Europa e nos Estados Unidos, muda também a forma da negociação.

Com efeito, já no início do ano o diretor-geral do Gatt assume para si a incumbência de destravar o processo e adota para esse fim uma abordagem bem diferente daquela seguida até ali. Não importa muito como a chamemos – abordagem "realista", ou "pragmática" –, o certo é que a atividade de Dunkel nesse período – e depois, como veremos – concentrou-se na tentativa de facilitar o entendimento entre os dois grandes blocos como preliminar incontornável para o sucesso de sua empreitada. Com esse fim, deslocou-se seguidamente entre as capitais, comunicando-se diretamente em cada uma delas com os responsáveis pelas decisões sobre o conjunto das matérias em discussão. Era o retorno explícito da velha tradição do Gatt da negociação piramidal, ou em círculos concêntricos: resolução das questões críticas pelo pequeno grupo dos grandes – Estados Unidos e Europa, particularmente – e incorporação posterior dos outros países no consenso em construção, com as mudanças pontuais requeridas para acomodá-los.

No centro da mesa, a questão agrícola. Apesar das intensas consultas e das novas propostas avançadas – os Estados Unidos abandonaram a "opção zero", reclamando agora "a redução progressiva e substancial" dos subsídios agrícolas – as divergências a respeito das medidas de curto prazo[11] faziam com que até fins de março o impasse persistisse (*Suns*, 1989).

Em 5 de abril, às vésperas da data final do prazo estabelecido em Montreal, as negociações em Genebra continuavam bloqueadas pelo impasse sobre o tema agrícola, como se vê no registro citado a seguir.

> Na noite de quarta-feira, as consultas da "sala verde" da Rodada Uruguai sobre agricultura haviam estagnado nas questões de congelamento a curto prazo, e particularmente no programa escalonado dos Estados Unidos, conforme informaram os participantes do Gatt na manhã de quinta-feira. Devido ao impasse na agricultura, eles acrescentaram, não houve consultas na noite de quarta-feira sobre Triops, têxteis ou salvaguardas.
>
> O Comitê de Negociações Comerciais se reunirá na manhã de quinta-feira no nível de chefias de delegações para receber relatórios de Dunkel sobre as consultas da "sala verde"; a partir daí, essas consultas deverão ser retomadas.(ibidem, 1989a)

O impasse, porém, estava perto do fim. Alcançado o entendimento provisório entre Estados Unidos e Europa na questão agrícola, os demais grupos negociadores puderam aprovar seus respectivos relatórios. Estava

---

11 A Europa exigia dos Estados Unidos a redução de seus programas de ampliação da área destinada à produção do trigo.

concluída a "revisão de meio período". O alívio era geral, mas os países em desenvolvimento saíam da experiência sem grandes motivos para festejar.

Podemos perceber isso quando passamos em revista o acordo concluído na reunião do TNC no sábado, 8 de abril de 1989, em torno dos quatro temas pendentes, interpretando à luz dos interesses em jogo os resultados nele cristalizados.

1. *Têxteis.* Objeto de forte resistência nos países industrializados, este tema, fundamental para muitos países em desenvolvimento, foi o último a ser negociados na revisão de meio período. Os comentaristas costumam destacar o *status* conferido a ele no documento final – "um dos elementos-chaves da Rodada Uruguai" – e o compromisso formalmente assumido de incorporá-lo no Gatt – prevista a eliminação escalonada das restrições incompatíveis com este regime (Croome, 1995). Mas para os países demandantes, o que se salientava mais eram os limites das concessões obtidas: não se dizia uma palavra sobre a maneira como a referida integração seria efetuada, nem sobre o período de carência que os países desenvolvidos teriam antes de honrar o compromisso. O acordo não previa o congelamento imediato de tais restrições e continha dispositivos que podiam ser interpretados como compromisso de abertura de mercado pelos países do Terceiro Mundo.[12]

2. *Salvaguardas.* Nesta área, o documento aprovado não registra nenhum progresso significativo. Abandonado o texto proposto pela Índia, que previa a eliminação de todas as ações seletivas e as chamadas medidas de área cinzenta (*grey area measures*) – barreiras às importações de legalidade duvidosa, porque não previstas nas disciplinas do Gatt, como os "acordos bilaterais de restrição voluntária de exportações" e os "acordos de organização de mercado", por exemplo –, o texto faz alusão a um futuro "acordo abrangente baseado nos princípios básicos do Acordo Geral, que teria como objetivo restabelecer o controle multilateral sobre as salvaguardas". O circunlóquio e a imprecisão dos termos escolhidos dispensam maiores comentários.

3. *Agricultura.* Aberto por um parágrafo tortuoso em que registra a realização de "progressos substanciais" em uma fase preliminar da negociação, ainda não concluída ("Já foi alcançada a etapa [...] em que a direção geral e os procedimentos a seguir nas fases finais das negociações precisam ser definidos em termos operacionais, de modo a prover um arcabouço para a liberalização do comércio na agricultura"), os redatores ocupam cinco páginas do documento para expressar o consenso mínimo a duras penas alcançado sobre

---

12 MTN.TNC/9, 11/04/1989.

o tema. Incluídos nesse acordo estão: o compromisso de congelar os preços mínimos garantidos e de não aumentar os obstáculos às importações agrícolas até o final do ano seguinte (mas não a redução dessas medidas em tal período, como pretendido pelo grupo Cairns); o compromisso vago de fazer isso – "substancialmente" – em longo prazo e de forma progressiva; a indicação de que os subsídios agrícolas deveriam constar do acordo final em negociação, e as linhas gerais de um plano de trabalho com vistas à harmonização das medidas fitossanitárias adotadas no universo dos países membros.

4. Cabe mencionar, ainda, o item 9 do acordo, pelo qual os participantes reconhecem explicitamente que "outros fatores além da política comercial são levados em conta na conduta de suas políticas agrícolas". O parágrafo termina com uma referência à "segurança alimentar" – tema muito caro à Índia e a vários outros países em desenvolvimento, como já assinalado neste capítulo –, mas seu alcance é bem maior e abrange considerações importantes também do ponto de vista europeu.

5. *Propriedade intelectual.* Foi neste tema que os países em desenvolvimento amargaram sua maior derrota. Tendo resistido encarnecidamente por mais de dois anos, em abril de 1989 o bloco, já a essa altura seriamente dividido, foi obrigado a aceitar os elementos fundamentais da agenda advogada desde meados da década pelos Estados Unidos: compromisso com os objetivos de estabelecer "padrões e princípios adequados sobre a disponibilidade, alcance e uso de direitos de propriedade intelectual", criar "meios efetivos e apropriados de execução" em cada país e definir procedimentos "eficazes e expeditivos" para a solução multilateral de controvérsias. Ficou acertado também que as negociações deveriam conduzir a um marco jurídico multilateral para o combate do comércio de bens falsificados.

É verdade, o documento acenava aos países em desenvolvimento ao reconhecer que as negociações sobre o Trips deveriam levar em consideração os objetivos de política subjacentes aos sistemas nacionais de proteção da propriedade intelectual – entre eles, nomeadamente, o desenvolvimento tecnológico.

Contudo, mesmo que essa cláusula genérica não fosse inteiramente desprovida de consequências, como veremos a seguir, ela pouco contribuía para corrigir o desequilíbrio profundo que marcava o acordo nessa matéria.

O documento que dá forma ao entendimento produzido nos quatro dias em que se prolongou a reunião ministerial do TNC é datado de 11 de abril de 1989. Dez dias depois, o órgão aprova outro documento, reunindo todos os resultados da revisão de meio período. Dois deles são importantes para o balanço que estamos a fazer aqui.

Estados e mercados

1) *Serviços*. Como já indicado, a colheita nesse tópico foi vistosa, mas de parca substância. Houve acordo no sentido de que o documento conclusivo do processo de negociação enunciaria princípios e regras de um marco jurídico multilateral, que entraria em vigor ao final da r5odada. Tais princípios deveriam incluir, entre outros, os seguintes elementos: "transparência", "liberalização progressiva", "tratamento nacional", "nação mais favorecida", "não discriminação", "acesso a mercado", "participação crescente dos países em desenvolvimento" e "salvaguardas". Com a inclusão de alguns conceitos caros aos países em desenvolvimento, esta lista consagrava a pauta defendida desde a primeira hora pelos Estados Unidos e, com menor ênfase, seus pares da OCDE. Contudo, o significado dessa conquista via-se em boa medida reduzido pela estipulação, no mesmo documento, de que o grupo negociador analisaria em suas próximas reuniões a aplicabilidade e as implicações daqueles princípios em seis setores diferenciados: telecomunicações, construção civil, serviços profissionais, serviços financeiros, transportes e turismo. E essa cláusula não era o único elemento a relativizar a importância do documento acordado. Como observa Preeg (1995, p.90):

> Um aspecto significativo do acordo parcial, no entanto, era uma dissociação substancial dos compromissos do acordo de estruturação decorrentes da liberalização efetiva do comércio de serviços, para a qual provisões deveriam ser estabelecidas "para promover negociações após a rodada". Embora pouco percebido no momento, essa dissociação mais tarde se tornaria um grande problema aos negociadores norte--americanos tendo em vista um forte interesse no setor privado do país..

Além da resistência dos países em desenvolvimento, teriam contribuído para esse resultado indefinido os interesses conflitantes dos principais participantes do jogo: os Estados Unidos, o Japão e a Comunidade Europeia (Suns, 1989b).

2) *Funcionamento do sistema do Gatt* Reconhecendo o impacto deletério da crise econômica sobre o sistema multilateral de comércio, o documento enfatiza, em sua parte introdutória, a necessidade de maior coerência no sistema global de decisão econômica como condição para o sucesso do programa de liberalização. Nesse sentido, ele prevê o estreitamento de laços entre o Gatt e instituições responsáveis por questões monetárias e financeiras, em especial o Banco Mundial e o FMI. Mas não vai muito além dessa declaração de intenções. A grande novidade introduzida pelo grupo negociador sobre o funcionamento do Gatt é o já aludido mecanismo de "revisão das políticas comerciais". Desprovido de funções disciplinares ou judicativas, tal mecanismo favoreceria a adesão às regras e às disciplinas do Gatt mediante o monitoramento e a avaliação periódica das práticas e das políticas comerciais adotadas pelas Partes Contratantes. Não se trata

aqui de proposta vaga, a ser mais bem definida em negociações futuras. O detalhamento desse mecanismo ocupa três páginas do documento.

Com base nesses e em outros resultados da primeira fase da Rodada Uruguai, um observador atento e muito bem informado fez, na ocasião, o seguinte balanço:

> No todo, os países do Terceiro Mundo perderam mais do que ganharam no pacote parcial [...]
>
> Seja em termos do saldo no âmbito desses assuntos [os quatro que ficaram pendentes em Montreal], ou do saldo global nas quinze áreas de negociações na Rodada Uruguai, os países do Terceiro Mundo pouco conquistaram, mas obtiveram mais em novas áreas, e de formas que teriam efeitos deletérios sobre suas perspectivas futuras de desenvolvimento e o bem-estar de seus povos.. (*Suns*, 1980)

Com o benefício da mirada retrospectiva, de nossa parte, subscrevemos esse juízo.

A difícil produção do consenso

Uma nova configuração do conflito

Estava em curso, a essa altura, uma reconfiguração do conflito que marcaria a Rodada Uruguai até seus últimos momentos. A clivagem Norte-Sul mantinha-se naturalmente, mas de forma muito atenuada. Em seu lugar, o que passa a polarizar as discussões são as divergências internas aos países do Quad (grupo de países desenvolvidos formado por Estados Unidos, Comunidade Europeia, Canadá e Japão) – mais particularmente os desencontros entre a Comunidade Econômica Europeia (CEE) e os Estados Unidos. Concomitantemente, assistia-se também a uma sensível recomposição da agenda. Os temas em negociação não variam, mas a saliência destes altera-se significativamente. Nos últimos anos da rodada, a questão crítica – a mais intensamente debatida e de solução mais difícil – foi a agricultura.

Em boa medida, efeito cumulativo dos resultados colhidos nas etapas prévias do processo negociador – a derrota dos países em desenvolvimento nas questões de princípios envolvidas nos "novos temas" desloca a discussão para aspectos pontuais de tais matérias, diminuindo-lhes em muito a carga dramática –, o reenquadramento observado no início dos anos 1990 só se torna plenamente compreensível quando levamos em conta as mudanças contextuais aludidas na introdução deste capítulo.

Elas afetavam o desenrolar da Rodada Uruguai em dois planos. O primeiro deles – mais óbvio – tem a ver com a mudança operada na matriz das políticas econômicas dos países em desenvolvimento. O segundo diz respeito a alguns dos efeitos imediatos do fim da política de blocos, com a desagregação do campo socialista e a derrocada da União Soviética. Como elemento de ligação entre esses dois planos, a crise da ordem econômica construída no pós-guerra e o processo de reestruturação global que ela enseja.

Crise econômica internacional, reformulação das políticas de desenvolvimento, negociações comerciais. A consideração do fator temporal é indispensável para se entender esse encadeamento. A campanha pela abertura de uma nova rodada do Gatt foi lançada pelos Estados Unidos em 1981, no auge da crise da dívida, e mesmo assim, como já vimos, ela suscitou forte resistência. Em 1986, quando o acordo foi finalmente selado em Punta del Este, os países em desenvolvimento – a maioria deles – debatiam-se com profundos desequilíbrios macroeconômicos e tomavam medidas duras para debelá-los. Mas a adoção de políticas ortodoxas, de curto prazo, não os levava necessariamente a romper com suas estratégias prévias de desenvolvimento. Foi esse o caso do Brasil e da Índia – esta muito marginalmente afetada pela crise –, o que explica em parte a tenacidade de ambos em seu empenho comum contra mudanças no regime internacional de comércio concebidas para limitar o espaço de intervenção estatal na economia. Cinco anos depois, o quadro era muito diferente. Sob forte pressão de organismos internacionais (FMI e Banco Mundial), alvos potenciais de sanções econômicas, por vezes materializadas, sujeitos a intensa campanha ideológica, esses países acabaram por adotar o caminho das chamadas reformas "orientadas para o mercado".

Esse deslocamento foi detectado, em tempo real, por equipe patrocinada pela Fundação Ford, com pesquisadores de onze países, que estudaram suas implicações para o andamento da Rodada Uruguai do Gatt (Whalley, 1989). Anos mais tarde, o autor deste livro coordenou amplo projeto coletivo de pesquisa sobre o processo que levou à opção quase universal pelas referidas reformas. Não caberia mencionar aqui, ainda que muito resumidamente, os resultados desse estudo. Para os propósitos da presente análise, basta salientar a diversidade das experiências nacionais de reforma e indicar que os líderes da oposição à pauta dos países ricos no GATT – o Brasil e a Índia – estiveram entre os últimos a oficializar sua adesão ao pacote neoliberal (o Brasil, no início de 1990, com o programa de governo de Fernando Collor; a Índia, em 1991, com as reformas de Narashiha Rao, adotadas em meio à crise cambial provocada pela guerra do Golfo). Nesses, como nos demais casos, a reorientação da política econômica correspondeu a uma mudança significativa na correlação de forças sociais e políticas.

O reposicionamento desses países na arena da negociação multilateral é coerente com os novos dados de sua economia política doméstica. Tendo abandonado, de bom ou mau grado, muito dos instrumentos de política vetados pelas novas disciplinas em debate na rodada do GATT, eles passaram a exibir uma atitude flexível em relação aos novos temas, concentrando esforços nos itens tradicionais – agricultura, têxteis e confecções –, terreno em que podiam retorquir aos arautos do liberalismo, cobrando-lhes a abertura de seus próprios mercados.

Mas essa nova postura não nos ajuda a entender por que a segunda parte da Rodada Uruguai estendeu-se tanto além do inicialmente previsto e por que ela foi dominada pelas tensões Norte-Norte. Precisamos nos voltar para as transformações geopolíticas em curso no período para esclarecer esse aspecto.

Aqui, o dado primordial é o aprofundamento da integração europeia, previsto no Ato Único Europeu, de fevereiro de 1986, e a maneira como esse processo se vê afetado pela dissolução do bloco soviético.

Reunidos em Luxemburgo, os países-membros da CEE introduzem algumas mudanças importantes no funcionamento da organização – preveem encontros periódicos de chefes de Estado, com a criação de um novo órgão, o Conselho Europeu; adotam o princípio da maioria qualificada para ampla gama de temas, até então sujeitos à regra do consenso; e estabelecem um cronograma de trabalho ambicioso, que fixa uma data precisa para a conclusão do mercado comum, a ser consagrada em novo tratado e inclui os preparativos necessários à criação futura de uma união monetária.

Vale dizer, ao mesmo tempo em que se engajavam na reforma do sistema multilateral de comércio, os países-membros da Comunidade Europeia lançavam-se em um processo interno de natureza constitucional.

Ora, os acontecimentos que culminam com a queda do Muro de Berlim e a decomposição subsequente do bloco soviético impactarão fortemente esse processo. Subitamente, a Alemanha – que formava, com a França, o eixo articulador da integração europeia – tem diante de si a possibilidade de materializar a curtíssimo prazo a aspiração da unidade nacional, antes projetada em futuro incerto e longínquo. Em contrapartida, seus pares – em primeiro lugar a França, mas também a Inglaterra – veem-se obrigados a contemplar a perspectiva perturbadora de conviver com uma potência com vocação hegemônica – pela pujança de sua economia e pela dimensão territorial e populacional prestes a ser adquirida. E havia ainda a questão das antigas repúblicas socialistas, que buscavam o abrigo da Comunidade Europeia e tendiam a gravitar, como no passado, em torno do gigante germânico.

Somada a esses elementos a memória não inteiramente dissipada das duas grandes guerras, entende-se facilmente o sentimento que a hipótese da reunificação alemã despertava naqueles países, expresso lapidarmente no comentário de Margareth Thatcher: "Nós derrotamos os alemães duas vezes! E agora eles estão de volta!".[13]

---

13 Para um relato em primeira pessoa e uma defesa da oposição britânica à reunificação alemã, cf. Thatcher, M. *The Downing Street Years*. Nova Iorque: Harper Collins, 1993.

A má vontade de ambos tornou-se ainda maior quando o chanceler Helmut Kohl anunciou, em 28 de novembro de 1989, seu programa de dez pontos com vistas à reunificação do país, sem nenhuma consulta a seus aliados.

Apesar disso, onze dias depois o Conselho Europeu aprovava a reunificação alemã, que a partir daí seguiu seu curso com grande celeridade: março de 1990: início das negociações do Tratado 4 mais 2 – Estados Unidos, França, Inglaterra e Rússia, e as duas Alemanhas, a Ocidental e a Oriental; 18 de maio de 1990: assinatura do tratado fundindo os dois Estados alemães em uma união econômica, social e monetária; 1° de julho de 1990: entrada em vigor do Tratado, com o marco alemão convertendo-se em moeda oficial da Alemanha Oriental; 23 de agosto de 1990: o Parlamento da Alemanha Oriental aprova pedido de ingresso desta na República Federal Alemã; setembro de 1990: a Inglaterra e a França ratificam o Tratado sobre as Regulamentações Finais com Respeito à Alemanha (*Treaty on the Final Settlement with Respect to Germany*), finalizando o processo de reunificação, no plano do direito internacional.

Além de apoiar à reunificação alemã, o Conselho Europeu decidiu em Estrasburgo convocar uma conferência intergovernamental sobre a união monetária europeia, a realizar-se até o final de 1990, e adotar uma Carta Social (a Carta Comunitária dos Direitos Sociais Fundamentais), com a oposição solitária da Inglaterra.

Protagonistas e observadores divergem na interpretação desse duplo resultado. Para alguns, a relação entre eles é límpida e clara: a união monetária, com o sacrifício do cultuado marco, foi o preço que a Alemanha pagou para obter o aval da França ao seu projeto de reunificação. Para outros, a ideia de uma barganha desse tipo é quase insultosa: a Alemanha esteve sempre comprometida com a tese da união monetária e não recorreria a essa espécie de expediente para realizar seu justo anseio de unidade nacional.

Não é preciso tomar partido na controvérsia. Quaisquer que tenham sido os termos do entendimento entre a França e a Alemanha, eles redundaram no compromisso de acelerar o processo de integração europeia e de estudar as formas de ampliá-lo em direção ao Leste,[14] o que impunha aos dois países e ao conjunto dos demais um esforço redobrado para a construção dos consensos necessários a tal objetivo.

À luz desses dados, as dificuldades encontradas pelos Estados Unidos na negociação do tema agricultura com a CEE não surpreende. De todos os programas da CEE, a Política Agrícola Comum era, de longe, o mais antigo, o mais institucionalizado e o que mais pesava em seu orçamento.

---

14 Cf. *Conférence de presse conjointe de François Mitterrand et Helmut Kohl*, Paris, 26 avril 1990 e *Message conjoint de François Mitterrand et Helmut Kohl*, Paris, 6 de dezembro de 1990. Disponível em: < www.cvce.eu>.

Garantindo preços mínimos aos produtores e subsidiando a exportação de seus excedentes, em 1987, a CEE despendia com esse programa 65,4% dos recursos alocados em seu orçamento.[15]

Em 1986, quando a CEE assentiu em incluir o tema na pauta da rodada do Gatt, os seus especialistas já estavam conscientes das distorções dessa política, que se traduziam no acúmulo de estoques não vendáveis, no ônus fiscal crescente e na multiplicação de atritos com parceiros comerciais. Datam dessa época os primeiros estudos visando preparar a reforma da Política Agrícola Comum Europeia (Ulrich, 2004).

A CEE, porém, é uma entidade descentralizada, de operação extremamente complexa, onde o poder de decisão sobre políticas setoriais divide-se entre a diretoria da área – órgão especializado da Comissão Europeia – e o Conselho Europeu, que funciona como uma espécie de Câmara Alta. Não é só isso: a comissão conta com recursos administrativos limitados (4,7% de seu orçamento, em 1988) e com um corpo reduzido de funcionários. Sendo muito ampla sua atividade regulatória, a comissão cedo converteu-se em foco de intensa atividade de lobby – desenvolvida por um sem-número de organizações, que alimentam a comissão com informações pontuais, estudos e projetos, na promoção dos interesses de seus respectivos setores. Qualquer descrição do processo decisório da CEE seria enganosa se não incluísse essa dimensão em seu cerne (Fligstein, 2008).

As peculiaridades desse sistema híbrido têm uma implicação relevante para nossa análise: seus mecanismos de tomada de decisão apresentam forte viés contrapropostas de mudança radicais, e a deliberação tende a ser sempre fruto de longas e complexas negociações. Nas palavras de um especialista:

> Conciliar os interesses divergentes das associações membros é um processo muito demorado. Com frequência, a única maneira de chegar a um acordo é por meio de uma política de "menor denominador comum", que de tão vaga e geral é improvável que exerça algum impacto no desenvolvimento da política da Comunidade [...] Mesmo quando se chega a uma política, muitas vezes ela tende a ser bastante inflexível. Modificá-la de qualquer forma pode significar reiniciar o processo de barganha. (Grant, 1993, p.31)[16]

---

15 Em termos absolutos, o dispêndio foi de 22.950,1 milhões de ECU (Unidade de Conta Europeia; em 1988 o cambio foi fixado em 0,85 ECU = 1dólar). Cf. Fligstein, N; McNichol, J. The Institutional Terrain of the European Union". In: Sandholtz, W.; Sweet, A. S. *European Integration and Supranational Governance*. Oxford; Nova Iorque: Oxford University Press, 1998, p.59-91.

16 No mesmo sentido vão as conclusões de outro especialista consultado nesta parte do estudo. Cf. Daugbjerg, C. Reforming the CAP: the Role of Policy Networks and Broader Institutional Structures. *Paper to the European Community Studies Association 5a Biennial International Conference*, Seattle, 29 de maio de 1997; Daugbjerg, C.; Seinbank, A. The politics of CAP Reform: Trade Negotiations, Institutional Settings and Blame Avoidance. In: *Journal of Common Market Studies*, v.45, n.1, 2007, p-1-22.

Trata-se, em ponto menor, do problema já referido da simultaneidade de dois processos: o debate interno na CEE sobre a necessária reforma da Common Agricultural Policy (CAP) e a discussão no Gatt sobre a definição de regras relativas aos subsídios agrícolas. A assincronia entre eles seria previsível em quaisquer circunstâncias, quanto mais no ambiente geopolítico convulsionado que inaugurou a última década do século passado.

Rememorando o fracasso dos últimos esforços de sua equipe para obter um acordo com a Europa em torno da questão agrícola, a tempo para salvar a Conferência de Bruxelas, em dezembro de 1990, Julius L. Katz (1998), representante adjunto de Comércio e um dos principais negociadores dos Estados Unidos na Rodada Uruguai, permitiu-se esse comentário autocrítico:

> Nossa confiança em Kohl acabou se revelando o que eu considerava ser uma das principais falhas de inteligência das negociações. Não entendíamos o que movia Helmut Kohl. Não entendíamos que sua relação com Mitterrand, presidente da França, tinha prioridade sobre seu relacionamento com George Bush e os Estados Unidos. E não é que Kohl não tentasse ser útil. Ele tentou, em várias ocasiões, pressionar Mitterrand, mas essa não era a questão mais importante para ele. Então, na manhã da segunda-feira, nada mudara realmente. E nada mudou no decorrer da semana. Na verdade, Kohl tinha uma reunião agendada com Mitterrand, supostamente na terça-feira daquela semana, e esperamos ansiosamente os resultados disso. Não houve qualquer menção às negociações em sua coletiva de imprensa.

À luz dos elementos apresentados até aqui, somos forçados a concordar com ele nos dois pontos: na interpretação do comportamento de Kohl e no juízo sobre a falha espantosa da inteligência norte-americana.

***

É ocioso perguntar o que aconteceria se o chanceler alemão agisse como dele esperavam os negociadores da USTR. O fato é que – recém-saído de eleições gerais, a primeira a realizar-se na Alemanha unificada em mais de 50 anos, e às vésperas da Conferência Intergovernamental sobre a união monetária –, ele não se dispôs a quebrar lanças para obrigar seus sócios a fazer uma oferta capaz de desobstruir a negociação agrícola na conferência do Gatt. O resultado é conhecido: como em Montreal, membros do grupo Cairns (em particular, a Argentina e o Brasil) abandonaram as negociações, e a Conferência de Bruxelas acabou fracassada.

À primeira vista, a própria rodada pareceria estar sob risco de um desfecho dessa ordem. Com efeito, tendo recuado de suas posições iniciais em áreas sensíveis, como serviços e propriedade intelectual, tendo passado a articular seus interesses na linguagem do livre comércio, não faltariam razões aos grandes exportadores agrícolas do Sul para falar grosso e condicionar a aprovação do pacote – que já continha muito dos resultados esperados pelos Estados Unidos e pela CEE – à obtenção de avanços significativos na agricultura e em outros temas prioritários em sua pauta. No fim do caminho, poderiam ser obrigados a fazer concessões, satisfazendo-se com menos do que pretendiam. Mas isso faz parte do jogo. O importante é que continuariam a figurar como protagonistas nessa fase da rodada, como fizeram em Cancun, na rodada seguinte, treze anos mais tarde.

Mas não foi bem isso o que se observou. Passado o breve momento de desconcerto que se seguiu ao fiasco de Bruxelas, logo Arthur Dunkel, diretor-geral do Gatt, estava lançado em atividade febril para reabrir as negociações. Elas foram efetivamente retomadas, mas em outro formato. Agora desenvolviam-se primariamente em fóruns paralelos e exclusivos – reuniam basicamente representantes dos Estados Unidos e da Comunidade Europeia –, e os chefes de Estado passavam a desempenhar um papel decisivo nelas. Os grupos de trabalho foram mantidos, ainda que em outro formato. Mas a negociação verdadeira ocorria em outros lugares.

Ernest H. Preeg (1995, p.98), observador participante a quem muito devemos em nossa análise, não exagera nas cores ao concluir com essa nota de realismo cáustico seu comentário sobre o tema da agricultura nas negociações do Gatt:

> O confronto entre os Estados Unidos e a Comunidade Europeia na Rodada Uruguai sobre agricultura arrastou-se e marginalizou as importantes questões agrícolas de outros participantes. A liberalização do comércio multilateral para a agricultura poderia ter um grande impacto nos países em desenvolvimento [...] Japão e Coreia do Sul eram grandes importadores de alimentos e também altamente protecionistas em relação a commodities essenciais, em especial o arroz. No entanto, eles permaneceram à margem, enquanto toda a atenção se concentrava no impasse EUA-CE. O grupo Cairn exerceu pressão política sobre os dois maiores participantes, mas, exceto em alguns encontros específicos [...] eles se tornaram mais um coro grego de lamentações do que um grupo de negociação plenamente engajado.

Esse fato deve muito ao peso esmagador das duas partes na economia e no comércio internacionais. Mas esse dado bruto não nos esclarece inteiramente. Para as duas grandes potências, a agricultura era apenas uma das áreas de interesse no conjunto da negociação, e não a principal. Mesmo sendo as relações de força tão assimétricas, os exportadores agrícolas poderiam, em princípio, usar seu poder de ameaça – como se viu, a metodologia adotada na Rodada Uruguai condicionava os resultados das negociações sobre todos e cada um dos temas à conclusão de um acordo geral – a fim de inclinar até certo ponto a balança para seu lado.

A razão de não terem feito isso foi exposta em termos muito precisos por outro analista com acesso privilegiado aos bastidores da rodada.

Estados e mercados

No final da primavera de 1990, os negociadores do USTR [Representante Comercial dos Estados Unidos] decidiram tentar formar um consenso do governo norte-americano sobre aquilo a que alguns do USTR se referiam internamente como "o jogo do poder", uma tática que forçaria os países em desenvolvimento a aceitar as obrigações de todos os acordos da Rodada Uruguai. O Departamento de Estado apoiou a abordagem, e em outubro de 1990 ela foi apresentada aos negociadores da CE, que concordaram em apoiá-la. O plano acabou por ser caracterizado como a abordagem do "compromisso único" [*single undertaking*] para fechar a rodada. Especificamente, tal como consta na Ato Final da Rodada Uruguai, o Acordo que estabelece a OMC contém "como partes integrantes" e "obrigatório a todos os membros": o Gatt 1994; o Gats; o Acordo Trips; o Acordo Trims; o Acordo de Subvenções; o Acordo Antidumping; e qualquer outro acordo multilateral da Rodada Uruguai. O acordo também afirma que o Gatt 1994 "é legalmente distinto do Acordo Geral sobre Tarifas e Comércio, datado de 30 de outubro de 1947 [...]". Após a adesão à OMC (incluindo o Gatt 1994), a CE e os Estados Unidos retiraram-se do Gatt 1947 e, assim, encerraram suas obrigações nesse fórum (incluindo sua garantia de NMF) em relação aos países que não aceitassem o Ato Final e aderissem à OMC. O efeito jurídico/político combinado da Ata Final e a retirada transatlântica do Gatt 1947 seria garantir que a maioria dos acordos da Rodada Uruguai tivesse adesão em massa e não limitada. (Steinberg, 2002, p.339-74)[17]

Simples assim: como costuma acontecer quando as regras em vigor contrariam os interesses dos poderosos, mudam-se as regras.

Impasse em Bruxelas, retomada e desenlace

É impossível dizer o que aconteceria em Bruxelas caso as negociações agrícolas tivessem chegado a bom termo, mas uma rápida inspeção nas duas áreas críticas que temos acompanhado neste capítulo – serviços e propriedade intelectual – revela que as possibilidades de sucesso naquela ocasião variavam muito de acordo com o tema considerado. Senão, vejamos.

Serviços

Como indicado em seções anteriores deste capítulo, um dos resultados colhidos nos primeiros dois anos e meio de negociações sobre serviços

---

17 O autor esclarece que essa reconstrução foi feita com base em inúmeras entrevistas com atores importantes no processo e em documentos sigilosos da USTR em seu poder, cujas datas de produção recuam até 1989, entre os quais: *Memorandum to UR Negotiators and Coordinators, Preliminary Legal Background on ending the Uruguay Round*, do USTR General Counsel, December 1, 1989; e *Memorandum for Ambassador Warren Lavorel and Ambassador Rufus Yerxa, A Single Proposal for Concluding the Round*, do USTR General Counsel and Deputy General Counsel, 20 jul. 1990. Não foi possível acessá-los pela internet.

foi o reconhecimento das especificidades dos serviços e de sua enorme heterogeneidade. Expressão eloquente desse fato foi a decisão tomada, em abril de 1989, de selecionar seis segmentos, da lista de mais de cem setores e sub-setores preparada pela secretaria do grupo negociador, para teste da aplicabilidade dos princípios gerais acordados.

À medida que os estudos avançavam, rapidamente foi se tornando claro que em muitos casos a aplicação de tais princípios implicava em mudanças importantes no ordenamento jurídico dos países envolvidos, e que os próprios princípios precisariam ser adaptados. Simultaneamente, verificava-se um transbordamento do debate em torno do tema, com a participação crescente dos grupos sociais interessados.

Observável um pouco por toda parte, esse processo era muito notável nos Estados Unidos, onde o setor de serviços contava com ampla rede de associações, de abrangência variada, e tinha presença institucionalizada na formulação de políticas.

O setor, porém, abrigava situações e interesses muito diferentes, como se pode ver pelo cotejo de três casos exemplares:

1. Telecomunicações, subdividido em dois grandes blocos: serviços de telecomunicações básicos (prestados por infraestrutura de rede, como telefonia vocal, transmissão de dados, telex etc.) e serviços de telecomunicações complementares, ou de valor agregado (serviços nos quais os provedores agregam valor à informação do cliente, melhorando sua forma ou conteúdo, ou facilitando seu armazenamento e busca, como os serviços de processamento de dados "on-line" e o correio eletrônico, por exemplo).

   Esse era um dos setores mais pujantes na economia norte-americana, e não por acaso foi ele um dos principais impulsores da campanha pela abertura de negociações sobre serviços no Gatt. Havia, porém, um problema espinhoso no tocante aos serviços básicos. O mercado norte-americano acabara de passar por um processo profundo de desregulamentação, e era completamente controlado por empresas privadas. Ora, na Europa e em grande parte do mundo essa era uma área fortemente regulada, onde os monopólios públicos predominavam. O duplo desafio para a indústria norte-americana era o de abrir mercados no exterior para suas empresas e evitar a concorrência, reputada desleal, de empresas estatais europeias ou japonesas em seu próprio mercado.

2. Serviços de construção, com seus dois segmentos: engenharia e projeto e execução de obras. Setor de enorme importância, por sua participação no PIB e no emprego, bem como pelos vínculos que mantém com os demais setores da economia, os serviços de construção compreendem dois segmentos: engenharia e projeto e execução

de obras. Desde a década de 1940, os Estados Unidos dominaram internacionalmente o setor, sobretudo no tocante às atividades de engenharia e grandes projetos. A partir dos anos 1970, porém, suas empresas passaram a ser pressionadas – pela contração do mercado e pela entrada de concorrentes oriundos de variada origem (Japão, Coréia, México, Brasil, Argentina e Iugoslávia). Com ajuda generosa dos governos de seus respectivos países, essas firmas valiam-se dos avanços alcançados em tecnologia e gerenciamento e de vantagens comparativas no custo de trabalho para ampliar sua participação no mercado internacional de projetos e forçar sua entrada no mercado norte-americano.

Diante desse duplo condicionamento, a ambivalência do setor de construção norte-americano perante as negociações multilaterais de serviços é facilmente compreensível: tratava-se de eliminar as barreiras e os incentivos "desleais" que beneficiavam seus concorrentes, e de tentar, ao mesmo tempo,. anular as vantagens de custo que convertiam estes últimos em presenças incômodas no mercado interno.

3. Serviços de transporte marítimo: transporte de carga e passageiros, por mar ou vias fluviais, e atividades conexas. Objeto privilegiado de atenção desde os primeiros anos da República, o setor de transporte marítimo operou desde 1920 sob o manto protetor da Lei de Marinha Mercante, de 1920, mais conhecida como *Jones Act*. Em uma de suas cláusulas essa lei – que se mantém, com várias alterações, em vigor até hoje – reservava todo o transporte de cabotagem a navios com bandeira dos Estados Unidos, construídos nos Estados Unidos, de propriedade de cidadãos dos Estados Unidos e equipados por cidadãos ou residentes permanentes dos Estados Unidos. Os analistas divergem sobre o papel desse marco legal na produção de tal resultado, mas o fato é que, ao se abrirem as negociações sobre serviços no Gatt, o setor norte-americano de transportes marítimos era muito pouco competitivo. Em seu caso, o problema de como se posicionar em relação ao marco regulatório em discussão na Rodada Uruguai era bem simples: ele queria estar fora – e recorria a todo tipo de razões, inclusive aquelas de "segurança nacional", para garantir a concretização desse objetivo.[18]

---

18 Na caracterização desses setores, e em toda parte relativa à organização dos interesses sociais envolvidos nas negociações sobre serviços, nos Estados Unidos, fizemos uso livre e muito seletivo do estudo elaborado por Vinod K. Aggarwal: The Political Economy of Service Sector Negotiations in the Uruguay Round: Policymaking and Pressure in the United States. In: *The Fletcher Forum of World Affairs*, v.16, n.1, 1992, p.35-54.

Telecomunicações, construções, transporte marítimo. Três situações muito diferentes, mas com um elemento em comum: a difícil acomodação às normas do Gatt.

A comunicação apresentada pelos Estados Unidos em outubro de 1989 pode ser lida como uma tentativa de escapar da encruzilhada. Vazado em linguagem jurídica – o primeiro desse tipo a ser apreciado no grupo negociador de serviços – o documento procura realizar esse fim restringindo o alcance da cláusula da Nação Mais Favorecida – norma que proíbe aos membros do Gatt conceder tratamento mais favorável a qualquer país, sem estendê-lo a todos os membros –, vale dizer, convertendo a norma geral em regra de aplicação restrita aos membros que viessem a acordar entre si compromissos específicos.[19]

Complementarmente, o documento limita a obrigação de assegurar a entrada temporária de nacionais de outras Partes do Acordo aos altos executivos e ao pessoal altamente qualificado. Em relação ao movimento de trabalhadores empregados em atividades de serviço, dilui qualquer exigência em uma fórmula vazia:

6.1. Cada Parte deve, na medida do possível e tendo em conta seus objetivos nacionais, aplicar suas leis relativas à entrada e permanência de estrangeiros de forma a facilitar a entrada temporária de nacionais de qualquer outra Parte com o objetivo de fornecer um serviço coberto.

Fixadas as válvulas de segurança, o comunicado punha em forma de lei os itens que integravam a agenda norte-americana desde o início (aí incluída a proibição de ajuda governamental passível de prejudicar interesses de outra Parte),[20] sem deixar muito espaço para o princípio da liberalização progressiva, amplamente defendido por seus interlocutores.

No tocante ao tema "serviços", porém, a posição que prevalecia entre estes se distanciava muito do ponto de vista expresso no documento dos Estados Unidos. O fato tornou-se público, em julho de 1990, quando, em sua qualidade de coordenador do grupo negociador de serviços, o embaixador Luís Fernando Jaramillo encaminhou ao Comitê de Negociações

---

19 Esse é o sentido do parágrafo 3.2 da proposta, onde se lê: "As partes podem, por meio de protocolos negociados separadamente sob o presente Acordo, proporcionar liberalização adicional e expandida em relação a serviços cobertos específicos. Não obstante o disposto no artigo 9 (cláusula da Nação Mais Favorecida), os direitos e obrigações em qualquer um desses protocolos só se aplicam entre as partes que aceitaram ou aderiram ao mesmo, nos termos do Artigo 20.4 do presente acordo". *Communication from the United States. Agreement on Trade in Services.* MTN.GNS/W/75, 17/10/1989.

20 Por seu radicalismo, convém transcrever o artigo 13 na íntegra: "Nenhuma parte pode conceder, direta ou indiretamente, ajuda governamental para a prestação de serviços cobertos no seu próprio território ou para o território de qualquer outro país, se tal auxílio causar prejuízo ao interesse de outra parte".

Comerciais, a título pessoal, um texto delineando os contornos do futuro marco multilateral em elaboração. Ao fazer isso, ele cumpria o cronograma estabelecido com vistas à conclusão dos trabalhos da Rodada na Conferência de Bruxelas, no fim daquele ano.

Precedido de nota introdutória, onde esclarece que os membros do grupo não necessariamente concordam com qualquer de seus itens, o texto de Jaramillo pode ser tido como expressão fiel do estado das negociações sobre o tema, pela semelhança notável que mantém com os documentos que deram forma definitiva ao Acordo Geral sobre Comércio de Serviços (Gats, na sigla em inglês).

Com efeito, nas diferentes versões preserva-se a estrutura do texto e repetem-se, com modificações mais ou menos ligeiras de forma, muitos de seus elementos substantivos.

É o caso da conceituação de serviços, onde já aparece a conhecida classificação baseada no modo de prestação – no documento de julho, os modos 3 (presença de pessoa jurídica de uma Parte em território de outra) e 4 (serviço fornecido por pessoa natural de uma Parte em território de outra) aparecem fundidos, pelo emprego do termo genérico "fatores de produção".

É o caso, sobretudo, da inclusão da cláusula da Nação Mais Favorecida na segunda parte do documento, que define as Obrigações Gerais dos membros e as Disciplinas a que se submetem. E da exclusão, dessa mesma parte, dos dois dispositivos fundamentais na perspectiva norte-americana – "acesso a mercado" e "tratamento nacional" – relegados à seção dos "compromissos específicos", que viriam a ser futuramente assumidos, a seu talante, por cada um dos países-membros, como resultados de negociações com os demais.

O significado desse ato fica transparente no comentário que se lê a seguir.

> Os Estados Unidos encontravam-se em uma situação desconfortável. Ao longo da década de 1980, o Congresso demonstrara crescente frustração com o Gatt e a propensão a pressões bilaterais pela abertura de mercados estrangeiros. A iniciativa do Gats proporcionou uma alternativa multilateral mais palatável, mas o GNS havia se decidido por um único texto de negociação em que apenas o status de NMF incondicional e os princípios subsidiários, como a transparência, eram inegociáveis. A alocação estrutural de princípios no texto também parece ter implicações negativas para os Estados Unidos. Se o tratamento nacional e o acesso ao mercado eram negociáveis em bases setoriais, os mercados estrangeiros podiam permanecer em grande parte fechados às transnacionais norte-americanas. Ao mesmo tempo, com o status incondicional de NMF posicionado como uma obrigação vinculativa, qualquer concessão listada no cronograma norte-americano seria estendida a todas as partes.. (Drake; Nicolaïdis, 1992, p.86)

Para não deixar dúvida de que sentiu o golpe, no mesmo mês – julho de 1990 – o escritório da USTR anunciou que excluiria a marinha mercante, a aviação civil e as telecomunicações básicas do Gats, a menos que lhe fosse permitido derrogar nesses setores o princípio da Nação Mais Favorecida.

Entre julho e dezembro de 1990, os termos da questão não se alteraram significativamente. Cabe, portanto, concordar com o juízo dos estudiosos antes citados, segundo os quais, embora a intransigência europeia na negociação agrícola tenha sido apontada como responsável pelo fracasso da Conferência de Bruxelas, na verdade o acordo continuava longe em muitos temas, entre eles o de serviços (ibidem).

Propriedade intelectual

Apesar das concessões feitas em abril de 1989 para viabilizar o documento que concluiu a revisão de meio período, os países em desenvolvimento, agora sob liderança quase solitária da Índia, não depuseram as armas. Isso ficou claro no encontro do grupo negociador que ocorreu em julho desse ano. Na ocasião, a Índia apresentou o que talvez tenha sido o mais amplo e mais denso documento de crítica à reforma proposta pelos Estados Unidos e seus aliados. Nele vamos reencontrar todas as críticas às distorções do sistema vigente de proteção intelectual, que expusemos no tópico anterior, e a reafirmação enfática das posições historicamente sustentadas pelos países em desenvolvimento, que se contrapunham frontalmente àquelas advogadas pelos representantes dos países industrializados.

Partindo de uma interpretação restritiva do mandato do grupo negociador – "O escopo desse item da agenda está limitado a 'direitos de propriedade intelectual relacionados ao comércio [...]'. A Índia adota o ponto de vista de que são apenas as práticas restritivas e anticoncorrenciais dos proprietários de direitos de propriedade intelectual que podem ser consideradas como relacionadas ao comércio porque por si sós distorcem ou impedem o comércio internacional" – e reafirmando o princípio insistentemente sustentado pelos países em desenvolvimento, segundo o qual a discussão sobre o tema deveria ser governada por "os objetivos de política pública subjacentes aos sistemas nacionais de proteção da propriedade intelectual, incluindo objetivos de desenvolvimento e tecnológicos", o documento examina sistematicamente os aspectos controversos em todos os itens compreendidos na rubrica propriedade intelectual – patentes, marcas comerciais, direitos autorais e segredos comerciais –, fundamentando doutrinariamente os dispositivos regulatórios adotados com frequência crescente por aqueles países nas décadas precedentes. Limitando-nos ao caso das patentes, para não alongar demasiadamente a exposição, esses dispositivos incluíam, com destaque: exigência de "trabalho de patentes", licença compulsória; exclusão de patentabilidade, de acordo com a legislação interna de cada país; "patenteamento de processos", e não "de produtos", decisão nacional sobre a duração de patentes; direito de uso de patentes pelo governo em casos de interesse público; "revogação de patentes não ou indevidamente trabalhadas pelos detentores".

Com base nesses alicerces, o comunicado termina por cobrar do grupo a elaboração de uma lista de "práticas restritivas e anticompetitivas" que deveriam ser proibidas e sancionadas com a perda e anulação dos direitos de propriedade correspondentes.

> Desde sua criação, o sistema de patentes sempre foi considerado como um instrumento de promoção da atividade inventiva e sua comercialização no país garantidor da patente. A filosofia subjacente de todo o sistema é que, se direitos exclusivos de monopólio forem conferidos pelo Estado aos inventores, será dado um impulso às novas invenções e a estas se seguirão inovações e investimentos [...] assim acarretando o progresso industrial do país [...] O sistema de patentes não foi concebido como um instrumento de promoção do comércio internacional [...] É porque as questões substantivas de direitos de propriedade intelectual não são pertinentes ao comércio internacional que o próprio GATT desempenhou apenas um papel periférico nessa área, e a comunidade internacional estabeleceu outras agências especializadas para lidar com elas..

A conclusão prática deflui naturalmente desses enunciados gerais: não cabe inscrever no corpo do Gatt novas regras e disciplinas associadas a padrões substantivos de direitos de propriedade intelectual. (Standards and..., 1989)

Retrospectivamente, o documento indiano pode soar ao leitor medianamente informado como o canto do guerreiro, que o entoa como um desafio orgulhoso a seus captores, mesmo sabendo sua causa perdida. Mas há um problema nessa imagem. A Índia não estava só, e a batalha não estava finda. Duas indicações rápidas: o duro debate travado sobre o tema na reunião do GNG em abril de 1991 e a comunicação apresentada no mês seguinte pelo Chile, segundo a qual os padrões normativos de propriedade intelectual "não devem, de modo algum, ser incorporados à estrutura do Gatt, mas, sim [...] ser matéria de um acordo a ser administrado pela Ompi ou outra organização que não o Gatt" (Communication from Chile).[21]

A referida tensão no encontro do GNG é compreensível, pois o momento da verdade estava próximo. Com efeito, em março de 1990 a Comunidade Europeia havia abordado o conjunto de aspectos envolvidos na matéria em uma proposta já em forma de tratado. Logo a seguir surgiram os documentos dos Estados Unidos, do Japão e da Suíça. E o chairman do grupo, o sueco Lars Anell, havia estabelecido um prazo final para a entrega de propostas para a composição de um texto de síntese.

---

21 Communication from Chile, MTN.GNG/NG11/W/72.

Apesar da resistência, a essa altura já estava claro que a inclusão de padrões mínimos de proteção à propriedade intelectual era inevitável. Mesmo os países recalcitrantes trabalhavam com esse dado. A razão é bem exposta por Jayashereee Watal, especialista indiana que desempenhou papel importante na Rodada Uruguai.

> Em outubro de 1990, o Canadá propôs formalmente que a nova Organização Multilateral de Comércio (OMP) fosse aceita como um "compromisso único" [*single undertaking*]. Não haveria mais escolha de "códigos" a que os países aderiram no final da rodada. Os países só poderiam optar por aceitar ou rejeitar todo o pacote de resultados. Ficar fora de qualquer futura OMP significaria ficar fora do Gatt e, assim, perder os benefícios de NMF. Os países que ficassem de fora poderiam estar sujeitos a revisões anuais de NMF nos Estados Unidos, como foi o caso da China. Isso complicou a avaliação da questão da capacidade do Gatt no Trips, porque, embora essa questão permanecesse formalmente aberta, a decisão final dependia de uma questão maior de adesão ao sistema comercial multilateral em si. . (Watal, 2001, p.34)

Podemos constatar, aqui também, a efetividade coercitiva do dispositivo a que nos referimos anteriormente, seguindo a análise de Richard Steinberg.

Tal recuo, porém, não encerrava a disputa, como se pôde ver no documento encaminhado ao grupo negociador em 14 maio de 1990. Subscrito por doze países em desenvolvimento, entre os quais o Brasil e a Índia, o texto abandonava a última trincheira ao aceitar tacitamente que a realização do acordo estaria na alçada da nova organização, mas reiterava as posições históricas do grupo no tocante a conceitos e princípios, e se baseava nelas para formular proposições pontuais nitidamente contrárias à letra e ao espírito do tratado proposto por seus interlocutores.

Na impossibilidade de compatibilizar perspectivas tão discrepantes, o coordenador do grupo optou por redigir um texto segmentado. Fundindo os documentos recebidos em dois grupos (A e B), reproduziu o modelo de tratado proposto pelos países desenvolvidos, apresentando, em trechos separados, as formulações alternativas e os aditivos avançados pelos países em desenvolvimento, sempre que foi o caso.

Encaminhado ao Grupo Negociador de Bens em julho de 1990, como previsto, esse texto foi objeto de intensas negociações nas semanas que precederam a Conferência de Bruxelas. O documento resultante deixava, ainda, algumas questões importantes em aberto – "proteção de produtos farmacêuticos", "solução de controvérsias", "natureza e duração do período de transição facultado aos países em desenvolvimento" e "proteção das indicações geográficas". Mas a discussão desses pontos já estava suficientemente amadurecida para justificar a avaliação a seguir, feita por uma autoridade na matéria: "É provavelmente razoável afirmar, no entanto, que

Estados e mercados

tivessem as negociações continuado por mais 24 horas, o acordo poderia ter sido alcançado. Muitos poucos outros setores da Rodada Uruguai chegaram a esse ponto" (Gervais, 2008, p.24).

Tendo em vista os impasses subsistentes – e seria possível ampliar a lista se estendêssemos o exame a outros temas –,[22] somos inclinados a encarar com ceticismo a hipótese de possível sucesso da Conferência de Bruxelas.

***

No entanto, no final de 1990, a importância de conduzir a rodada do Gatt a um final positivo era evidente para todos. Não somente pelos interesses econômicos envolvidos, mas também pelas consequências políticas mais gerais do reconhecimento público de seu fracasso. Com efeito, nove meses depois da queda do Muro de Berlim, sinais eloquentes começavam a acumular-se de que o pós-Guerra Fria seria algo muito diferente da era de paz e prosperidade augurada euforicamente pelos desavisados. No segundo semestre de 1990, ao mesmo tempo em que avançava a reunificação alemã, assistia-se à eclosão de movimentos separatistas na antiga Iugoslávia, que levariam no ano seguinte a conflitos violentos culminados em guerras cruentas coroadas por intervenções internacionais – Croácia, Bósnia, Kosovo. Em outra região, de importância estratégica decisiva, uma disputa por direitos de exploração de petróleo em área de fronteira levava à invasão do Kuwait pelo Iraque, com seus conhecidos desdobramentos: ultimato decretado pelo Conselho de Segurança da Organização das Nações Unidas (ON) e constituição de uma ampla aliança militar, com mobilização de 750 mil homens, sob a liderança dos Estados Unidos. Foi na condição de líder dessa aliança imponente que Bush pronunciou seu famoso discurso sobre a Nova Ordem Internacional.

Ora, como falar em Nova Ordem Internacional se os Estados Unidos e a Europa – seus esteios – não conseguiam se entender nem mesmo no terreno pacífico das relações de comércio? Essa é a pergunta implícita no comentário de observadores norte-americanos qualificados, que acompanhavam a ministerial de Bruxelas em dezembro de 1990: "Com efeito, esse é o primeiro teste de cooperação econômica pós-Guerra Fria. Se [as grandes nações industriais] fracassarem no comércio, será difícil para elas cooperarem no Golfo Pérsico e em outras questões políticas e estratégicas" (apud Preeg, 1995, p.122).

---

22 Na avaliação expressa pelo diretor-geral do Gatt, Arthur Dunkel, em janeiro de 1991, além de serviços e propriedade intelectual, seria preciso fazer um grande esforço para aproximar posições em produtos tropicais, têxteis, investimentos externos, regras e questões institucionais, incluindo solução de disputas. Cf. Dunkel, "'Cautiously optimistic' on resumption of talks". *Suns*, 17 jan. 1991.

Não surpreende, pois, que – ao lado de temas como as crises na Europa Central e Oriental, a União Soviética, o Oriente Médio, a dívida dos países em desenvolvimento e o meio ambiente – a declaração final dos chefes de Estado do G7, reunidos em Londres em meados de julho, tenha dedicado espaço generoso à Rodada Uruguai e reafirmado a necessidade de encerrá--la até o fim de 1991.

A essa altura, o caminho para a retomada das negociações, depois do choque de Bruxelas, já havia sido aberto.

Em certo sentido, ele nunca esteve inteiramente fechado, como se pode inferir do mandato atribuído, no final da Conferência de Bruxelas, ao diretor-geral do Gatt, Arthur Dunkel, no sentido de que desenvolvesse consultas para promover acordos em todas as áreas temáticas. Confirmada a decisão de dar continuidade às negociações – agora sem prazo definido – no primeiro encontro informal do Comitê de Negociações Comerciais (TNC, na sigla em inglês), em 15 de janeiro de 1991, Dunkel encerrou um ciclo de intensas conversações em 20 de fevereiro, quando expôs aos membros do TNC as razões de seu moderado otimismo.

E elas não lhe faltavam, como a sequência de eventos relacionada a seguir deixa entrever: 1 de outubro de 1990 – comissário europeu para agricultura, Ray MacSharry informa que em breve anunciará plano "revolucio-nário" de reforma da Política Agrícola Comum; 31 de janeiro de 1991 – reunida em Estrasburgo, Comissão Europeia aprova pacote de reforma da Política Agrícola Comum proposto por MacSharry; 20 de fevereiro de 1991 – em conferência coletiva à imprensa, o vice-presidente da Comissão Europeia para política externa, política comercial e cooperação econômica, Frans Andriessen, anuncia que o órgão apresentaria sua proposta de reforma da Política Agrícola Comum na reunião do Conselho de Ministros, a realizar--se no próximo dia 4 de fevereiro.

Do outro lado do Atlântico, os sinais que chegavam eram também positivos. O principal deles foi a decisão do Congresso dos Estados Unidos de renovar a autorização dada ao Executivo para estabelecer acordos comerciais, a serem posteriormente ratificados em bloco pelo Legislativo – o chamado *fast track*.

A princípio os negociadores norte-americanos buscaram usar a expi-ração desse dispositivo para pressionar a Comunidade Europeia, tática rechaçada pelos franceses como um blefe. Em 1º de março de 1991, o Executivo abrira mão desse recurso ao tornar pública sua decisão de solicitar um novo mandato, mas em ambiente econômico recessivo e em meio a fortes pressões protecionistas, pairava dúvida sobre o andamento do pedido no Congresso. O debate foi inflamado pelas negociações em torno da adesão do México à recém-criada área de livre comércio entre o Canadá e os Estados Unidos. A acirrada oposição ao projeto do Tratado Norte-Americano de Livre Comércio (Nafta, na sigla em inglês), por parte de sindicatos e de amplos setores da população fortemente representados no Partido Democrata, tornava incerto o resultado da batalha pela aprovação da iniciativa presidencial.

Ao discursar no Comitê de Desenvolvimento do FMI/Banco Mundial, em 30 de abril de 1991, Dunkel já tinha elementos para antever o formato da decisão que encerraria as negociações multilaterais. Mas antes seria preciso relançar a Rodada Uruguai, e isso não seria possível, enfatizava, sem a renovação do *fast track* (*Suns*, 1991).

Cerca de um mês depois, essa condição foi preenchida: em votações separadas, ocorridas em 23 e 24 de maio, a Câmara e o Senado dos Estados Unidos renovaram por mais dois anos a autoridade ao presidente para concluir acordos comerciais.

Em julho de 1991, a Comissão Europeia aprovava as linhas gerais do projeto de reforma da Política Agrícola Comum apresentada pelo comissário MacSharry. Ao prever o abandono parcial do mecanismo de sustentação de preços e sua substituição por pagamentos diretos aos produtores, associados a limitações da área cultivada, essa decisão abria espaço para a redução negociada de subsídios aos agricultores europeus e removia o último obstáculo à retomada plena das negociações no Gatt.

No final desse mês, Dunkel apresentou ao TNC um balanço do estado das negociações e propôs um programa intenso de trabalho para concluí--las até o final do ano. Combinando reuniões dos sete grupos negociadores previstos em Genebra, reuniões frequentes na "sala verde" – cujo tamanho reduzido limitava o número de participantes em não mais de vinte – e encontros informais ainda mais restritos, esse programa permitiu que o diretor-geral do Gatt anunciasse, em 20 de setembro, a elaboração próxima de rascunho do acordo final, que serviria de base para a próxima conferência do Gatt, prevista para dezembro de 1991.

Na segunda semana de dezembro, vésperas do conclave, o diretor-geral do Gatt podia contabilizar alguns avanços significativos: a negociação sobre o tema sensível dos têxteis fora desobstruída pela renovação do Acordo Multifibras pelo período curto de dezessete meses, acompanhada de garantias a respeito de sua futura extinção; o acordo sobre propriedade intelectual estava praticamente concluído; os participantes ainda divergiam, mas o coordenador do grupo de elaboração de regras, o embaixador brasileiro George Maciel, encaminhou ao TNC documento de síntese de sua lavra relativa ao Acordo sobre Medidas de Investimento Relacionadas ao Comércio (Trims), sem nenhuma contestação; e já havia progredido bastante o debate sobre a Organização Mundial do Comércio (OMC), tema a que voltaremos logo a seguir. Algumas diferenças importantes remanesciam na área de serviços, acesso a mercados e elaboração de regras, mas o problema mais espinhoso continuava sendo a agricultura (Preeg, 1995; Croome, 1995).

Pois, mesmo depois de definido o modelo de reforma da Política Agrícola Comum, a França seguia resistindo a qualquer compromisso internacional sobre a política de subsídios, enquanto um pequeno grupo de países – a chamada gang dos quatro: Bélgica, Dinamarca, Holanda e Grã-Bretanha – criticava o plano por considerar que os subsídios deveriam ser cortados, sem nenhum mecanismo de compensação (Daugbjerg; Swinbank, 2007).

Nessa frente, o acontecimento mais significativo no período foi a ruptura do eixo Paris-Bonn, com a decisão tomada por Kohl, em 10 de outubro, de resolver o impasse em seu gabinete, acolhendo a posição defendida pelo ministro de Economia, um liberal democrata, contra a opinião do ministro de Agricultura, que se alinhava com os grupos de interesse dos agricultores alemães – e com os franceses, por consequência.

Em novembro, George Bush diminui a exigência de redução de subsídios agrícolas em reunião com o primeiro-ministro holandês, então na presidência do Conselho de Ministros, e Jacques Delors, presidente da Comissão Europeia, os quais respondem positivamente ao gesto de boa vontade. A partir de então, superadas as questões de princípio, os Estados Unidos e a Comunidade Europeia começam a discutir compromissos específicos (Preeg, 1995). O capítulo sobre agricultura no Projeto de Ata Final de Dunkel (*Dunkel's Draft Final Act*), encaminhado ao Comitê de Negociações Comerciais em 20 de dezembro de 1991, apoia-se nesse entendimento. A essa altura, a aprovação do documento ainda dependia de acordos finais a respeito de acesso a mercado em áreas como produtos baseados em recursos naturais, produtos tropicais, agricultura, têxteis e confecções, além de acertos no tocante à liberalização progressiva do setor de serviços. Mas a expectativa era de que isso acontecesse dentro de prazo estabelecido. O documento previa a ratificação do acordo e sua entrada em vigor no decurso do ano seguinte.

Mais uma vez, porém, as expectativas otimistas foram desmentidas. E o escolho no qual esbarraram foi novamente a agricultura.

O combate que a França continuava a travar na defesa de seu terreno terá contribuído para esse resultado, mas o fator decisivo foi o conflito entre os Estados Unidos e a Comunidade Europeia em torno dos subsídios à produção de soja. Suas raízes remontam à queixa contra a política europeia de apoio à produção de sementes oleaginosas dirigida pela Associação Americana de Soja à USTR, em 1987. Levado o caso ao Gatt, em dezembro de 1989 sentença de um primeiro painel deu ganho de causa aos Estados Unidos. Rejeitado o mecanismo alternativo proposto pela Comunidade Europeia para resolver a pendência, em outubro de 1991 o Senado norte-americano entrou em cena, ao aprovar por unanimidade moção instando a USTR a requerer a aplicação das medidas retaliatórias previstas na Seção 301 da Lei de Comércio dos Estados Unidos. Em março de 1992, um segundo painel do Gatt concluiu que o novo esquema de apoio à produção de oleaginosas também violava as obrigações da Comunidade Europeia perante o Gatt. Tendo a Comunidade Europeia rejeitado formalmente a referida sentença na reunião de maio do Conselho do Gatt, em 12 de junho de 1992, os Estados retaliaram, com a publicação de uma lista provisória, no valor total de 2 bilhões de dólares, de produtos que passariam a ser taxados com tarifas proibitivas que iam além de 100%. Vinhos, queijos e cervejas tinham destaque nessa lista (Ames, 1992).

No mesmo dia, em reunião do Conselho do Gatt realizada em Estrasburgo, o comissário europeu para Agricultura, Ray MacSharry, rejeitava nos seguintes termos a medida adotada pelos Estados Unidos.

> [...] só poderá haver uma conclusão bem-sucedida para a Rodada Uruguai, se houver a vontade política necessária de todos os lados. [...] Lamento que os Estados Unidos tenham escolhido esta semana para iniciar seus procedimentos de retirarem unilateralmente concessões comerciais para toda uma gama de exportações da CE [...] Bastante dissociada da necessidade de manter o espírito de cooperação necessário no contexto mais amplo da Rodada Uruguai, essa iniciativa foi ainda mais surpreendente, dado que a comunidade se comprometeu a apresentar uma proposta concreta de solução antes do próximo conselho do GATT em 19 de junho.
> [...] Só posso repetir uma vez mais que a Comissão continua comprometida com a conclusão bem-sucedida da rodada. Os desdobramentos desta semana farão com que muitos questionem se outros compartilham o mesmo objetivo.

Conflito comercial, negociações multilaterais – a partir daí os dois planos estavam inextricavelmente entrelaçados. Sob ameaças cruzadas, em meio a rumores de guerra comercial iminente, as negociações entre as duas potências ganharam ímpeto frenético logo depois das eleições nos Estados Unidos, que deram vitória ao candidato democrata Bill Clinton. A rodada começou em 5 de novembro, quando a representante comercial dos Estados Unidos, Carla Hills, anunciou a adoção de sanções no valor de 300 milhões de dólares contra vinhos franceses, acrescentando que poderia aplicar taxas adicionais a exportações de produtos industriais europeus no valor de 1,7 bilhão de dólares dentro de um mês, caso a disputa não fosse logo resolvida. Duas semanas depois, esse resultado ainda faltava, mas os negociadores davam claros sinais de que ele estava à vista (*The New York Times*, 1992).

No dia seguinte, as manchetes anunciavam o pacto que resolvia simultaneamente a disputa comercial e o impasse nas negociações multilaterais sobre a questão agrícola. Aclamado igualmente por Bush e por Clinton, recebido com aplausos por muitos países da Comunidade – mas não pela França –, o Acordo de Blair House, como ficou conhecido, previa a redução escalonada dos subsídios à produção de sementes oleaginosas em proporções tidas como satisfatórias pelos produtores norte-americanos (*The Washington Post*, 1992). Além disso, fixava em 21%, em termos de volume, e em 36%, em termos de gasto orçamentário, a meta de redução de subsídios às exportações agrícolas. Esses percentuais seriam calculados com base na produção média no período 1986-1990 e seriam aplicados escalonadamente ao longo de seis anos, contados a partir de 1995 (Breen, 1999).

Ao comentar a importância do acordo recém-celebrado, Carla Hills destacou que ele abria o caminho para a conclusão da Rodada Uruguai do Gatt. E no pouco tempo que lhe restava, a equipe de Bush fez o possível para fechar o pacote antes de passar o bastão a seus sucessores. Em vão. A tarefa de fechar a negociação ficou para Clinton e Mickey Kantor, novo titular da USTR. Quando assumiram o encargo, a lista de temas ainda pendentes era, em grande medida, previsível. Ela incluía serviços e acesso a mercados, mas continha também um tema singular. Trataremos dele na última seção deste capítulo.

Um resultado inesperado: a Organização Mundial do Comércio

> [...] seria um passo importante para a paz mundial e o bem-estar econômico [...] estabelecer um novo e simples instrumento de tratado que criasse explicitamente uma organização geral para o comércio internacional [...] centrada em questões institucionais e processuais, que em grande parte relegasse regras e obrigações substantivas a outros instrumentos, como o Gatt, a serem "acolhidos" pela organização mais ampla. (Jackson, 1990, p.93)

O emprego do condicional era apenas uma formalidade. O estudo feito por John H. Jackson para o *Royal Institute of International Affairs* terminava com esta proposta: a criação de um organismo internacional novo, a ser batizado precisamente com este nome, Organização Mundial do Comércio. A ousadia do autor – renomado especialista em Direito Comercial Internacional – era notável. Com efeito, a inovação não constava dos objetivos da Rodada Uruguai, e até a data de conclusão do texto – outubro de 1989 –, ela ainda não tinha sido sequer cogitada.

Contudo, a proposta apoiava-se em razões sólidas. Embora relativamente curto – não mais de 120 páginas impressas –, o trabalho de Jackson desenvolvia uma análise abrangente do Gatt, cobrindo variada gama de aspectos: história, estrutura, funcionamento, impactos decorrentes das transformações da economia internacional. Do conjunto denso de informações e argumentos expostos no livro, vale a pena ressaltar dois pontos intimamente associados, para dar ao leitor uma ideia mais clara da perspectiva que o informava.

1. As análises a respeito do mecanismo de solução de controvérsia do Gatt. O trabalho insiste no risco de fragmentação do sistema do Gatt em decorrência da multiplicação de mecanismos desse tipo previstos nos códigos criados na Rodada Tóquio, ausentes dispositivos capazes de assegurar a uniformidade dos procedimentos seguidos e a coerência das interpretações cristalizadas nesses diversos espaços (ibidem).[23] Por si só, esse fato já indicaria a necessidade de dotar o sistema de uma instância integradora, algo possível apenas mediante sua ampla reforma. Mas o que a torna imperativa a mudança é o papel atribuído pelo autor ao mecanismo de solução de controvérsias do Gatt. Com efeito, contrariando a opinião de muitos analistas e praticantes, no entender de Jackson, a função principal desse mecanismo não é a solução de casos particulares de conflito, mas sua contribuição para o funcionamento justo e eficiente do sistema como um todo. Nesse sentido, esclarecer e tornar mais predizível a aplicação das regras que regem o comércio internacional importaria mais do que produzir um julgamento aceitável para as partes em disputadas isoladas. E é assim porque, em um mundo cada vez mais interdependente, os governos e as empresas precisam de regras claras e seguras para conduzir adequadamente seus negócios (ibidem).

2. Esse ponto de vista, que replica o argumento corrente sobre a função do Direito na economia de mercado, ganha sentido quando situado na discussão desenvolvida pelo autor sobre os objetivos fundamentais e a natureza do sistema do Gatt. Aqui também prevalece a analogia doméstica. Como na visão liberal sobre o Estado de Direito, o princípio regulador da oposição entre a força e a lei. Entre as várias técnicas empregadas para resolver pacificamente disputas internacionais, algumas baseiam-se no poder relativo das partes, outras, em decisões apoiadas em normas e regras previamente acordadas. Em ambos os casos, a negociação e a barganha predominam na resolução das contendas, mas o meio empregado nelas difere: no primeiro caso, o que prevalece é o jogo das ameaças, onde o mais forte é sempre favorecido; no segundo, o que rege a interação são as expectativas de cada uma das partes a respeito de suas probabilidades de êxito em um futuro julgamento. Naturalmente, essa modalidade requer um "terceiro neutro", disposto e capaz de aplicar e interpretar as regras cabíveis com isenção. Toda diplomacia, e todo governo, afirma o autor, envolvem a combinação das duas técnicas, mas a tendência

---

23 Não podemos nos deter neste aspecto, mas convém indicar que, mesmo sem respaldo nas doutrinas vigentes no Direito internacional, os painéis do Gatt tendiam a dar peso significativo à jurisprudência, como na tradição do *common law*, o que elevava a probabilidade de diferenças cumulativas entre os distintos mecanismos judiciais em operação no sistema.

do processo civilizatório é evoluir da abordagem baseada no poder para aquela que se assenta em regras. E esse juízo vale também para os temas internacionais.

No contexto de interdependência crescente que caracteriza hodiernamente a economia internacional, muitos fatores particulares reforçam essa tendência geral. Cada vez mais sujeitos às consequências de processos originados além-fronteiras, e cada vez mais dependentes, portanto, da proteção que seus respectivos governos possam lhes assegurar, nas democracias políticas, empresas e cidadãos tendem a mobilizar-se a fim de cobrar das autoridades medidas que atendam a seus interesses e suas necessidades. O incremento na participação cidadã, contudo, reduz a margem de manobra do executivo e torna as negociações internacionais cada dia mais complicadas. E o argumento encerra-se com uma conclusão de ordem prática.

> [...] se os cidadãos pretendem fazer com que suas demandas sejam ouvidas e exerçam sua influência, um processo de negociação "orientado para o poder" (muitas vezes exigindo sigilo e discrição executiva [...]) torna-se mais difícil, se não impossível. Consequentemente, a única direção apropriada a seguir parece ser rumo a um sistema orientado por regras, pelo qual as várias camadas de cidadãos, parlamentares, executivos e organizações internacionais terão todos seus insumos, chegando tortuosamente a uma regra que, no entanto, uma vez estabelecida, permitirá que empresas e outros decisores descentralizados confiem na estabilidade e previsibilidade da atividade governamental em relação à regra. (ibidem, p.54)

Informado por essa perspectiva analítica, o estudo de Jackson gera uma série de resultados substantivos, muitos dos quais foram sintetizados pelo autor antes de apresentar sua recomendação prática. Expomos alguns deles, em linguagem livre, nos parágrafos a seguir.

1. A Rodada Uruguai trata de temas novos – particularmente serviços, propriedade intelectual e medidas de investimento relacionadas ao comércio –, não sendo claro como os resultados das negociações sobre eles serão incorporados no sistema do Gatt.
2. Parece haver uma preocupação crescente sobre a relação entre alguns dos códigos criados na Rodada Tóquio e o sistema do Gatt.
3. A relativa rigidez da estrutura do Gatt dificulta sua adaptação às mudanças cada vez mais aceleradas da economia mundial. A inadaptação das regras tradicionais impede o Gatt de lidar efetivamente com uma série de novos problemas de comércio.

A combinação entre elementos gerais e particulares é que dava força à proposta de Jackson: criar uma Organização Mundial do Comércio.

Não nos moldes adotados pela Carta de Havana, de 1948, que nunca saiu do papel. Um organismo simples e enxuto, que acolha os tratados compreendidos no Gatt e em outros códigos. Essa nova organização, que proporcionaria uma estrutura institucional bem definida ao Gatt, cobriria também os acordos sobre serviços e propriedade intelectual. Ela poderia ser criada no documento final da Rodada Uruguai, ou em algum momento posterior. O importante é que ela garantiria a coerência do sistema de solução de controvérsias do Gatt ao estabelecer um conjunto centralizado de procedimentos para os seus painéis, e solucionaria, ainda o problema de como integrar no sistema as economias não regidas pelos princípios de mercado – àquela altura, a China já batia à porta.

Divulgado em outubro de 1989, quando todos os olhos estavam voltados para os trabalhos dos grupos negociadores que deveriam estar concluídos até a abertura da Conferência de Bruxelas, em dezembro do ano seguinte, a princípio o estudo de John Jackson não teve grande repercussão. Mas já no final do ano surgiam indícios de que alguns governos dispunham-se a estudar seriamente a sugestão (Croome, 1995). Em fevereiro de 1990 ela recebeu seu primeiro apoio público – por parte de Renato Ruggiero, então ministro do Comércio italiano. Dois meses mais tarde ela foi apresentada de forma mais desenvolvida em artigo assinado por John Crosbie, seu colega canadense (Crosbie, 1990). E em junho de 1990 ela estava oficialmente transformada em tema de negociação da Rodada Uruguai, por meio de proposta formal encaminhada pela Comunidade Europeia ao grupo negociador sobre Funcionamento do Sistema do Gatt (*Communication...*, 1990).

Não é por acaso que a iniciativa de abrir o debate sobre a OMC coube à União Europeia. Não era casual tampouco, nas poucas páginas do documento original, a ênfase posta na unificação dos procedimentos de resolução de disputas e na cooperação com outras organizações internacionais (particularmente o FMI e o Banco Mundial).

Este último tema dera a tônica de muitos posicionamentos da Comunidade Europeia naquele grupo negociador, recebidos sempre adversamente pelos Estados Unidos. E era manifesta também a inquietação despertada na Europa (como em outras partes) pelo crescente unilateralismo da legislação comercial norte-americana – em particular os dispositivos contidos na Seção 301, significativamente reforçadas pela Lei de Comércio de 1988.

Para além de sua qualidade intelectual, a fortuna do livro de John Jackson deve-se a esta circunstância: ele veio na hora certa e deu resposta hábil a problemas sensíveis, que angustiavam muitos dos protagonistas da Rodada Uruguai.

Agora esse fato ajuda a entender igualmente as resistências que a proposta suscitava – do primeiro ao último momento – nos Estados Unidos.

Elas transpareciam no documento apresentado pela delegação norte--americana em Genebra, logo depois da comunicação europeia sobre a

Organização Multilateral de Comércio – esse é o nome sob o qual a proposta foi discutida até o final da rodada. Em vez de um novo organismo internacional com funções renovadas, o que os Estados Unidos propunham era a simples reedição do Gatt, modificado pela criação de um Conselho Administrativo, composto por representantes de dezoito países, de acordo com regra especificada no texto. Esse conselho, que deveria se reunir pelo menos duas vezes ao ano, cumpriria várias funções, mas teria poder decisório limitado (*Proposal...*, 1990).

Dois anos mais tarde, o final da rodada já à vista, a posição dos Estados Unidos não havia mudado essencialmente. Com efeito, embora muito mais detalhado, o documento que sua delegação encaminhou em 27 de outubro de 1993 ao grupo informal criado dois meses antes pelo novo diretor-geral do Gatt, Peter Sutherland, reproduzia em linhas gerais a proposta feita na abertura das discussões: lá se encontrava a Conferência Ministerial com reuniões ordinárias bianuais, e um Conselho Geral – que substituiria a Conferência Ministerial em suas funções de organismo de solução de disputas e organismo de revisão de políticas comerciais – nos intervalos entre as referidas sessões. Diferentemente da proposta inicial, esse último texto não indicava a maneira como tal conselho seria composto. Limitava-se a distingui-lo de outros organismos subsidiários (conselhos e comitês), que estariam abertos à participação voluntária de todas as Partes Contratantes.[24]

Para os Estados Unidos, entre os itens críticos na negociação da matéria destacavam-se: 1) a regra adotada para a aprovação de emendas aos acordos celebrados (maioria qualificada ou consenso?) e o alcance de sua aplicação (àqueles que aceitavam a emenda proposta, ou a todos os membros da organização); 2) a prerrogativa da Conferência Ministerial de isentar temporariamente um membro do cumprimento de certa obrigação (*waiver*); 3) a competência para interpretar as cláusulas dos acordos multilaterais e a regra adotada para esse fim – o protocolo antes mencionado reservava esse poder à Conferência Ministerial e ao Conselho e requeria, em todos os casos, aprovação por consenso.

A preocupação manifesta dos negociadores norte-americanos era a possibilidade de se verem confrontados no futuro com decisões majoritárias tidas como inaceitáveis, particularmente no tocante a defesa comercial e propriedade intelectual. Em termos mais gerais, era a preservação do poder soberano dos Estados Unidos.

Esses pontos foram salientados na carta aberta ao presidente Bush redigida por grupo bipartidário de senadores, para expressar seu desacordo com a tentativa de concluir a Rodada Uruguai antes da transmissão de poderes a seu sucessor.

---

24 A íntegra do documento foi publicada com este título: Text: U.S. Proposal to Replace MTO. In: *Inside U.S. Trade*, 5 de novembro de 1993.

O rascunho do acordo – o assim chamado "texto Dunkel" – contém falhas grosseiras em vários aspectos importantes. Primeiramente, ao enfraquecer as leis de *dumping* e direitos compensatórios, o acordo restringe a capacidade da indústria norte-americana de corrigir práticas comerciais injustas. Em segundo lugar, embora um dos objetivos ostensivos da negociação seja fortalecer a proteção dos direitos de propriedade intelectual, esse rascunho não traz nada a respeito. Terceiro, a nova organização comercial multilateral proposta representa uma concessão sem precedentes da nossa soberania nacional e ameaça nossa capacidade de tomar medidas comerciais unilaterais nos termos da Seção 301.. (*Inside...*, 1993)

A resistência não foi em vão. Em 19 de novembro de 1993, menos de um mês antes da reunião ministerial que encerraria os trabalhos da rodada, o grupo informal liderado pelo embaixador Lacarte divulgou o texto final do acordo sobre a Organização Multilateral do Comércio. Como destaca o comentário da imprensa especializada, as concessões feitas aos Estados Unidos eram notáveis. Mesmo assim, os negociadores norte-americanos aferravam-se a sua posição (idem, 1993a).

Acabaram por ceder nesse ponto, depois de arrancarem ainda mais algumas vantagens. Findo o trabalho, eles justificavam a aquiescência nos seguintes termos:

> Usaremos a Seção 301 de forma intensa para garantir que [as regras do comércio internacional] sejam aplicadas e para direcionar o sistema mundial a uma maior perfeição.
>
> Os Estados Unidos não serão impedidos de usar a Seção 301, mesmo que isso leve a uma disputa do Gatt [...] a nova Organização Mundial do Comércio (OMC) é um acordo contratual, e não uma agência supranacional capaz de retirar poder ou autoridade nacional. Em um acordo contratual, qualquer parte pode optar pelo descumprimento, embora isso possa resultar em violação do contrato. (idem, 1993c)

A Rodada Uruguai foi formalmente encerrada em 15 de abril de 1994, data da assinatura da Declaração de Marrakesh. Entre os vários acordos assinados na ocasião destacava-se o Acordo Constitutivo da Organização Mundial do Comércio, que entraria em vigor em janeiro do ano seguinte, depois de sua ratificação pelos legislativos nacionais. Discutiremos em estudo futuro a natureza e o papel desse organismo na regulação das relações econômicas e, mais amplamente, no contexto da ordem internacional.

6
A OMC
Primeiras provas

Balanço e perspectivas

No dia 22 fevereiro de 1996, em discurso proferido na Conferência sobre os Rumos Futuros do Sistema Multilateral do Comércio, organizada pelo governo australiano, Renato Ruggiero, então diretor-geral da Organização Mundial do Comércio (OMC), apresentou um rápido balanço das atividades da organização em seu primeiro ano de vida e traçou um amplo panorama dos desafios que se abriam para ela no futuro próximo (WTO News, 1996).

> No final do primeiro ano da OMC, pude relatar uma situação geralmente favorável em relação à realização. Na área de resolução de litígios, o cenário é especialmente encorajador. Um número considerável de países – entre pequenos e grandes – faz uso frequente e variado dos procedimentos e muitas vezes consegue resolver disputas na fase de consulta, em vez de envolver todo o peso do painel e processos de apelação. Ainda precisamos testar as etapas posteriores do procedimento; no entanto, não tenho motivos para crer que os governos deixarão de assumir suas obrigações, bem como seus direitos, muito seriamente nesse contexto.

Ruggiero referia-se aqui a uma das principais inovações resultantes da rodada Uruguai do Gatt, como sabemos: o novo mecanismo de resolução de controvérsias. Um ano depois de sua entrada em função, a avaliação que o diretor da OMC fazia da experiência era claramente positiva.

Mas não apenas desse aspecto da organização que dirigia. As negociações dos temas que ficaram pendentes na Rodada Uruguai estavam em curso, e os prognósticos a respeito delas pareciam a seu diretor-geral bastante promissores.

> Uma segunda resposta às necessidades prementes do mercado global deve ser a de obter êxito em nossa agenda de negociações vigente. Isso diz respeito primordialmente, embora não exclusivamente, ao comércio e aos investimentos em serviços. Temos a demanda de negociar uma série de disciplinas "horizontais" que atualmente estão ausentes no Gats – sobre subsídios, contratos públicos, salvaguardas e padrões, por exemplo [...] Mas a mais premente entre todas essas demandas, pela justa razão de estar intrinsecamente ligada ao processo de globalização, é a negociação básica de telecomunicações. O sucesso nessa questão será um sinal crucial da disposição dos governos de seguir a lógica de um mercado global em sua abordagem ao sistema de comércio multilateral. Temos até o final de abril; estamos nos aproximando da negociação final. A partir de agora, precisamos de mais participantes e de mais e melhores ofertas. Convoco todos vocês para garantir que isso seja acessível. (WTO News, 1996)

Aliada ao processo de redução de barreiras tarifárias em curso, esses progressos confortavam Ruggiero em seu prognóstico otimista a respeito do compromisso assumido pelos países membros da OMC em Marrakesh de retomarem negociações com vistas à liberalização substancial no comércio agrícola e de serviços no final da década.

Mas essas eram tarefas complementares ao trabalho já realizado no passado. Mais importante no discurso do diretor-geral da OMC eram as indicações que fazia a respeito da parte futurística da agenda da instituição.

> [...] se o sistema permanecer plenamente relevante ao mercado global, sua agenda deverá estar em constante evolução. É claro que uma questão comparativamente nova – o comércio e o meio ambiente – já foi incluída na agenda da OMC [...]
>
> À medida que nos preparamos para Cingapura, precisamos também pensar em como abordar as outras "novas" questões que vários membros da OMC indicaram que gostariam de ver abordadas.

Novos temas. Alguns, já discutidos preliminarmente no final da Rodada Uruguai, não eram tão novos assim. O exemplo mais notável é o das relações entre comércio e meio ambiente. Em Marrakesh houve acordo para criar um grupo de trabalho na organização com o fim de realizar estudos preliminares sobre a matéria. É nesse sentido que ele já estava incorporado na agenda da OMC. Restava inclui-lo na pauta das negociações multilaterais futuras, algo que despertava sérias reservas em muitos Estados-membros. Outro exemplo era o da relação comércio e investimentos.

Ele foi bastante debatido na Rodada Uruguai no âmbito do Trade Related Investment Measures (GN rim), mas os resultados colhidos desse esforço foram decepcionantes. O tema voltaria à baila logo a seguir, mas agora em uma abordagem muito mais ampla, e em outros fóruns.

Outros temas constituíam novidades genuínas e despertavam reações desencontradas, como logo veremos.

Um deles era o da política de concorrência. Até então, o regime multilateral de comércio buscara eliminar as medidas governamentais que distorciam o comércio restringindo a concorrência entre as empresas. Agora, no contexto de uma economia internacional crescentemente integrada, as atenções voltavam-se também para as práticas adotadas pelas empresas privadas com o mesmo objetivo. Nesse sentido, a política de concorrência passou a ser cogitada como um novo item na agenda de negociações do comércio internacional. Como observa Ruggiero, o tema já vinha aparecendo em disputas comerciais.

> A questão é se a OMC deve lidar apenas com questões relacionadas com a política de concorrência de forma *ad hoc* no contexto de questões específicas de política comercial ou se deve ser iniciada uma análise geral dos vínculos entre comércio e concorrência com o objetivo de desenvolver uma visão multilateral coerente de como o comércio e a política de concorrência podem se apoiar mutuamente. (WTO News, 1996)

Ainda mais crítico era o tema das relações entre comércio e normas de trabalho. Ele situava-se na zona de confluência entre o regime comercial e o regime dos direitos humanos e envolvia questões tão sensíveis quanto as do trabalho infantil, do trabalho escravo e dos direitos sindicais (direito de organização e de greve). O problema subjacente, objeto de intenso debate, era o de como lidar com a alegação de que a competitividade, em muitos casos, baseava-se na imposição de condições de trabalho espoliativas a setores sociais vulneráveis.

Nesse terreno, o diretor-geral da OMC caminhava com grande cuidado. Lembrando que os direitos sociais elementares – aqueles mesmos referidos no parágrafo precedente – constavam da Declaração Universal dos Direitos Humanos da Organização das Nações Unidas (ONU) e que a verdadeira questão era como coloca-los em prática, ele advertia, "Para a OMC, o desafio imediato é formar um consenso para evitar que isso se torne uma questão controversa em Cingapura ou qualquer outro lugar".

Menos colorido, mas não menos polêmico, era outro tema que despontava na linha do horizonte: compras governamentais. Com a possível exceção de pequenas economias de enclave, em todos os países o setor público destaca-se como o maior agente econômico, seja qual for sua configuração – adstrito às funções clássicas de provedor de bens público ou acrescido de funções empresariais. Principal empregador e consumidor de bens e serviços, mesmo ali onde o governo procura pautar-se pelo mais puro liberalismo econômico, o Estado afeta poderosamente a economia pelas duas faces de sua política fiscal. Não surpreende, pois, que esse poder sempre tenha sido empregado – a despeito dos eventuais protestos ideológicos – para a consecução de objetivos que transcendem a lógica do mercado: promover tal ou qual ramo de atividade, fomentar exportações, fortalecer a pequena e a média indústria, desenvolver regiões periféricas, estimular o desenvolvimento de empresas nacionais. Não ocorria a ninguém contestar esse fato, mas no contexto de uma economia em processo de globalização, esse poder imenso tendia a se converter em objeto de regulação internacional. Ruggiero fazia referência à entrada em vigor do Acordo sobre Compras Governamentais, assinado em abril de 1994, que abria as compras do governo à concorrência internacional, ainda que limitado apenas aos países participantes. E agregava essa observação significativa: "Estender sua cobertura ajudaria a melhorar a transparência que é inimiga das práticas corruptas".

E não por acaso. Em meados dos anos 1990, o tema da corrupção no comércio internacional estava em voga, e o orador apressava-se em indicar que, no âmbito da OMC, o trabalho a ser feito nesse particular deveria ter como foco as compras do governo. Seja qual for o peso desse móvel, transparência e compras governamentais passavam a integrar com destaque a agenda da organização.

Em seu longo discurso, Ruggiero faz uma referência breve à necessária universalização do regime centrado na OMC e considera detidamente um tema crítico, que já surgiu em outro capítulo deste livro e voltará a aparecer com destaque mais adiante: a questão dos acordos regionais de comércio. Eles já estavam previstos desde os primórdios do Acordo Geral sobre Tarifas e Comércio (Gatt), como sabemos, mas a generalização desse formato no período recente suscitava o debate sobre a compatibilidade entre o tratamento preferencial conferido mutuamente pelos países contratantes e as normas do sistema multilateral de comércio, fundado no princípio da não discriminação. Ruggiero aborda vários aspectos desse problema complexo, que continua sendo objeto de intensa controvérsia até hoje, mas não precisamos segui-lo. O importante aqui é registrar a convicção que transparece nesse juízo:

> [...] ninguém apresenta de modo plausível o regionalismo como uma alternativa ao sistema multilateral. Uma economia global exige um sistema global de regras comerciais, um fórum global para negociação contínua e uma plataforma global para a criação da nova agenda comercial. Isso é o que o sistema da OMC provê de forma única, e por isso é um arcabouço essencial e insubstituível para o crescimento das iniciativas regionais. (WTO News, 1996)

Seguro a esse respeito, Ruggiero formula uma série de sugestões de caráter prático sobre como integrar a realidade criada pelos acordos regionais de livre comércio no sistema multilateral centrado na OMC, e termina seu discurso com essa declaração edificante:

> A agenda futura é em grande parte preestabelecida ou simplesmente resultante da lógica e da comunicação. Cingapura é apenas uma etapa – embora uma etapa importante – para levar a agenda à maturidade e, quando houver consenso, em direção a uma nova fase de negociação. Os sinais vindos de Cingapura nos dirão se os governos estão preparados para seguir a lógica da economia global e maximizar os benefícios através de um sistema de comércio multilateral forte, vibrante e atualizado. (ibidem)

A dúvida é meramente retórica. Encerrado seu primeiro ano de vida, a mensagem do diretor-geral da OMC a seu auditório australiano é de firme confiança.

Hoje, depois de quatorze anos de negociações comerciais inconclusas, sabemos que as expectativas otimistas do primeiro diretor-geral da OMC foram em grande medida frustradas. Mas essa simples constatação não nos diz nada. Aprendemos um pouco mais se perguntarmos: como entender seu exuberante otimismo?

Um híbrido chamado Organização Mundial do Comércio

Parte da resposta é evidente e reside na evolução da economia mundial nos anos 1990. Com efeito, vencida a leve recessão que afetou os Estados Unidos no final do governo Bush, embalada pela rápida difusão dos novos recursos incessantemente gerados no campo da informática e das telecomunicações, lançada na corrida pela ocupação dos espaços abertos com a decomposição do bloco socialista, a economia capitalista viveu uma época de ouro na última década do século XX. Nova economia, dizia-se, livre dos constrangimentos e das regularidades desagradáveis do capitalismo pregresso, com sua alternância monótona de fases de prosperidade e de recessão. Economia global, complementavam os ideólogos, matriz de uma nova forma de organização social, que levaria a humanidade a um novo patamar em seu desenvolvimento histórico, em que imperariam sem contestação séria a democracia e os direitos humanos.

Essa marca é muito forte no discurso de Ruggiero. Mas o otimismo que interrogamos não é essa confiança genérica que colore seu pano de fundo. O que nos interessa entender é seu otimismo específico: por que, na perspectiva de seu diretor-geral, essa organização particular – a OMC – estaria fadada a fortalecer-se cada vez mais na marcha ascendente da economia mundial.

Para o observador desavisado, a percepção de Ruggiero sobre a importância do ente que dirigia parece um caso extremo de megalomania. Com efeito, se olhada sob seu aspecto material, isto é, como uma organização burocrática internacional, a OMC em seus primeiros anos surgia como uma entidade bastante humilde.

Senão, vejamos. Para desincumbir-se de suas múltiplas atribuições, a OMC contava com cerca de quinhentos funcionários – corpo diminuto comparado com o quadro de 3 mil empregados do Fundo Monetário Internacional (FMI) ou os 6 mil que trabalhavam no Banco Mundial no mesmo período. No tocante a recursos financeiros, a OMC não se saía melhor: seu orçamento não chegava à casa dos 100 milhões de dólares, em 1996, menos de um décimo daqueles atribuídos ao Banco Mundial e ao FMI (Krueger; Henderson, 1998). Uma organização pequena e acanhada, o observador seria tentado a dizer.

Ele estaria equivocado se assim o fizesse. Por que a OMC não era uma entidade como as demais. Para começar, tratava-se de uma organização operada pelos membros (a *member driving organization*, no linguajar cifrado dos especialistas), em que não apenas o poder decisório, mas também os custos das atividades correntes dividiam-se entre os países membros. No dizer de um estudioso,

> Uma das características mais destacadas do Gatt/OMC, em relação a outras organizações internacionais, é o papel muito mais ativo que os delegados dos Estados membros desempenham nas atividades rotineiras da OMC. Em outras palavras, as delegações baseadas em Genebra são uma parte muito importante dos recursos da OMC. (Blackhurst, 1998, p.36)

Mas esse não é o aspecto mais importante. Mesmo corrigindo o cálculo para contabilizar os recursos representados pelo aporte implícito nas atividades desenvolvidas pelos delegados dos Estados-membros, seria enganoso tomar as medidas de seu tamanho físico como indicadores da importância relativa do papel desempenhado pela OMC no conjunto das organizações internacionais.

Intuímos isso quando observamos a progressão de seu quadro de Estados-membros. Em seu primeiro ano de vida, a OMC obteve a adesão de 122 países; 21 anos depois, já abrigava mais de 160. O mais importante, porém, não é o número de novas adesões, mas o custo que os países candidatos se dispõem a pagar para serem aceitos. Como em um clube de elite, em que o pretendente a sócio é barrado na entrada se receber bola preta de algum membro do conselho, as regras de acesso da OMC são muito estritas. Não basta que o interessado aceite formalmente os estatutos da associação (o conjunto dos tratados já celebrados). Ele precisa envolver-se em laboriosas negociações para obter o assentimento de todos os integrantes.

Estados e mercados

A China, por exemplo, foi obrigada a aceitar um conjunto de cláusulas casuísticas, entre as quais sua definição como "economia não de mercado" em investigações sobre casos de antidumping. Quanto à Rússia, ela teve que aguardar dezenove anos, até que, em 22 de agosto de 2012, pôde finalmente assumir a condição de Estado-membro da organização.

O interesse generalizado na OMC decorre do papel central a ela atribuído na regulação das relações econômicas internacionais, em sua tríplice condição: 1) de gestora do acervo normativo do Gatt, grandemente ampliado com os tratados concluídos na Rodada Uruguai, 2) de arena legislativa para a negociação de normas sobre temas já incluídos em suas disciplinas e sobre novos temas, e 3) como órgão judicante.

Convém dizer uma palavra sobre a terceira dessas dimensões. Como sabemos, a reforma do órgão de solução de controvérsias do Gatt foi um dos principais legados da Rodada Uruguai. O mecanismo até então existente era tido como ineficaz pela exigência de consenso que devia ser atendida para que aquele fosse acionado. Como o país responsável em situação irregular podia bloquear a abertura de painéis, o funcionamento do sistema favorecia fortemente a busca de soluções negociadas por meio de barganhas em que falava mais alto, evidentemente, a voz do mais forte. Esses incentivos não desapareceram de todo na OMC – a fase de consulta e mediação continua sendo o primeiro estágio no processo de resolução de controvérsias. Mas agora a possibilidade de bloquear um painel não mais existe. Ultrapassado um limite fixo de tempo (sessenta dias), se as partes não tiverem resolvido a pendência, o Organismo de Resolução de Controvérsias (*Dispute Settlement Body*) pode solicitar o estabelecimento de um painel, o que se dá automaticamente. Concluído o trabalho dos árbitros, que devem observar igualmente prazos predeterminados, se a parte perdedora considerar inaceitável seu veredicto, ela pode impetrar um recurso junto a uma corte permanente de apelação, que dará a palavra final. Caso as recomendações não sejam colocadas em prática, depois de esgotadas as tentativas de acordo sobre compensações devidas, a parte demandante pode pedir autorização para retaliar (Hoeckman; Kostecki, 1995). Como a diferença entre geração e interpretação de normas é sabidamente fluida, a operação desse mecanismo tem resultado em um processo de produção legal que já há algum tempo vem sendo objeto de estudo como um aspecto relevante do processo mais amplo de judicialização das relações econômicas internacionais (Goldstein et al., 2000).

A conjugação desses dois aspectos – abrangência das normas sob sua guarda e os dispositivos criados para garantir-lhes efetividade – o sistema de resolução de controvérsias e o *Trade Policy Review* (avaliação periódica de suas práticas "comerciais" a que estão sujeitos todos os membros da OMC) – parecia dar à OMC um status singular no conjunto das organizações econômicas internacionais.

A OMC é uma organização intergovernamental. Mas é mais do que isso. Pela natureza das funções que desempenha, é também a expressão organizacional de um novo regime multilateral de comércio e vanguarda do processo de transnacionalização das estruturas estatais em curso nas portas do novo milênio.

> O mundo precisa de uma OMC forte, simplesmente porque ela reflete e representa a economia global como realmente é. Está mais em sintonia com a realidade econômica e com os negócios práticos do que qualquer outra instituição econômica ou quadro jurídico similar.

Em nosso entender, é a convicção de que a OMC constitui esse "particular universal" que imbui Ruggiero e seus pares da confiança tranquila exibida por eles ao falar em nome da organização nos primórdios de sua história.

Pressões cruzadas e a agenda ampliada da OMC

Contudo, há no discurso do diretor-geral da OMC uma observação que poderia alimentar uma atitude mais cauta de sua parte sobre seus prospectos. Prestemos atenção a suas palavras. Elas são enunciadas quando Ruggiero trata da questão complexa das relações entre o sistema multilateral de comércio e as iniciativas de integração econômica regional (Tratado Norte-Americano de Livre Comércio – Nafta, Área de Livre Comércio das Américas – Alca e Mercosul, por exemplo). O tema ocupa espaço considerável em seu discurso, mas não precisamos acompanhá-lo nessa parte. Para os propósitos da exposição que fazemos aqui, importa é essa consideração que dará suporte a uma proposta de ordem prática:

> [...] ampliando a dimensão política da OMC. Os países da APEC [Cooperação Econômica da Ásia e do Pacífico, na sigla em inglês] reúnem-se anualmente no nível de chefe de governo e mais frequentemente no nível ministerial. O mesmo se aplica a outros grupos regionais. Por outro lado, os ministros da OMC estão programados para se reunirem apenas a cada dois anos. No entanto, o sistema multilateral está se tornando cada vez mais uma questão política. Isso se dá porque sua evolução se preocupa cada vez mais com as políticas regulatórias nacionais e não com obstáculos transfronteiriços, o que significa que os desafios para o sistema são cada vez mais tão políticos quanto técnicos.

Politização da agenda do comércio internacional porque ela agora não envolve apenas (ou principalmente) obstáculos à circulação interfronteiriça de mercadorias (tarifas, controles diretos de importação), mas políticas

Estados e mercados

regulatórias até então definidas como área de competência exclusiva das autoridades nacionais. Fizemos menção ao tema no primeiro capítulo deste livro. Cabe agregar que a conexão em causa converteu-se em lugar comum na literatura especializada e ponto de apoio para a análise de um sem-número de aspectos relevantes do processo de formulação e realização de políticas comerciais.

A citação a seguir é exemplar nesse sentido:

> As políticas comerciais tradicionais relacionam-se principalmente com as ações governamentais destinadas a beneficiar o público doméstico. Estender o alcance de regras e investigações a instrumentos que operam dentro das fronteiras (de importadores e exportadores) tem claramente o efeito de trazer mais atores para o cenário [...] Mas a extensão ao domínio das regulamentações domésticas traz à tona um novo conjunto de problemas. Não só é provável que haja muito mais atores envolvidos, mas também o ponto de vista desses atores pode ser surpreendentemente diferente. Aqueles que têm um "foco" comercial moldarão as questões como o impacto da regulamentação nacional sobre o comércio. Aqueles que têm um "foco" doméstico ou regulatório moldarão as mesmas questões como o efeito restritivo do comércio sobre a capacidade dos governos de perseguir seus objetivos. (Barton, 2006, p.99)

Ora – e este é um dado que os tecnocratas como Ruggiero tendem a minimizar –, como os lados opostos nos conflitos de princípios ganham realidade à medida que são encarnados por forças sociais identificáveis, a análise dessas constelações de interesses nos dá a chave para entender a agenda das negociações comerciais – e a não agenda também.

Tome-se o caso da corrupção. Ele aflora no discurso de Ruggiero em conexão com os temas da transparência nas compras governamentais. Mas não faz mais do que isso. Um único parágrafo, algumas poucas linhas, e logo o diretor-geral da OMC passa a outra matéria.

Para quem observa a evolução do movimento internacional contra a corrupção, a presença acanhada do tema no discurso de Ruggiero pode parecer estranha. Afinal de contas, não é difícil apontar efeitos distorcivos das práticas corruptas na economia, algumas de cujas modalidades são vistas pelos economistas como barreiras não tarifárias ao comércio. Apesar disso, ao contrário do que fizeram quase todas as organizações internacionais relevantes, a OMC jamais assumiu o combate à corrupção como um aspecto de seu mandato. Como entender esse fato?

Tal a pergunta formulada por Abbott e Snidal, autores de importantes trabalhos sobre o regime multilateral de comércio. O artigo que escrevem para respondê-la é longo, mas o núcleo da explicação é bem simples. Ela combina dois elementos: pelo lado da demanda, o custo em termos de transferência de soberania implicado na incorporação do tema nas disciplinas da OMC; pelo lado da oferta, o desinteresse das corporações norte-americanas, uma vez que o objetivo principal da campanha que promoveram fora alcançado.

> [...] a verdadeira força motriz no âmbito da OCDE eram os negócios dos Estados Unidos. Ela pressionava o governo norte-americano a agir, participava de organizações internacionais de negócios, envolvia-se diretamente em negociações internacionais e forjava uma estreita aliança com TI, especialmente nos Estados Unidos. Mas o objetivo comercial do país era principalmente multilateralizar o FCPA (Foreign Corrupt Practice Act), a fim de nivelar o campo de jogo entre seus principais concorrentes; a OCDE foi, portanto, o foco principal a partir de 1988. À medida que se fazia progresso ali, os negócios dos Estados Unidos e, portanto, o governo dos Estados Unidos, dedicavam menos atenção a fóruns alternativos como a OMC. (Abbot; Snidal, 2002, p.188)

Argumento similar poderia ser formulado para explicar a ausência na pauta da OMC de outros temas de grande relevância para o comércio, o mais evidente dos quais sendo talvez a manipulação cambial – que permanece fora do campo de ação da entidade, apesar do esforço insistente da diplomacia brasileira em tempos recentes no sentido de abrir a discussão sobre o problema nesse fórum.

Razões para bater nessa tecla não faltam. Na narrativa canônica, a grande depressão dos anos 1930 teve entre seus aspectos mais notáveis a guerra comercial desatada pela decisão de abandonar a paridade do dólar tomada pelo governo de Franklin Roosevelt, como já vimos em outro capítulo desta obra. Reencontramos o par câmbio-comércio quando tratamos da crise do regime monetário de Bretton Woods (final dos anos 1960 e princípio da década seguinte), e voltamos a fazê-lo em outra ocasião, quando estudamos os obstáculos à abertura de nova rodada de negociações no Gatt no início dos anos 1980, obstáculos removidos apenas depois que o acordo de Plazza pavimentou o caminho para a desvalorização administrada do dólar, aplacando as disputas entre a Comunidade Econômica Europeia (CEE) e os Estados Unidos de Ronald Reagan. Voltamos a cruzar com o par no presente, quando ouvimos as denúncias de empresários e políticos norte-americanos contra a manipulação do valor da moeda chinesa e as queixas generalizadas a respeito das distorções provocadas no comércio internacional pela política do FED do *quantitative easing*.

Em nenhum desses casos a questão do câmbio foi processada institucionalmente no âmbito do sistema multilateral de comércio. Não caberia examinar a fundo aqui as razões de tal omissão. Mas um elemento essencial da resposta parece óbvio: dada a natureza da moeda como um "bem público", e dadas as assimetrias de poder entre os Estados provedores – um dos quais guarda ciosamente a condição de emissor da moeda-chave – aquela

Estados e mercados

que pode ser empregada para liquidar obrigações em todo o sistema internacional e serve de referência para definir a paridade entre todas as outras moedas –, não haveria como a questão ser tratada em um fórum como a OMC regido pela ficção da igualdade jurídica entre os Estados-membros.

Mas essa é uma das faces do problema. A outra é que trazer a questão da moeda para o âmbito da OMC seria dar voz a um conjunto de interesses sociais excluídos do mundo rarefeito da alta finança (com as instituições internacionais que o integram) ou nele fortemente sub-representados.

Na arquitetura original do sistema de Bretton Woods, esses interesses faziam-se presentes indiretamente, por meio dos respectivos Estados, que aplicavam instrumentos variados de controle direto a seu dispor no intuito de disciplinar a ação dos agentes do sistema financeiro e subordiná-los aos objetivos de suas políticas, elegidos com base em definições mais ou menos abrangentes de interesse nacional.

Não era mais assim depois da grande crise de 1970. Em seu desenrolar – em parte pelas medidas sem precedentes adotadas em reação a ela, em parte pelo reiterado fracasso dos instrumentos de política econômica consagrados –, pouco a pouco a credibilidade das instituições que calçavam a antiga ordem foram sendo minadas. E a disciplina severa a que foram submetidos os agentes do capital financeiro passou a ser cada vez mais fortemente criticada. Contra a "repressão financeira", a liberdade dos mercados autorregulados – esse passou a ser o adágio.

Mencionar o discurso pró-liberalização financeira, coluna central do neoliberalismo, é necessário porque ele põe em tela uma dimensão do problema silenciada na fala do diretor-geral da OMC e de tantos dos estudos produzidos no âmbito da entidade. Referimo-nos ao fato de que a noção de economia global combina descrição e prescrição como elementos indissociáveis de um projeto ideológico, no contexto do qual a economia globalizada – como um sistema econômico inteiramente desprovido de elementos institucionais passíveis de travar o livre movimento de bens e de capitais – surge como um ideal assintótico, um horizonte móvel sempre fora do alcance da mão, por mais que caminhemos em direção a ele. Por isso, o mandato reformador da OMC não tem prazo determinado para se completar.

A OMC nasce sob a inspiração dessa ideologia, mas o sentido dela não é unívoco. No seu interior é possível distinguir vertentes distintas, que desde o início passam a travejar o debate interno entre seus membros. Esse é o argumento central exposto já há bom tempo por G. Richard Shell em artigo denso e inexplicavelmente pouco discutido entre nós. Segundo o autor, no trabalho da OMC e de seus operadores, é possível discernir nitidamente a presença de três modelos distintos: a) o Modelo de Administração de Regime (*Regime Management Model*), que deriva da teoria dos regimes internacionais e toma os tratados comerciais como "contratos entre estados

223

Sebastião Velasco e Cruz

soberanos que ajudam a resolver interesses potencialmente conflitantes" (Shell, 1995, p.335); b) o Modelo de Mercado Eficiente (*Efficient Market Model*), no qual se mesclam elementos da teoria das relações externas do liberalismo e a aplicação rigorosa da doutrina neoclássica do livre mercado (ibidem, p.8360; e c) Modelo das Partes Interessadas no Comércio (*Trade Stakeholder Model*), de acordo com o qual o processo de formulação de regras e de solução de controvérsias da OMC deveria estar aberto, de algum modo, a todas as partes concernidas.

Não temos como espremer em alguns poucos parágrafos o conteúdo de um artigo tão extenso e detalhado. Basta dizer que, depois de caracterizar cada um dos referidos modelos, em seus traços gerais, o autor discute como eles funcionam na prática, por meio de exame minucioso da jurisprudência da organização. No mais, o que podemos fazer é extrair de sua análise alguns resultados esparsos de especial interesse para a exposição que empreendemos.

Assim, sobre o primeiro modelo:

> O Modelo de Gestão de Regime sobre soluções de disputas comerciais baseia-se na imagem dos tratados comerciais como "contratos entre estados soberanos" que ajuda a estabilizar os sistemas de comércio cooperativo [...] Desse modo, esses sistemas utilizam tribunais internacionais centralizados que limitam o acesso somente aos estados. O uso de tribunais centralizados também permite que os estados selecionem juízes do grupo de elite de advogados e burocratas internacionais cujas identidades profissionais e treinamento os tornem sensíveis aos aspectos diplomáticos dos problemas comerciais [...] Em segundo lugar, um sistema de resolução de disputas do Modelo de Gestão do Regime está arraigado em crenças realistas sobre a motivação do estado e deve encontrar maneiras de impor normas cooperativas transnacionais dentro de uma estrutura que pressuponha que os estados atuarão para proteger seu poder [...] Os sistemas de resolução de disputas baseados no Modelo de Gestão do Regime, portanto, apresentam adjudicação vinculativa baseada em normas jurídicas internacionais, em oposição às domésticas. Em um mundo sem uma autoridade de aplicação formal, a regulamentação comercial sob normas jurídicas internacionais provê aos estados a flexibilidade necessária. Essa flexibilidade desapareceria em um sistema segundo o qual as obrigações do tratado tornam-se automaticamente obrigatórias como lei interna nos tribunais domésticos, porque os estados enfrentariam suas próprias normas municipais de "Estado de direito" em relação à conformidade..(ibidem, p.864-5)

Sobre o segundo:

> Os defensores do Modelo de Mercado Eficiente preveem que normas de livre comércio internacionalmente desenvolvidas tornem-se o "Estado de direito" para cada estado ao dar a essas normas efeito jurídico direto nos tribunais nacionais e

Estados e mercados

ao tornar as sentenças de tribunais internacionais conversíveis em decisões judiciais nacionais com um mínimo de escrutínio substantivo. Em contraste com o Modelo de Gestão de Regime, que restringe aos estados a qualificação para formular reivindicações, o Modelo de Mercado Eficiente assegura às partes negociantes o direito de acionar diretamente normas pró-comércio perante tanto os tribunais internacionais quanto os nacionais, permitindo-lhes obter alavancagem jurídica sobre suas próprias escolhas de políticas econômicas e as de outros governos. (ibidem, p.885)

O artigo reserva espaço mais limitado ao terceiro modelo, que conta visivelmente com a simpatia do autor. A razão para isso é evidente: ele não chega a plasmar, em grau significativo, estruturas e práticas da organização. Ao contrário, introduzido no debate como contraponto aos dois primeiros, para sanar suas respectivas insuficiências, o Modelo das Partes Interessadas procura dar forma coerente a um conjunto de expectativas normativas, oferecendo-se como um programa de reforma.

Nesse sentido, ele existe nas propostas de seus defensores, como se vê na passagem citada a seguir:

> Nos últimos anos, vários estudiosos do direito internacional que atuam principalmente nas áreas dos direitos humanos e do meio ambiente começaram a elaborar uma visão "liberal" das relações internacionais, sob a qual organizações não governamentais (ONGs) patrocinadas pelos cidadãos assumiriam papéis aprimorados no desenvolvimento do direito internacional e na resolução de conflitos globais [...] O Modelo de Partes Comerciais Interessadas para a resolução de disputas da OMC baseia-se no trabalho desses estudiosos. Isso funcionaria no contexto da governança do comércio mundial, exigindo que a OMC abra seu sistema de resolução de disputas a todos os grupos com interesses nos resultados das decisões comerciais. Em teoria, o modelo também favoreceria a aplicação de um limitado conjunto definido globalmente de normas internacionais trabalhistas, ambientais, de segurança e de consumo, no âmbito dos sistemas jurídicos nacionais e não apenas internacionais.. (ibidem, p.911-3)

Salientar as disputas de princípios na OMC não é conferir às ideias um papel autônomo, como se estas caíssem do céu, divorciadas das práticas cotidianas e dos elementos materiais computados pelos agentes na definição de seus interesses e de suas respectivas pautas e conduta. Esse equívoco por vezes manifesta-se na interpretação da guinada produzida no discurso dos países em desenvolvimento no início da década de 1990. Antes críticos – alguns deles veementemente – do sistema liberal de comércio "realmente existente" e reativos à agenda proposta pelos Estados Unidos (a inclusão de "novos temas" em nova rodada de negociações comerciais), esses países passaram a atuar como ardentes defensores do livre comércio, cobrando coerência de seus parceiros do norte – tão pródigos na prédica liberal e tão repetitivos na reivindicação de exceções em seu próprio benefício. Para alguns, evidencia-se aqui o "poder das ideias": as elites desses países teriam mudado suas concepções sobre o comércio internacional e, em consequência, alterado sua posição negociadora (Ford, 2003). Trata-se, evidentemente, de uma simplificação enganosa: a mudança em questão operou-se de fato, mas ela é incompreensível se abstraída das relações de poder que se impuseram no decurso do processo de negociação, levando os referidos países (alguns com pesar maior do que outros) a abandonarem suas posições tradicionais em nome do compromisso que presidiu o final da Rodada Uruguai do Gatt – a "grande barganha", na frase feliz de Sylvia Ostry (2002).

Esses países cederam em muitas de suas pretensões e mudaram sua linguagem. Nenhuma dúvida a esse respeito. Mas não cederam em toda a linha. Entre as opções que julgavam realistas em cada momento, optaram por aquelas que preservavam maior espaço à promoção de seus respectivos interesses. Estarão unidos, dessa forma, na defesa do caráter intergovernamental da OMC e do princípio da soberania que lhe é inerente, como se verá aqui logo a seguir.

Mobilização social e comércio: a batalha do Nafta

É inútil buscar o começo de tudo. Embora nunca tenha albergado um amplo movimento de massa de caráter socialista, os Estados Unidos contam com uma longa tradição de crítica social, que em alguns momentos de sua história chegou a galvanizar amplos segmentos da sociedade. Com objetivos muito diferentes – a luta contra a opressão escravista, a reivindicação de direitos sociais e políticos para as mulheres, a defesa de programas de inclusão com foco nos pobres e miseráveis (em grande parte emigrantes) empilhados nos *slums* e bairros operários das grandes cidades, a luta contra a corrupção e pela humanização das condições de vida e trabalho – esses movimentos quase sempre tomavam os grandes magnatas, com seus negócios tentaculares, como alvo privilegiado de sua crítica.[1]

A despeito da "maioria silenciosa", que em 1968 garantiu a vitória do republicano Richard Nixon, nos anos 1970, essa tradição estava bem viva, ainda que sob feição nova. Absorvendo experiências organizativas do período precedente – o movimento pelos direitos civis, a luta contra a Guerra do Vietnã, a contracultura –, novos movimentos conquistaram forte

---

1 A literatura sobre o tema é inesgotável. Apenas a título de introdução, cf. Bottomeore, T. B. *Critics of Society:* Radical Thought in North America. Nova York: Pantheon Books, 1968; e Rossinow, D. *Visions of Progress:* The Left-liberal Tradition in America. Filadélfia: University of Pennsylvania Press, 2008.

Estados e mercados

apoio na opinião pública norte-americana, em muitos casos reeditando outros bem mais antigos, com veneráveis histórias. Destacam-se entre estes o movimento de defesa do consumidor, que rapidamente projetaria seu principal impulsor, o procurador Ralph Nader, no rol das celebridades nacionais; o movimento ambientalista – cujas raízes remontam ao conservacionismo do século XIX; e os movimentos de minorias étnicas e sexuais.

Não se trata aqui de reconstituir essa rica história, mas fazer alusão a ela é imprescindível para entender como o governo dos Estados Unidos passa a defender a incorporação dos temas do meio ambiente e do trabalho na agenda das negociações do comércio internacional.

Em largas pinceladas, o processo que leva a esse resultado compreende cinco momentos, não necessariamente sequenciados: 1) demanda – frequentemente traduzida em leis e medidas administrativas – de regulações mais estritas para impor às empresas a observância de normas de interesse social (equidade nas relações de emprego; segurança no trabalho e nos meios de transporte; controle da poluição; preservação da flora e da fauna); 2) reação empresarial contra essa corrente de opinião, tida como hostil ao mundo dos negócios e danosa para a economia; 3) a percepção por parte de muitos grupos econômicos de que as regulações em vigor (e outras a serem criadas) poderiam ser usadas como instrumentos de defesa contra concorrentes externos, renovando o estoque das políticas protecionistas; 4) a incorporação, sob a figura de barreiras não tarifárias, de várias dessas políticas como objeto de negociações sobre o comércio internacional – o que se verifica na Rodada Tóquio do Gatt (1974-79), dando origem aos códigos padrões, sobre os quais já falamos em capítulos prévios; 5) a assimilação dos temas do comércio e dos acordos comerciais na agenda de ONGs e movimentos sociais.

O episódio que marca essa inflexão foi a resistência surpreendente sustentada por esses grupos à proposta do Tratado de Livre Comércio da América do Norte (TLCAN, como soletram corretamente no México, ou Nafta, como prefere nosso incorrigível americanismo linguístico).

Os cientistas políticos tendem a analisá-la em termos esquemáticos, procurando ver nela a ação racional de grupos localizados, cujos interesses setoriais seriam negativamente afetados pelo avanço do livre comércio. Essas mobilizações oporiam, assim, os interesses minoritários de grupos poderosamente organizados e os interesses difusos do conjunto da população, que só teria a ganhar com o referido tratado.[2]

Essa abordagem pode dar conta da oposição movida por muitos setores e grupos de interesse, que seriam previsivelmente afetados pelos

---

2 O leitor pode encontrar no livro *Resisting Protectionism:* Global Industries and the Politics of International Trade, de Helen V. Milner, Princeton, Princeton University Press, 1988, exemplo sofisticado de análise nessa perspectiva.

deslocamentos decorrentes da mudança proposta. É fácil admitir que segmentos industriais pouco competitivos tenderão a resistir à remoção de barreiras protetoras (tarifárias ou não tarifárias), expondo-os mais fortemente à concorrência internacional. Mas ela nada esclarece sobre a razão de ser da oposição conduzida por organizações, movimentos e setores da população que não teriam nada a perder, em princípio, com tais mudanças, e seriam mesmo beneficiadas por elas, se aceitas as estimativas a respeito do impacto destas embutidas nos trabalhos inspirados em tal abordagem.

Mais certeira é a perspectiva adotada pela autora de importante estudo sobre as mobilizações em torno dos temas do comércio internacional em curso nos Estados Unidos desde o final da penúltima década do século passado.

> Essa definição nos ajuda a entender por que os trabalhadores da indústria siderúrgica podem demandar proteção, mas não por que tantos ambientalistas, defensores dos direitos humanos e líderes religiosos criticam acordos comerciais. Certamente não pode explicar por que tantas pessoas tomaram as ruas de Seattle e Genebra para protestar contra acordos comerciais. Muitos desses manifestantes não parecem ter nenhum interesse econômico direto a proteger, mas têm um interesse político direto a proteger. Eles querem proteger sua capacidade de influenciar regulamentos e normas nacionais.. (Aaronson, 2004, p.9)

Nesse estudo, Susan Aaronson reconstitui minuciosamente o gradual envolvimento de diferentes grupos de ativistas sociais no debate sobre o Nafta. Ela salienta a importância da mobilização prévia em torno das negociações sobre o acordo de livre comércio com o Canadá – que se estenderam de 1985 a 1987 – e o papel pioneiro desempenhado pelos ativistas canadenses, compreensivelmente angustiados com os efeitos do acordo com os Estados Unidos sobre as instituições incomparavelmente mais avançadas do Estado de bem-estar social que tinham em casa. A autora destaca o duplo caráter da crítica dirigida a esses acordos – o conteúdo de suas disposições e a forma sigilosa e antidemocrática das negociações –, bem como as diferenças de pontos de vista que se manifestavam a olhos vistos no conjunto do movimento – de um lado, os grupos que, em princípio, aceitavam a ideia, pleiteando mudanças de conteúdo e de forma no acordo negociado; de outro, os grupos que defendiam sua rejeição pura e simples, insistindo na palavra de ordem incomparavelmente mais contundente: *To kill Nafta*. E observa, ainda, como o formato do processo de decisão – o chamado *fast track*, que negava ao Congresso a possibilidade de alterar pontualmente o tratado, forçando uma decisão em bloco, pelo sim ou pelo não – exacerbava tais diferenças.

São apenas alguns dos aspectos relevantes tratados na obra. Não poderemos nos deter neles. Para nossos propósitos, importa registrar que a crítica ao Tratado de Livre Comércio com o Canadá e o México ganhou grande audiência na opinião pública e no Congresso, e que nesse movimento de rejeição, os grupos antes referidos – em sua maioria situados à esquerda do espectro político – tinham a companhia improvável de grupos e políticos conservadores importantes (Patrick Buchanan e Ross Perot, por exemplo), que impugnavam tais acordos em nome do nacionalismo econômico e do princípio da soberania. Importa chamar a atenção também para o fato de que, diante da amplitude e intensidade da oposição, o governo dos Estados Unidos – ainda na gestão Bush – foi levado a fazer acenos e concessões aos críticos, como preço a pagar para tornar politicamente viável o seu projeto.

Assim, para garantir o apoio necessário à aprovação do pedido de renovação do *fast track* – a vigência da autorização conferida ao presidente por esse instrumento era de dois anos apenas –, o presidente Bush comprometeu-se publicamente, no dia 1º de maio de 1991, a criar um programa de assistência a trabalhadores afetados pelo Nafta. Um gesto meramente simbólico, poder-se-ia dizer. Mas um precedente importante, na medida em que reconhecia explicitamente a vinculação entre comércio e direitos sociais. E ele veio acompanhado de outras promessas na área da política ambiental.

Essa vinculação estava fortemente gravada na mente de todos em agosto de 1993, quando os governos dos três países envolvidos anunciaram conjuntamente o término das negociações sobre o Nafta. Nesse momento, as eleições presidenciais norte-americanas estavam a pleno vapor, e um dos contendores, o empresário texano Ross Perot, castigava seus dois adversários, o republicano Bush e o democrata Bill Clinton, com uma bateria cerrada de argumentos contra o acordo. Apesar dos renovados protestos do candidato vitorioso de compromisso com a causa da proteção ao trabalhador e a defesa do meio ambiente, a distribuição de intenções de voto no Congresso não era favorável à aprovação do tratado. O governo Clinton conseguiu reverter essa tendência, como se sabe. Mas não sem muito trabalho, como se pode depreender do curto relato a seguir.

> De acordo com Cameron e Tomlin, o presidente Clinton fez um prolongado e veemente lobby pelo acordo. Ele ligava para os membros que só se decidiriam nos últimos dias ou horas de debate e oferecia-lhes a construção de pontes e fábricas em seus distritos eleitorais. Oferecia pagamentos paralelos a produtores de pepinos, tomates e suco de laranja congelado e prometia lidar com as disputas comerciais com o Canadá em relação ao trigo e à manteiga de amendoim. [Um senador] disse: "se houvesse compra de voto desse jeito no Kentucky, haveria um grande júri investigando". (Patel, 2006)

Mesmo assim, foi uma vitória apertada: no Senado a batalha foi mais branda, mas na Câmara o acordo foi aprovado por 234 votos, contra 199.

No partido de Clinton, ele obteve apenas 102 votos positivos – 154 deputados votaram contra o Nafta.

A partir desse momento, as conexões entre comércio-meio ambiente e comércio-relações de trabalho estavam cravadas como pomo de discórdia no sistema político norte-americano, como o prolongado impasse em torno das renovações subsequentes do *fast track* evidencia.

> Entre 1993 e 2001, os participantes relevantes de quase todos os alinhamentos concebíveis fracassaram em mobilizar apoio suficiente para a sanção do *fast track*. Em 1994, a administração Clinton tentou trabalhar com os Democratas da Câmara em um alinhamento trabalhista e obteve suporte insuficiente. Em 1995, os Republicanos da Câmara buscaram uma composição favorável aos negócios sem o suporte da administração e falharam. Em 1997, a administração trabalhou com os Republicanos e malogrou. Em 1998, os republicanos agiram de forma independente e fracassaram. Somente em 2001 um presidente republicano foi capaz de obter a aprovação da autoridade desejada na Câmara, abandonando os esforços do bipartidarismo. Com o apoio republicano, ele venceu, ainda que com estreita margem. (Institute of..., p.191)

Como se vê, os críticos do Nafta foram vencidos, mas não depuseram as armas. Esse foi apenas o primeiro de uma série de embates. Um deles – a ratificação do tratado que concluía a Rodada Uruguai do Gatt e criava a OMC – se dá logo depois, com resultado análogo (aprovação desta vez mais folgada). Mas desde então tornou-se claro que a oposição a novos acordos comerciais seria muito intensa nos Estados Unidos, se eles não incluíssem cláusulas ambientais e sociais.

Cingapura: protesto social e reaglutinação dos países em desenvolvimento

O novo figurino das negociações comerciais despontou já na primeira conferência ministerial da OMC, que se realizou em Cingapura, de 9 a 13 de dezembro de 1996. Nesse encontro, que reuniu quase cinco mil delegados – entre os quais representantes oficiais de mais de 150 países –, as organizações não governamentais tiveram presença expressiva. É verdade, o termo é impreciso, e se torna ainda mais vago no emprego que o secretariado da OMC dele fazia. Como esclarece o autor de um estudo sobre os movimentos contestatários em escala global, a entidade recém-criada não tinha experiência em lidar com grupos civis organizados e tampouco buscou conselho em organizações como o Banco Mundial, mais antigas e escoladas na matéria. Na dúvida sobre como designá-los, os burocratas da OMC optaram pela solução mais simples: todos os participantes que não representavam governos ou organizações intergovernamentais, nem ostentavam a condição de jornalistas, foram credenciados como representantes de organizações não governamentais. Confundiam-se sob essa denominação entidades vinculadas ao universo empresarial, organizações sindicais, movimentos sociais e associações civis dedicadas a causas diversas, as únicas usualmente referidas como ONGs no léxico corrente (O'Brien, 2000).

Feita a ressalva, o certo é que os grupos organizados de caráter não empresarial acorreram a Cingapura em grande número. E lá chegaram com forte disposição de se fazer ouvidos.

Com efeito, nos dois anos precedentes as entidades da "sociedade civil" acumularam críticas ao caráter oligárquico da OMC – não muito diferente de seu antecessor nesse particular – e, antes mesmo da abertura dos trabalhos, demandavam poder de voz na conferência, muito mais incisivamente do que haviam feito em qualquer ministerial passada. A simples divulgação *a posteriori* dos documentos aprovados, prática adotada pelo secretariado para dar mais transparência à OMC, não satisfazia esses grupos. Eles queriam ter oportunidade de influir nas decisões e ressentiam-se das limitações que lhes eram impostas, como as restrições à sua presença nas conferências de imprensa das delegações oficiais dos Estados-membros.

Comportando-se assim, esses grupos replicavam na arena internacional a pauta de conduta que vinham seguindo na política doméstica. Em ambos os planos, tratava-se de contestar a abstração embutida na definição empresarial do objeto dos acordos comerciais e de forçar a consideração nestes de aspectos sistematicamente relegados.

Esses grupos eram globalistas, como seus interlocutores engravatados, porém mais consequentes. Se a economia global demandava normas globais, argumentavam, a produção destas deveria estar submetida aos padrões de decisão democrática em vigor no âmbito nacional. E não ficavam neste plano, ponhamos assim, constitucional. Como qualquer medida de política doméstica, em princípio, podia ser convertida em um item a mais na agenda das negociações sobre o comércio internacional, desde que afetasse a mobilidade dos capitais e as expectativas de lucro das corporações transnacionais, razoável que essas mesmas negociações contemplassem também questões relativas a outros interesses – questões ambientais, trabalhistas, ou mesmo de gênero – igualmente relacionadas ao comércio.

O caso das organizações femininas é bastante ilustrativo. Sem maior experiência prévia de intervenção no debate sobre temas de comércio, elas associaram-se a seções femininas de ONGs há muito estabelecidas nesse terreno, como a OXFAM International, o Catholic Center for International Relations e o Sierra Club, para formar uma "bancada" própria buscando introduzir as questões de gênero na agenda da OMC. Nas palavras do autor do estudo já referido, "O conclave das mulheres vai agora pressionar pela análise dos efeitos de gênero das políticas da OMC e análise da dimensão do gênero nas revisões das políticas comerciais de cada país" (ibidem, p.95). A via mais rápida para esse fim, acreditava-se, era vincular as questões de gênero e de trabalho.

Estas últimas ocuparam um lugar de destaque na conferência de Cingapura. Elemento central na plataforma dos sindicalistas norte-americanos em sua crítica aos acordos de livre comércio, a incorporação das questões relativas ao trabalho na OMC era a grande bandeira trazida ao conclave pela Confederação Internacional das Organizações Sindicais Livres (CIOSL), organização com afiliados espalhados por todo o mundo – inclusive no Brasil, onde conta com a participação da Central Única dos Trabalhadores – CUT, do Comando Geral dos Trabalhadores – CGT e da Frente Sindical –, mas com presença fortemente concentrada na Europa e nos Estados Unidos.[3] A CIOSL estava empenhada em uma campanha global pelo reconhecimento da dimensão social do comércio e pela introdução de uma cláusula social na agenda negociadora da OMC. A conferência ministerial de Cingapura surgia como um palco privilegiado para impulsionar tal campanha.

Contudo, ela encontrava forte resistência mesmo no campo do movimento social organizado em escala internacional. Esta já se fizera sentir no ano precedente, quando duas conferências dos Sindicatos Indianos Independentes (a primeira em março, a segunda em outubro) rejeitaram a tese da vinculação entre comércio e trabalho. No entender dos críticos, a OMC não seria o fórum adequado para promover os direitos dos trabalhadores. Em vez disso, defendiam, todo empenho deveria ser feito pela aprovação de uma convenção sobre os direitos do trabalho nas Nações Unidas e pela criação de comissões nacionais sobre o tema. Em seu entender, a OMC alinhava-se às organizações mais antigas – o FMI e o Banco Mundial – como baluartes dos interesses das potências capitalistas ocidentais. A cláusula social, acreditavam, serviria de biombo para ocultar o protecionismo desses Estados contra os países em desenvolvimento (ibidem).

Esse ponto de vista é enfaticamente enunciado em documento aprovado em conferência de organizações sociais sul-asiáticas em maio de 1996.

> A Consulta foi da opinião de que o movimento dos países desenvolvidos para vincular os padrões trabalhistas ao comércio através do mecanismo institucional da OMC foi um projeto político premeditado, para enfraquecer ideologicamente o movimento trabalhista internacional e servir a seus interesses protecionistas. A Convenção dos Direitos do Trabalho das Nações Unidas, que a Consulta resolveu

---

3 A CIOSL foi criada em 1949, em plena Guerra Fria, em dissidência com a Federação Mundial das Organizações Sindicais, tida como controlada pelo comunismo soviético. Dissolvida em 2006, quando se fundiu com a Confederação Mundial do Trabalho para formar a Confederação Internacional das Organizações Sindicais, ela expandiu muito seu quadro de afiliados depois do colapso do bloco socialista. A CUT passou a integrá-la em 1992.

Estados e mercados

formular, teve como objetivo codificar normas e padrões universalmente aceitáveis de direitos humanos no local de trabalho; assegurar a responsabilidade das Corporações Transnacionais e criar mecanismos efetivos não vinculados ao comércio para a aplicação dos Direitos do Trabalho Universal..(*South Asia Consultation...*, 1996)

A tensão Norte-Sul estava de volta e, como de hábito, tornava mais complicados os alinhamentos. Na conferência de Cingapura, esse fato expressou-se na dificuldade em aprovar uma posição unificada em relação ao tema. De um lado, os representantes da CIOSL, com o programa que vinham difundindo há algum tempo; de outro, os grupos abrigados na Third World Network, organização com raízes na Ásia, muito crítica da OMC e decididamente contrária à ampliação de sua agenda. Os esforços para reduzir as diferenças entre as posições antagônicas foram em vão.

A CUT brasileira assumia uma posição intermediária no debate: a favor da cláusula social, mas contra o recurso a sanções negativas para torná-la efetiva, salvo em casos excepcionais. Em seu lugar, a CUT defendia o uso generalizado de sanções positivas – por exemplo, assistência técnica e financeira a países com problemas sérios de violações aos direitos fundamentais de trabalho – e vantagens especiais no comércio internacional para os países com bom desempenho. Ademais, reconhecendo que os efeitos do dispositivo estariam restritos aos setores integrados ao comércio exterior, a CUT defendia medidas mais amplas na luta pelos direitos sociais e pelo emprego (Jakobsen, 2006).

***

Mas não era apenas entre as organizações presentes em Cingapura que a proposta de introduzir o tema do trabalho na OMC era polêmica. Ela causava furor ainda maior nos espaços exclusivos da Conferência.

É verdade, não era essa a única fonte de discórdia entre os Estados-membros. Já nos trabalhos preparatórios do encontro, eles divergiram quanto à ordem de prioridade entre a realização dos compromissos assumidos em Marrakesh e o debate sobre a incorporação de novos itens na agenda da organização. Ademais, manifestaram diferenças sérias em relação a outros temas, além dos direitos de trabalho – investimento, por exemplo. E nem todos acolheram com simpatia a sugestão de Leon Brittan, o comissário comercial da União Europeia, de que a OMC deveria abrir nova rodada de negociações, a "Rodada do Milênio", tão pouco tempo depois de finalizados os exaustivos trabalhos da última rodada (Wilkinson, 2006).

Mas foi a questão da cláusula social que despertou discussões mais acerbas em Cingapura, como se pode depreender do relato que se segue:

233

A reunião de Cingapura foi aberta sem um consenso sobre normas trabalhistas, investimentos, política de concorrência, contratos públicos e facilitação do comércio. Na verdade, as discórdias sobre a questão das normas trabalhistas eram tamanhas que, na fase de preparativos finais do encontro, o convite para o DG da OIT, Michael Hansenne, discursar na reunião ministerial foi revogado a pedido da Índia e do Paquistão. (ibidem, p.107)

A intensidade das divisões suscitadas pela questão dos padrões sociais pode ser aquilatada com base em um dado singelo: dos 128 pronunciamentos ministeriais feitos na conferência, 58% incluíram manifestações sobre o tema; desses, 67,5% manifestaram-se contra a criação de grupo de trabalho para analisar a matéria no âmbito da OMC – como queriam os Estados Unidos e países europeus –, enquanto 28,5% apoiaram a proposta.

Não obstante esses embates, a conferência foi dada como um sucesso por muitos, a começar pelo observador dos Estados Unidos, que resume sua avaliação geral como se segue:

[...] os Estados Unidos, assim como muitos de nossos principais parceiros comerciais, incluindo a União Europeia (UE), o Canadá e o Japão, declararam que a reunião ministerial foi exitosa e uma reiteração da OMC. Enquanto em Cingapura os membros lançavam as bases para um Acordo de Tecnologia da Informação que reduziria as tarifas de certos produtos de alta tecnologia, os ministros conseguiram chegar a um consenso sobre uma declaração final que englobava vários assuntos contenciosos, apesar de suas diferenças. (Hecler, 1997)

Parte essencial desse consenso foram as decisões relativas aos novos temas: 1) transparência em compras governamentais; 2) política de investimento; 3) política de concorrência; 4) comércio e meio ambiente. Em relação aos três primeiros, os ministros concordaram em estabelecer grupos de trabalho para estudá-los com vistas à sua inclusão em um acordo comercial futuro. Um grupo com essa missão para o tema do meio ambiente fora criado na conferência de Marrakesh e estava ativo já há dois anos. Na ausência de acordo entre seus participantes, o grupo não levou uma lista de recomendações aos ministros reunidos em Cingapura. Receberam destes, em contrapartida, a indicação de continuarem o trabalho, nos termos previamente fixados.

No tocante ao tema dos padrões sociais, o denominador comum encontrado não foi além do mínimo necessário para garantir aos ministros a volta para casa com o sentimento de dever cumprido. Na declaração final da conferência, eles proclamam:

Renovamos nosso compromisso com o cumprimento de padrões trabalhistas básicos internacionalmente reconhecidos. A OIT é o órgão competente para estabelecer e lidar com tais padrões, e afirmamos nosso apoio a seu trabalho em

Estados e mercados

promove-los. Acreditamos que o crescimento econômico e o desenvolvimento alentados pelo aumento do comércio e a sua liberalização contribuem para a promoção desses padrões. Rejeitamos o uso de padrões trabalhistas com fins protecionistas, e concordamos que a vantagem comparativa dos países, não deve, de maneira alguma, ser colocada em questão. A OMC e a OIT continuarão a sua colaboração mútua. (Singapore Ministerial Declaration, 1996)

A conferência de Cingapura terminava satisfatoriamente para seus participantes. Mas a precariedade do equilíbrio alcançado ficou patente no desencontro das explicações sobre o significado da fórmula que permitiu aquele resultado. Sobre ele, o anfitrião, Yeo Cheow Tong, que presidiu a conferência, expressou-se enfaticamente:

> [...] Não há autorização no texto para qualquer novo trabalho sobre essa questão [...] Alguns delegados haviam expressado sua preocupação de que esse texto pudesse levar a OMC a adquirir a competência de empreender novos trabalhos na relação entre o comércio e os padrões fundamentais do trabalho. Quero assegurar a essas delegações que esse texto não permitirá tal desdobramento.

E se viu imediatamente contestado por Charlene Barshevsky, chefe da delegação dos Estados Unidos, que desqualificou sua afirmativa em entrevista à imprensa, apresentando-a como mera interpretação pessoal, e não o entendimento das partes, expresso no texto da declaração assinada pelos ministros presentes na conferência (Leary, 1997).

Como soe acontecer em boa sociedade, os interlocutores concordaram em manter suas discordâncias. Elas viriam à tona ruidosamente algum tempo depois, como sabemos.

O episódio de Cingapura é desprovido de carga dramática e ocupa um lugar discreto nos estudos sobre a OMC. De nossa perspectiva, porém, ele assume grande relevância por sua condição de revelador: como em um ensaio geral, estavam presentes neles todos os atores do drama, com suas respectivas falas. Ao observá-los de perto, formamos uma ideia antecipada da peça que encenariam em seguida.

De Seattle a Doha

Happening. Não há forma melhor do que a expressão inglesa, hoje um tanto em desuso, para descrever os acontecimentos de Seattle, cidade costeira no Noroeste dos Estados Unidos.

Os funcionários da OMC já estavam lá quando os chefes de Estado começaram a chegar. O palco estava preparado para o grande dia em que a Rodada do Milênio seria anunciada ao mundo.

235

Não estavam sós. Como nas reuniões pregressas, menos pomposas e feitas em ambientes mais reclusos – o elenco oficial tinha a companhia de figurantes, sempre insatisfeitos com o papel marginal a que estavam relegados, mas dispostos, desta vez, a disputar-lhes o protagonismo. Seattle entrou para a história pelo vigor com que essa disposição foi mantida.

Durante três dias, de terça a quinta-feira, 29 de novembro a 2 de dezembro de 1999, a pacata cidade foi transformada em praça de guerra. Nesse meio tempo, policiais uniformizados e fortemente equipados trataram de conter e dispersar, com a delicadeza caraterística, milhares de manifestantes, de cores e procedências várias, vindos de todos os quadrantes do mundo. Pouco acostumados com embates desse tipo, os diplomatas e demais participantes da conferência espantaram-se com as dificuldades para chegar ao local dos trabalhos, e alguns se envolveram em incidentes desagradáveis – com manifestantes ou com policiais. No final do entrevero, imagens de grande impacto, vitrines quebradas, mais de seiscentos presos, a força de segurança coberta de críticas, e a Rodada do Milênio transferida para ocasião mais propícia.[4]

A história é conhecida, e sobre ela muita tinta já foi gasta. Do ponto de vista simbólico, Seattle é o marco inaugural do movimento antiglobalização, com sua contraface positiva, o alteromundismo (outro mundo é possível), espelhada institucionalmente na experiência do Fórum Social Mundial.

Mas não foi a mobilização das ONGs e movimentos sociais e nem a resposta truculenta das "forças da ordem" que selaram o fracasso da Conferência de Cúpula. Como em outras ocasiões no passado, o fator determinante do impasse foram as dissensões insanáveis entre os Estados-membros da OMC.

Não nos estenderemos sobre o tema. Basta assinalar que os referidos desentendimentos, presentes em Cingapura, persistiam às vésperas da conferência de cúpula da OMC, proposta pelo presidente Clinton em seu discurso sobre o "Estado da União" em janeiro de 1999.

Eles eram claros no tocante aos temas comerciais. Aproximadamente oito meses antes, em maio de 1998, a reunião ministerial de Genebra estabelecera um programa de trabalho com o objetivo de garantir a realização dos acordos celebrados em Marrakesh e preparar a terceira conferência ministerial, a realizar-se em Seattle, por convite do presidente dos Estados Unidos, presente no conclave. Contudo, os avanços obtidos em ambas as direções deixaram a desejar. Foi impossível compatibilizar as pretensões de demandantes e demandados em muitas áreas – com destaque especial para agricultura, têxteis e confecções, em que as posições dos países em desenvolvimento e aquelas dos Estados Unidos e da Europa continuavam

---

4 Para uma narrativa viva dos acontecimentos de Seattle, cf. Cockburn, A.; St. Clair, J. *5 Days That Shook the World:* Seattle and Beyond. Londres; Nova Iorque, Verso, 2000.

Estados e mercados

muito afastadas. Na ausência de acordo em questões tão sensíveis, a elaboração de um texto final satisfatório para todos os Estados-membros revelou-se uma tarefa inglória para os negociadores: "Após um ano de trabalho, o melhor que puderam enviar aos ministros foi a miscelânea de 19 de outubro que ninguém considerava adequada para uma conferência ministerial" (Odell, 2000).

Os desacordos voltaram a manifestar-se com estridência na questão crítica do comércio e dos direitos de trabalho.

Clinton insistira nela na sessão de abertura da conferência (Geneva WTO Ministerial, 1998), tendo sido discretamente atalhado pelo presidente brasileiro, para quem "seria injusto e sem sentido [...] procurar garantias à melhoria das condições de trabalho através de medidas comerciais punitivas, cuja única consequência seria agravar a questão social" (ibidem) Ainda no início de 1999, havia certa hesitação por parte do governo norte-americano a respeito de como lidar com o tema, alguns negociadores defendendo a adoção de uma postura conciliadora. Mas em meados daquele ano cristalizou-se a decisão de defender sua inclusão na pauta da OMC. Assim, em 1º de novembro, os Estados Unidos apresentaram formalmente a proposta de criação de um grupo para estudar as relações entre comércio e trabalho na organização. Mas o que chocou os ministros reunidos em Seattle foi a entrevista concedida no início da conferência por Clinton, em que ele se declarava favorável à adoção de sanções comerciais contra países que violassem cláusulas trabalhistas previstas em futuros acordos (Odell, 2000). Para bons entendedores, ficava claro que ele estava mais interessado em fazer seu sucessor nas eleições do ano seguinte do que em acomodar interesses de parceiros comerciais pouco colaborativos.

Tratava-se de manifestação desinibida de uma disposição unilateralista, da qual a titular do Escritório do Representante de Comércio dos Estados Unidos (USTR) daria outra prova logo a seguir, como contribuição pessoal ao fracasso da conferência. Tendo insistido em presidi-la (quando a praxe já consolidada reservava esse papel ao representante do Uruguai), em vez de buscar aparar arestas e construir consensos – como seria de se esperar de alguém em tal posição –, Barshefsky procurou forçar a conclusão de acordos, recorrendo mesmo a ameaças para lograr esse objetivo, como nessa declaração desconcertante:

> Se não pudermos alcançar esse objetivo, reservo-me o pleno direito de usar um processo mais exclusivo para atingir um resultado final. Não há dúvida sobre meu direito como presidente de fazê-lo ou minha intenção como presidente de fazê-lo. Mas não é assim que eu gostaria que isso fosse feito. (apud Odell, 2000, p.420)

Não são fatos isolados. Nas condições muito peculiares da década de 1990, o pendor unilateralista da política externa norte-americana afirmava-se vigorosamente em vários domínios. Tal política pode ser constatada na pretensão de dar alcance extraterritorial à legislação doméstica, como na Lei Helms-Burton, de 12 de março de 1996, que penalizava empresas de qualquer país com negócios em Cuba envolvendo ativos desapropriados depois da Revolução. Ela se fez sentir na gestão da crise financeira asiática (1997/98), quando o FMI impôs um tratamento de choque aos países afetados, forçando a reestruturação do sistema bancário coreano e a internacionalização de vários de seus maiores grupos industriais. E ganhou tons dramáticos na condução das operações de guerra na Iugoslávia – ocasião em que provocou atritos mal disfarçados com os aliados da Organização do Tratado do Atlântico Norte (Otan) e uma crise diplomática, com risco de desdobramento militar, com a Rússia.[5]

Não cabe discutir aqui como os elementos arrolados entrelaçaram-se para produzir o fracasso a que se assistiu em Seattle. O importante é frisar que eles expressavam tensões profundas no sistema multilateral de comércio e tendiam a dar a este uma fisionomia radicalmente distinta daquela desenhada pelas palavras edificantes de Renato Ruggiero.

Uma primeira indicação nesse sentido surgiu no contencioso entre o Brasil e os Estados Unidos na área de fármacos. Questionado pela ameaça de quebrar patentes de laboratórios estrangeiros que se recusavam a negociar preços de remédios contra a Aids, o Brasil beneficiou-se de uma rede diversificada de apoio, que incluiu inúmeras organizações da sociedade civil norte-americana, e depois de anos de intenso debate conseguiu fazer prevalecer seu ponto de vista – ainda que ao preço de uma concessão formal, mas não irrelevante – nas negociações bilaterais que antecedem a abertura de um processo no órgão judicante da OMC (Cepaluni, 2006; Oliveira, 2006).

A referida disputa fora aberta em maio de 2000, quando o governo dos Estados Unidos questionou o artigo 68 da Lei de Propriedade intelectual Brasileira, que permitia a quebra de patentes por razões de saúde pública, e incluiu o país na Watch List da seção 301 de sua Lei de Comércio. A essa altura, os funcionários da OMC juntavam-se aos diplomatas no esforço comum para retomar as tratativas com vistas à abertura da já batizada Rodada do Milênio.

Mas o consenso necessário para tanto mostrava-se mais uma vez fugidio. Os obstáculos eram conhecidos: a insistência dos países em desenvolvimento na realização dos acordos celebrados (e na flexibilização de regras em várias áreas) chocava-se com o interesse dominante das grandes potências na inclusão de novos temas e na obtenção de acordos mais exigentes nas áreas de serviço, propriedade intelectual e acesso a mercado de bens industriais.

---

5 Para uma análise ampla dessa tendência na política externa norte-americana, cf. Skidmore, D. *The Unilateralist Temptation in American Foreign Policy*. Londres: Routledge, 2010.

Falando ao Conselho Geral da OMC, reunido em 30/31 de julho de 2001, para avaliar os preparativos da conferência a se realizar em Doha, cerca de três meses mais tarde, o diretor-geral do órgão descrevia nesses termos a situação:

> [...] a situação é frágil, e, na ausência de generosidade, boas maneiras e boa vontade, o processo pode implodir e tornar-se incontrolável. A menos que a realidade que ora enfrentamos seja encarada com seriedade e enfrentada, a passagem do tempo mudará a situação para pior, e o processo poderá tornar-se inadministrável. (Doha WTO Ministerial, 2001)

Mike Moore estava longe de ser um observador neutro, e sua avaliação deve ser lida com as devidas cautelas. Mas a informação disponível sobre o andamento dos trabalhos no Grupo sobre Propriedade Intelectual mostra que, a poucos meses da conferência, diferenças marcantes separavam as posições defendidas pelos participantes.

Em reunião de dois dias realizada em junho de 2001, os participantes discutiram documentos apresentados pelo grupo dos denominados "países em desenvolvimento"[6] e pelo grupo dos países desenvolvidos,[7] além de um terceiro, apresentado por Hong Kong.

O documento do segundo grupo faz referências genéricas à situação dos países menos desenvolvidos e reconhece a necessidade de contemplá-los com tratamento diferenciado, mas destaca a importância dos direitos de propriedade intelectual para a geração de novos medicamentos, salientando a necessidade de restrições que impedissem a comercialização de produtos genéricos, a preços mais baratos, em outros mercados.

O documento dos países em desenvolvimento é muito mais específico. Tomando como pressuposto que "nada no Acordo do Trips deve impedir os Membros de tomarem medidas para a proteção da saúde pública", ele alinha os instrumentos de política que deveriam estar cobertos por essa cláusula: importações paralelas (isto é, de terceiros, não do detentor da patente do medicamento em causa), licenciamento compulsório, prazos reduzidos para comercialização de genéricos e uso de informação confidencial (como dados originados de testes) no interesse público. E ia além, ao prever que os países evitariam impor ou ameaçar impor sanções motivadas por medidas de saúde pública, que fariam uso limitado do recurso ao mecanismo de solução de disputas da OMC em questões relativas àquelas,

---

6 Grupo africano, Bangladesh, Barbados, Bolívia, Brasil, Cuba, República Dominicana, Equador, Haiti, Honduras, Índia, Indonésia, Jamaica, Paquistão, Paraguai, Filipinas, Peru, Sri Lanka, Tailândia e Venezuela. WTO document IP/C/W/312 ou WT/GC/W/450.
7 Austrália, Canadá, Japão, Suíça e Estados Unidos. WTO document IP/C/W/313.

e ao pleitear prazos de adaptação mais dilatados para os países menos desenvolvidos e em desenvolvimento.

De acordo com o texto citado, o intenso esforço de comunicação realizado no segundo semestre (durante o processo, o diretor-geral da OMC teria conversado pessoalmente com mais de cem ministros) produziu efeitos palpáveis. No final de outubro, as delegações haviam aceitado um esboço de Declaração Ministerial como base para a negociação. Mas várias questões cruciais permaneciam abertas, para serem decididas – ou não – na conferência.

Foi então que sobreveio o inesperado. Referimo-nos ao ataque terrorista de 11 de setembro de 2001 às torres gêmeas do World Trade Center, em Nova Iorque. A conferência de Doha desenvolveu-se sob o impacto dessa ocorrência traumática. E foi por ela condicionada de duas formas contraditórias.

Por um lado, no auge da "guerra contra o terror", em um Estado petroleiro minúsculo, movido pelo trabalho de estrangeiros (mais de 80% da população de 1,8 milhão de habitantes do emirado do Qatar é composta de expatriados) e autocraticamente governado, a ação dos movimentos sociais e ONGs na Conferência de Doha foi fortemente limitada. Igualmente forte foi a pressão política sobre os países em desenvolvimento no sentido de que contribuíssem para o êxito da conferência, permitindo que a OMC desse, naquele momento crítico, a necessária demonstração de unidade.

Por outro lado, mal refeitos do choque, em um momento em que o imperativo de garantir a segurança e a tranquilidade de populações ameaçadas por um inimigo oculto, capaz de atacar a qualquer momento e em qualquer lugar, falava mais alto do que qualquer outro interesse, em novembro de 2001 os Estados Unidos e seus aliados ocidentais foram levados a fazer concessões que em outras circunstâncias seriam improváveis.

A Declaração sobre o Trips e a Saúde Pública, aprovada na Conferência de Doha, é talvez o resultado mais palpável dessa conjugação excepcional. Esse documento assinala a gravidade dos problemas de saúde em vastas regiões do globo e reconhece o direito dos governos de usarem todos os meios a seu alcance para enfrentá-los, respeitando os termos do acordo sobre Aspectos dos Direitos de Propriedade Intelectual Relacionados ao Comércio (Trips), mas usando plenamente as flexibilidades contidas em suas regras. E não termina aí, no terreno traiçoeiro das generalidades. Indica com precisão o significado dessas "flexibilidades".

> [...] reconhecemos que essa flexibilidade significa que:
>
> 1. Na aplicação das tradicionais regras de interpretação da legislação internacional pública, cada cláusula do Acordo TRIPS deverá ser entendida à luz do objeto e da finalidade do Acordo, na forma expressa em seus objetivos e princípios.
>
> Cada Membro tem o direito de conceder licenças compulsórias, bem como liberdade para determinar as bases em que tais licenças são concedidas.

Cada membro tem o direito de determinar o que constitui emergência nacional ou outras circunstâncias de extrema urgência, subentendendo-se que crises de saúde pública, inclusive as relacionadas com o HIV/Aids, com a tuberculose, malária e outras epidemias, são passíveis de constituir emergência nacional ou circunstâncias de extrema urgência. (Doha WTO Ministerial, 2001)

Resultado de longa negociação coletiva, o texto da Declaração sobre o Acordo Trips e a Saúde Pública foi redigido conjuntamente pelo representante comercial dos Estados Unidos, Robert Zoelick, e o embaixador brasileiro em Genebra, Celso Amorim.[8]

As concessões aos países em desenvolvimento não se restringiam a essa área. Como lembrava o mesmo Celso Amorim (2003, p.28), já então no exercício do cargo de ministro de Relações Exteriores,

[...] o preâmbulo da Declaração Ministerial de Doha incluía um compromisso com a inclusão das preocupações dos países em desenvolvimento no "coração" das atividades da OMC. O mandato negociador de Doha parecia abrir perspectivas alentadoras para os países em desenvolvimento, uma vez que formulava diretrizes ambiciosas para a liberalização do comércio agrícola. Além disso, incluía um chamado ao aperfeiçoamento das cláusulas de tratamento especial e diferenciado e contemplava a possibilidade de negociações sobre um conjunto de itens identificados desde a Ministerial de Seattle sob a rubrica de "Implementação" (uma espécie de compêndio de questões, cujo equacionamento pela Rodada Uruguai havia sido considerado insatisfatório pelos países menos desenvolvidos).

Observadores mais críticos não se deixaram seduzir por tais demonstrações de boa vontade. Com essa ou aquela ressalva, eles esposavam o ponto de vista expresso acidamente por Caroline Lucas (2001), representante inglesa no Parlamento Europeu presente em Doha, segundo a qual:

Para ouvir a UE, o governo britânico e a OMC congratulando-se por conseguir iniciar uma nova Rodada de Comércio da OMC, e até mesmo chamando-a – com uma hipocrisia de tirar o fôlego – uma "Rodada de desenvolvimento", você poderia ser perdoado por pensar que isso deve ter sido uma espécie de vitória para os pobres. Na realidade, nada poderia estar mais longe da verdade. Doha significa desastre para os mais pobres.

Após quatorze anos de conversações, membros da Organização Mundial do Comércio encerraram efetivamente a Rodada Doha de negociações. Isso não foi

---

8 Sobre o processo que culmina no referido documento, cf. Odell, J. S.; Sell, S. K. Reframing the Issue: the WTO Coalition on Intellectual Property and Public Health, 2001. In: Odell, J. S. (ed.) *Negotiating Trade. Developing Countries in the WTO and Nafta*. Cambridge: Cambridge University Press, 2006, p.85-114.

uma surpresa, considerando-se o quanto essas discussões foram infrutíferas. Agora os líderes mundiais precisam repensar o sistema de comércio global.

As duas perspectivas – a do homem de governo e da observadora crítica – são muito diferentes, sem que por isso sejam necessariamente verdadeiras ou falsas. Precisamos levá-las em conta, ambas, para entender o debacle da Conferência de Cancún, em setembro de 2003, e os impasses que paralisam a Rodada Doha, desde então, a despeito de todos os esforços para destravá-la.

7
CRISE ECONÔMICA E NEGOCIAÇÕES COMERCIAIS
CONJECTURAS SOBRE A RODADA DOHA E SISTEMA MULTILATERAL DE COMÉRCIO

Ao traçar o balanço da Rodada Tóquio do Acordo Geral sobre Tarifas e Comércio (Gatt), Gilbert R. Winham, autor de obra seminal sobre o tema, faz uma observação que nos convida a pensar. Desenrolada em meio a fortes turbulências econômicas e tensões internacionais agudas, a Rodada Tóquio produziu resultados – e provocou sentimentos – mistos. Por um lado, trouxe definitivamente para a agenda do Gatt o tema das barreiras não tarifárias ao comércio (subsídios, valoração aduaneira, compras governamentais, padrões técnicos e sanitários, licenciamento de importações e restrições quantitativas), tendo criado, além disso, regras definidas para disciplina-las. Por outro, deu origem a um mecanismo fraco – códigos de adesão voluntária –, desacompanhado de instrumentos efetivos para garantir a realização das normas acordadas. Mudança extraordinária, para alguns, mudança tímida, no juízo de outros. No entender de Winham (1986), o fundamental está em outro lugar: para além da modéstia discutível de seus resultados diretos, a Rodada Tóquio foi um grande sucesso político. Com efeito, no contexto de uma crise grave, que tinha tudo para exacerbar as rivalidades entre os Estados Unidos e seu desafiante europeu, pela segunda vez presente nas negociações do Gatt como ente coletivo, a rodada chega a bom termo e atenua os conflitos entre eles. E não por acaso:

> A ironia é que, enquanto a crise econômica tornou os anos 1970 um momento pouco propício para se negociar o comércio, a negociação comercial os converteu em um bom momento para se ter uma crise. As grandes transformações dos anos 1970 não foram tão danosas para o comércio internacional ou o sistema do Gatt

quanto poderiam ter sido, e a razão principal disso foi a existência da negociação da Rodada Tóquio (ibidem, p.363).

Crise econômica e negociações comerciais: hoje o velho par dá novamente o ar de sua graça. Mas, aceito o argumento de Winham (ibidem), caberia perguntar: será que agora a combinação entre eles se revelará tão proveitosa?

À primeira vista, as diferenças entre as duas situações aludidas parecem tão grandes que quase nos levam a descartar a hipótese, ou mesmo a comparação histórica que a justifica. Para começar, há a discrepância na sequência dos eventos: a Rodada Tóquio foi aberta em 1973, ano em que a economia internacional sofreu o enorme abalo provocado pelo primeiro choque do petróleo, enquanto a crise financeira atual apanha a Rodada Doha em seu sexto ano, quando, pelo cronograma inicial, já deveria estar há muito concluída. Depois, há as enormes diferenças obscurecidas pela utilização de um único termo para designar fenômenos diversos. A crise passada veio na esteira de um choque de oferta, cujos efeitos foram amplificados pelas políticas restritivas adotadas por diferentes governos com o fim de evitar um repique inflacionário. A crise financeira que presenciamos agora foi detonada pela quebra da cadeia que liga direitos e obrigações contratuais em uma trama a tal ponto intrincada que se torna impossível a todos determinar o tamanho exato do prejuízo incorrido por cada agente envolvido nela. Iniciada no mercado de crédito hipotecário dos Estados Unidos, a crise rapidamente se propaga para outros mercados e outros países. Arrastando em seu movimento instituições de solidez tida como indiscutível, a crise obriga as autoridades monetárias a reduzir drasticamente os juros, injetar enormes recursos para aumentar a liquidez da economia e fazer intervenções muito pouco ortodoxas a fim de espantar o fantasma do colapso sistêmico. No momento em que este livro é escrito, a operação de salvamento parece ter dado bons resultados e um clima de relativa tranquilidade volta a tomar conta dos mercados. Mas o impacto da crise sobre a economia real ainda está longe de ter se esgotado, e ninguém refletidamente pode afastar a possibilidade de novas turbulências no futuro.

Duas situações muito diferentes, pois. Mas os elementos comuns entre elas são muitos e não menos importantes.

O primeiro diz respeito ao acirramento dos conflitos geopolíticos no Oriente Médio. Em 1973, a decisão da Organização dos Países Exportadores de Petróleo (Opep) de embargar a venda do petróleo aos Estados Unidos e a seus aliados foi tomada logo após a Guerra de Yom Kipur, na qual Israel impôs uma derrota humilhante aos países da Liga Árabe. A crise presente ocorre em um contexto internacional crispado pela doutrina da "guerra ao terrorismo" – com sua tradução imediata: a operação punitiva no Afeganistão e os preparativos para a ocupação do Iraque – e pelo conflito em torno do programa nuclear iraniano, que mantém aberta a hipótese de nova guerra, de proporções muito maiores e consequências ainda mais espantosas.

O segundo elemento em comum entre a situação presente e a passada refere-se às pressões altistas no mercado do petróleo. Esse fator esteve presente na decisão da Opep, organização cuja existência sem ele dificilmente seria concebível. Com efeito, entre 1965 e 1973, o crescimento acumulado do consumo mundial de energia foi de 43%, (4,6% ao ano), o que levou as grandes companhias de petróleo a explorar as reservas do Alasca e do Mar do Norte e induziu o governo dos Estados Unidos a encorajar a elevação do preço do petróleo do Oriente Médio para compensar o custo mais altos desses novos campos (Rapport du CEPII, 1983). E não se tratava apenas do preço do cru: os preços das *commodities* industriais (metais, fertilizantes,) e dos alimentos ascendem acentuadamente no início dos anos 1970, movimento este que, no caso dos alimentos, foi reforçado pela ocorrência de condições climáticas desfavoráveis e pela decisão da União Soviética de importar grãos dos Estados Unidos. A disparada atual nos preços do petróleo e dos alimentos é assunto que está nas manchetes todos os dias. Não precisamos insistir neste ponto. Basta chamar a atenção para a circunstância comum que aproxima os dois contextos considerados: o longo período de acelerado crescimento econômico, com a elevação da demanda por esses bens que ele acarreta. E para outro – extremamente perturbador –, que é específico à crise de nossos dias: o impacto da especulação financeira nos preços dos alimentos e outras mercadorias (Masters, 2008).

A longa duração do ciclo de crescimento traz à cena o quarto elemento partilhado: a mudança nas relações de força na economia internacional. Na conjuntura que desemboca na crise dos anos 1970, as manifestações mais visíveis desse fenômeno eram a ascensão da Europa e do Japão e o declínio relativo da economia norte-americana. Em 1950, os Estados Unidos respondiam por mais de 27% do PIB mundial – em 1973, parcela havia caído para 22,1% (Maddison, 2003); em 1960, esse país participava com cerca de 20% do comércio mundial, quota duas vezes maior do que a da Inglaterra, sua mais próxima concorrente – em 1972, o volume de comércio dos Estados Unidos era apenas 20% superior ao da Alemanha, e ficava bem atrás do volume total de comércio da Comunidade Europeia (Winhan, 1986). Essa troca de posições foi marcada por um fato altamente simbólico: em 1971, os Estados Unidos sofriam seu primeiro déficit comercial no século.

No ciclo econômico recente, o polo dinâmico deslocou-se para os países classificados pelo Fundo Monetário Internacional (FMI) como emergentes e em desenvolvimento. De acordo com essa fonte, nos últimos cinco anos a China respondeu sozinha por um quarto do crescimento global; o grupo Brasil, China, Índia e Rússia, por quase a metade; e o conjunto das duas categorias mencionadas, por quase dois terços. O dinamismo dessas economias impacta fortemente o comércio internacional. Elas respondem hoje por mais de um terço do comércio mundial e por mais da metade do crescimento no volume das importações globais. E não é só isso: houve também uma mudança significativa no padrão do comércio dessas economias. Hoje quase a metade de suas exportações está direcionada para países do mesmo universo, com o comércio intrarregional ganhando importância crescente, mormente na Ásia (IMF, 2008).

Um dos resultados mais notáveis de tal deslocamento é o acúmulo de reservas internacionais por esses países: perto de um trilhão de dólares, pela China, cerca de 800 bilhões pela Índia, e mais de três trilhões pelo conjunto deles. O papel desses recursos na sustentação da demanda agregada dos Estados Unidos é bem conhecido e foi visto sempre com bons olhos. Nova – e algo inquietante para os exportadores tradicionais de capital – é a canalização de parte deles para aquisição de toda espécie de ativos em carteiras administradas por fundos soberanos. Na Europa e nos Estados Unidos, essa tendência começa a despertar reações pouco simpáticas e muito pouco condizentes com o proclamado liberalismo desses países.

A última similitude a destacar diz respeito aos desequilíbrios financeiros que antecedem a eclosão da crise. No caso da mais antiga, a história é sabida: com a redução dos saldos comerciais, os estoques de ouro do Tesouro dos Estados Unidos foram minguando, em termos relativos e absolutos, tornando a tarefa de manter a regra de conversibilidade ouro--dólar, pedra angular do sistema de Bretton Woods, cada dia mais difícil. Em 1947, com mais de 22 bilhões de dólares sob a guarda do Tesouro, os Estados Unidos detinham cerca de 70% do estoque total de moeda ouro do mundo. Em 1971, quando o governo norte-americano rompeu a regra da conversibilidade, esse estoque estava reduzido à menos da metade (10,2 bilhões de dólares). Antes de chegar a esse ponto, o dólar americano fora alvo da crítica insistente de governos europeus e de ataques especulativos de grandes investidores. Ainda houve uma tentativa de salvar o sistema, com o Acordo Smithsoniano, de dezembro de 1971. Em vão. Depois de várias depreciações unilaterais, em 1973 o governo Nixon anunciava a decisão de permitir a livre flutuação do câmbio. Abria-se, assim, um período de desordem financeira que se prolongaria por mais de uma década.

Trinta e cinco anos depois, os choques financeiros incluem-se também entre os antecedentes notáveis da crise. A série é longa e instrutiva: 1992: pressões sobre o marco nas circunstâncias excepcionais criadas pela unificação alemã e adoção de políticas defensivas pelo *Bundesbank*, que transferem a crise para a libra esterlina, levando à sua saída temporária do Sistema Monetário Europeu (Seabrooke, 2001); 1994/1995: crise Tequila, com a fuga precipitada do peso e a operação bilionária de resgate adotada em tempo recorde pelo governo dos Estados Unidos; 1997: crise no mercado imobiliário tailandês derruba o bath, arrasta a rupia indonésia, quebra a bolsa de Hong Kong e joga na lona o won coreano, deixando o país à mercê do "doutores do dinheiro" do FMI; 1998: especulação contra o rublo acuam governo russo, que reage decretando a moratória; 1998: para evitar o mesmo desfecho, banco central brasileiro produz brutal elevação da taxa básica dos juros e recebe generoso crédito do FMI para sustentar a cotação do real, que não consegue, porém, resistir, forçando o governo, em janeiro do ano seguinte, a mudar o regime de câmbio; 2001, Estados Unidos: para começar, estouro da bolha das empresas de internet, inaugurando um período de recessão leve, mas relativamente prolongada, e para fechar o ano à altura, escândalo da Enron – desmontagem de esquema fraudulento envolvendo gigante do setor de infraestrutura e uma das maiores firmas de auditoria do mundo; 2002/2003: colapso do peso e crise catastrófica da economia argentina. Crises em diferentes pontos do espaço e do tempo, cada uma delas com suas características próprias, mas com esse denominador comum: o predomínio da lógica da acumulação financeira em mercados frouxamente regulados.

Em sua brevidade, esses paralelos sugerem uma consideração, que leva ao centro do argumento que estamos a traçar.

Na década de 1970, à medida que o tempo passava e as políticas econômicas rotineiras produziam resultados frustrantes e inesperados, foi se tornando crescentemente claro que a crise envolvia muito mais do que desajustes momentâneos e choques externos. A crise tinha raízes profundas, e elas é que precisavam ser atacadas – todos concordavam. Mas na identificação dos problemas e nas soluções propostas, a discórdia imperava e se traduzia em conflitos ásperos. Na Inglaterra e nos Estados Unidos, esse período agônico se encerrará no início do decênio seguinte, com as vitórias políticas acumuladas pelos governos de Margareth Thatcher e Ronald Reagan.

O processo de reestruturação econômica que ganhava fôlego, então, tinha duas faces: sob o manto de um discurso aguerrido de ruptura, ele envolvia mudanças mais ou menos drásticas em instituições e modelos de políticas domésticas; em outro plano, ele implicava uma ampla redefinição das regras que regiam as relações econômicas entre os países. Não podemos nos deter em sua caracterização: basta dizer que entre seus aspectos fundamentais contam-se o processo movido contra os direitos sociais institucionalizados no *Welfare State*, o reforço em toda linha dos direitos de propriedade e a desregulamentação dos mercados financeiros. Ao se completar – é uma maneira de dizer, pois ele não se completa nunca –, esse processo havia dado outra cara ao capitalismo.

Haveria um paralelo, aqui também, entre as duas crises, a de ontem e a hodierna? Há quem exclua de saída essa possibilidade. As crises financeiras – reza o argumento – são ocorrências normais nesse tipo de capitalismo. Elas não o debilitam: pelo contrário, é por meio da crise que essa forma perversa de organização socioeconômica e política se reproduz e amplia seu raio. Do outro lado do espectro político encontraremos os ideólogos de plantão a repetir, uma vez mais e sempre, que os problemas não estão no modelo seguido, mas na inconsequência dos governantes, que o adotam apenas parcialmente e dele se afastam à primeira oportunidade.

Argumentos distintos, de conotações opostas. Mas para uns e outros, o prognóstico é essencialmente o mesmo: o resultado da crise é o reforço da ordem vigente.

Nem todos, porém, concordam com essa avaliação. Martin Wolf, por exemplo, prestigioso articulista do *Financial Times*, viu na decisão do Federal Reserve de resgatar o banco de investimento Bear Stearns o reconhecimento explícito, pelo "protagonista principal do capitalismo de livre mercado" de que essa era estava terminada.

A questão da autoridade de Martin Wolf para fazer um julgamento tão forte não tem o menor interesse. Mas o argumento que ele usa em seu apoio é relevante. Vale a pena escutá-lo.

> Se os próprios Estados Unidos se afastam do modelo da desregulamentação financeira, esse fato vai ter amplas implicações globais. Até recentemente, era possível dizer aos chineses, aos indianos ou àqueles que sofreram crises financeiras significativas nas últimas duas décadas que havia um sistema financeiro ao mesmo tempo livre e robusto. Esse não é mais o caso. Será realmente difícil persuadir esses países de que as falhas de mercado que se manifestaram nos Estados Unidos e em outros países ricos não são uma advertência horrível. Se os EUA, com sua vasta experiência e todos os seus recursos, foram incapazes de evitar aquelas armadilhas, por que, eles hão de indagar, devemos acreditar que nos sairemos melhor? (*Financial Times*, 2008)

O futuro é uma obra aberta, e não há como afirmar com segurança qual será sua fisionomia. Mas o argumento do Wolf faz referência ao presente, e nesse passo nos dá um atalho para a hipótese com que se encerrará este texto.

Dissemos há pouco que o processo de reestruturação econômica levado a cabo no final do século passado compreendia dois movimentos interligados: a mudança das políticas domésticas e a redefinição das normas que presidiam o relacionamento entre os países. No contexto produzido pela decisão do Federal Reserve de elevar brutalmente a taxa básica de juros nos Estados Unidos, em 1979, a tarefa de impor as novas disciplinas contou com a contribuição inestimável do Banco Mundial e do FMI, mas o fundamental do trabalho foi realizado nas negociações da Uruguai do Gatt. É com o final dessa rodada – e com a criação consequente da Organização Mundial do Comércio (OMC) – que a ideia de uma "mudança constitucional" no sistema multilateral do comércio ganha substância e passa a ser

Estados e mercados

levada a sério.[1] Se essa leitura estiver correta, a Rodada Tóquio deve ser encarada como um prelúdio. Algo parecido pode ser dito – esta hipótese sugerida neste artigo – da Rodada Doha: contemplada em uma perspectiva de longo prazo, ela deve ser vista como etapa preliminar de um processo de transição.

Ao formulá-la, além dos elementos comparativos já avançados, levamos em conta os seguintes aspectos:

1) As dificuldades enfrentadas pelos Estados Unidos e demais países desenvolvidos no período de pré-negociação da rodada. O episódio emblemático aqui foi a reunião Ministerial de Seattle, em novembro de 1999. Ele ganhou projeção na mídia pela intervenção espetacular dos movimentos sociais e das organizações não governamentais que mobilizaram milhares de manifestantes em protesto contra aquele conclave, inscrevendo com isso, definitivamente, o movimento antiglobalização na pauta dos jornais em todo o mundo. Mas o fracasso da conferência não foi uma consequência dessa mobilização. Os interlocutores principais chegaram ao local do encontro sem terem previamente produzido o encontro indispensável de horizontes. Na ausência de consenso, e na atmosfera carregada da conferência, a impossibilidade de chegar a uma proposta satisfatória para as partes envolvidas (isto é, os Estados representados na conferência) teve enorme repercussão e valeu como um sinal de que o jogo, a partir de então, seria mais emocionante.

Emoção não faltou à Conferência de Doha, onde se deu o consenso necessário para a abertura da nova rodada de negociações sobre as regras do comércio internacional. Mas a origem dela estava em outro lugar. Com efeito, a Conferência de Doha realizou-se em 2001, dois meses depois dos atentados de 11 de setembro, quando o choque provocado por esse acontecimento ainda estava bem vivo e os Estados Unidos moviam a primeira das grandes campanhas de sua declarada "guerra ao terrorismo". Nessas circunstâncias, a obtenção de um acordo que pudesse dar provas de unidade era imprescindível. Mas, mesmo assim, o consenso não foi alcançado facilmente: ele exigiu muitas e difíceis concessões, e um dos resultados delas foi a "Agenda de Desenvolvimento", que desde então esteve associada à rodada, como sua marca de fantasia.

2) A ativação dos países em desenvolvimento e a efetividade surpreendente de sua intervenção. O divisor de águas nesse particular foi a quinta conferência ministerial da OMC, realizada em 2003, em Cancun, México. Como observaram prontamente os melhores analistas, a conferência de Cancun foi palco de uma movimentação inédita entre esses países, que

---

1 Para um tratamento aprofundado do debate sobre a questão, cf. Cass, D. Z. *The Constitutionalization of the World Trade Organization:* Legitimacy, Democracy, and Community in the International Trading System. Oxford: Oxford University Press, 2005.

249

lograram fortalecer suas respectivas posições negociadoras ao exibir um nível notável de mobilização e ao se reforçar mutuamente por intermédio de um conjunto muito diversificado de alianças (Narlikar, 2003), as quais distinguiam-se pela seguinte particularidade: nenhuma delas estava centrada em um único tema. Pelo contrário, assumiam características de bloco – coalizões relativamente estáveis que modulam suas agendas em função das ocorrências que marcam os processos de negociação nos quais estão envolvidas. Ademais, entre elas havia um considerável grau de interseção, devido à sobreposição frequente dos múltiplos vínculos de boa parte de seus membros. Estava ressuscitada, assim, no sistema multilateral de comércio internacional, a clivagem Norte-Sul, que parecia ter sido sepultada na Rodada Uruguai, na segunda metade da década de 1980.

Não faltaram críticas à aliança "antinatural" do Brasil e da Índia, que associava países com interesses contraditórios no tema chave da agricultura. Não faltaram, tampouco, os prognósticos sobre a dissolução rápida do grupo dos 20, por suas inconsistências próprias e pela ação dissolvente da diplomacia das grandes potências. Os críticos mantêm, provavelmente, suas reservas, mas as previsões céticas sobre a resistência do grupo revelaram-se falsas.

Aqui também uma referência comparativa à Rodada Tóquio pode ser instrutiva. Nesta a negociação seguia um padrão piramidal, na imagem usada por Winham (1986, p.174-5): as grandes potências fechavam acordos "no alto", e depois estes eram gradualmente ampliados, com a inclusão de outros países na discussão. Na Rodada Doha, o padrão é totalmente distinto: os Estados Unidos e a União Europeia tentam fechar entendimentos com seus interlocutores em encontros fechados com o Brasil e a Índia, sob o olhar sumamente crítico de todos.

3) O encolhimento da agenda e a duração excessiva da rodada. A redução da pauta da negociação deu-se já no processo de pré-negociação, que resultou em um documento no qual os temas de Cingapura (investimento, política de concorrência, compras governamentais e facilitação de comércio) compareciam como possíveis itens da agenda negociadora, dependendo da manifestação de "consenso explícito" dos participantes. Este, como sabemos, não se produziu, e a negociação ficou restrita aos acordos já existentes. Por outro lado, a resistência dos países ricos tem afastado qualquer progresso no sentido de alterar o acordo sobre Aspectos dos Direitos de Propriedade Intelectual Relacionados ao Comércio (Trips) para evitar a apropriação indébita de recursos genéticos e dar proteção aos saberes tradicionais, bem como em outros itens que poderiam dar substância à dita "agenda do desenvolvimento".

Prevista para se encerrar até dezembro de 2005, a rodada ainda se arrasta até hoje, e há algum tempo observadores mais avisados previam que ela não estaria concluída antes de 2009 (Evenett, 2006). Como um processo de

Estados e mercados

negociação tão longo e trabalhoso envolve custos não recuperáveis muito elevados, há poucas dúvidas de que ela será terminada um dia. Mas as expectativas a respeito de seus resultados, que já se encontravam muito deflacionadas no início de 2017, ficaram ainda mais depois da promulgação, em maio, da nova lei agrícola dos Estados Unidos, com os generosos subsídios que ela consagra.

Nessa dupla condição – pelo que trouxe de novo e pelo que deixou de realizar –, a Rodada Doha será vista provavelmente pelo observador futuro como uma ponte, um lugar de passagem. A questão que não temos como responder é para onde ela conduz. Na opinião de alguns, a um regime novo, em que os acordos regionais e bilaterais de comércio se multiplicariam e a OMC funcionaria como mediadora, contribuindo para sua necessária harmonização. Nessa perspectiva, o *telos* continua sendo o mesmo: o livre comércio (Baldwin, 2006); muda apenas o caminho para alcançá-lo. Para outros – e entre eles o autor deste livro –, a ponte deve levar a um regime mais flexível, em que a OMC estará mais aberta à voz dos países em desenvolvimento e as normas em vigor ampliarão o espaço para a adoção de políticas nacionais que tenham em vista o atendimento das necessidades e a realização dos anseios de bem-estar de suas populações.

O fato de que essas duas possibilidades estejam abertas realça a natureza política do problema que temos à frente.

8
Nota sobre o impasse na Rodada Doha e os desafios da OMC

A histórica é conhecida. Em meados dos anos 1940, movidos pelo propósito de evitar a repetição da escalada de crises e conflitos sociopolíticos que culminaram na Segunda Guerra Mundial, os Estados Unidos agiram decididamente como arquitetos de uma nova ordem econômica internacional apoiada em um conjunto de instituições multilaterais. Fundo Monetário Internacional (FMI), Banco Mundial, Acordo Geral de Comércio e Tarifas (o antigo Gatt) – essas e outras organizações deveriam estabelecer as bases para o crescimento equilibrado da economia internacional, à medida que criavam mecanismos eficazes de coordenação entre os países ricos e instrumentos generosos para a inclusão dos mais pobres.

Ao longo da segunda metade do século passado, esse sistema atravessou várias áreas de turbulência, mas todas elas foram arrostadas sob o comando da superpotência, que agiu com efetividade – muitas vezes unilateralmente – com o fim de adaptá-las às novas circunstâncias, promovendo seus interesses próprios no mesmo ato.

Os autores divergem quanto ao diagnóstico das dificuldades enfrentadas pelos Estados Unidos na atual quadra histórica e às tendências de longo prazo relativas ao seu papel no sistema mundial. Uma coisa, porém, parece certa: a capacidade da superpotência de ditar as regras do jogo nas organizações multilaterais vem sofrendo uma erosão grave.

Tome-se o caso da Organização Mundial do Comércio (OMC). Pelo que vemos na imprensa, essa organização parece viver uma situação paradoxal. Por um lado, se fixamos o olhar em sua rotina de trabalho, ela surge para nós como um corpo imponente, capaz de cumprir uma função sem paralelo no conjunto das instituições internacionais.

Tomemos, por exemplo, a decisão, datada de 24 de abril, do painel que analisou a denúncia apresentada pela Airbus contra a Boeing. O grupo decidiu que a empresa dos Estados Unidos fora beneficiada com aportes ilegais em valor superior a US$3 bilhões. Poucos meses antes, outros juízes tinham acolhido demanda da Boeing contra a Airbus em um caso semelhante.

A imprensa cobriu amplamente a reação das autoridades responsáveis pela política comercial na Europa e nos Estados Unidos. Elas manifestam-se de modo contraditório sobre o conteúdo da última decisão, o representante da União Europeia tendo anunciado de imediato que impetraria um recurso contra a decisão junto ao órgão de apelação da OMC, o que, aliás, já foi feito.

Assim, o contencioso Boeing *versus* Airbus, que se arrasta por mais de sete anos, se prolongará em um futuro ainda indefinido. Mas – e aqui reside a importância da história – disciplinadamente, sob a forma de um procedimento judicial realizado no âmbito da própria OMC.

Poderíamos multiplicar os exemplos: vitória do Brasil contra os Estados Unidos no caso do algodão, vitória dos Estados Unidos contra a China no processo sobre importação de filmes, vitória da China contra os Estados Unidos na disputa sobre a imposição de tarifas sobre tubos, pneus e embalagens importadas, e assim por diante. Diga-se o que se quiser, a OMC continua sendo a única organização internacional capaz de resolver os conflitos de interesses dos estados, por meio da operação normal de um mecanismo judicial.

Por outro lado, quando olhamos para as dificuldades que essa mesma organização enfrenta para completar o processo de negociação ora em curso, a imagem que captamos é de um organismo acometido de grave enfermidade. Na verdade, aberta há quase uma década, ainda sob o choque dos atentados de 11 de setembro, a Rodada Doha mergulhou em um impasse aparentemente insolúvel desde o colapso da conferência ministerial realizada em Genebra em julho de 2008.

Sem solução, reitero. Esse é o parecer da representante comercial dos Estados Unidos no fim do governo Bush, Susan Schwab (2011, p.104): "*É mais do que tempo de a comunidade internacional reco*nhecer que a Rodada Doha está condenada". Essa afirmação peremptória abre o artigo que ela publicou recentemente sobre o assunto na revista *Foreign Affairs*. No entanto, o mais importante não é o juízo emitido, mas a razão invocada para justificá-lo.

> A ilusão de que o acordo irá de alguma forma se produzir em longo prazo – afirma a ex-chefe da United States Trade Representative (USTR) – representa agora uma ameaça maior para o sistema multilateral de comércio do que a admissão da verdade: o prolongamento do processo de Doha prejudica o sistema multilateral de comércio e ameaça as perspectivas de liberalização e de reformas orientadas pela OMC. (ibidem)

Susan Schwab não está sozinha nessa avaliação. Ela tem a companhia, entre outros, de um especialista como Simon Evenett, professor de Negócios Internacionais na Universidade de St. Gallen, Suíça, e de Martin Wolf, talvez o jornalista econômico de maior renome mundial hoje em dia.

Decretar a morte da Rodada Doha para garantir a boa saúde da OMC. A separação parece-me um tanto especiosa. Neste capítulo procurarei demonstrar que as razões subjacentes ao impasse que está a bloquear a Rodada Doha estão plantadas no coração da organização enquanto tal.

Começo com uma rápida reflexão sobre o fracasso da Conferência de Genebra.

Na perspectiva de alguns analistas, o fracasso da reunião ministerial em Genebra deve ser visto como manifestação de um fenômeno geral: o impasse em processos de negociação envolvendo atores que teriam a ganhar com o êxito delas. Em linhas gerais, essa é a abordagem adotada pelos estudos reunidos no livro editado por Amrita Narlikar, *Deadlocks in Multilateral Negotiations* (2009). Encarando-os como "um subconjunto do conjunto maior dos problemas de cooperação [...] e resolução de conflitos" (p.2-3), o estudo indica as condições que se conjugam na produção de impasses em processos de negociação – 1) "uma situação prolongada de desacordo tal que as partes adotam posições divergentes e são incapazes ou não se dispõem a fazer concessões suficientes para produzir um avanço na questão particular", e 2) "um momento marcante no processo de negociação [...] [o qual], apesar de ter criado expectativas de um compromisso, é incapaz de provocar as concessões necessárias para garantir um acordo sobre a questão em particular" (ibidem, p.7 ss.).

Recortando o fenômeno com base nessas proposições genéricas, o estudo classifica seus diferentes tipos e formula várias hipóteses para explicar sua ocorrência. Vale a pena registrar, a título de exemplo, algumas delas:

> Hipótese 2: Os impasses ocorrem porque os negociadores blefam e mentem.
>
> Hipótese 3: Os impasses ocorrem por causa de certos tipos de equilíbrios de poder.
>
> Hipótese 4: Os impasses ocorrem porque certas estruturas institucionais facilitam ou dificultam o acordo. (ibidem, p.7)

Além de iluminar os fatores determinantes dos impasses, essas e as demais hipóteses servem de base para a identificação dos meios pelos quais eles podem ser superados. A suposição que anima todo o exercício é a do interesse comum dos participantes nesse desfecho, ainda que a intensidade desse interesse possa variar muito entre as partes envolvidas no processo.

No tocante à recorrência de impasses nas negociações da Rodada Doha, a explicação proposta por Narlikar e Houten (2009) combina dois elementos: a alteração nas relações de poder, com o fortalecimento do chamado Sul, e a incerteza que cercava o processo negociador. Em suas palavras, "[...] os países desenvolvidos [...] presumiram que as novas alianças do Sul cederiam na etapa final, e negociariam em consequência disso. Diante dessas expectativas, a recusa do Sul em recuar produziu o impasse" (ibidem, p.143).

Naturalmente, o argumento dos autores é muito mais complexo, mas não vou reconstruí-lo aqui. Os elementos já avançados bastam para ressaltar a inadequação dessa perspectiva ao problema que pretendo discutir: ela toma os diferentes aspectos da situação negociadora como dados e procura mostrar como um (ou a combinação de alguns) deles bloqueia o desfecho exitoso da negociação. Ora, como os impasses na Rodada Doha não nos interessam em si mesmos, mas apenas como reveladores dos problemas estruturais na OMC – com tudo de valioso que possa nos oferecer –, essa perspectiva não nos convém.

Segundo outra visão, o impasse observado na Rodada Doha não surpreende, nem deve gerar preocupações maiores. Na história do Gatt/OMC, o impasse é um momento particular do processo de negociação e tem sido sempre o mecanismo por meio do qual o sistema se renova. Nesse sentido, deve ser entendido como uma forma predizível e quase institucionalizada de operar mudanças requeridas para ajustar o regime multilateral de comércio às novas realidades da economia internacional, segundo a perspectiva de seus atores mais poderosos. Mais do que sintoma de crise, portanto, deve ser visto como manifestação peculiar de normalidade.[1]

Esse argumento, de natureza marcadamente funcionalista, porém, obscurece alguns aspectos importantes da realidade. Entre eles, os efeitos internos e externos decorrentes do emperramento da função legislativa da OMC: a hipertrofia da dimensão judicial da OMC, de um lado, e, de outro, a produção crescente de normas por meio de acordos regionais, ou bilaterais, com o agravamento consequente do risco de conflitos de normas no sistema.

Ainda que admitida a hipótese "continuísta" – a persistência da OMC pela pouca disposição dos descontentes em abandonarem o regime, por absoluta ausência de substituto plausível e pela percepção de que fora dele a situação seria ainda muito mais insatisfatória –, nada garante que as consequências do impasse venham a ser, desta vez, análogas àquelas verificadas no passado.

Com base em tal consideração, deslocamos o foco da análise das reuniões ministeriais da OMC para a organização em si mesma, a fim de realçar a tensão constitutiva entre a lógica política e jurídica de suas estruturas e de seus processos.

O tema é quase tão velho quanto o Gatt regime que deu origem à OMC. Organização *sui generis* – acordo internacional que sobreviveu à morte

---

1 Para uma apresentação muito bem elaborada deste argumento, cf. Wilkson, R. *The WTO: Crisis and Governance of Global Trade.* Nova Iorque: Routledge, 2006.

prematura da organização que deveria enquadrá-lo –, no Gatt, a lógica dos Estados integrantes predominava de forma esmagadora. Do ponto de vista de sua estrutura organizativa, o Gatt constituía, *prima facie*, uma arena em que esses Estados encontravam-se para negociar interesses e resolver pendências com o auxílio de mediadores aplicados, mas desprovidos de poder para arbitrar conflitos.

Mas se fosse apenas isso, um espaço neutro, um lugar de encontro, o Gatt não mereceria o nome de regime. Ele funcionava como tal por cristalizar, em seu arcabouço e em suas práticas, um conjunto de princípios e normas, derivadas de uma dada visão sobre como deveria se estruturar o sistema de comércio internacional e como ele deveria inserir-se no contexto inclusivo do sistema de Estados.

Essa dupla referência está subentendida nas regras operativas do processo de tomada de decisões no regime do Gatt, cuja expressão maior é a norma não escrita do consenso.

Tendo se difundido amplamente na década de 1960, o procedimento da decisão por consenso tem um significado prático que pode ser facilmente compreendido. Na ausência de laços de solidariedade mais sólidos entre os participantes do processo decisório, o consenso surge como expediente adequado para assegurar o apoio necessário à realização da decisão coletiva. Como a importância da contribuição de cada participante depende dos meios que eles possam mobilizar para esse efeito, a norma do consenso ganha relevo em contextos tais em que a aplicação da regra majoritária condenaria os atores mais poderosos – a rigor, qualquer ator cujo concurso seja indispensável à efetivação da medida acordada – à condição perdedora de minoria. Era exatamente essa a situação enfrentada por grande parte das organizações internacionais naquele período. Como explica o autor de alentado estudo comparativo sobre as instituições internacionais:

> A solução para o problema foi consenso, porque ele reconcilia o aparentemente inconciliável. Como a unanimidade, ele respeita plenamente a soberania, e em comum com a maioria, ele leva plenamente em consideração os interesses da maioria dos estados. Finalmente, reconhece as diferenças de poder e interesses entre Estados. (Schermes, 2003, p.784)

Direito e política; política com roupagens jurídicas. A dualidade é intrínseca ao regime de comércio laboriosamente construído depois da Segunda Guerra.

Em um primeiro momento, quando o Gatt reunia basicamente os países avançados e merecia o apoio de *rich men club*, essa dualidade não criava maiores problemas. Com a adesão crescente de países do então chamado Terceiro Mundo, as tensões tornaram-se muito mais fortes.

Os limites de tempo e espaço não permitem que eu me alongue no tema, bastante conhecido de resto. Para os propósitos da presente exposição, basta assinalar que a aludida tensão atingiu seu clímax em meados da década de 1980, na fase de pré-negociação da Rodada Uruguai do Gatt.

Como sabemos, a solução que ela prepara contém dois ingredientes básicos: a ampliação da área disciplinada pelos acordos comerciais, com a introdução de novos temas: 1) Medidas de Investimento Relacionadas ao Comércio (Trims), Aspectos dos Direitos de Propriedade Intelectual Relacionados ao Comércio (Trips) e serviços; 2) a montagem de um mecanismo judicial incomparavelmente mais forte, com prazos e ritos predefinidos – que excluem das partes envolvidas a possibilidade de bloquear a tramitação dos processos – uma instância de recurso com poder de ditar sentenças terminativas (o órgão de apelação), e um dispositivo de sanção – a aplicação ao país infrator de retaliações comerciais, dentro dos valores estipulados, no caso de não cumprimento das sentenças.

É preciso enfatizar a relação interna entre esses dois elementos: os trabalhos da Rodada Uruguai foram norteados pela ideia da criação de um "sistema comercial baseado em regras" (*rule-based trade system*). Mas não de um sistema baseado em regras quaisquer. A aliança transatlântica, com os Estados Unidos à frente, queria um sistema judicial forte, para dar vigência a regras muito particulares, que abrangiam temas até então considerados de competência exclusiva dos Estados nacionais.

Sobre o significado dessas novas regras, vale a pena transcrever o juízo abalizado de estudiosos insuspeitos:

> As regras multilaterais nessas novas áreas não aumentam necessariamente o bem-estar [...] há fortes razões teóricas para acreditar que a liberalização do comércio de bens aumenta o bem-estar em cada país que se dedica a isso [...] Por outro lado, as regras em algumas das novas áreas, como a proteção global dos direitos de propriedade intelectual, podem objetivar o incremento de rendas (*rent-seeking*), e a liberalização em outras *áreas novas*, tais como as telecomunicações podem ser eficientes, mas acarretar graves consequências distributivas entre os países. (Barton; Goldstein; Josling, 2006, p.126)

Não por outro motivo, a resistência do Sul – encabeçada pela Índia e pelo Brasil – a essas regras foi encarnecida. A certa altura, porém, ela arrefeceu, abrindo o caminho para o acordo que encerrou a rodada. Muitos fatores contribuíram para tal desfecho – a crise econômica que se prolongava na América Latina desde a eclosão da crise da dívida e o abalo sísmico na geopolítica mundial representado pela *débâcle* do bloco Soviético, por exemplo –, mas o papel decisivo foi desempenhado por um elemento interno: a modelagem do processo negociador pela regra do *single undertaking*. Esse mecanismo, incluído no projeto do texto final do diretor-geral do Gatt,

Arthur Dunkel, que veio à luz em dezembro de 1991, estipulava que o acordo resultante da rodada abrangeria todas as matérias em negociação e seria "vinculante para todos os membros". Como acentuam os autores citados, o projeto estabelecia, ainda, que o Gatt 1994 era "legalmente distinto do Acordo Geral sobre Tarifas e Comércio, datado do 30 de outubro de 1947". A disposição manifesta dos Estados Unidos e da Comunidade Europeia de se retirarem do Gatt 1997 fechava o laço.

> O efeito jurídico e político combinado do Texto Final e da retirada transatlântica do GATT de 1947 foi o de garantir que a maioria dos acordos da Rodada Uruguai tivesse uma adesão em massa, ao invés de uma aceitação limitada. Assim, a rodada foi concluída através do exercício do poder de barganha.

Na verdade, a OMC é uma organização com fronteiras móveis. Sua esfera de competência abrange o comércio internacional e questões relacionadas – ou seja, outros tipos de medidas que possam implicar em tratamento discriminatório contra os produtores estrangeiros. No entanto, como a economia e a sociedade constituem um sistema de partes interdependentes, em princípio temas os mais variados possíveis poderiam ser colocados sob a jurisdição da OMC. Foi o que aconteceu em sua pré-história, na Rodada Uruguai do Gatt. Mas à medida que a competência da OMC se expande e esta começa a legislar sobre questões tradicionalmente afetas aos governos de cada país, a importância da OMC cresce exponencialmente no cálculo dos mais diversos atores (estatais e não estatais), que fazem o possível para atuar em seu âmbito com máxima eficácia. A contrapartida desse movimento é que a OMC tende a absorver os conflitos multidimensionais, superpostos e cruzados, em que esses atores se encontram lançados e esses agentes são comprometidos. Essa dinâmica traduz-se em problemas agudos de eficiência e legitimidade de que a OMC padece no presente (Velasco e Cruz, 2005).[2]

Esses problemas estão no centro do debate sobre a necessária reforma da OMC. Não posso recenseá-lo aqui,[3] mas devo registrar um de seus aspectos frustrantes: o relativo silêncio a respeito da questão crucial da agência. De fato, em geral, a identificação dos problemas e as propostas sobre como enfrentá-los vêm desacompanhadas neste debate de uma

---

2 Para uma análise abrangente da OMC a partir de um ponto de vista convergente com esse argumento, cf. Pauwelyn, J. The Transformation of World Trade. *Michigan Law Review*, n.104, p.1-70, 2005.

3 Mas o leitor pode formar uma boa ideia da amplitude dos temas nele compreendidos e da diversidade das propostas em discussão pela leitura do artigo de Birkbeck, C. D. Reinvigorating Debate on WTO Reform: The Contours of a Functional and Normative Approach to Analyzing the WTO System. In: Steger, D. P. (ed.) *Redesigning the World Trade Organization for the Twenty-First Century*. Wilfrid Laurier University Press/CIGI/IDRC, 2010, p.11-41.

reflexão mais detida sobre os agentes da mudança. Quem poderia desempenhar tal papel, quais suas orientações presentes e qual a probabilidade de que estas venham a se alterar em futuro previsível na direção implicada nas propostas em causa.[4] Na ausência desse componente, o debate sobre a reforma da OMC tende a assumir um caráter marcadamente voluntarista, as propostas sucedendo-se sem uma indicação mais clara das condições a serem preenchidas para que elas venham a ser efetivadas.

Mais próxima à postura adotada aqui está a vertente da literatura que procura observar com realismo os desenvolvimentos em curso na OMC, tentando sondar o significado destes e suas potencialidades. Nessa linha, muitos identificam possibilidades virtuosas na proliferação de acordos preferenciais de comércio, que tem marcado o cenário econômico internacional nos últimos anos, sugerindo que a OMC desempenhe um papel complementar, facilitando a generalização das novas regras emergentes e garantindo com isso o avanço do processo de liberalização econômica (Baldwin, 2006).[5] Inspirados na mesma atitude, trabalhos recentes de Judith L. Goldstein e de Richard H. Steinberg (2007) tomam outra direção. Mostrando como o bloqueio da função legislativa da OMC reforça o ativismo jurídico do órgão de apelação, os autores avaliam positivamente essa tendência, vendo na produção legal pelo judiciário um modo novo de fazer avançar a liberalização.

Não questionarei o critério usado na formulação do juízo normativo. Mais interessante é salientar a nota cautelosa incluída no final de um dos trabalhos dos autores.

> Enquanto os agentes da OMC forem partidários do livre comércio, a atuação desta conduzirá as nações a continuar abrindo mercados. Pois os membros mais poderosos da OMC, como os Estados Unidos, irão acatar essas decisões liberais na medida em que eles catalisarem *a ação* decidida de produtores eficientes, voltados para a exportação e forem apoiadas pelas elites e pelos líderes políticos, que continuem a ver a abertura como de interesse nacional. (ibidem, p.38)

Trata-se de uma advertência grave. Ao dizê-lo, não penso tanto nas pressões protecionistas intensificadas nos Estados Unidos como alhures pelas circunstâncias difíceis da crise econômica, mas na relação ambígua que

---

4 A título de ilustração, podem ser citadas aqui as teses que conclamam os grandes países do Sul a assumirem um papel de liderança na condução da WTO. Cf., entre outros, Karmarkar, S. Rescuing the Doha Development Round. The Role of India and China in Multilateral Trade Governance. In: *ISAS Working Paper*, n.74, 13 jul. 2009, e Vickers, B.; Narlikar, A. Introduction: Global Trade Governance in a Multipolar World. In: Narlikar, A.; Vickers, B. (eds.). *Leadership and Change in the Multilateral Trading System*. Dordrecht; Leiden; Boston: Martinus Nijhoff Publishers, 2009, p.1-20.

5 Cf. algumas intervenções no interessante debate promovido pelo Carnagie Endowment for International Peace, *Crisis, Protectionism, and Doha – What Future for the WTO*. 15 de setembro de 2009.

algumas das prioridades mais altas na agenda comercial dos Estados Unidos mantêm com a ideia de uma organização liberal do comércio internacional.

Tomemos, por exemplo, o tema da propriedade intelectual. Monopólio temporariamente outorgado ao detentor do direito em retribuição ao benefício social advindo de sua criação (uma obra original, uma invenção), o instituto da propriedade intelectual incide em um feixe de relações essencialmente conflitivas, em que se entrecruzam os interesses do consumidor, do produtor e de seus concorrentes. Por isso a legislação sobre propriedade intelectual busca definir um ponto de equilíbrio, condicionando o referido direito a certas obrigações (abertura do conhecimento embutido na invenção, por exemplo), e o faz por tempo limitado – depois do qual a inovação tecnológica (ou a obra, no caso do *copyright*) torna-se de domínio público. Por isso também a legislação varia ao longo do tempo e no espaço.

Ou melhor, variava. A grande novidade trazida pela Rodada Uruguai foi uma legislação positiva sobre o tema da propriedade intelectual – de alcance quase universal, posto que vinculante para todos os signatários do tratado. Para obter esse resultado, a coalizão liderada pelos Estados Unidos teve de fazer algumas concessões, deploradas publicamente na época pelos interesses que promoviam a causa.

E não é só isso: a aplicação da nova lei é custosa e implica problemas políticos e sociais que variam muito segundo os contextos nacionais. Não surpreende, pois, que a efetividade dela seja muito desigual.

Por esses e outros motivos, o tema da propriedade intelectual continuou na agenda das negociações internacionais – na OMC, e na Organização Mundial da Propriedade Intelectual (Ompi), fórum em que originalmente foi tratada a matéria.

Em ambas as arenas, o tema contrapôs os países desenvolvidos – advogando mudanças mais restritivas na lei e maior rigor na aplicação – e países em desenvolvimento, que se batiam pela incorporação dos saberes tradicionais na referida legislação e pela flexibilização de alguns de seus dispositivos para atender às necessidades de saúde pública e às aspirações de progresso material de seus povos. Durante anos o tema vem sendo objeto de aceso debate nesses e em outros fóruns.

Pois bem, diante da dificuldade de avançar na direção desejada na OMC e em outras organizações multilaterais, o eixo da atuação da aliança proprietária deslocou-se para a negociação de um acordo plurilateral. Refiro-me ao Acordo Comercial Antifalsificação (Acta, na sigla em inglês), cujo texto preliminar acabou vazando, depois de anos de negociações sigilosas, e desde então tem provocado grande celeuma.

Não caberia examinar, ainda que ligeiramente, esse texto. A esse respeito, limito-me a citar alguns dos pontos mais críticos entre os tantos alinhados no comentário do representante indiano no Council on Trips da OMC, em reunião realizada no dia 9 de junho de 2010.

ii. A aplicação de medidas Trips plus pode ter um efeito de distorção do comércio [...] As normas Trips plus previstas nos ARC e em iniciativas plurilaterais como o ACTA podem viciar o processo judicial, bloquear a concorrência legítima e transferir os custos cada vez maiores de garantir os direitos comerciais privados a governos, consumidores e contribuintes. Elas representam também uma ameaça sistêmica para os direitos dos comerciantes e dos produtores de bens legítimos e para os direitos fundamentais ao devido processo legal dos indivíduos.

iii. O Acordo Trips é claro sobre a alocação de recursos e leva em devida consideração os recursos limitados dos governos dos países para fazer cumprir as leis de DPI face a outras leis que possam ter maior prioridade. O Art. 41,5 reconhece as capacidades limitadas dos Estados-membros e por isso não cria nenhuma obrigação com respeito *à* distribuição de recursos entre a aplicação dos DPI e a aplicação do direito em geral [...] Deixamos claro que os DPI são direitos privados e que não *é* da alçada dos governos defender cada direito, mas sim fornecer aos indivíduos e às empresas os meios para fazer com que esses direitos sejam cumpridos. (*South Bulletin*, 2010)

A carta aberta ao presidente Barack Obama sobre o tema, assinada por centenas de juristas norte-americanos no fim de outubro de 2010, retoma os mesmos pontos, mas de forma muito mais explícita. Denunciando o título do tratado como um disfarce, uma vez que o acordo tem "pouco a ver com a falsificação ou o controle do comércio internacional de mercadorias falsificadas" e observando que ele ia "introduzir mudanças muito maiores nas regras internacionais que regem o comércio em uma grande variedade de produtos intensivos em conhecimento", o documento resume as principais conclusões por meio de proposições incisivas.

> Os negociadores argumentam que o Acta não afetará os direitos e liberdades fundamentais; ele o fará.
>
> Eles afirmam que o Acta *é compatível* com o Acordo da OMC sobre Aspectos dos Direitos de Propriedade Intelectual Relacionados ao Comércio; ele não é.
>
> Eles argumentam que o Acta não vai aumentar a inspeção nas fronteiras e que não vai interferir no trânsito transfronteiriço de medicamentos genéricos de legítimos; ele vai;
>
> E eles argumentam que o ACTA não prevê uma "resposta graduada" – desconexão de pessoas da Internet; no entanto, o acordo incentiva tais políticas.

***

O exemplo da propriedade intelectual é útil porque me permite voltar à tese enunciada no início e apresentar com parcimônia argumento elaborado ao longo deste capítulo. Eu pretendia mostrar a íntima conexão entre os impasses da Rodada Doha da OMC e os problemas estruturais da organização como tal. Acompanhamos o argumento daqueles que veem no

Estados e mercados

mecanismo de solução de controvérsias uma maneira de sair da paralisia causada por esses impasses. Na ausência do legislador, a lei sob forma de decisão judicial. O que o caso do Acta nos oferece é a indicação de que essa via não é a única, e de que, ademais, ela é muito limitada. Para pavimentar o caminho para mudanças mais amplas, os Estados recorrem a outros meios. Negociado secretamente para um pequeno número de países, o Acta distingue-se pela natureza das suas disposições e por contar com a adesão futura de um conjunto cada dia maior de outros países. De fato, somente com a incorporação dos grandes países que recusaram até o momento presente o reforço das disposições restritivas contidas na legislação já em vigor o Acta poderá realizar sua vocação: a de funcionar como o embrião de um novo regime de propriedade intelectual. Isso se torna ainda mais evidente quando lembramos que os problemas mais graves de aplicação das normas que o tratado pretende reduzir ocorrem exatamente nesses países. O Acta representa, portanto, mais um exercício de "mudança de fórum", uma tentativa confessadamente oligárquica de mudança de regras no sistema de comércio internacional.

Mas, cabe perguntar, seria sensato acreditar que esses países cederão ao estratagema? A Índia, de sua parte, já informou que aceitaria tratar os temas levantados pelo Acta fora da OMC. E não é preciso grande esforço de imaginação para antecipar que dia ou outro o assunto será levado ao sistema judicial da organização. Nesse contexto, convém evocar o conflito do Brasil e da Índia com a União Europeia, em decorrência da apreensão pela alfândega holandesa de carga de medicamentos genéricos vinda da Índia, que não prenuncia nada de bom. Amparado na legislação comunitária sobre propriedade intelectual, esse ato dará ensejo a um processo na OMC, a se crer em declarações de alto funcionário indiano.

Mas como a organização lidará, por meio de seu mecanismo judicial, com um caso tão intrincado e com a multiplicação provável de casos semelhantes? Com que consequências?

Como o próprio Steinberg (2004) observou em um artigo escrito para tranquilizar os críticos norte-americanos do ativismo jurídico da OMC, a produção legal por via judiciária é limitada pelo discurso dominante, por normas constitucionais e, especialmente, pelas relações de poder no seio da organização.

O que torna esse argumento convincente é o pressuposto tácito de que tais relações são sólidas e favorecem as potências que sempre mandaram no jogo do comércio internacional. Ora, o problema é que há algum tempo temos assistido a um deslocamento importante nessas relações.

Então creio que devemos nos preparar para dificuldades crescentes também no sistema de solução de controvérsias, a menos que os países desenvolvidos reformulem seriamente suas estratégias.

9
A OMC aos 21, os Estados Unidos e a Crise do Regime Multilateral de Comércio

Morte anunciada

Depois de 14 anos de negociações, os membros da Organização Mundial do Comércio encerraram efetivamente a rodada de negociações de Doha. Isso não foi inesperado, dado o quão infrutíferas foram essas discussões. Agora, os líderes mundiais precisam pensar de novo sobre o sistema de comércio global. (*The New York Times*, 2016)

Começava com esse epitáfio o editorial do *The New York Times*, publicado significativamente em primeiro de janeiro de 2016. Os editorialistas do prestigioso órgão lamentam o desfecho melancólico da Rodada Doha, passam rapidamente em revista os condicionantes do rotundo insucesso e terminam com advertências sobre os cuidados a observar na busca de caminhos alternativos para a governança do comércio global. No intermeio, uma descrição breve, mas precisa, da circunstância em que o golpe final foi desferido.

Em uma reunião da OMC em meados de dezembro em Nairobi, ministros de comércio de mais de 160 países fracassaram em obter consenso quanto a dar continuidade às negociações. Nos últimos anos, ficou claro que as negociações, originalmente a serem concluídas em 2005, foram paralisadas porque nem economias desenvolvidas como os Estados Unidos e a União Europeia, nem países em desenvolvimento como China e Índia, demonstravam disposição ou capacidade de fazer concessões fundamentais..(ibidem)

Não há como discordar do juízo, mas ele é um tanto vazio: as negociações emperraram porque os protagonistas do processo não foram suficientemente flexíveis para chegar a um acordo. Até aqui andamos em círculo. Começamos a sair dele quando formulamos duas perguntas conjugadas: como entender tal manifestação de intransigência coletiva? Por que a admissão do fracasso da negociação foi tão tardia?

Antes de ensaiar uma resposta à primeira indagação, convém relembrar que a abertura da Rodada Doha resultou de um processo árduo, marcado por um episódio de forte carga dramática (Seattle, 1999). Cabe registrar, ainda, que o acordo para esse fim foi alcançado em meio a uma crise internacional de gravidade ímpar (os atentados de 11 de setembro, com seu desdobramento: a estratégia da "guerra ao terror"), e que mesmo assim envolveu concessões significativas da parte dos Estados Unidos e de seus aliados europeus, os principais interessados nesse resultado.

Os traços dessa delicada operação são visíveis no documento emitido no final da conferência. Com efeito, o programa de trabalho constante da declaração ministerial divulgada no final da conferência reservava quase dois anos ao trabalho preparatório, deixando a abertura das negociações propriamente ditas para depois da 5ª Conferência da Organização Mundial do Comércio (OMC), a realizar-se em Cancun, México, em setembro de 2003. O cronograma fixava em 1º de janeiro de 2005 o prazo final para a conclusão do processo negociador e explicitava que as decisões seriam tomadas por consenso.[1]

Tendo em vista o esforço na construção do entendimento que a tornou possível, compreende-se a relutância dos atores envolvidos em dar como causa perdida a primeira rodada de negociações comerciais com o selo da OMC.

Assim, terminada a temporada de acusações mútuas sobre a contribuição de cada um no fracasso da Conferência de Cancun (de 10 a 14/9/2003), vamos encontrá-los novamente reunidos, no início de 2004, dispostos a fazer os ajustes necessários para o relançamento da rodada. Como de praxe, a iniciativa coube aos Estados Unidos, que, por meio de sua autoridade maior na área – o titular do Escritório do Representante de Comércio dos Estados Unidos (USTR), Robert Zoellick –, fez por escrito o convite a seus pares, sugerindo que a negociação se centrasse em dois temas – agricultura e acesso a mercado de bens industriais –, com a manutenção na pauta de um dos itens da agenda de Cingapura: facilitação de comércio. Os demais poderiam ser contemplados, de alguma forma, na discussão desse tema, ou seriam simplesmente desconsiderados, como "compras governamentais" e "comércio e investimento". Como prova adicional de boa vontade, Zoelick

---

1 WT/MIN(01)DEC/1. 20/11/2001.

acenava com a ideia de um acordo que eliminasse em curto prazo os subsídios de exportação para produtos agrícolas (Gallager, 2013).[2]

O resultado desse empenho foi o Acordo Quadro aprovado pelo Conselho Geral da OMC em 31 de julho de 2004. Apresentando grandes avanços no tema crítico da agricultura e diretrizes para a condução das tratativas sobre os demais, o acordo celebrado então parecia garantir o êxito da rodada, ainda que para isso fosse necessário dilatar em cerca de um ano os prazos previstos no programa de trabalho aprovado em Doha (Doha Work Programme..., 2004).

O "pacote de julho" – como o acordo passou a ser conhecido – despertou grandes expectativas e inaugurou um período de intensa atividade diplomática em múltiplos fóruns, na qual – vale frisar – o Brasil desempenhou papel de primeira ordem (Amorim, 2015). Mas os resultados obtidos foram frustrantes. Parecendo em dado momento condenada a naufragar, a Conferência de Hong Kong (de 13 a 18/12/2005) foi salva por uma ação concertada de boa vontade, que deveu muito à atuação do ministro brasileiro Celso Amorim. Mas encerrou-se com um documento genérico, que registrava as áreas de convergência em diferentes temas (agricultura, tarifas industriais e acesso favorecido a países de menor desenvolvimento), mas reconhecia a impossibilidade de acordo sobre as fórmulas quantitativas a serem aplicadas nas negociações sobre agricultura e bens industriais – "modalidades", no jargão esotérico da OMC. A declaração ministerial dava mais alguns meses para que os países-membros acordassem entre si as tais modalidades e prorrogava até o fim de 2006 o prazo para a conclusão da rodada de negociações.

Em vão. Pressionados pela caducidade próxima da autorização dada pelo Congresso norte-americano para que o executivo concluísse acordos comerciais dependentes de mera ratificação legislativa (o antigo *fast track*, agora rebatizado de *Trade Authority Act*, ou PTA), os protagonistas do drama – os Estados Unidos, a União Europeia, o Brasil e a Índia, G-4, como o grupo informal passou a ser denominado – retomaram as gestões, multiplicando encontros bilaterais e miniconferências nas quais os quatro se reuniam. Essa primeira etapa culminou no encontro desastroso ocorrido entre 19 e 21 de junho de 2007, em Potsdam, episódio marcado pela entrevista de imprensa em que os ministros brasileiro e indiano anunciaram a impossibilidade do acordo, condenando a intransigência de seus interlocutores por mais esse fracasso (ibidem).

A segunda etapa desenrolou-se no segundo semestre do ano seguinte, às vésperas da falência bancária que detonaria a crise financeira global cujos

---

2 Narrativa detalhada, de ponto de vista brasileiro, das gestões diplomáticas que levaram a este documento pode ser encontrada em Amorim, C.. *Breves narrativas diplomáticas*. São Paulo: Benvirá, 2013, cap.4.

efeitos ainda sentimos. A reunião do Comitê de Negociações Comerciais (TNC, na sigla em inglês), a realizar-se em Genebra no final de julho de 2008, parecia abrir uma nova janela de oportunidade. Retomadas as conversações no final do primeiro trimestre com sinalizações cruzadas de interesse no entendimento, a conferência inicia-se em clima misto de apreensão e moderado otimismo. Fortemente pressionado pelos exportadores agrícolas, e apostando na possibilidade do acordo, o ministro brasileiro faz pequena concessão, pela qual seria muito criticado. Mas o sacrifício foi inútil, as diferenças entre os Estados Unidos e a Europa, de um lado, e de outro a Índia – agora com a companhia da China –, selaram o fracasso da conferência.

A partir daí, a Rodada Doha arrasta-se movida pela força da inércia. Ainda houve muito discurso em torno dela e algum esforço para dar-lhe novo sopro de vida. Mas a atenção dos principais atores estava voltada para outros assuntos. Em 2011, depois de ensaio um tanto desesperado, Pascal Lamy, o operoso diretor-geral da OMC, reconhece a derrota (Eighth Ministerial Conference..., 2011). A disputa acirrada que termina na eleição de Roberto Azevedo, em maio de 2013, mostra a vitalidade da OMC, mas não augura futuro mais promissor para a rodada de negociações inaugurada mais de dez anos antes na capital do Qatar.

Como as expectativas eram tão diminutas, entende-se que o resultado alcançado na conferência ministerial de Bali tenha sido comemorado. Um acordo, enfim – ainda que sob tema lateral.

Mas o acordo sobre facilitação do comércio não estava garantido. A recusa indiana em ratificá-lo na Conferência de Nairobi (de 15 a 18/12/2015) caiu sobre o otimismo renitente como um balde de água fria.[3]

Foi o faltava para convencer o corpo editorial do *The New York Times* a fazer as exéquias da velha rodada.

***

As explicações mais difundidas para uma trajetória tão decepcionante conjugam dois elementos entrelaçados.

Por um lado, as reações que o aprofundamento do processo de internacionalização do capital desperta em amplos setores sociais nos países desenvolvidos. Já tivemos oportunidade de abordar esse aspecto quando discutimos as resistências ao Tratado Norte-Americano de Livre Comércio (Nafta) nos Estados Unidos e as manifestações contra a globalização em Seattle. Não precisamos retomar o tema.

---

3 Meses depois, o governo indiano anunciaria a ratificação do acordo, mas o impacto da demora sobre a avaliação da conferência já tinha se produzido. Cf. An opportunity missed at Nairobi. *The Hindu*, 24 de dezembro de 2015, e Sitharaman, N. India ratifies WTO trade facilitation agreement. *The Economic Times*, 4 de maio de 2016.

Por outro lado, os desenvolvimentos econômicos e geopolíticos que marcaram a segunda década do século, alterando o equilíbrio de forças internacionais predominante no momento em que a OMC veio à luz. As dificuldades imprevistas encontradas pela coalizão comandada pelos Estados Unidos no Oriente Médio; a reconstituição – ainda que parcial – do poderio russo sob Putin; a modificação dos termos de troca, com a enorme valorização do preço das *commodities* no mercado internacional; e o impacto dessa mudança na política doméstica de inúmeros países em desenvolvimento, cujos governos passavam a contar com recursos para desenvolver programas sociais generosos e margens mais amplas de autonomia internacional, pairando sobre muitos desses movimentos a expansão espetacular da economia chinesa e sua afirmação crescente como potência global.

O efeito combinado desses dois conjuntos de fatores foi a quebra do "consenso neoliberal" em que estavam plantadas as fundações da OMC. Nesse novo contexto, os fracos volviam-se fortes o bastante para resistir, e os fortes não o eram mais o suficiente para vencer as resistências e impor a aquiescência a seus objetivos.

Em nosso entender, a explicação é convincente e esclarece aspectos essenciais da realidade. Mas tem o inconveniente de ser demasiado genérica. Se nos limitamos a ela, devemos imaginar que impasses equivalentes ao que estudamos ocorreram em todas e quaisquer outras esferas de negociação multilateral. O que, evidentemente, não tem cabimento. Para avançar na inteligência do problema precisamos considerar, além dos condicionantes gerais antes aventados, alguns aspectos particulares, atinentes ao comércio internacional e à própria OMC.

Encontramos um deles na reflexão aguda registrada, sem grande destaque, pelo embaixador Celso Amorim (2015, p.395) em obra que já citamos. Vale a pena transcrever a passagem:

> [...] Rice fez questão de pintar a posição dos EUA com cores dramáticas. Referiu-se à suposta disposição do presidente Bush, caso se sentisse muito pressionado, de simplesmente abandonar a negociação (*walk out*). Essa "exasperação" refletia não só a resistência do Congresso, mas um crescente desinteresse dos principais lobbies norte-americanos em relação aos ganhos que poderiam ser obtidos na Rodada. Como pude observar em outras ocasiões, em especial nos encontros de Davos, já não havia grande pressão para concluir as negociações por parte das empresas multinacionais que, na Rodada Uruguai, já haviam conseguida a maior parte do que desejavam em serviços e propriedade intelectual, por exemplo.

A diferença aludida pelo embaixador fica bem nítida – mesmo para o observador distante – quando se comparam os termos das declarações Punta del Este e de Doha, e o teor dos programas de trabalho a elas correspondentes. No caso da primeira, metas ambiciosas e prazos curtos; na segunda, objetivos modestos (grande parte do programa envolvia clarificação de conceitos) e prazos longos, ou indefinidos.

A diferença entre uma e outra pode ser bem expressa por meio de uma analogia com processos de política doméstica: a Rodada Uruguai foi convocada para elaborar um texto constitucional; a Rodada Doha, para efetuar uma revisão de aspectos localizados do pacto dessa forma produzido.[4]

Essa diferença remete a outra, de impacto direto sobre o processo de negociação. Como vimos em outro capítulo, o princípio de que "nada está acordado enquanto tudo não estiver acordado" (*single undertaking*) teve um papel decisivo no trabalho de domar as resistências à agenda dos países centrais e impor a todos as disciplinas propostas para os "novos temas": serviços, investimentos e propriedade intelectual. Algumas delas eram bem frouxas, como vimos em outro capítulo, às vezes mais por fatores internos às grandes potências – Estados Unidos e Europa – do que pela oposição sustentada por seus interlocutores. O referido princípio operava como elemento de chantagem, porque, a partir de certo momento, os dois protagonistas passaram a interpretar o resultado futuro da rodada como uma nova ordem legal, que substituiria aquela cristalizada nos longos anos de funcionamento do Acordo Geral sobre Tarifas e Comércio (Gatt). Assim, se um país rejeitasse o pacto criador dessa nova ordem, ele não teria mais a proteção assegurada pela antiga ordem, mas se veria desnudo, exposto à lei do mais forte.

Por ocasião da Rodada Doha, esse mecanismo, tão poderoso, estava anulado. Participantes com todos os títulos da comunidade então criada, os Estados-membros da OMC estavam infensos a tal tipo de ameaça. Para eles, a "alternativa a um acordo comercial" (Batna, na sigla em inglês corriqueira na literatura sobre negociações internacionais) não era a desproteção da selva hobbesiana, mas o *status quo* civilizado da OMC, com suas disciplinas e seu dispositivo potente de solução de controvérsias.

Uns com pouco a ganhar, outros com não muito a perder, o estímulo para chegar a um acordo qualquer se torna muito menor do que fora um dia.

A Rodada Uruguai durou sete anos e alguns meses, mas legou um novo ordenamento ao regime multilateral de comércio. A Rodada Doha de Desenvolvimento levou quase o dobro desse tempo e não produziu sequer uma mudança marginal.

O argumento esboçado ajuda-nos a decifrar esse aparente paradoxo. A Rodada Doha não termina em um embate dramático. Extingue-se aos poucos, como a chama de uma vela que ninguém se dá ao trabalho de apagar. Ele oferece, ainda, elementos para responder à segunda pergunta

---

4 Não é demais observar, a esse respeito, que à exceção do TNC, o trabalho da rodada estaria a cargo de órgãos permanentes (os comitês setoriais), confundindo-se, portanto, com as atividades rotineiras da organização.

Estados e mercados

levantada no início deste capítulo: por que os atores envolvidos custaram tanto a fazer esse gesto? Por que não evitaram o fim melancólico?

Em grande medida porque o processo de negociações comerciais convertera-se agora em parte das atividades – não a mais importante – de uma organização que todos continuavam julgando essencial. Com efeito, o impasse na negociação de novas regras não afetava a função de vigilância da OMC – a revisão periódica das políticas comerciais dos Estados-membros –, e tampouco aquela em que ela mais inovava: sua função judicial. Dado o interesse em preservar a integridade do organismo, entende-se a relutância em decretar a falência de uma de suas partes.

Esse desequilíbrio está associado a dois desenvolvimentos que marcaram a OMC quase ao longo de toda sua existência: a hipertrofia de sua dimensão adjudicativa e o debate permanente sobre sua reforma. No que vem a seguir examinaremos separadamente esses dois pontos.

O órgão de apelação da OMC e a judicialização das disputas comerciais.

No capítulo introdutório de uma obra de referência sobre adjudicação internacional, os editores apontam com exatidão a diferença entre dois tipos de organismos envolvidos nesse gênero de atividade.

> Instâncias judiciais precedem a disputa e contam com juízes que são selecionados, eleitos ou nomeados por meio de um mecanismo que, de modo geral, independe da vontade [sic] das partes em determinada disputa. Em contrapartida, os painéis arbitrais são selecionados e nomeados pelas partes em litígio quando surge a disputa, com o objetivo de resolvê-la, e são dissolvidos após a emissão da sentença.. (Romano; Alter; Shany, 2015, p.10)

A esses dois tipos de órgãos correspondem as duas modalidades sob as quais o fenômeno da adjudicação internacional pode se apresentar: decisão judicial e arbitragem. Contudo, como os autores observam, a correspondência pode não ser exata. Alguns organismos podem se incumbir, em combinações distintas, dos dois tipos de prática. O mecanismo de solução de controvérsias da OMC é uma boa ilustração dessa possibilidade.

Com efeito, trata-se de um híbrido. Sob a responsabilidade do Conselho Geral da OMC, que se reúne sempre que necessário para exercê-la, o Órgão de Solução de Controvérsias (DSB, na sigla em inglês) possui duas instâncias, a primeira delas de caráter arbitral, e a segunda, judicial.

A arbitragem é efetuada por painéis *ad hoc* de três panelistas (ou cinco, se as partes entrarem em acordo para isso). Os painéis são compostos, a pedido da parte reclamante, por árbitros propostos pelo secretariado, embora sujeitos à impugnação dos membros concernidos, que não poderão fazer isso a menos que motivados por razões imperiosas. Se não houver acordo entre as partes sobre a composição do painel, o diretor-geral da OMC indicará – por solicitação de qualquer uma das partes – a composição do painel, ouvido o presidente do DSB e o presidente do conselho ou comitê relevante (Understanding on Rules and...).

A primeira instância é de caráter arbitral, dissemos, mas como se pode ver, não em sua forma pura. Os painéis são montados para julgar causas específicas, e se dissolvem assim que essa tarefa é cumprida. Mas seus integrantes não são escolhidos pelas partes, e estas não têm como impedir sua formação.

Contudo, a face propriamente judicial do mecanismo de solução de disputas da OMC encontra-se em seu Órgão de Apelação, a grande inovação institucional da Rodada Uruguai. Ao contrário dos painéis, trata-se aqui de um órgão permanente, composto de sete juízes escolhidos pelo DSB, com mandato fixo de quatro anos, renováveis uma única vez. Como indicado em seu nome, o Órgão de Apelação tem a atribuição de rever os relatórios produzidos pelos painéis, quando provocado pelas partes litigantes. Ainda que interessados na causa, terceiras partes não podem apelar contra a decisão de um painel.

Do ponto de vista formal, a última palavra em qualquer caso cabe ao DSB – isto é, aos membros do Conselho Geral da OMC, quando reunidos nessa capacidade. Porém, dada a regra adotada, que exige decisão por consenso para rejeitar um relatório do Órgão de Apelação (ou de painéis, aliás), na prática este tem o monopólio da função revisora, e seus relatórios devem ser acatados incondicionalmente pelas partes (Artigo 14 do ESC – Entendimento sobre Solução de Controvérsias).

Esse dispositivo torna a OMC um espécime raro no rol das organizações internacionais. Excetuadas as organizações regionais – mais especificamente a União Europeia, com suas Cortes de Justiça e de Direitos Humanos –, a OMC é provavelmente aquela que detém o mais forte órgão judicial entre todas.

E o papel da OMC na solução de conflitos comerciais não é definido apenas pelos atributos internos à instituição. Tão importante quanto estes é a cláusula introduzida no artigo 23 do ESC, pela qual os Estados-membros impedem-se de julgar por conta própria alegações de violação de direitos e obrigações supostamente cometidas por outros membros. Introduzido no tratado sobre solução de controvérsias por iniciativa da Comunidade Europeia e outros parceiros dos Estados Unidos, esse dispositivo teve o claro objetivo de assegurá-los contra o emprego da temida legislação comercial aprovada em 1988, a Ominbus Trade Bill, de que já falamos com certo vagar em outro capítulo deste livro.

Em seus mais de vinte anos de existência, o DSB da OMC tem demonstrado grande vitalidade, o que transparece nas informações quantitativas constantes dos relatórios da instituição e em discursos de seus dirigentes.

Ficamos sabendo, assim, que desde sua instauração até o final de outubro de 2015, o DSB recebera 499 pedidos de consulta (fase preliminar de uma disputa na OMC), e que nesse último ano estiveram ativos, em média, trinta painéis por mês (Annex to Director-General's...). Mais importante, porém, do que o mero número de casos é sua crescente complexidade. Como o documento antes referido informa, nos primórdios do DSB, a maioria das controvérsias punham em questão uma única medida do país demandado e envolviam apenas três ou quatro reclamações (*claims*). Vinte anos depois, as disputas envolviam, em média, 28 medidas e 180 reclamações. A consequência é exposta vividamente pelo ex-presidente do DSB no discurso sobre a experiência de sua gestão:

> 2014 deu continuidade à tendência dos últimos anos de aumentar a complexidade substantiva e processual. A título de exemplo, o número total de páginas no caso Gatt 1981 na Espanha – "Tratamento tarifário do café não torrado" – foi de 8 páginas. O relatório do painel na China – "Terras Raras" – emitido em 2104 tem 257 páginas (sem contar os anexos).
>
> Os casos costumam ser maiores em termos de número de partes envolvidas, terceiros e reivindicações; de número e comprimento das exposições; e da duração das apresentações. Cada vez mais casos apresentam questões processuais complexas. (Mateo, 2015)

A referência ao caso das "terras raras", que opôs a China à União Europeia e aos Estados Unidos, é oportuna, pois chama a atenção para outro aspecto relevante da atividade jurisdicional da OMC. A saber, o fato de envolver, muitas vezes, interesses econômicos e estratégicos expressivos de grandes potências.

Têm razão, portanto, os dirigentes da OMC quando proclamam seu orgulho pela excelência do trabalho realizado pelo DSB, mesmo se exagerem um pouco ao louvá-lo como "o sistema mais bem-sucedido de resolução de conflitos interestatais já estabelecido" (ibidem).

A afirmação do DSB como peça axial da OMC não decorre, contudo, dos textos legais que lhe dão forma, nem do exercício rotineiro de suas atividades. Como argumenta Robert Howse em um texto brilhante sobre a matéria, o fortalecimento do braço judicial da OMC resulta da combinação entre estratégias de autonomização mais ou menos conscientemente conduzidas por seus membros e circunstâncias que escapavam a seu controle.

Em relação às primeiras, o autor menciona um conjunto de decisões tomadas pelo Órgão de Apelação nos primeiros anos de sua existência, com consequências duradouras e de grande amplitude. Em suas palavras:

> O conjunto inicial de manobras do Órgão de Apelações para se separar da OMC e estabelecer sua autonomia em relação à entidade como uma instituição ou

projetos neoliberais [...] surgiu em uma série de decisões ao longo do período de aproximadamente três anos em que o movimento antiglobalização voltava a enfocar o comércio, acarretando os tumultos de Seattle em 1999 [...] empregando *benchmarks* normativos e padrões jurídicos, bem como fontes fora do domínio da legislação do Gatt/OMC, não relacionados e às vezes em conflito com a "sabedoria coletiva" do Gatt, normas externas essas que incluíam o direito geral internacional e o direito ambiental internacional; substituindo a interpretação teleológica e funcional que é característica dos painéis do Gatt [...] com textualismo e formalismo [...] enfatizando um exercício semântico formal orientado pela Convenção de Viena sobre o Direito dos Tratados,[5] um instrumento obviamente neutro em termos dos valores específicos do livre comércio desenvolvendo uma doutrina de poderes judiciais implícitos, inclusive para preencher lacunas enfatizando o peso precedente das decisões do Órgão de Apelações em relação até às decisões adotadas no passado nos painéis do Gatt. (Howse, 2016, p.9-77)

Transcrevemos apenas alguns dos exemplos citados pelo autor, que se detém logo a seguir na ilustração de como eles foram produzidos, por meio de minuciosa análise da jurisprudência do órgão. Não precisamos seguir seus passos. O importante para nosso argumento é a menção no trecho citado a uma das circunstâncias externas que favoreceram o órgão em sua busca de autonomia: a quebra do consenso neoliberal que assistiu à formação da OMC e infundiu nela seu espírito. A outra circunstância é a norma do consenso formalizada na Carta da OMC, a qual – no contexto das dissensões prevalente no período – tornava apenas teórica a possibilidade de uma decisão política sobre a interpretação do conteúdo dos tratados firmados em Marrakesh.

Garantido contra a possibilidade de revisão de seus relatórios no DSB pela regra do consenso reverso, o Órgão de Apelação mobilizou os elementos antes referidos para fazer valer suas pretensões à autonomia. Nesse processo, demonstrou-se sensível, em alguma medida, a interesses e valores estranhos ao projeto que presidiu a criação da OMC, e fortaleceu-se por isso.

> O Órgão de Apelação [...] respondeu ao conflito político e à paralisia na OMC distanciando-se da organização e fazendo uma série de movimentos jurisprudenciais cruciais que levaram à sua transformação em um tribunal independente, que muitas vezes decidiu questões controversas de formas equilibradas ou deferentes que mostram, na melhor das hipóteses, a neutralidade em relação à agenda de comércio neoliberal de "profunda integração [...] (ibidem, p.9)

A tese de Howse evoca um argumento corrente sobre a judicialização da política. Em condições de forte dissenso na sociedade, a paralisia dos

---

5 United Nations Vienna Convention on the Law of Treaties 1969, 1155 UNTS 331.

órgãos legislativos abre espaços que passam a ser ocupados por uma suprema corte ativista.

Mas é exatamente aí que mora o risco. O Órgão de Apelação dá provas de entendê-lo bem no cuidado com que tem tratado a questão crítica dos acordos regionais de comércio, com seus respectivos mecanismos de solução de disputas. Desde o Gatt, esses acordos precisam ser notificados e avaliados em sua coerência com as normas do sistema multilateral de comércio, tarefa que passou a ser atribuída ao Comitê sobre Acordos Regionais de Comércio da OMC. Mas – regido pela regra do consenso prevalente na organização – esse órgão demonstrou-se muito pouco efetivo (Mavroidis, 2002), e muitas reclamações envolvendo tais acordos acabaram afluindo para o ramo judicial da OMC. Diante do desafio político de julgá-las, o Órgão de Apelação realizou uma operação delicada. Por um lado, exerceu sua competência como instância de revisão judicial, afirmando sua supremacia sobre os órgãos diplomáticos e políticos da OMC. Por outro, observou admirável autocontenção, limitando-se a apreciar aspectos formais dos acordos em causa, evitando chocar-se, assim, com os Estados envolvidos.

A prudência observada nessa zona minada não poupou o ramo judicial da OMC de ataques por seu ativismo. Esse é o fecho do argumento de Howse: a expansão da autoridade judicial traz para sua esfera o conflito político. Nas palavras do autor:

> A politização do processo de nomeações [...] pode ser tida como um resultado inevitável das declarações de independência e autoridade do Órgão de Apelações em uma comunidade de tratado que prefere se ver como orientada a seus membros [...] O USTR, sob a administração Obama, encontrou uma forma de usar a prática do consenso para produzir politização ao aguardar até que um candidato que fosse considerado capaz de decidir casos com sensibilidade para os pontos de vista dos membros fosse finalmente escolhido, em vez de alguém que tivesse ares de um jurista de espírito independente. (ibidem, p.72)

Apesar desse reconhecimento, depois de discutir longamente a questão espinhosa da relação entre o mecanismo judicial da OMC e aqueles previstos nos mega-acordos comerciais, que se tornaram a menina dos olhos da política comercial dos Estados Unidos (a Parceria Transpacífica – TPP, na sigla em inglês – e a Parceria Transatlântica de Comércio e Investimento – TTIP –, sobre as quais falaremos no final deste capítulo), Howse conclui o artigo com uma nota de franco otimismo.

> Recentemente o membro do Órgão de Apelações dos Estados Unidos Thomas Graham (que sofrera forte oposição do USTR) foi renomeado sem dificuldade. É notável também que, na Parceria Transpacífica, os Estados Unidos tenham aceitado

que as instituições de resolução de controvérsias dessa organização megarregional deviam levar em consideração a jurisprudência da OMC. Maior do que a vida corrente da "instituição" da OMC, o Órgão de Apelações, como sugere essa medida, pode ter vindo a atingir a maioridade como um verdadeiro tribunal do comércio mundial. (ibidem, p.77)

O problema que sempre ronda o otimismo cognitivo é a possibilidade – proporcional a seu tamanho – de se ver frustrado em suas expectativas. Pouco depois de escritas as linhas citadas, estourou no órgão judicial da OMC mais uma crise, provocada, como das outras vezes, por um veto do Estados Unidos. Desta feita, o alvo foi o sul-coreano Seung Wha Chang – jurista renomado, com formação em Harvard –, cuja recondução ao Órgão de Apelação foi bloqueada pela representação norte-americana, sob alegação de ter se afastado dos acordos pertinentes em três casos sob sua presidência no órgão. Não por acaso, dois deles envolviam reclamações da China contra a aplicação de direitos compensatórios em processos antidumping (*Suns*, 2016).

O leitor pode intuir a seriedade do golpe pelo comentário que o *Financial Times* (2016), em geral circunspecto, teceu sobre o tema:

> O multilateralismo começa com o exemplo. Se Washington quer continuar a ser visto como líder em governança mundial, precisa fazer frente aos interesses internos que querem que o país ignore ou subverta as normas mundiais. Os EUA podem não gostar da decisão do órgão de recursos, mas não deveriam tentar atulhá-lo com seus defensores. Decisões como essa ameaçam não apenas a credibilidade da OMC como o próprio prestígio mundial dos Estados Unidos.

Naturalmente, esse incidente não basta para desmentir o otimismo de Howse. Mas a repercussão provocada por ele – da qual o artigo do *Financial Times* é uma amostra minúscula – induz a pergunta sobre o que fala mais alto no julgamento do autor: a expectativa cognitiva ou a vontade?

O debate sobre a reforma da OMC

Seja como for, deve estar claro a esta altura que os problemas da OMC não se restringem à sua função "legislativa". A OMC compõe um complexo institucional integrado, e o desempenho de um de seus componentes tem efeitos contraditórios sobre os demais. Esse o núcleo do argumento exposto por Joost Pauwelin em artigo importante, no qual aponta a relação intrínseca entre legalização – definição mais precisa de direitos e obrigações, com recurso a mecanismos judiciais para a resolução de controvérsias – e politização, interna e externa –, envolvimento de atores sociais e demandas crescentes de participação (Pawelyin, 2005). Argumento geral que dá apoio à observação perspicaz de Elsig (2016) sobre as dificuldades na Rodada Doha decorrentes da relutância dos Estados-membros em celebrar acordos que os submeteriam a disciplinas rígidas das quais, mais adiante, não poderiam facilmente se furtar.

Não surpreende, pois, que as propostas de reforma da OMC tenham tido como objeto também, desde o início, o braço judiciário da instituição.

O debate em torno delas antecede o impasse declarado da Rodada Doha. A insatisfação com o modo de operação da OMC já se manifestara em 1996, na Conferência de Cingapura, como já vimos. Mas o tema da reforma não aparece com destaque nas discussões que levariam, três anos depois, ao fracasso de Seattle. Foi a partir daí que ele entrou de fato na pauta.

Desde então, a controvérsia deu origem a um documento oficial (o Relatório Sutherland, de 2004) (Sutherland, 2004), um documento coletivo prestigioso, de caráter institucional (o Relatório Warwick, de 2007) (The Warwick Commission, 2007) e uma quantidade infindável de textos, entre livros, artigos acadêmicos, depoimentos, entrevistas e artigos de jornais. Aberto há mais de quinze anos, o debate sobre a reforma da OMC continua aceso, envolvendo analistas especializados, políticos, empresários e ativistas sociais em todos os quadrantes do mundo. Não seria o caso de reconstituí-lo neste lugar. Para os propósitos do argumento desenvolvido aqui, basta fazer sobre ele alguns breves comentários.

Do ano 2000 a 2016. No decurso desse longo período, as discussões sobre a reforma da OMC giraram em torno de um conjunto permanente de temas, que podem ser tidos, assim, como a "agenda do debate". Entre estes, caberia destacar: o modo de operação rotineira da organização, seu sistema de decisão, os canais de acesso e participação de grupos sociais interessados, o formato dos processos de negociação e o sistema de solução de controvérsias.

Embora a lista se mantenha relativamente constante, no decorrer do tempo a hierarquia dos temas altera-se. Fortemente vocalizada pelas ONGs do Hemisfério Norte na primeira fase do debate, por exemplo, a demanda por transparência perdeu um pouco de sua centralidade em virtude das mudanças adotadas pelos dirigentes da OMC na década passada, a fim de acomodá-la. Em sentido contrário, a discussão a respeito do formato adequado das negociações comerciais ganhou relevo à medida que os impasses na Rodada Doha se agravavam – a antiga insistência no "pacote único" (*single undertaking*) cedendo lugar a diferentes figuras de uma geometria variável, movida pela lógica do interesse bem entendido das partes. Com os problemas daí derivados, como definir o alcance dos direitos e obrigações gerados pelos acordos assim alcançados? Manter neles a vigência do princípio da não discriminação, tal como expresso na regra da Nação Mais Favorecida, ou admitir que eles criam condições declaradamente preferenciais para seus membros? Em um caso ou outro, como integrá-los no sistema multilateral de comércio (Sutherland, 2004)?

A alusão feita no parágrafo anterior ao tema da transparência pede um esclarecimento. A disputa de posições, na OMC como em qualquer outro espaço, é sempre mediada pela linguagem. E as ambiguidades características da linguagem natural desempenham nesses embates um papel decisivo. É assim com a noção de transparência. Desde a última década do século passado, esse vocábulo foi incorporado na linguagem da OMC e – de um modo mais geral – das organizações internacionais com um nítido teor valorativo. O transparente opõe-se ao opaco, como o luminoso ao escuro, a virtude ao vício. Como rejeitar a transparência? É na ausência dela que vicejam as práticas distorcidas e os negócios escusos. Embalados nesse mote, os Estados Unidos e a União Europeia advogaram a adoção de um conjunto de procedimentos com vistas a dar ampla publicidade às atividades da OMC: liberação de documentos até então tidos como confidenciais, ampla divulgação de estudos e relatórios na internet e utilização do mesmo meio para a circulação de informações sobre as atividades internas da organização... Chegaram mesmo a propor que as sessões dos painéis e do DSB fossem televisionadas. Pode surpreender o leitor a notícia de que algumas dessas iniciativas foram frustradas pela resistência que despertavam em países em desenvolvimento. Como entender que se opusessem agora a medidas destinadas a tornar mais transparente sua sucessora, a OMC? Afinal, esses países – seus representantes e seus aliados – queixaram-se sempre da atmosfera rarefeita, secretiva, que envolvia as atividades do antigo Gatt.

Mas o espanto desvanece-se quando atentamos para a polissemia do termo em questão. É que na perspectiva desses atores, transparência vem de mãos dadas com democracia interna e procedimentos inclusivos de tomada de decisão. O significado dessas diretrizes fica evidente quando passamos em revista a vasta literatura crítica sobre a natureza oligárquica da OMC (Jawara; Kwa, 2003; Khor et al., 2005), e mais ainda quando lemos algumas recomendações de reforma nela inspiradas:

> As estruturas de representação devem ser flexíveis para acomodar os diferentes interesses dos membros sobre diferentes tópicos. A criação de um órgão permanente, como um órgão executivo, deve ser rechaçado pelo governo do Reino Unido, uma vez que reduziria, em vez de ampliar, a democracia interna.
>
> Os membros da OMC devem concordar quanto aos critérios que regem as circunstâncias em que as consultas informais devem ocorrer, e esses critérios devem ser rigorosamente respeitados. Os membros da OMC devem concordar com o procedimento e os critérios para a seleção de membros que participarão de tais reuniões.. (Oxfam, 2001)

As sugestões da Oxfam chocam-se frontalmente com o discurso dominante sobre as mudanças necessárias para destravar as negociações comerciais e aumentar a eficiência da OMC. As medidas recorrentemente propostas com esses fins dirigem-se a dois aspectos centrais da instituição: sua estrutura interna e suas regras decisórias.

Em relação ao primeiro, a ideia geral, que aparece sob variadas figuras, é a de elevar o grau de diferenciação interna na instituição. Uma possibilidade aventada seria a do fortalecimento de seu braço executivo, destinando maiores recursos ao secretariado e atribuindo formalmente funções mais amplas ao diretor-geral (*The Sutherland Report*; Narlikar, [s.d.]). Outra, não excludente, seria a da criação de organismos especiais, tais como o conselho consultivo previsto no Relatório Sutherland, ou um comitê de diretores executivos, de perfil regional ou setorial, como prefere um crítico desse documento (Denter, 2005; Stager, 2009). Ou ainda a da constituição de um corpo restrito de Estados-membros, com funções representativas (servir de mediação entre o Conselho Geral e o conjunto dos membros) e executivas, como o G20 comercial (Abbot, 2002).

No tocante ao segundo, o debate põe na berlinda a regra do consenso. Como sabemos, trata-se de prática consagrada desde os primórdios do Gatt. Então ela funcionava como regra não escrita, mas ciosamente respeitada, salvo em ocasiões excepcionais, como foi a consulta por escrito promovida pelos Estados Unidos em 1985, para vencer a resistência liderada pelo Brasil e pela Índia à inclusão de temas não estritamente comerciais em nova rodada de negociação do Gatt. O artigo IX do acordo de fundação da OMC explicita a regra, como prática geral, reservando a decisão majoritária aos casos em que a obtenção do consenso revele-se impossível. No entender dos críticos, a ironia está em que a formalização da prática ocorre exatamente no momento em que ela se torna obsoleta. Com efeito, como gerir uma organização tão grande e com atribuições tão vastas quando qualquer decisão pode ser bloqueada por iniciativa de qualquer um de seus mais de 160 membros?

Para superar a paralisia induzida por tal procedimento, os críticos se dividem entre três soluções alternativas. Uma delas – a mais modesta – é restringir-lhe o alcance, aplicando a regra apenas a questões substantivas, e mesmo assim condicionando-a à produção por escrito de fundamentada justificativa (Relatório Sutherland). Em posição intermediária situa-se a proposta de negar a possibilidade do bloqueio a uma decisão quando a mudança em questão contar com apoio esmagadoramente majoritário no conjunto dos membros (Jakcson, 2001). A mais radical é a adoção de um sistema de voto ponderado, a exemplo do que ocorre no Banco Mundial e no Fundo Monetário Internacional (FMI), com a criação de um conselho restrito (de vinte a trinta membros), composto com base em critério de peso econômico, combinado com outros, como população, por exemplo.

Bem considerada, a crítica revela-se pouco convincente, porque a carta da OMC prevê o voto majoritário. Naturalmente, como observa a Comissão Warwick, a aplicação da regra da maioria em uma organização como a OMC é inviável porque implica a possibilidade de derrota das grandes potências econômicas pelo voto dos países mais pobres, muito mais numerosos. Mas, como conclui a mesma comissão, os esquemas concebidos para contornar a prática do consenso – principalmente o voto ponderado – são problemáticos, pois representariam de fato a privação de direitos para muitos países que, por isso mesmo, rejeitariam a inovação pretendida (The Warwick Commission, 2007).

Opiniões muito desencontradas expressam-se também sobre a reforma do mecanismo de solução de controvérsias da OMC.

Esse é o único aspecto da entidade cuja revisão foi formalmente prevista no Programa de Trabalho da Rodada Doha. Pelo que ficou acertado na conferência, os membros teriam até maio de 2003 para "melhorar e clarificar" os procedimentos estabelecidos no Entendimento sobre Solução de Controvérsias (DSU), devendo proceder às discussões com esse fim na Sessão Especial de Negociações do DSB. Tratava-se, então, de levar a cabo uma tarefa fixada anos antes, na fase final da Rodada Uruguai do Gatt. A decisão adotada na ocasião (abril de 1994) dava aos ministros um prazo de quatro anos, a contar da entrada em vigor do acordo da OMC, para "completar uma completa revisão das regras e procedimentos de solução de controvérsias". Findos os trabalhos preparatórios, as negociações para esse efeito foram abertas em 1998, com previsão de encerramento em dezembro do ano seguinte, na Conferência de Seattle. Sabemos que não foi assim. Dois anos depois, a Conferência de Doha renovava o mandato e estabelecia novo prazo. Inútil. Como da primeira tentativa, o entendimento em torno das mudanças propostas revelou-se impossível (Zimmermann, 2006).

Como nos demais itens do programa de trabalho da rodada, o impasse nas negociações sobre a revisão do DSU deveu-se à enorme distância existente entre as posições sustentadas pelos interlocutores. Diferenças, diga-se de passagem, que continuaram a marcar o debate público sobre o tema no período subsequente.

Uma breve referência a duas polaridades claramente observáveis no debate será o bastante para ilustrar essa assertiva.

A primeira delas opõe, de um lado, os que criticam o modelo em vigor por sua excessiva rigidez, defendendo a ampliação do espaço para o componente político-diplomático do processo de solução de controvérsias, em nome da democracia e do princípio da soberania (Barfield, 2001; Intereconomics, 2002); de outro, os que defendem a judicialização mais acentuada de tal modelo, advogando medidas tais como a transformação dos painéis *ad hoc* em uma espécie de tribunal permanente de primeira

Estados e mercados

instância (Steger, 2009) e a adoção do mecanismo da retaliação coletiva (Das, 1998; Pauwelyn, 2005).

A outra disjuntiva separa os que advogam o acesso direto de partes privadas ao mecanismo de solução de controvérsias, sem a mediação dos respectivos governos (Levy; Srinivasan, 1996) e os que insistem no caráter intergovernamental da OMC, vendo nessa possibilidade – ou mesmo na simples consideração, pelos painéis, de pareceres privados (*amicus curiae*), seus pálidos sucedâneos – inovações a desequilibrar ainda mais as relações de força na OMC em detrimento dos países da periferia.

Essas e outras divergências condenaram as negociações sobre a reforma do sistema de controvérsias da OMC à paralisia. Como observa Thomas Zimmermann (2006), autor de estudo pioneiro sobre o tema, a literatura é desconcertantemente lacônica a respeito desse aspecto decisivo para a compreensão da OMC em sua dimensão política. Não podemos nos deter aqui na exposição desse trabalho tão pouco conhecido, mas devemos reter uma passagem da apresentação sintética de seus resultados, feita em artigo de quatro mãos pelo próprio pesquisador, alguns anos depois de tê-lo concluído.

> As questões controversas que não foram integradas ao texto [elaborado por Péter Ballás, que presidia as negociações] incluem, por exemplo, vários elementos de uma proposta dos Estados Unidos e do Chile sobre "melhorar a flexibilidade e o controle de membros na resolução de controvérsias da OMC". Obviamente motivado por uma série de derrotas em casos de disputas comerciais e uma onda de críticas à solução de controvérsias da OMC por parte do Congresso norte-americano, teria permitido a supressão de conclusões em relatórios de painéis ou de órgãos de apelação por mútuo acordo entre as partes. Além disso, teria propiciado a adoção parcial dos relatórios do painel e do órgão de apelações e demandado "alguma forma de orientação adicional para os órgãos de arbitragem da OMC". A maioria das pequenas e médias nações comerciais recusa qualquer aumento de controle político, pois isso beneficiaria automaticamente os membros mais poderosos. (Hauser; Zimmermann, 2003)

O documento aludido no trecho citado data de dezembro de 2002 (Mills, 2012). Na época o presidente dos Estados Unidos era o republicano George W. Bush, o Iraque ainda não tinha sido invadido, e os entendidos – dos dois lados do Atlântico, ao Sul e ao Norte – especulavam sobre os predicados "romanos" do Império que – atacado em seu território – mostrava ao mundo sua face orgulhosa. O fato de treze anos mais tarde – incomparavelmente mais humildes, depois dos revezes sofridos na guerra e da pedagogia severa da maior crise econômica sofrida em mais de três quartos de século – os mesmos Estados Unidos buscarem limitar a autonomia do DSB da OMC, por meio da depuração de seus membros, diz muito sobre esse Estado peculiar e sobre o ente não menos peculiar que ele pôs no mundo em momento de máxima glória.

Outro rumo: o impasse na OMC e a opção preferencial pelos acordos plurilaterais de comércio

Recapitulemos. As negociações da Rodada Doha estão paralisadas há anos, e vem de mais longe ainda o clamor por reformas – amplas e profundas, envolvendo a OMC como um todo, no conjunto de suas esferas. Mudar é preciso – todos reconhecem –, mas as reformas não prosperam, porque dependem do acordo entre os Estados-membros, e estes divergem quanto à intensidade e a direção das mudanças necessárias. Cresce, nessas circunstâncias, a sensação de crise. Mas ela não leva ao abandono da organização ou a uma ruptura dramática. Em vez disso, desenha-se uma trajetória de expectativas decrescentes que parece condenar a OMC a um futuro melancólico.

Convém insistir. Não leva à ruptura, à eclosão de conflitos intensos que ponham em causa a integridade da organização e abram caminho para que esta se reconstitua sobre outras bases.

Estamos habituados a situações desse tipo, e até cunhamos para elas um vocábulo de ressonâncias fortes. Falamos nesses casos em "revolução" – mesmo quando a quebra da ordem vigente se dá na ausência de violência física, em grande escala.

Revoluções são períodos compactos, ao cabo dos quais as instituições e a sociedade emergem transformadas.

O cerne dos processos constituintes está nessa circularidade: a alquimia pela qual uma coletividade se dota de uma constituição política e se transforma em sujeito coletivo – um povo – nesse mesmo ato.[6]

Momentos como esse não acontecem de uma vez por todas, trancando definitivamente o horizonte das gerações futuras nas fórmulas então consagradas. Em sua trajetória histórica, as nações atravessam situações críticas, que as confrontam às vezes com o perigo de sua autodissolução, ou de uma decadência calamitosa. Em situações assim – ainda que não necessariamente –, normas e princípios estabelecidos perdem vigência, e o poder constituinte é chamado a criar outros novos.

Não assistimos, nem vamos assistir, a nada parecido com isso no universo prosaico da OMC, ou do sistema multilateral de comércio. Por

---

6 Sobre o tema, que vem desafiando a teoria social há mais de dois séculos, cf. Lindahl, H. Constituent Power and Reflexive Identity: Towards an Ontology of collective Selfhood. In: Loughlin, M.; Walker, N. *The Paradox of Constitutionalism. Constituent Power and Constitutional Form.* Oxford: Oxford University Press, 2007, p.9-24.

uma razão muito simples. É que, embora a linguagem constitucional seja corrente na literatura e muitos autores refiram-se a ela como uma "constituição econômica mundial (global)",[7] a OMC carece de atributos essenciais para justificar o emprego do termo em sentido não metafórico. A OMC é um complexo jurídico funcionalmente diferenciado. A falta do "demos" – e da relação reflexiva nele implicada – exclui a possibilidade da superação de crises internas por meio da refundação dos princípios e normas constitutivos da organização.[8] Mudanças dessa natureza em uma entidade como a OMC devem vir, portanto, de processos e iniciativas que se desenvolvem fora delas.

Esse é o princípio que torna inteligível a orientação adotada pelos Estados Unidos em sua política econômica internacional nos últimos anos.

Senão, vejamos. Insatisfeitos com o desempenho da OMC em suas duas vertentes – no plano das negociações de temas substantivos e no avanço das reformas pretendidas –, o que fazer?

Uma possibilidade seria acionar o mecanismo da "saída". Ele é parte integrante dos tratados internacionais e está previsto no artigo XV do acordo de fundação da OMC, que estabelece apenas a exigência de uma notificação prévia com antecedência de seis meses para que o referido direito seja exercido.

No caso dos Estados Unidos, o mecanismo da saída é mais do que mera formalidade, inclusa no texto do tratado como mera barretada à tradição do Direito Internacional. Com efeito, a Lei Pública 103-465, que confirma a participação dos Estados Unidos na OMC obriga o Executivo a encaminhar ao Congresso, por meio da USTR, relatórios circunstanciados analisando "os efeitos do Acordo da OMC sobre os interesses dos Estados Unidos, os custos e os benefícios para os Estados Unidos e sua participação na OMC, e o valor da participação continuada dos Estados Unidos na OMC" (Sec. 124, 1994). Imediatamente a seguir, a lei especifica as condições que o Congresso deveria atender para retirar, em caráter definitivo, sua aprovação ao acordo da OMC. São regras muito exigentes. Resoluções nesse sentido devem ser

---

7 Para uma apresentação abrangente do debate sobre o tema, cf. Cass, D. Z. *The Constituionalization of the World Trade Organization:* Legitimacy, Democracy, and Community in the International Trading System. Oxford; Nova Iorque: Oxford University Press, 2005.

8 Ao dizer isso, mantemo-nos no terreno da teoria clássica, que reserva o conceito de "constituição" ao instituto híbrido que articula o jurídico e o político no âmbito de uma unidade territorial. A literatura sociológica e jurídica registra outras visões, que redefinem o conceito de constituição, buscando desvencilhá-lo de seu nexo tradicionalmente entendido como necessário com a comunidade política e o Estado nacional. Teubner (2009) está entre os mais importantes representantes dessa perspectiva. Definindo "constituição" como "autoidentificação de um sistema com auxílio do direito" (p.71), esse autor toma a emergência de "constituições sociais parciais" como um traço típico da sociedade mundial altamente diferenciada hodierna. Cf. Teubner, G. Constitutional Fragments: Societal Constitutionalism and Globalization. Oxford: Oxford University Press, 2014. Para uma discussão abrangente dessa e de outras perspectivas sobre o tema, cf. o trabalho notável de Neves, M. *Transconstitucionalismo.* São Paulo: Martins Fontes, 2009.

encaminhadas conjuntamente nas duas casas, e é preciso obter maioria de dois terços para derrubar o provável veto presidencial. Mas o importante é que a possibilidade existe, e foi repetidamente testada – para ficar em um exemplo, em 2005 uma resolução desaprovando a OMC foi proposta por um Congressista que ganharia notoriedade mundial anos depois, como postulante à candidatura democrática à presidência dos Estados Unidos: o então deputado Bernard Sanders (Ahearn; Ferguson, 2010).

A especulação a respeito da maior ou menor probabilidade da saída dos Estados Unidos da OMC é ociosa. O importante é que a possibilidade está explicitamente prevista na legislação do país e poderia ser usada por seus governantes nos processos de negociação em que estão ou estiveram envolvidos. Se não ameaçam usar essa arma é porque seu poder destrutivo é grande demais – a retirada dos Estados Unidos decretaria o fim da OMC e um golpe de morte no regime multilateral de comércio. As consequências assombrosas para todos tornam a ameaça pouco crível.

Mais sutil e mais efetivo era o recurso à abertura de novas frentes de negociação comercial, por fora da OMC, a exemplo do que haviam feito em passado recente. De fato, durante toda a Rodada Uruguai do Gatt os Estados Unidos operaram em dois tabuleiros: o das negociações multilaterais e os acordos bilaterais (ou plurilaterais) de comércio. Esse movimento ganharia amplitude muito maior na sequência, bastando citar como ilustração a fracassada tentativa da Área de Livre Comércio das Américas (Alca), os acordos de livre comércio com inúmeros países latino-americanos (Chile, Peru, Colômbia), o acordo celebrado em 2010 com a Coreia, as várias tentativas de acordos setoriais – os frustrados Acordo Multilateral de Investimentos e o Acordo contra o Comércio de Produtos Falsificados (Acta, na sigla em inglês), o Acordo sobre Comércio e Investimento em Serviços (Tisa, em inglês), e dois mega-acordos inter-regionais: a Parceria Transpacífica (ou TPP, como é mais conhecida), com negociação concluída no final de 2015 e processo de ratificação em curso, e a Parceria Transatlântica de Comércio e Investimento (TTIP), ambicioso acordo com a União Europeia cuja negociação foi iniciada formalmente em 2013 e ainda esbarra em muitos obstáculos.

Os Estados Unidos não estão isolados no afã de estabelecer acordos preferenciais de comércio. A União Europeia enfeixa um número maior de instrumentos desse gênero, e eles vêm sendo adotados em ritmo cada vez mais acelerados por países espalhados por todo o mundo. Segundo a OMC, eles já são mais de 420 no presente, envolvendo países em diferentes graus de desenvolvimento econômico e cobrindo diferentes matérias.[9] O

---

9 Para uma visão comparativa abrangente desses acordos, cf. Oliveira, I. T. M.; Badin, M. R. S. (Orgs.), *Tendências regulatórias nos acordos preferenciais de comércio no século XXI. Os casos de Estados Unidos, União Europeia, China e Índia*. Brasília: IPEA, 2013.

Estados e mercados

elemento distintivo do acordo modelo adotado pelos Estados Unidos (com ligeiras variações, também pela Europa) é o fato de incluírem dispositivos que vão além daqueles contemplados nos acordos cobertos pela OMC (por isso eles são ditos acordos "OMC-plus"), facultarem o acionamento de seus respectivos dispositivos de solução de controvérsias a empresas privadas e deixarem a critério da parte queixosa a escolha do órgão onde prefere ver julgada sua demanda (Drahos, 2005).

A literatura associa a proliferação dos acordos regionais de comércio à paralisia do sistema decisório da OMC, e costuma avaliá-los benevolamente. Para o autor de um dos trabalhos mais conhecidos sobre o tema, esses acordos operariam como um sucedâneo das negociações multilaterais. Criando regras mais compatíveis às exigências da economia globalizada, eles transformariam aos poucos o ordenamento jurídico do comércio internacional, que acabaria por integrá-las sistematicamente, por meio de sua incorporação ao acervo normativo administrado pela OMC (Baldwin, 2006).

Há pelo menos dois problemas entrelaçados nessa perspectiva: ela subestima a diferença de conteúdo que tende a se introduzir nas regras produzidas assim, descentralizadamente, e obscurece a dimensão estratégica implicada nesse movimento.

A natureza estratégica da opção pelos acordos preferenciais de comércio por parte dos Estados Unidos fica evidente quando nos deparamos com argumentos como o exposto a seguir:

[...] é difícil enxergar como a insistência em um "compromisso único" [*single undertaking*] poderia ser repetida.

Embora a instituição da OMC só tenha sido proposta relativamente tarde na Rodada Uruguai, ela proporcionou um veículo apto a fazer cumprir o compromisso único. Um país poderia ter sido parte contratante no Gatt, mas não poderia ser membro da OMC, a menos que tivesse aceito todos os acordos necessários. Em todas as rodadas futuras, pode-se solicitar que todos os membros da OMC assinem todas as partes do acordo subsequente, mas quais seriam os meios de execução? (Levy, 2006, p.431)

Philip Levy trabalhou no Conselho de Assessores Econômicos de G. W. Bush e servia na equipe de Planejamento de Políticas do Departamento de Estado quando escreveu as linhas citadas. Seria ingênuo imaginar que expusesse um pensamento individual. A essa altura, a dificuldade política de constranger os interlocutores a aceitar as posições norte-americanas na OMC estava claramente identificada. Visível também estava o caminho a seguir para evitar o obstáculo.

É à luz da lógica estratégica que a diferença de conteúdo entre as normas negociadas fora da OMC ganham importância crítica para os Estados

Unidos. Isso fica claro no debate a respeito da autorização presidencial para negociar o TPP. A determinação de introduzir regras mais estritas de propriedade intelectual e de abrir mais amplamente o mercado de serviços para as corporações norte-americanas – entre outros aspectos que tornam o TPP um acordo "padrão ouro", na imagem sugestiva da ex-secretária de Estado Hillary Clinton – é um móvel fundamental dessa iniciativa, assim como o propósito de não ficar excluído do processo de integração econômica em curso na Ásia. Mas as considerações estritamente econômicas não explicam por que dois dos três gigantes econômicos regionais – a China e a Índia – foram excluídos das negociações. Entenderemos melhor o que está em jogo nesse projeto se deixarmos de lado a ideia ingênua de que o discurso do Estado é sempre enganoso e prestarmos atenção às palavras do presidente Barack Obama quando ele celebra a assinatura do TPP pelos representantes dos doze países reunidos em Atlanta em 5 de outubro de 2015.

> Durante o verão, democratas e republicanos no Congresso se uniram para ajudar os Estados Unidos a negociar acordos de comércio livre e justo que apoiariam nossos trabalhadores, nossos negócios e nossa economia como um todo. Quando mais de 95% de nossos potenciais clientes vivem fora de nossas fronteiras, não podemos deixar que países como a China escrevam as regras da economia global. Nós devemos redigir essas regras, abrindo novos mercados aos produtos norte-americanos enquanto se estabelecem padrões elevados para proteger os trabalhadores e preservar o meio ambiente. (Statement by the President..., 2015)

"Não podemos deixar que países como a China..." Não se trata tanto do conteúdo dessa ou daquela regra, mas do poder de fixá-las – e de alterá-las, sempre e quando preciso

Ora, no presente esse poder está sob ameaça. Ele nunca foi absoluto, e houve momentos em que foi abertamente contestado. Vimos isso mais de uma vez neste livro. A primeira quando discutimos a crise do dólar no final da década de 1960. A segunda quando analisamos as tensões comerciais e monetárias que culminariam no Acordo de Plaza, em 1985, sanando as divergências agudas entre os Estados Unidos e a Comunidade Europeia, o que abriu o caminho para a nova rodada de negociações no Gatt, carro-chefe da política comercial do governo Reagan. Mas em ambos os momentos as disputas sobre o poder de decisão econômica foram travadas no seio da aliança estratégica lastreada no poder econômico e militar dos Estados Unidos.

As tensões com a China são de outra natureza. Plenamente integrada ao capitalismo global, a economia chinesa cresceu em ritmo espetacular simbioticamente ligada à economia norte-americana – fonte de investimento produtivo para sua indústria, mercado inesgotável para seus produtos e espaço privilegiado para a colocação dos fundos resultantes do

Estados e mercados

desequilíbrio estrutural de sua balança de transações correntes. O significado geopolítico desse desenvolvimento foi muitas vezes minimizado com base no argumento frágil de que o Japão percorrera trajetória análoga, e – contra as expectativas (os pesadelos) de tantos – nunca chegou a desafiar a hegemonia norte-americana. Com a China não haveria de ser diferente.

Mas, se no final do século passado o Japão converteu-se em gigante econômico, carregando o trauma da guerra e subordinado militarmente aos Estados Unidos, nunca deixou de ser um anão político. A situação da China é completamente distinta: sede de civilização milenar, com um Estado reconstruído a partir de uma revolução social, de forte teor nacionalista, a China afirma-se orgulhosamente como nação soberana. Nessas condições, seu avanço econômico impressionante tende a traduzir-se em potência militar e política.

É nessa dupla condição – potência econômica e política – que a China passa a expandir suas redes de relações por todo o mundo – sua presença se faz sentir com força na África e na América do Sul[10] – e a disputar na Ásia Oriental a liderança com os Estados Unidos. De um lado, investe pesadamente em seu aparato militar, lançando-se em programa de construção naval e logrando conquistas importantes no campo da tecnologia bélica, com ênfase no desenvolvimento de satélites e mísseis – o teste bem-sucedido de destruição de um objeto gravitando na órbita terrestre, executado em 2007, foi particularmente inquietante para os estrategistas japoneses e norte-americanos. De outro, intensifica sua ação no plano diplomático, estabelecendo acordos de segurança com países da região e fomentando a criação de espaços institucionais, na região e fora dela, que excluem os Estados Unidos – a Organização de Cooperação de Xangai, ou o grupo formado por Brasil, Rússia, Índica, China e África do Sul (Brics), por exemplo. A criação do Banco Asiático de Investimento em Infraestrutura e o anúncio de um projeto ciclópico visando a interligar, por via terrestre e marítima, a Ásia Oriental à Europa Central inscrevem-se nessa perspectiva. Com cerca de 900 projetos em 64 países, totalizando investimentos da ordem de 800 bilhões de dólares (Wan, 2016), o projeto Um Cinturão, Uma Estrada (*One Belt, One Road*) foi anunciado pelo presidente Xi Jiping em setembro de 2013. Por suas dimensões e por sua natureza intrínseca – acena com a promessa do desenvolvimento assentado em projetos de longa maturação, requerendo estreita colaboração entre governos e agentes privados e, portanto, sólida estabilidade política –, essa iniciativa é entendida

---

10 Para uma análise do significado dessa presença para as políticas de inserção internacional do Brasil e seus vizinhos, cf. Ramanzini Júnior, H.; Vigevani, T. Autonomia e integração regional no contexto do Mercosul. Uma análise considerando a posição do Brasil. In: *OSAL*, Buenos Aires: Clacso, ano XI, n.27, abr. 2010.

como a projeção mais ambiciosa do "modelo chinês de desenvolvimento capitalista" (Fukuyama, 2016).

É para fazer frente a esse desafio bifronte que o governo Obama abraçou a chamada estratégia do "pivô asiático" – limitar a exposição em áreas conflituosas de interesse menor e concentrar recursos no aprofundamento de alianças econômicas e militares na Ásia. A Parceria Transpacífica é uma peça importante nessa estratégia.

Esse é o aspecto fundamental para nossa análise. As considerações econômicas e geopolíticas conjugam-se no TPP e são formuladas em termos explícitos no debate público que ele suscitou nos Estados Unidos. A carta bipartidária em apoio à autorização presidencial para a negociação do TPP, subscrita pelos nomes mais representativos da comunidade de segurança dos Estados Unidos, dá uma clara ideia da centralidade desse laço.

> Escrevemos para expressar nosso mais forte apoio possível à promulgação da lei da Autoridade de Promoção Comercial [...] Embora os benefícios econômicos desses dois acordos sejam substanciais, na qualidade de ex-Secretários de Defesa e líderes militares, acreditamos que exista uma lógica estratégica igualmente convincente para o TPP [Tratado Transpacífico] e a TTIP [Transatlantic Trade and Investment Partnership]. Em primeiro lugar, a conclusão desses acordos seria um poderoso símbolo da liderança e do engajamento dos Estados Unidos em nível global. Eles reforçariam os relacionamentos com aliados e parceiros importantes em regiões críuciais do mundo. Ao nos unir mais proximamente a Japão, Vietnã, Malásia e Austrália, entre outros, o TPP fortaleceria as relações de segurança existentes e emergentes na Ásia-Pacífico e tranquilizaria a região quanto ao poder de permanência de longo prazo da América. (Former Military Leaders…, 2015)

Não há nenhuma originalidade na constatação que fazemos. A dimensão geopolítica dos mega-acordos comerciais patrocinados pelos Estados Unidos tem sido objeto de número crescente de estudos. Um dos mais argutos entre os que consultamos conclui com a pergunta sobre o desenho futuro da regulação econômica global. Naturalmente, não oferece uma resposta fechada à interrogação, limitando-se a esboçar alguns cenários. Mas vale a pena transcrever as palavras com que conclui o exercício.

> [...] o TPP e a TTIP podem liberalizar gradualmente o comércio entre seus membros, mas é improvável que tenham sucesso em restabelecer a primazia transatlântica. O poder está tão fraturado fora da OMC quanto internamente. As potências transatlânticas provavelmente perderam a capacidade de seu duopólio hegemônico que uma vez regeu o comércio mundial. A estabilidade hegemônica no comércio foi provavelmente perdida. (Grifth; Steinberg; Zysman, 2015)

Concordando com a avaliação, não temos como deixar em silêncio a ironia contida no conjunto da história. Os Estados Unidos foram os grandes arquitetos do regime multilateral de comércio, fórmula garantida – na visão de estadistas contemporâneos – de exorcizar os demônios que tinham levado em passado recente ao totalitarismo e aos horrores da guerra. Frustrados em seu intento de criar uma organização forte para o comércio, que completasse a armadura institucional composta ainda pela Organização da Nações Unidas (ONU), o Banco Mundial e o FMI, contentaram-se com o Gatt, que tinha a virtude de ser mais específico e proporcionar as ferramentas necessárias para levar adiante, gradualmente, a tarefa da liberalização do comércio exterior, sem sobrecarregar os governos envolvidos com expectativas que muitos deles não conseguiriam (alguns diziam, não deveriam) realizar. Então os Estados Unidos erguiam-se diante do mundo como um gigante magnânimo, incontrastável no vigor de sua economia e no poderio de suas armas. Foi a generosidade da superpotência que resgatou as instituições de Bretton Woods, quando sobreveio a crise e propiciou os recursos materiais e políticos indispensáveis à reconstrução das economias europeias devastadas pelo conflito, permitindo que elas reencontrassem o caminho da prosperidade. O instrumento que usou para isso foi o Plano Marshall.

Ele não alcançava o conjunto dos países coligados contra o eixo. Pelo contrário, um dos móveis da superpotência ao exibir tal altruísmo era o imperativo geopolítico de barrar a expansão do comunismo soviético. O ano de 1947 é também o ano de criação da Organização do Tratado do Atlântico Norte (Otan). O novo regime multilateral de comércio ganhava forma em um mundo partido.

Já não o era quando a OMC veio à luz. Quase cinquenta anos depois de sua proclamação, a Guerra Fria estava terminada. Com a derrota incondicional do bloco socialista e o desaparecimento, puro e simples, da União Soviética, os herdeiros de Kennan tinham motivos de sobra para comemorar. Ao menos, assim pensavam. Nas celebrações em que se comspraziam, falavam de um mundo novo, onde imperaria a paz, a democracia, os direitos humanos... e a economia de mercado. As fronteiras estavam a cair – vivemos tempos globais! –, mas o Estado norte-americano seguia presente (omnipresente), expressão consumada do "Império da liberdade".

Hoje essas ilusões estão desfeitas, como sabemos. É sintomático que, ao se despir delas, os Estados Unidos estejam abandonando também uma parte da obra que lhes deu plausibilidade um dia.

Considerações finais

As análises desenvolvidas no capítulo precedente nos levam de volta ao ponto de partida desta obra. Como o leitor se lembrará, iniciamos nosso trajeto com uma discussão conceitual sobre os regimes que salientava a inserção destes na esfera mais ampla do sistema internacional – com seus fundamentos normativos, sintetizados no princípio da soberania.

Não seria o caso de discorrer nestas páginas finais sobre o conceito de soberania, que foi e continuará a ser por muito tempo objeto de intensa controvérsia. Basta dizer que ele se conforma nos primórdios do sistema europeu de Estados – momento em que suas unidades assumiam a figura de Estados territoriais dinásticos – e que sofre uma transmutação radical na dobra do século XVIII – "era das Revoluções" –, quando o povo se substitui ao rei, com brutalidade maior (França) ou menor (Estados Unidos), no papel do soberano.

Desde então, a ideia de soberania fundiu-se com o par conceitual povo--nação, e juntos deram origem ao poderoso artefato ideológico que faria ruir as estruturas políticas do antigo regime na Europa, explodiria o sistema colonial europeu na Ásia e na África, em seguida, e traria para o palco da política internacional uma fileira de Estados juridicamente independentes, · empenhados em transformar esse *status* formal em realidade efetiva. Alimentaram, além disso, um sem número de movimentos políticos – com apelo popular mais ou menos amplo – animados pelo propósito de conquistar, ou consolidar, a independência nacional.

A dupla ironia merece registro. No movimento expansivo de afirmação de seu poder, as potências europeias estenderam seu domínio aos quatro cantos do mundo. Ao fazerem isso, dissolveram estruturas e padrões de convivência social enraizados em tempos imemoriais, implantaram organizações econômicas, culturais, administrativas e militares novas, adequadas aos seus desígnios, e nelas incorporaram segmentos não desprezíveis das populações nativas. Mais tarde, quando a competição entre elas se traduziu duas vezes em guerra generalizada, mobilizaram os recursos materiais e humanos de que podiam dispor em suas respectivas colônias para vencer o inimigo. Terminado o conflito, porém, deram-se conta de que teriam de se haver com os antigos discípulos, instruídos agora pela experiência da guerra e capazes de vocalizar seus anseios na linguagem do nacionalismo. Primeira ironia.

A segunda tem a ver com a dinâmica do "mundo das nações", que o coroamento do movimento de descolonização inaugura no terceiro quartel do século passado. Pudemos examinar com algum cuidado o impacto dessa nova configuração no regime multilateral do comércio no segundo capítulo deste livro. Ele já se fazia sentir nos primeiros questionamentos sobre a natureza enviesada do Acordo Geral sobre Tarifas e Comércio (Gatt), ainda no final dos anos 1950. Manifesta-se mais vigorosamente na década seguinte, no movimento que levaria à primeira reforma dos estatutos do Gatt e à formação da Conferência das Nações Unidas sobre Comércio e Desenvolvimento (Unctad), temas abordados no segundo capítulo. E expressar-se-ia de forma acabada na ideologia da Nova Ordem Econômica Internacional, que inspirou uma infinidade de iniciativas, propostas, encontros e conferências internacionais, no contexto de turbulência internacional desencadeado pela crise do petróleo, em 1973.

Nesse período – que assiste também à atenuação do conflito Leste--Oeste, com a política de *détente* conduzida pela dupla Nixon-Kissinger, com seu vetor soviético e chinês – parecia cristalizar-se na política econômica internacional uma segunda clivagem: a que separava o Norte e o Sul, os países capitalistas avançados e a frente enorme, embora heterogênea, dos países em desenvolvimento.

Primeiro e Terceiro Mundo. Revestido de roupagem ideológica, o conflito entre os dois blocos reflete uma diferença inconciliável de prioridades e perspectivas. Enquanto as políticas defendidas pelo primeiro focalizam o mercado, com suas exigências, e se justificam em termos dos benefícios – reais ou supostos – que podem gerar para os indivíduos-consumidores, as propostas do segundo bloco atendem ao imperativo de ampliar os graus de autonomia e reduzir a vulnerabilidade dos Estados concernidos.

E não por acaso. Entre os dois campos está o fosso que separa Estados solidamente estabelecidos, dotados de economias sofisticadas e ricas, de Estados frágeis, confrontados com o desafio de construir, em tempo compacto, as bases materiais requeridas para incorporar o conjunto de suas respectivas populações em padrões de vida e cultura aceitáveis, em um mundo cada vez mais integrado onde os critérios de avaliação sobre o que é ou não aceitável tem por referência os padrões exibidos pelos países desenvolvidos.

Muito esquematicamente, e com boa dose de liberdade interpretativa, este é o núcleo do argumento exposto por Stephen Krasner, em um livro brilhante, mas de má fortuna. É que pouco depois de concluída a análise e enunciado o prognóstico dela decorrente, o mundo estudado pelo autor sofria uma mutação radical.

Abordamos alguns aspectos dela nos capítulos 4 e 5 desta obra, dedicados à análise do processo que precede a abertura da Rodada Uruguai do Gatt e das negociações que se desenvolvem em seu decurso. Como sabemos, um dos produtos não antecipados da rodada foi a criação de uma entidade internacional *sui generis*, a Organização Mundial do Comércio (OMC). Essa entidade foi aclamada por muitos como modelo precursor, pelos elementos de supranacionalidade que continha. Ela integraria uma classe em expansão constante, que logo passaria a contar com outras unidades, como o Tribunal Penal Internacional, por exemplo.

Subjacente a essa tendência observável no plano das organizações e dos regimes internacionais, um processo de longo prazo, que teria se acelerado sobremaneira nas duas últimas décadas do século XX – a globalização –, e um evento: o colapso do socialismo soviético, com o seu concomitante, o fim da Guerra Fria.

Diversamente interpretado, esse feixe de mudanças foi entendido por muitos analistas e atores sociais como porta de entrada em uma nova era na história da humanidade. Os que assim pensavam não estavam de acordo em tudo. Alguns consideravam a dimensão jurídico-política desse novo mundo como uma ordem unipolar, centrada nos Estados Unidos. Outros iam mais longe e a concebiam como um complexo de instituições integradas em escala global, diferindo entre si na maneira como imaginavam a natureza da ordem resultante. Nas duas vertentes, as posições valorativas variavam significativamente, a crítica misturando-se ao aplauso, embora esse último fosse muito mais audível. Em um ponto, contudo, todos estavam de acordo: a globalização era irreversível, e no mundo globalizado os antigos Estados poderiam até subsistir como estruturas administrativas, mas estariam desprovidos de seus atributos de soberania.

É exatamente nesse pressuposto comum que eles se contrapõem a outro conjunto de autores e forças sociais. Nesse segundo campo também, as análises e as perspectivas normativas variam muito e são por vezes nitidamente conflitantes. Com efeito, não há continuidade entre a expectativa cognitiva expressa por expoentes do neorrealismo, segundo os quais o sistema interacional pós-Guerra Fria tenderia a evoluir para uma configuração multipolar, de um lado, e, de outro, o discurso dos grupos que se opõem à globalização, reivindicando a soberania nacional com base em apelos identitários intolerantes. E há um vivo antagonismo entre esse discurso, assumidamente direitista, e a denúncia da globalização como projeto das grandes corporações, vocalizado na linguagem da justiça social e da democracia participativa por forças de esquerda.

Nessa caracterização sumária, tratamos indiferenciadamente análises acadêmicas, de pretensão científica, e discursos de luta, explicitamente guiados pela vontade de incidir de forma específica no estado das relações políticas e sociais, em contextos dados. Ao proceder assim, não pretendemos desqualificar as primeiras, nem vestir as segundas de uma autoridade intelectual que não lhes cabe. Mas queremos chamar a atenção para o fato de que essas duas modalidades de discurso não se excluem mutuamente, devendo ser entendidas como extremos de um contínuo em que o componente normativo e o cognitivo estão sempre presentes, embora com valores muito desiguais.

Levá-los em conta, ambos, é essencial para entender o debate inaugurado logo após o fim da Guerra Fria sobre a natureza e os prospectos da ordem internacional em gestação.

Ele foi objeto de intervenção e análise em outros trabalhos de nossa autoria. Não seria o caso de retomar aqui os argumentos desenvolvidos nessas múltiplas ocasiões, mas é importante indicar a direção que eles tomavam para melhor situar os resultados da pesquisa que vem a público agora.

Tais argumentos nasceram da insatisfação intelectual com a fragilidade lógica dos discursos correntes sobre a globalização e do inconformismo moral-político ante a nova modalidade intervenção militar inaugurada pela Guerra do Golfo – com a exibição espetacular de superioridade tecnológica e o manejo despudorado dos meios de comunicação que lhes são característicos. Tomaram forma definida à medida que avançamos no estudo da literatura sobre as transformações do capitalismo internacional, e ganharam amplitude e profundidade muito maior quando fomos levados a refletir mais sistematicamente sobre o inter-relacionamento entre as mudanças na economia capitalista internacional, com seu arcabouço jurídico, o esvaziamento dos mecanismos da democracia política no plano doméstico e os fenômenos emergentes no terreno da geopolítica.

Esses trabalhos – boa parte dos quais elaborados em paralelo com a pesquisa que deu origem ao livro *Trajetórias: capitalismo neoliberal e reformas econômicas nos países da periferia* – revestiram a forma de ensaios interpretativos.

A presente pesquisa, como a anterior, incorpora os resultados dessa linha de investigação e os questiona.

Eles se traduziram em algumas tomadas de posição sobre as questões de fundo em debate, que passamos a expor secamente, desacompanhadas de qualquer argumento justificativo, para simples conhecimento do leitor.

Estados e mercados

1. Em seu uso corrente, o termo globalização padece de uma ambiguidade essencial. Por um lado, ele serve para designar, sinteticamente, aspectos fundamentais de um processo em curso, a saber, o processo de integração crescente da economia mundial, com seus correlatos. Esse processo – com assincronias mais ou menos pronunciadas – opera nas esferas financeira e produtiva e afeta o conjunto dos setores da economia capitalista internacional. Mudanças no mesmo sentido são claramente observadas no plano das relações sociais e na cultura. Esses dois movimentos estão indissociavelmente interligados e, juntos, compõem o fenômeno da globalização.

Nessa acepção, o termo tem significado eminentemente descritivo, e como tal não suscita maiores objeções. O problema está em seu emprego usual como conceito explicativo. Nesse segundo sentido, o termo "globalização" não serve apenas para referir um processo encadeado de mudanças, mas para iluminá-lo em sua dinâmica e em seus determinantes causais. O resultado corriqueiro dessa ambiguidade é a proliferação de argumentos circulares, nos quais a globalização – processo complexo, que desafia a análise – aparece como decorrência de comportamentos individuais e decisões coletivas induzidos... pela globalização.

2. Situação tão esdrúxula seria inconcebível sem outra ambiguidade: a utilização do termo "globalização" para designar um estado de coisas – mais precisamente, a situação atual do sistema mundo – e o processo que o levaria a um estado final postulado: a economia global, que aparece a um só tempo como inelutável e desejável. Nesse sentido, a globalização opera como senha para um discurso mistificador e claramente interessado, cujo objeto não é a realidade vigente (em dado país, ou nas relações econômicas internacionais, em período determinado), mas as opções de política acertadas para nela imprimir mudanças, cuja necessidade se furta à crítica.

3. O termo "globalização" entra no vocabulário político no final da década de 1980 e converte-se em mantra nos anos seguintes. É exatamente nessa quadra histórica que a liberalização financeira, promovida sob a liderança conjunta dos Estados Unidos e da Grã-Bretanha, atinge seu clímax. A revolução tecnológica desempenha um papel indiscutível nesse processo, mas ele não é unívoco – para ficar em um exemplo, ao mesmo tempo em que possibilita a movimentação instantânea de capitais, a internet propicia aos Estados meios poderosos de rastreamento e controle sobre as transações dos agentes privados. Pode ser vista, portanto, como fator de erosão do poder dos Estados e instrumento hábil para seu reforço.

4. Menos ambivalente foi o impacto das políticas estatais. Elas removeram as barreiras institucionais que segmentavam até então os mercados financeiros, criando as condições para o florescimento de mercados de capitais globais, com suas conhecidas mazelas – volatilidade acentuada, crises financeiras recorrentes etc. A liberalização dos mercados de bens e serviços resultou igualmente de políticas governamentais, muitas das quais adotadas em conformidade com normas estabelecidas em longas e complexas negociações internacionais. Em um caso e em outro, as referidas medidas foram fortemente contestadas – no interior dos diferentes países e na esfera das relações internacionais. Elas foram produzidas, portanto, no decurso de processos políticos abertos, em que papel não desprezível foi desempenhado

295

pela capacidade dos atores em confronto de mobilizar recursos, projetar imagens plausíveis de futuro e bater-se com inteligência por elas.

5. Uma das insuficiências mais clamorosas do discurso predominante sobre a globalização é tratar as implicações das mudanças econômicas e socioculturais observadas considerando os Estados em conjunto e abstratamente. Vale dizer, fazendo abstração das relações hierárquicas existentes entre eles. Fica obscurecida, nesse sentido, a posição singular ocupada pelos Estados Unidos, como linha de frente das inovações tecnológicas e institucionais que impulsionam o processo de globalização, como centro financeiro hegemônico, gestor da moeda-chave da economia (não de todo) globalizada e como superpotência militar, fiadora em última instância de sua segurança.

6. O reconhecimento do papel excepcional desempenhado pelos Estados Unidos não é incompatível com a tese da globalização. Como indicado antes, ele é tomado por alguns como uma característica estrutural da ordem internacional emergente ao final da Guerra Fria. Poderia mesmo ser tido como elemento corroborador da tese da globalização, ao mostrar que o princípio dominante nessa ordem é a diferenciação funcional, não a segmentação – isto é, a reprodução, nos mesmos moldes, das unidades do sistema –, como pretenderiam o neorrealista Waltz e seus discípulos. Estaríamos vivendo, então, uma etapa na história da humanidade cujo horizonte seria o "Império" – como queriam Hard e Negri – ou o Estado Global, como argumentava com rigor bem maior Martin Shaw, sociólogo inglês de renome, mas pouco conhecido do público brasileiro.

Para esse autor, o caminho a tal Estado seria aberto pelo que denominava de "Conglomerado Estatal Ocidental Global" – complexo integrado de instituições de natureza civil e militar, nucleado pelos Estados Unidos, a Europa e o Japão, com o Canadá, a Austrália e a Nova Zelândia em sua franja. Ausente nas relações entre esses entes políticos (já agora despidos dos atributos típicos dos Estados nacionais), o risco da guerra continuaria pairando sobre o sistema internacional pela persistência de "Estados-nação quase imperiais", dotados de aparelhos militares importantes e propensos a recorrer às armas na promoção de seus interesses. A relação dos maiores entre eles inclui a Rússia, a China, a Índia, o Paquistão, a Indonésia, o Brasil, a Argentina e a Nigéria. Tende a predominar nesses Estados o padrão clássico de exploração centro-periferia e a discriminação sistemática contra as populações periféricas, especialmente os povos indígenas. E a análise conclui com uma proposição de cunho claramente prescritivo: "Na revolução global, as demandas gerais por liberdades democráticas se entrelaçaram com demandas particularistas por autonomia de grupos subordinados nesses estados" (Shaw, 2000, p.210).

Escrito na esteira da Guerra da Iugoslávia e com inúmeras referências ao episódio – que inaugura uma nova etapa na história da Otan –, o texto não precisava esclarecer que atitude o Estado ocidental deveria adotar, no entender do autor, diante desse tipo de conflito.

7. Por razões já assinaladas e por outras de teor normativo, recusamos desde o início tal perspectiva. No primeiro ensaio de fôlego que fizemos sobre o tema, deixamos claro esse fato ao enunciar, sob a forma de teses, um conjunto de pontos de referência para futuros trabalhos. Não por acaso, o primeiro deles dizia:

> A concentração de poder em escala global, seja ela concebida em clave idealista – criação/fortalecimento de órgãos supranacionais – seja em perspectiva realista – reforço a uma das tendências centrais no pós-guerra fria, a saber, a formalização do caráter imperial da política conduzida pelo Estado norte-americano – não é saída para nenhum dos problemas que afligem o sistema mundial nesta quadra histórica. Pelo contrário, se existe alguma forma efetiva de atacá-los ela supõe a desconcentração de poder nesse nível. Vale dizer, o deslocamento do sistema em direção ao multipolarismo (Velasco e Cruz, 2004, p.236).

E o segundo complementava:

> Nesta perspectiva, o direito internacional deve ser visto como um recurso estratégico do qual não devemos abrir mão e como um patrimônio precioso a ser preservado. Sedimentando, em um todo heteróclito, fórmulas e princípios engendrados no esforço multissecular de conter a violência desenfreada produzida por antagonismos irredutíveis, o direito internacional se estrutura em torno da ideia de uma associação cujo princípio normativo básico é o da preservação da independência de seus membros.... Sob a cobertura edulcorada do discurso cosmopolita, a investida contra o direito internacional a que assistimos hoje é reacionária, no sentido preciso do termo. Porque tende a reinstituir a clivagem que dividia, no passado, a humanidade em dois campos: os que decidem, em cada caso, o que é o direito e estão autorizados a empregar a força para fazer valer o seu veredicto; e os demais, reduzidos à condição de objetos de ação punitiva, ou de expectadores atemorizados e passivos. Não por acaso, a referida ofensiva se manifesta simultaneamente à reestruturação da economia mundial que vem aprofundando o fosso entre o centro capitalista e a sua periferia (ibidem, p.236-7).

Essas passagens foram extraídas de um texto redigido em 2001, poucos dias depois dos atentados terroristas de 11 de setembro, em Nova Iorque. Evocá-las é oportuno porque, ao expressar uma convicção profundamente arraigada em momento tão crítico, elas servem como balizas, facilitando o exame do que mudou e o que se manteve no modo de ver do autor com o passar do tempo. Em outro plano, elas vêm a calhar nisto que reintroduzem no centro de nossa atenção o tema da soberania, fio condutor da pesquisa que ora se completa.

No seu decurso fomos levados a estudar temas inteiramente novos para nós e a travar contato com blocos inteiros de literatura. No entanto, concluído o percurso, percebemos que não foi preciso modificar drasticamente nenhuma das posições sustentadas no início da caminhada. Pelo contrário, a análise do vasto material coligido – e o próprio desenrolar dos acontecimentos no longo período da pesquisa – corroboraram aquelas hipóteses.

Foi assim com respeito à importância do princípio da soberania para a inteligência dos processos políticos que marcaram a história do regime multilateral de comércio e para a análise das organizações que o vertebraram (o Gatt e a OMC). Como ficou evidenciado nos capítulos dedicado a esta última, a vigência daquele princípio, com as normas dele derivadas, passou a ser contestada, propostas de relativização daquele constando sempre como ingredientes centrais do debate sobre sua necessária reforma.

Mas não conseguiram se impor. Essas propostas esbarraram na oposição sistemática dos países em desenvolvimento e – curiosamente – na rejeição seletiva da Superpotência.

A posição aparentemente contraditória dos Estados Unidos nesse particular é um elemento-chave do regime multilateral de comércio construído no pós-guerra sob sua liderança. Ela se manifesta desde o primeiro momento no abandono da Organização Internacional do Comércio, aprovada depois de longas negociações, em 1948, na Conferência de Havana, e ressurge com força no debate sobre a ratificação do tratado que cria a OMC e nos dispositivos jurídicos adotados pelo Senado dos Estados Unidos como condição para aprovar a matéria. E assume intensidade preocupante na resistência do governo Obama a decisões incômodas do Órgão de Solução de Controvérsias (DSB, na sigla em inglês) da entidade. Em todos esses momentos, uma constante: a defesa insistente de um sistema baseado em regras universais e a afirmação do direito "soberano" de definir em quais circunstâncias ignorá-las.

***

O último capítulo deste livro foi escrito quando a campanha eleitoral nos Estados Unidos estava ainda em sua etapa preliminar. A plataforma do candidato vitorioso expressa no slogan *America First* e a conduta seguida por ele nos primeiros meses de seu conturbado mandato vêm causando reações consternadas por todo o mundo. Mas o estilo agressivo e a retórica desabrida não devem enganar. No tocante ao comércio internacional – mas não apenas nesse terreno –, a postura de Donald Trump radicaliza um padrão claramente constatável na ação de seus predecessores. Nesse sentido, não seria falso dizer que, embora não previsível, ela se acomoda facilmente nos marcos da análise desenvolvida neste estudo.

Outros desenvolvimentos recentes, porém, questionam alguns de seus supostos. Expusemos atrás as posições que assumimos no debate sobre a globalização e a dimensão política do sistema internacional. Caberia agregar que chegamos a elas adotando explicitamente a perspectiva de uma categoria de países bem determinada, definida pela presença comum das seguintes características:

"1) embora, em graus variáveis, dependentes, têm peso econômico e político bastante para desempenhar papel de relevo no plano regional; 2) são dotados de vastos territórios e numerosa população, cindida por profundas desigualdades sociais; 3) possuem Estados suficientemente sólidos para garantir o sentido de continuidade com o passado e para servir como quadro de referência a projetos plausíveis de futuro; 4) por todos esses atributos, podem aspirar a um papel de maior protagonismo na arena internacional."

Esses atributos definem o que chamamos na ocasião de países grandes semiperiféricos. A suposição subjacente era a de que, mesmo situados em regiões muito distantes e produtos de processos históricos muito diferentes, esses países compartilhariam um conjunto de problemas e de possibilidades que os levava a tomar posições relativamente convergentes no plano internacional. O fortalecimento desses países parecia ser um elemento-chave para a desconcentração do poder e a redução das disparidades sociais em escala global. O Brasil integrava a seleta lista desses países, ao lado da China, Rússia, Índia e alguns poucos mais.

Os desenvolvimentos observados no período subsequente à formulação dessa hipótese alimentaram o otimismo comedido que ela continha. De um lado, o fracasso dos Estados Unidos em sua aventura militar desastrada no Oriente Médio; de outro, o ciclo progressista na América Latina, no qual o Brasil de Lula se inscreve como grande destaque. Em outro plano, o dinamismo acentuado da economia mundial, puxada pelo crescimento da China, e a atuação incisiva do Brasil e demais países grandes semiperiféricos em vários domínios das relações internacionais. É nesse contexto que surge o grupo formado por Brasil, Rússia, Índia, China e África do Sul (Brics).

Hoje, mergulhados há mais de dois anos em uma crise econômica e política de proporções e feições inéditas, em meio ao trabalho de liquidação nacional sistemática promovido pelo governo saído de um golpe de Estado de novo tipo, relembrar esses fatos no Brasil é como falar de um passado perdido nas brumas. E, no entanto, ele está ainda tão próximo...

Difícil evitar a melancolia. Mas ela não pode nos dominar. A desagregação espantosamente rápida que experimentamos nos obriga a rever o juízo que fazíamos a respeito da solidez do Estado brasileiro e a refletir sobre os desacertos cometidos pelo excesso de confiança que ele ensejava.

Mas ela não nos faz perder de vista o norte. Os desafios postos à nação brasileira não mudaram de natureza. Ao contrário, apenas tornou-se mais exigente a tarefa de mobilizar a vontade coletiva e (re)criar os meios indispensáveis para enfrentá-los.

São Paulo, 30 de maio de 2017

Referências

AARONSON, S. A. *Taking Trade to the Streets:* The Lost History of Public Efforts to Shape Globalization. Ann Arbor: The University of Michigan Press, 2004, p.9.

_____. *Trade and the American Dream:* A Social History of Postwar Trade Policy. Lexington: the University Press of Kentucky, 1996, p.48.

AB MEMBERS CHALLENGE US over reapointment of Seung Wha Chang. *Suns*, 8244, 20 maio 2016.

ABBOTT, K. W.; SNIDAL, D. International Action on Bribery and Corruption: Why the Dog Didn't Bark in the WTO? In: KENNEDY, D. L. M.; SOUTHWICK, J. D. (Eds.). *The Political Economy of International Trade Law:* Essays in honor of Robert E. Hudec. Cambridge: Cambridge University Press, 2002, p.177-204.

ADADE, A. O. Origins and History of the TRIPS Negotiaitions. In: BELLMANN, C.; DUTIFIELD, G.; MELÉNDEZ-ORTIZ, R. (Eds.). *Trading in Knowledge:* Development Perspectives on TRIPS, Trade and Sustainability. Londres; Sterling: Earthscan Publications; International Center for Trade and Sustainable Development, 2003, p.23-35.

ADDRESS BEFORE A JOINT SESSION OF THE CONGRESS ON THE STATE OF THE UNION, 6 fev. 1985. Disponível em: < http://www.presidency.ucsb.edu/ws/index.php?pid=38069 > Acesso em: 19 set. 2017.

AGRICULTURAL CONSULTATIONS stalled on U.S. "set-aside". *Suns*, 7 abr. 1989a.

AGRICULTURE – US, EEC appear apart on short-term measures. *Suns*, 23 mar. 1989.

AGRICULUTE NEGOTIATIONS to be wrapped up by 1988? *Suns*, 10 maio 1987.

AHEARN, R. J.; FERGUSON, I. F. *World Trade Organizatio (WTO):* Issues in the Debate on continued U.S. Participation. Congressional Research Service, 2010.

AKINS, J. E. The Oil Crisis: This Time the Wolf is Here. *Foreign Affairs*, [s. l.], n.51, 1973, p.462-91.

AMES, G. C. W. The Political Economy of Agricultural Trade Negotiations on the Uruguay Round of MTN: Can the U.S. and European Community Reach an Acceptable Compromise in the GATT? *Southern Journal of Agricultural Economics*, [s. l.], v.24, dez. 1992.

AMORIM, C. A lição da Cancun. *Revista Política Externa*, [s. l.], v.12, n.3, p.28, 2003.

_____. *Teerã, Ramalá e Doha:* memórias da política externa ativa e altiva. São Paulo: Benvirá, 2015, p.302.

ANNEX TO DIRECTOR-GENERAL'S Statement at the DSB Meeting of 28 October 2015. Current Dispute Settlement Activity. WTO. Disponível em: < https://www.wto.org/english/news_e/news15_e/dsbannex_e.pdf>. Acesso em: 19 set. 2017.

ARMSTRONG, P.; GLYN, A.; HARRISON, J. *Capitalism Since World War II:* The Making and Breaup of the Great Boom. Londres: Fontana Paperback, 1984, p.28-9.

ASSISTANT SECRETARY Julius L. Katz. *Foreign Affairs Oral History Project.* The Association for Diplomatic Studies and Training, 1998.

ATLANTIC CHARTER. The Avlon Project at Yale Law School. Disponível em: < http://avalon.law.yale.edu/wwii/atlantic.asp >. Acesso em: 19 set. 2017.

AUERBACH, S. U.S., Europe Reach Trade Pact French Seek to Block Accord. *The Washington Post*, 21 nov. 1992.

BALDWIN, R. E. Multilateralising Regionalism: Spaghetti Bowls as Building Blocs on the Path to Global Free Trade. *The World Economy*, [s. l.], v.29, n.11, p.1451-518, 2006.

BALDWIN, R. Multilateralizing Regionalism. Spaghetti Bowls as Building Blocs on the Path to Global Free Trade. *The World Economy*, [s. l.], v.29, n.11, p.1451-518, 2006.

BARFIELD, C. *Free Trade, Sovereignty, Democracy:* The future of the World Trade Organization.Washington D.C.: The AEI Press, 2001.

BARTON, J. H. et al. (Orgs.) *The Evolution of the Trade Regime:* Politics, Law, and Economics of the GATT and the WTO. Princeton; Oxford: Princeton University Press, 2006, p.99.

BARTON, J. H.; Goldstein, J. L.; Josling, T. E. *The Evolution of the Trade Regime:* Politics, Law, and Economics of the GATT and the WTO. Princeton: Princeton University Press, 2006, p.126.

BENKO, R. P. Intellectual Property Rigths and the Uruguay Round. *The World Economy*, [.s. l.], v.11, n.2, p.217-32, 1988.

BEWES, W. *The Romance of the Law Merchant*. Londres: Sweet & Maxwell, 1923.

BIRNBAUM, D. E. The Omnibus Trade Act of 1988. Trade Law Dialetics. *University of Pensylvania Journal of International Business Law*, [s. l.], fall, 1989.

BLACKHURST, R. The Capacity of the WTO to Fulfill its Mandate. In: KRUEGER, A. O. *The WTO as an International Organization*. Chicago; Londres: The University of Chicago Press, 1998, p.32-58.

BLOCK, F. The *Origins of Economic Disorder:* a study of United States international monetary policy from World War II to the present. California: University of California Press, 1978.

BLUESTONE, B.; HARRISON, B. *Desindustrialization of America:* Plant Closing, Community Advancement, and the Dismantling of Basic Industry. Nova Iorque: Basic Books, 1982.

BRADSHER, K. US, E.C Fail to Resolve Trade Fight. *The New York Times*, 20 nov. 1992.

BRAITHWAIT, J.; DRAHOS, P. *Global Business Regulation*. Cambridge: Cambridge University Press, 2000.

BREEN, J. M. Concluision of the Uruguay Round Agriculture Agreement: Events through April 1994. In: STEWART, T. P. (Ed.). *The GATT Uruguay Round:* A Negotiating History (1986-1994). Vol.IV: The End Game (Part I). Deventer: Kluwer Law & Taxation, 1999, p.3-4.

CENTRE FOR GLOBAL AGREEMENTS, Legislation and Trade – TERI. The Doha Round of Negotiations and Its Outlook Post-Cancún. Policy Discussion Forum – New Delhi, India, 20 nov. 2003. Disponível em: <http://www.teriin.org/discussion/environ/doha.pdf>.

CEPALUNI, G. *Regime de patentes:* Brasil x Estados Unidos no tabuleiro internacional. São Paulo: Aduaneiras; Lex, 2006.

CII Lauds the Role of Developing Countries at Cancún. *The Economic Times*, 16 set. 2003.

CLARENCE-SMITH, W. G. The Modern Colonial State and Global Integration, 1815-1945. In: SMITH, D. A.; SOLINGER, D. J.; TOPIC, S. C. (Eds.). *States and Sovereignty in the Global Economy*. Londres; Nova Iorque: Routledge, 1999, p.120-37.

COHEN, S. D. *International Monetary Reform, 1964-69:* The Political Dimension. Nova Iorque; Washington; Londres: Praeger Publishers, 1970, p.100-1.

COHEN, S. D. *The Making of United States International Economic Policy:* Principles, Problems, and Proposals for Reform. 4.ed. Westport; Connecticut; Londres: Praeger, 1994, p.235.

COMMUNICATION FROM CHILE, MTN.GNG/NG11/W/72.

COMMUNICATION FROM THE EUROPEAN COMMUNITY. MTN.GNG/WG14/W/42, jul. 1990.

CPDOC. Arquivo Paulo Nogueira Batista, PNB ONU G II 1983.03.00.

CROOME, J. *Reshaping the Word Trade System:* A History of the Uruguay Round. Geneva: World Trade Organization, 1995, p.21.

CROSBIE, J. My Plan for a World Trade Organization. *International Economy*, [s. l.], p.40-43, jun.-jul 1990.

Cumbre de Cancún. La Jornada, 15 set. 2003.

CUTTLER, A. C. Private Authority in International Trade Relations: the Case of Maritime Transport. In: CUTLLER, A. C.; HAUFLER, V.; PORTER, T. (Eds.). *Private Authority and International Affairs*. Albany: State University of New York Press, 1999.

DAS, B. L. *The WTO Agreements:* Deficiencies, Inbalances and Required Changes. [S. l.]: Third World Network, 1998, p.20.

DAUGBJERG, C.; SWINBANK, A. The Politics of CAP Reform: Trade Negotiations, Institutional Settings and Blame Avoidance. *Journal of Common Market Studies*, n.45, p.1-22, 2007.

Sebastião Velasco e Cruz

DELBRASGEN PARA EXTERIORES BSB em 15 dez. 1983. Ceppoc PNB ONU G II 1983.03.00.

DENTERS, E. The Sutherland Report. *Leiden Journal do International Law*, [s. l.], n.18, p.887-99, 2005.

DESTLER, I. M. *American Trade Politics*. 3.ed. Washington, D.C.; Nova Iorque: Institute for International Economics; The Teoentieth Century Fund, 1995, p.154.

DIEBOLD Jr., W. *The End of I.T.O.* Princeton: Princeton University Press, 1952, p.14.

DIMAGGIO, P. J.; POWELL, W. W. The Iron Cage Revisited: Institutional Isomorphism and Collective Rationality in Organizational Fields. In: POWELL, W. W.; DIMAGGIO, P. J. (Eds.). *The New Institutionalism in Organizational Analysis*. Chicago: The University of Chicago Press, 1991, p.63-82.

DIVINE, R. *Roosevelt & World War II*. Nova Iorque: Pelikan Books, 1970, p.61.

DOHA WORK PROGRAMME. Decision Adopted be the General council on 1 August 2004. Wt/l579, 2 ago. 2004.

DOHA WTO MINISTERIAL 2001. Briefing Notes. The Doha Ministerial: culmination of a two-year process. WTO. Disponível em: <https://www.wto.org/english/thewto_e/minist_e/min01_e/min01_e.htm>.

DOLINGER, J. *Direito internacional privado* (Parte geral). 7.ed. Rio de Janeiro: Renovar, 2003.

DOREMUS, P. N. The Externalization of Domestic Regulation. Intellectual Property Rights Reform in a Global Era. *Science Communication*, [s. l.], v.17, n.2, p.137-62,1995.

DRAHOS, P. Global Property Rights in Information: the Story of TRIPS at the GATT. *Prometheus*, [s. l.], v.13, n.1, p.6-19, 1995.

_____. *The Bilateral Web of Trade Dispute Settlement*. Conference on WTO Dispute Settlement and Developing Countries, Centre for World Affairs and the Global Economy, University of Wisconsin-Madison, 2005.

DRAKE, W. J.; NICOLAÏDIS, K. Ideas, Interests, and Institutionalization: Trade in Services and the Uruguay Round. *International Organization*, [s. l.], v.46, n.1, p.37-100, 1992.

DUNKEL FOR QUICK COMPLETION of negotiations. *Suns*, 2 maio 1991.

EALY ACCORD ON agriculture more uncertain. *Suns*, 1° dez. 1988f.

EICHENGREEN, B. *The European Economy since 1945:* Coordinated Capitalism and Beyond. Princeton; Oxford: Princeton University Press, 2007, p.57.

EIGHTH MINISTERIAL CONFERENCE. Chairman's Concluding Statement, WT/MIN(11)/11, 17 dez. 2011.

ELSIG, M. *The Functioning of the WTO:* Options for Reform and Enhanced Performance. E15 Expert Group on the Functioning of the WTO – Policy Options Paper. E15Initiative. Geneva. International Centre for Trade and Sustainable Development (ICTSD) and World Economic Forum, 2016, p.9.

ESPÓSITO, C. Influencing Aid Recipients: Marshall Plan Lessons for Contemporary Aid Donors. In: EICHENGREEN, B. (Ed.). *Europe's Post-War Recovery.* Cambridge: Cambridge University Press, 1995, p.68-92.

ETCHEVERRY, R. A. El arbitraje internacional y su incidencia en el comercio internacional. In: PUCCI, A. N. (Org.). *Arbitragem comercial internacional*. São Paulo: LTr, 1998, p.42-70.

EVENETT, S. J. The WTO Ministerial Conference in Hong Kong; What Next? *Journal of World Trade*, [s. l.], v.40, n.2, p.221-38, 2006.

FARIA, J. E. *O direito na economia globalizada*. São Paulo: Malheiros, 1999.

FAR-REACHING U.S. proposals on intellectual property rights. *Suns*, 28 mar. 1987.

FIEDMAN, L. M. A *History of American Law*. Nova Iorque: Simon & Schuster, 1985.

FIELDHOUSE, D. K. *Economics and Empire, 1883-1914*. Ítaca: Cornell University Press, 1973.

FINGER, M. J. The Uruguay Round North-South Bargain: Will the WTO Get Over It? In: KENNEDY, D. L. M.; SOUTHWICK, J. D. (Eds.). *The Political Economy of International Trade Law:* Essays in Honor of Robert E. Hudec. Cambridge: Cambridge University Press, 2002, p.301-10.

FINLAYSON, J. A.; ZACHER, M. W. The GATT and the Regulation of Trade Barriers: Regime Dynamics and Functions. In: KRASNER, S. (Ed.) *International Regimes*. Ítaca; Londres: Cornell University Press, 1983, p.273-314.

FLIGSTEIN, N. *Euro-Clash:* The EU, European Identity and the Future of Europe. Oxford; Nova Iorque: Oxford University Press, 2008, p.54.

FORD, J. *A Social Theory of the WTO Trading Cultures*. Nova Iorque: Palgrave Macmillan, 2003.

FORMER MILITARY LEADERS: TPA is a Strategic Imperative. Committee on Ways and Means, U. S. House of Representatives, 7 maio 2015. Disponível em: <https://waysandmeans.house.gov/former-military-leaders-tpa-is-a-strategic-imperative/.>. Acesso em: 19 set. 2017.

FUKUYAMA, F. *One Belt, One Road:* Exporting the Chinese Model to Eurasia. *The Australian*, 4 jan. 2016. Disponível em: <http://www.theaustralian.com.au/news/world/one-belt-one-road-exporting-the-chinese-model-to-eurasia/news-story/269016e0dd63ccca4da306b5869b9e1c>. Acesso em: 19 set. 2017.

GADDIS, J. L. *The United States and the Origins of the Cold War, 1941-1947*. 2.ed. New York: Columbia University Press, 2000, p.25.

GALGANO, F. *Historia del derecho mercantil*. Barcelona: Editorial Laia, 1981.

GALLAGER, P. *The First Tem Years of the WTO, 1995-2005*. Cambrdige: Cambridge University Press, 2005, p.122.

GARDNER, R. N. *Sterling-dollar Diplomacy*. Oxford: Clarendon Press, 1956, p.57.

GATT. SR.39/4, 22/12/1983. Summary of the Fourth Meeting, 23 nov. 1983.

_____. SR.39/2, 20/12/1983. Summary of the Second Meeting, 22 nov. 1983a.

_____. Minutes of Meeting held in the Centre William Rappard on 15/16 May 1984. C/M/178. 13 jun. 1984, p.16.

_____. Improvement of World Trade Relations Through the Implementation of the Work Program of GATT. L/5647, 4 maio 1984a.

_____. Summary Record of The Seven Meeting Held at the International Labour Office on Thursday, 29 nov., SR.40/7, 7 fev. 1985, p.7.

_____. Minutes of Meeting Held in the Centre William Rappard on 30 April and 1 May 1985, C/M/187, 31 maio 1985a.

_____. Improvement of World Trade Relations, L/5818, 7 jun. 1985b.

_____. Recent Developments in International Trade and Their Consequences for GATT, and Status of Implementation of the 1982 Ministerial Work. Communication from Brazil. C/W/479, 18 jul. 1985c.

GATT efforts to get MTNs rolling to resume. *Suns*, 17 jan. 1987.

GATT. MTN.GNG/NG11/W/30, 31 out. 1988.

GATTs puppet show. *The Economist*, 4 dez. 1982, p.83.

GENEVA WTO MINISSTERIAL 1998: Statement by H. E. Mr. Fernando Henrique Cardoso, President.

GENEVA WTO MINISSTERIAL 1998: Statement by H. E. Mr. William J. Clinton, President.

GERVAIS, D. *The TRIPS Agreement:* Drafting History and Analysis. Londres: Thomson Reuters, 2008, p.24.

GIDDENS, A. *The Nation-State and Violence.* Oxford: Polity Press; Basil Blackwell, 1987.

GLICK, L. A. *Multilateral Trade Negotiations:* World After the Tokyo Round. Nova Jersey: Rowman & Allanheld Publisheres, 1984, p.162.

Global Trade After the Failure do the Doha Round. *The New York Times*, 1º jan. 2016.

GNS TO TACKLE definition issues as priority. *Suns*, 31 mar. 1988c.

GOLD, E. Maritime *Transport:* the Evolution of International Marine Policy and Shipping Law. Lexington: Lexington Books, 1981.

GOLDSTEIN, J. L. et al. (Eds.). *Legalizationa and World PoliticsInternational Organization*, [s. l.], v.54, n. 3, 2000.

_____; STEINBERG, R. H. Negotiate or Litigate? Effects of WTO Judicial Delegation on U.S. Trade Politics. UCLA School of Law. *Law & Economics Research Paper Series. Research Paper*, [s. l.], n.7-14, 2007.

_____; _____. Regulatory Shift: The Rise of Judicial Liberalization at the WTO. UCLA School of Law. Law & Economics Research Paper Series. Research Paper, n.7-15, 2007.

GONÇALVES, R. Protecionismo, liberalização e competititvadade internacional de services. *Revista Brasileira de Comércio Exterior*, [s. l.], v.4, n.20, p.20-31, 1989.

GOSOVIC, B. *Unctad:* Conflict and Compromise. The Third World's Quest for An Equitable World Economic Order through the United Nations. Leiden: A. W. Sijthoff, 1972, p.17.

GOUREVITCH, P. *Politics in Hard Times:* Comparative Responses to International Economic Crisis. Ítaca: Cornell University Press, 1987.

GRAHAM JR, O. L. *Losing Time:* The Industrial Policy Debate. Cambridge; Londres: Harvard University Press, 1992.

GRANT, W. Pressure Groups and the European Community: an Overview. In: MAZEY, S.; RICHARDSON, J. (Eds.). *Lobbying in the European Community*. Oxford; Nova Iorque; Toronto: Oxford University Press, 1993, p.27-46.

GRIFITH, M. K.; STEINBERG, R.; ZYSMAN, J. *Great Power Politics in a Global Economy:* Origins and Consequences of the TPP and TTIP. Paper prepared for presentation at a conference entitled "Unpacking the Transatlantic Trade andInvestment Partnership (TTIP) Negotiations", Université Libre de Bruxelles (ULB), 17 out. 2015.

GWERTZAMAN, B. Progress is Cited by U.S. and Soviet on Summit Meeting. *The New York Times*, Nova Iorque, 21 set. 1986.

HALPÉRIN, J.-L. *Entre nationalisme juridique et communauté de droit*. Paris: PUF, 1999.

HAUSER, H.; ZIMMERMANN, T. A. The Chalenge of Reforming the WTO Dispute Settlement Understanding. *Intereconomics: Review of European Economic Policy*, [s. l.], v.3, n.5, p.241-5, 2003.

HECLER, J. E. *Observations on the Ministerial Meeting in Singapore*. Testimony before the Subcommittee on Trade, Committee on Ways and Means, House of Representatives, United States General Accounting Office, 26 fev. 1997.

HENDERSON, D. International Agencies and Cross-Border Liberalization: The WTO in context. In: KRUEGER, A. O. *The WTO as an International Organization*. Chicago; Londres: the University of Chicago Press, 1998, 97-130.

HENNING, C. R.; Destler, I. M. From Neglect to Activis: American Politics and the 1985 Plaza Accord. *Journal of Public Policy*, [s. l.], v.8, ¾, p.317-33, 1988.

HIRST, P.; THOMPSON, G. *Globalization in Question:* The International Economy and the Possibilities of Governance. Cambridge: Polity Press, 1996.

HOECKMAN, B.; KOSTECKI, M. The Political Economy of the World Trading System: From GATT to WTO. Oxford: Oxford University Press, 1995, p.47.

HOGAN, M. *The Marshall Plan:* America, Britain, and the Reconstruction of Western Europe, 1947-1952. Cambridge: Cambridge University Press, 1989, p.42-3.

HOLLINGSWORTH, J. R. New Perspectives on the Spatial Dimensions of Economic Coordination: Tensions between Globalization and Social Systems of Production. *Review of International Political Economy*, [s. l.], v.5, n.3, p.482-507, 1998.

HOROWITZ, M. J. *The Transformation of American Law, 1780-1860*. Cambridge: Harvard University Press, 1977.

HOWSE, R. Comment: Trade Negotiations and High Politics: Drawing the Right Lessons from Seattle. In: KENNEDY, D. L. M.; SOUTHWICK, J. D. *The Political Economy of International Trade Law*. Cambridge: Cambridge University Press, 2002, p.430-4.

HOWSE, R. The World Trade Organization 20 Years on: Global Governance by Judiciary. *The European Journal of International Law*, [s. l.], v.27, n.1, p.9-77, 2006.

HUDEC, R. E. The GATT Legal System: a Diplomat's Jurisprudence". In: HOWSE, R. (Ed.). *The World Trading System:* Critical Perspectives on the World Economy. Londres; Nova Iorque: Routledge, 1998, p.8-60. V.II.

HUDSON, M. *Super Imperialism, the Origins and Fundamentals of US World Dominance*. Londres; Nova Iorque: Pluto Press, 2003, p.119.

HULL, C. *The Memoirs of Cordell Hull*. Nova Iorque: The Macmillan Company, 1948, p.82. V.1.

IMF. *World Economic Outlook*. Housing and the Business Cycle. Abr. 2008, p.24.

India Didn't Yeld on Any Issue. *The Economic Times*, 16 set. 2003.

INDIA'S INTERVENTION ON TRIPS plus IPR Enforcement' as delivered at the WTO's Council on TRIPS (Trade Related Intellectual Property Rights) on 9 June 2010. *South Bulletin*, South Centre, 28 jul. 2010.

INSIDE U.S. TRADE. 3 dez; 1999, at 4. Apud Odell, J. S. The Seattle Impasse and Its Implications for the World Trade Organization. In: KENNEDY, D. L. M.; SOUTH-WICK, J. D. *The Political Economy of International Trade Law*. Cambridge: Cambridge University Press, 2002, p.400-29.

INSTITUTE OF INTERNATIONAL ECONOMICS. Fast Track/Trade Promotion Authority. *Case Studies in US Trade Negotiation*, [s. l.], v.I, p.191. Disponível em: <www.piie.com>.

INTERNATIONAL MONETARY FUND. Summary Proceedings. Twenty-First Annual Meeting, 1966. Washington, D.C. *The Fund*, 1967, p.73-4.

IRWIN, D. A. The Gatt's Contribution to Economic Recovery in Post-War Western Europe. In: EICHENGREEN, B. (Ed.). *Europe's Post-War Recovery*. Cambridge: Cambridge University Press, 1995, p.128.

Is Free Trade Dead?. *The Economist*, 25 dez. 1982, p.75-91.

JACKSON, J. H. *Restructuring the GATT System*. [S. l.]: Chatham House Papers; The Royal Institute of International Affairs, 1990, p.93.

JAKOBSEN, K. Trabalhadores: a retomada do protagonismo político. *Revista Teoria & Debate*, São Paulo, n.34. mar.-maio 1997.

_____. *O monitoramento de empresas multinacionais:* Uma visão do movimento sindical. [S. l.]: Friedrich Ebert Stifitung, 2006, p.1-25.

JAMES, H. *International Monetary Cooperation Since Bretton Woods*. Washington, D.C.: Nova Iorque; Oxford: International Monetary Fund; Oxford University Press, 1996, p.422.

JAWARA, F.; KWA, A. *Behind the Scenes at the WTO:* the Real World of International Trade Negotiations/lessons of Cancun – updated edition. Londres; Bangkok: Zed Books; Focus on the Global South, 2003.

JOHNSON, C. *MITI and the Japanese Miracle:* The Growth of Industrial Policy, 1925-1975. Stanford: Stanford University Press, 1982.

JOINT ECONOMIC COMMITTEE. Depoimento de Robert Roosa em 13 de dezembro de 1963. *Treasury Annual Report*, 1963, p.371.

KHOR, M. et al. *WTO and the Global Trading System:* Development Impacts and Reforms Proposals. Londres: Zed Books, 2005.

KINDLEBERGER, C. P. An American Climateric? *Challenges*, [s. l.], v.16, n.6, p. 44, jan.-fev. 1974.

_____. The Rise of Free Trade in Western Europe, 1820 to 1875. In: _____. *Economic Response:* Comparative Studies in Trade, Finance and Growth. Cambridge; Mass.: Harvard University Press, 1978, p.39-65.

_____; DESPRES, E.; SALANT, W. The Dollar and World Liquidity: A Minority View. In: _____. *International Money:* A Collection of Essays. Londres: George Allen & Unwin LTD, 1981, p.42-52.]

KISSINGER, H. *The White House Years.* Boston; Toronto: Little, Brown and Company, 1979, p.949-62.

_____. *Memórias:* anos de renovação. Rio de Janeiro: Topbooks, 2001, p.101. V.3.

KOLKO, G. *The Politics of War:* The World and United States Foreign Policy, 1943-1945. Nova Iorque: Vintage Books, 1968, p.275.

KRASNER, S. D. Structural Causes and Regime Consequences: Regimes as Intervening Variables. In: _____. *International Regimes.* Ítaca; Londres: Cornell University Press, 1989.

_____. *Structural Conflict.* Berkeley: University of California Press, 1985.

KRUEGER, A. Introduction. In: _____. *The WTO as an International Organization.* Chicago; Londres: The University of Chicago Press, 1998, p.1-27.

KWA, A. *Power Politics in the WTO.* Developing Countries Perspectives on Decision--making Processes in Trade Negotiations. Focus on the Global South, jun. CUSRI. Bangkok: Chulalongkorn Uversity, 2002.

LACARTE GROUP CRAFTS NEW MTO TEXT. U.S. holds out for protocol. Inside U.S. Trade, 19 nov. 1993.

LANDE, S. L.; VANGRASSTEK, C. *The Trade and Tariff Acto of 1984. Trade policy in the Reagan administration.* Lexington, Mass-Toronto, D.C.: Jeath Company, 1986.

LANDES, D. S. *The Unbound Prometeus.* Cambridge: Cambridge University Press, 1969.

LAW, J. D. M. Arbitraje en Inglaterra y según el derecho inglés. In: PUCCI, A. N. (Org.). *Arbitragem comercial internacional.* São Paulo: LTr, 1998.

LAWRENCE, R. Z. *Can America Compete?* Washington, D.C.: The Brookings Institution, 1984.

_____; SCHULTZE, C. L. (Eds.). *An American Trade Strategy:* Options for the 1990s. Washington, D.C.: The Brookings Institution, 1990, p.7.

LEARY, V. A. The WTO and the Social Clause: Post-Singapore. *European Journal of International Law,* [s. l.], v.8, n.1, p.118-22, 1997.

LEVY, P. I. Do We Need an Undertaker for the Single Undertaking? Considering the Angles of Variable Geometry. In: EVENNETT, S. J.; HOEKMAN, B. M. (Eds.). *Economic Development and Multilateral Trade Cooperation.* Washington: Nova Iorque: The World Bank; Palgrave Macmillan, 2006, p.427-37.

_____; SRINIVASAN, T. N. 1996, Regionalism and the (Dis)advantage of Dispute Settlement Access. *American Economic Review,* v. 86, n.2, p.93-8, 1996.

LIPPMAN, W. *A reconstrução da sociedade.* Belo Horizonte: Itatiaia, 1961.

LUCAS, C. Doha Spells Sisaster for Development. *Observer,* [s. l.], 18 nov. 2001.

M'BOW, A.-M. The Practice of Consensus in International Organizations. *International Social Science Journal*, [s. l.], v.XXX, n.4, p.893-903, 1978.

MACEASCHEN, A. J. The 1982 GATT Ministerial. In: Ryten, J. (Ed.). *The Sterling Public Servent:* A Global Tribute to Sylvia Ostry. Montreal; Kingston: McGill-Quenn's University Press, 2004, p.24-45.

MACIEL, G. A. O Brasil e o Gatt. *Contexto Internacional*, [s. l.], ano 2, n.3, p.87, 1986.

MADDISON, A. Economic Policy and Performance in Europe 1913-1970. In: CIPPOLA, C. (Ed.). *The Fontana History of Europe*. Londres: [s. n.], 1976, p.442-508. V.5.

_____. The World Economy: Historical Statistics. *OECD*, [s. l.], p.261, 2003.

MAGAZINER, I.; REICH, R. R. *Minding America's Business:* The Rise and Decline of American Economy. Nova Iorque: Harcourt Brace Janovich, 1982.

MAIER, C. S. The Two Postwar Eras and the conditions for Stability in Twentieth Century Western Europe. In: *Search of Stability*. Cambridge: Cambridge University Press, 1987, p.153-84.

MAKING sense of the mad Gatters' tea party. *The Economist*, 7 dez. 1982, p.75-8.

MANN, M. *The Sources of Social Power*. V.1 – A History of Power from the Beginning to A.D. 1760. Cambridge: Cambridge University Press, 1986.

_____. *The Sources of Social Power*. Vol. 1 – The Rise of Classes and Nation-States, 1760-1914. Cambridge: Cambridge University Press, 1993.

MARTINS, F. *Curso de Direito comercial*. Rio de Janeiro: Forense, 1990.

MASTERS, M. W. *Testimony Before the Committee on Homeland Security and Governmental Affairs*. United States Senate, 20 maio 2008.

MATEO, F. 8th Annual Update on WTO Dispute Settlement. Graduate Institute of International and Development Studies, 24 mar. 2015. Disponível em: <http://www.wto.org/english/tratop_e/dispu_e/fmateo_14_e.htm.>. Acesso em: 19 set. 2017.

MATTHEUS, D. *Globalizing Intellectual Property Rights:* The TRIPs Agreement. Londres; Nova Iorque, Routledge, 2002, p.12.

MAVROIDIS, P. C. Judicial Supremacy, Judicial Restraint and the Issue of Consistency of Preferential Trade Agreements with the WTO: the Apple in the Picture. In: KENNEDY, D.; SOUTHWICK, J. (Eds.). *The Political Economy of the International Trade Law:* Essays in Honor of Robert E. Hudec. Cambridge: Cambridge University Press, 2002, p.583-601.

MAYER, M. *The Fate of the Dollar*. Nova Iorque: Times Books, 1980, p.195.

MEETING OF THE NEGOTIATING GROUP of November 23-24 1987. MTN.GNG/NG11/5, 14 dez. 1987.

MICHALOPOULOS, C. The Role of Special and Differential Treatment for Developing Countries in Gatt and the World Trade Organization. *Policy Research Working Papers*, World Bank, 1999.

MILLS, R. *United States Proposes Flexibility Reforms in WTO Dispute Settlement*. Office of the United States Trade Representative, 16 dez. 2012.

MILWARD, A. S. *The Recostruction of Western Europe, 1945-51*. Londres: Routledge, 1992, p.71.

MOMMSEN, W. Max Weber's "Grand Sociology": The Origins and Composition of Witschaff und Gesellschafft. Sociologie. *History and Theory*, [s. l.], v.39, n.3, p.364-83, 2000.

MORE PAPERS AND TALK on agriculture mask impasse. *Suns*, 25 abr. 1988.

MURPHY, C. *The Emergence of the NIEO Ideology*. [S. l.]: Boulder, Co.; Westview Press, 1984, p.50.

_____. *International Organizations and Industrial Change:* Global Governance Since 1850. Cambridge: Polity Press, 1994.

NARLIKAR, A. The World Trade Organization Secretariat in a Changing World. *Journal of World Trade*, [s. l.], v.38, n.5, p.819-53, [s. d].

_____. *International Trade and Deloping Countries:* Bargaining coalitions in the GATT & WTO. Londres; Nova Iorque: Routledge, 2003, p.75.

_____. Introduction. In: _____. *Deadlocks in Multilateral Negotiations: Causes and Solutions*. Cambridge: Cambridge University Press, 2009, p.2-3.

_____; Houten, P. van. Know the Enemy: Uncertainty and Deadlock in the WTO. In: In: _____. *Deadlocks in Multilateral Negotiations: Causes and Solutions*. Cambridge: Cambridge University Press, 2009.

_____; TUSSIE, D. *Bargaining Together in Cancún:* Developing Countries and Their Evolving Coalitions. 2003. Disponível em: <https://idl-bnc-idrc.dspacedirect.org/bitstream/handle/10625/30069/119854.pdf?sequence=1>.

NO FREE TRADE SCENARIO can promote development. *Suns*, 19 out. 1988b.

O'BRIEN, R. et al. *Contesting Global Governance:* Multilateral Economic Institutions and Global Social Movements. Cambridge: Cambridge University Press, 2000, p.94.

ODELL, J. S. *Developing Countries and the Trade Negotiation Process*. Trabalho apresentado na Conference on Developing Countries and Trade Negotiation Process, organizada pela Unctad, Genebra, 6 jul 2005. Disponível em: <http://www.ruig-gian.org/research/projects/projectf465.html?ID=113> Acesso em: 19 set. 2017.

_____. U.S. International Monetary Policy: Markets, Power, and Ideas as sources of Change. Princeton: Princeton University Press, 1982, p.99.

_____. The Seattle Impasse and Its Implications for the World Trade Organization. In: KENNEDY, D. L. M.; SOUTHWICK, J. D. *The Political Economy of International Trade Law*. Cambridge: Cambridge University Press, 2002, p.400-29.

_____; EICHENGREEN, B. Changing Domestic Institutions and Ratifying Regime Agreements. In: ODELL, J. *Negotiating the World Economy*. Ítaca; Londres: Cornell University Press, 2000, p.159-180.

OLIVEIRA, M. F. O contencioso Brasil X Estados Unidos sobre patentes farmacêuticas na OMC. *Carta Internacional*, [s. l.], p.42-52, mar. 2006.

OPPENHEIM, V. H. Why Oil Prices GO Up? The Past: We Pushed Them. *Foreign Policy*, [s. l.], n.25, p.24-57, 1976-7.

OSTRY, S. The Uruguay Round North-South Grand Bargain: Implications for Future Negotiations. In: Kennedy, D. L. M.; Southwick, J. D. (Eds.). *The Political Economy of*

International Trade Law: Essays in Honor of Robert E. Hudec. Cambridge: Cambridge University Press, 2002, p.285-300.

PARIAG, P. *Classification of Services, Regional Symposium on Services.* Antigua and Barbuda, 15-17 jul. 2009.

PATEL, B. Multiple Roles for a Unified Continent: Negotiating Nafta, Harvard University, 2006. Disponível em: <http://www.thepresidency.org/storage/documents/Vater/Patel.pdf>.

PAUWELYN, J. Enforcement and Countermeasures in the WTO: Rules Are Rules – Towards a More Collective Approach. *American Journal of International Law,* [s. l.], n.94, p.335 47, 2005.

PETERS, G.; WOOLEY, J. T. Address Before a Joint Session of Congress on the State of the Union. The American Presidency Project, 25 jan. 1988. Disponível em: < http://www.presidency.ucsb.edu/ws/index.php?pid=36035> Acesso em: 19 set. 2017.

PICCIOTTO, S. Private Rights vs. Public Standards in the WTO. *Review of International Political Economy,* [s. l.], v.10, n.3, p.377-405, 2003.

POGGI, G. *The State:* Its Nature, Development and Prospects. Stanford: Stanford University Press, 1990.

PREEG, E. H. *An agenda for U.S.* Trade Policy Toward Developing Countries: Hard Bargainging Ahead: U.S. Trade Policy and Developing Countries. Washington, D. C.: Overseas Development Council, 1985, p.1-34.

_____. *Traders in a Brave New World, The Uruguay Round and the Future of the International Trading System.* Chicago; Londres: The University of Chicago Press, 1995, nota 9, p.262.

PROPOSAL BY THE UNITED STATES. MTN.GNG/NG14/W/45, 18 out. 1990.

Protectionism throws GATT's free-trade band out of tune. *The Economist,* 13 nov. 1982, p.83-4.

PUTNAM, R. D.; BAYNE, N. *Hanging Together:* Cooperation and Conflict in the Seven--Power Summits. Cambridge: Harvard University Press, 1987, p.130.

RAPPORT DU CEPII. Économie *mondiale:* la Montée des Tensions. Paris: Economica, 1983, p.46-7.

RECOMMENDATIONS FOR WAYS Forward on Institutional Reform of the WTO. A discussion paper compiled by Action Aid, CAFOD, Christian Aid, Consumers International, FIELD, Oxfam, RSPB, WDM, First Meeting of the issue group WTO REFORM AND TRANSPARENCY, *European Commission,* 26 fev. 2001.

REICH, R. R. *The Next American Frontier.* Nova Iorque: Times Books, 1983.

REICHILN, L. The Marshall Plan Reconsidered. In: EICHENGREEN, B (Ed.). *Europe's Post-War Recovery.* Cambridge: Cambridge University Press, 1995, p.39-68.

RICUPERO, R. Integration of Developing Countries into the Multilateral Trading System. In: BHAGWATI, J.; HIRSCH, M. (Eds.). *The Uruguay and Beyond:* Essays in Honor of Arthur Dunkel. Ann Arbor: University of Michigan Press, 1998, p.9-36.

RIPERT, G. *Aspects juridiques du capitalisme moderne.* Paris: Librérie Générale de Droit et de Jurisprudence, 1951.

ROBERGE, F. French Foreign Policy and the Seven Power Summits. *Country Study*, n.3, Centre for International Studies, University of Toronto, maio. 1988, p.20. Disponível em: <http://tspace.library.utoronto.ca/handle/1807/573>. Acesso em: 19 set. 2017.

ROMANO, C.; ALTER, D. J.; SHANY, Y. Mapping International Adjudicative Bodies, the Issues, and Players. In: _____; _____; _____. (Eds.). *The Oxford Handbook of International Adjudication*. Oxford: Oxford University Press, 2015, p.3-26.

ROSTOW, W. W. *The Division of Europe After World War II:* 1946. Austin: University of Texas Press, 1981.

ROTHERMUND, D. The Legacy of the British-Indian Empire in Independent India. In: MOMMSEN, W. J.; OSTERHAMMEL J. (Eds.). *Imperialism and After:* Continuities and Discontinuities. Londres: Allen & Unwin, 1986, p.139-53.

RUGGIE, J. G. International Regimes, Transactions, and Change: Embedded Liberalism in the Postwar Economic Order. In: KRASNER, S. D. (Ed.). *International Regimes*. Ítaca: Cornell University Press, 1989, p.195-232.

SAFIRE, W. *Before the Fall*. New York: Routledge, 2005.

SCHWAB, S. C. After Doha Why the Negotiations Are Doomed and What We Should Do About It. *ForeignAffairs*, n.90, p.104-111, maio-jun. 2011.

SCHERMES, H. G.; BLOKKER, N. M. *International Institutional Law:* Unity within diversity. Boston; Leiden: Martinus Nijhoff Publishers, 2003, p.784.

SCHERMES, H. G.; BLOKKER, N. M. *International Institutional Law:* Unity within Diversity. Boston; Leiden: Martinus Nijhoff Publishers, 2003, p.784.

SEABROOKE, L. *US Power in International Finance:* The Victory of Dividends. [S. l.]: Palgrave MacMillan, 2001, p.160.

SEC. 124. Review of Participation in the WTO. 19 USC 3525. PUBLIC LAW 103-465 – DEC. 8, 1994.

SELL, S. K. *Power and Ideas:* North-South Politics of Intellectual Property and Antitrust. Nova Iorque: State University of New Yor Press, 1998.

SENADOR dos EUA: Brasil levou Cancún ao fracasso. *O Estado de S. Paulo*, 18 set. 2003.

SERVICES CONCEPTS to be explained in six sectors. *Suns*, 25 abr. 1989b.

SETOR privado dos EUA vê Brasil nos anos 70. *Folha de S.Paulo*, 13 set. 2004.

SHAW, M. *Theory of the Global State:* Globalisty as an Unfineshed Revolution. Cambridge: Cambridge University Press, 2000, p.210.

SHELL, G. R. Trade Legalism and International Relations Theory: an Analysis of the WTO. *Duke Law Journal*, [s. l.], v.44, n.5, p.829-927, 1995.

SHOCH, J. The Politics of the US Industrial Policy Debate, 1981-1984 (with a note on Bill Clinton's industrial policy). In: Kotz, D. M.; McDonough, T.; Reich, M. (Eds.) *Social Structures of Accumulation:* The Political Economy of Growth and Crisis. Cambridge: Cambridge University Press, 1994, p.181.

SHONFIELD, A. *Capitalismo moderno*. Rio de Janeiro: Zahar Editores, 1968, p.107-9.

SHOOMMAKER, S. Regulation Theory and the Politics of Global Restructuring. *Current Perspectives in Social Theory*, [s. l.], v.15, p.213-44, 1995.

SILVA, E. A. da. Liberalização de investimentos: arenas, atores e projetos. In: VELASCO E CRUZ, S. C. (Coord.). *Reestruturação econômica mundial e reformas liberalizantes nos países em desenvolvimento*. Projeto Temático. Relatório Científico. Volume 1. IFCH--Unicamp; Cedec; Fapesp, p.89-140, 2003.

SOUTH ASIA CONSULTATION on Social Clause/Labour Rights in Multilateral Trade Agreements. Kathmandu, 20-23 maio 1996.

SPULBER, N. *The American Economy:* The Struggle for Supremacy in the 21th Century. Cambrige: Cambridge University Press, [s. d.], p.12.

STANDARDS AND PRINCIPLES CONCERING the Availability, Scope and Use of Trade-Related Intellectual Property Rights. Communication from India. MTN.GNG/NG11/W/37, 10 jul. 1989.

STATEMENT BY THE PRESIDENT on the Trans-Pacific Partnership. *The White House,* Office of the Press Secretary, 5 out. 2015.

STATEMENT BY UNITED STATES at Meeting of 25 March 1987. MTN.GNG/NG11/W/2, 3 abr. 1987.

STEGER, D. Strengthening the WTO Dispute Settlement System: establishment of a dispute tribunal. In: MELÉNDEZ-OITIZ, C. B.; Mendoza, M. E. (Eds.). *The Future and the WTO:* Confronting the Challenges. A Collection of Short Essays. Geneva: ICTSD, 2012.

_____. The Future of the WTO: The Case for Institutional Reform. Journal of International Economic Law, [s.l.], v.12, n.4, p.803-33, 2009.

STEINBERG, R. H. In the Shadow of Law or Power? Consensus-based Bargaining in the GATT/WTO. *International Organization*, [s. l.], v.56, n.2, p.339-74, 2002.

_____. Judicial Lawmaking at the WTO: Discursive, Constitutional, and Political Constraints. *The American Journal of International Law*, [s. l.], v.98, n.2, 2004.

STRANGE, S. International Monetary Relations. In: SHONFIELD, A. W. *International Economic Relations of the Western World, 1959-1971*. Londres; Nova Iorque; Toronto: Oxford University Press, 1976, p.18-359.

SUBSTANTIAL AND COMPLEX posers for Montreal in services. *Suns*, 29 nov. 1988e.

SUTHERLAND, P. et al. The Future of the WTO. Addressing institutional challenges in the new millennium. Report by the Consultative Board to the Director-General Supachai Panitchpakdi, Genebra, WTO, 2004. The Warwick Commission, The Multilateral Trade Regime: Which Way Foward? *The Report of the first Warwick Commission*, Toronto, The University of Warwick, 2007.

SUZIGAN, W. Política industrial no Brasil. In: _____. (Ed.) *Indústria, política, instituições e desenvolvimento*. [S. l.]: Ipea; Inpes, 1979, p.35-97.

SWEEZY, P. The End of U.S. Hegemony. In: SWEEZY, P.; MAGDOFF, H. (Eds.). *The Dynamics of U. S. Capitalism*. New Yourk: Monthly Review Press, p.197-212.

_____; MAGDOFF, H. *The Dynamics of U.S. Capitalism:* Corpoate Structure, Inflation, Credit, Gold, and the Dollar. Nova Iorque; Londres: Monthly Review Press, 1972, p.149-57.

Estados e mercados

TELEGRAMA DE WASHINGTON AOS ESCRITÓRIOS DO GABINETE, 6-11-1945. In: MILLER, J. N. Origins of the GATT – British Resistance to American Multilateralism. Jerome Levy Economics Institute at Bard College, Cambridge University, 2000. *Working Paper*, n.318.

TEXT: Senate Letter on GATT Negotiations. Inside U.S. *Trade*, 15 jan. 1993.

THE REINDUSTRIALIZATION of America. *Business Week*, [s. l.], special issue, 30 jun. 1980, p.55-135.

THE WARWICK COMMISSION. The Multilateral Trade Regime: Which Way Foward? *The Report of the first Warwick Commission*, Toronto, The University of Warwick, 2007.

THERBORN, G. *European Modernity and Beyond:* The Trajectory of European Societies 1945-2000. Londres: Sage Publications, 1995, p.27.

THUROW, L. *The Zero-Sum Society:* Distribution and the Possibilities for Economic change. Nova Iorque: Basic Books, 1980.

TIGAR, M. E.; LEVY, M. R. *O direito e a ascensão do capitalismo*. Rio de Janeiro: Zahar Editores, 1978.

TILLY, C. (Ed.). *The Formation of the National State in Western Europe*. Princeton: Princeton University Press, 1975.

_____. *Coercion, Capital, and European States, AD 990-1992*. Cambridge; Oxford: Blackwell, 1994.

TNC TO MEET mid-February over midterm review idea. *Suns*, 19 dez. 1987.

TOYE, J.; TOYE, R. From New Era to Neo-liberalism: US Strategy on Trade, Finance and Development in the United Nations, 1964-82. *Forum for Development Studies*, [s. l.], n.1, 2005.

TRIFFIN, R. *El Caos Monetario:* del bilateralismo a la casi convertibilidad en Europa 1947-1956. México; Buenos Aires: Fondo de Cultura Econômica, 1961, p.33.

TRIPS GROUP to continue with unfinished work in 1988. *Suns*, 28 nov. 1987.

TYSON, L. *Who's Bashing Wom?* Trade Conflict in High-Technology Industries. Washington, D.C.: Institute for International Economics, 1992.

_____; Zysman, J. American Industry in Interantional Competition. In: _____; _____. (Eds.). *American Industry in International Competition:* Government Policies and Corporate Strategies. Ítaca; Londres: Cornell University Press, 1983, p.15-59.

U.S. SENATE. Committee on Banking, Housing and Urban Affairs, *Oversight of U.S. Trade Policy*, Part I, 97th Congress, 1st session, Hearing 97-39, 8 e 9 jul., 1981, p.21-25.

U.S.-EEC deal in offing for Montreal. *Suns*, 19 out. 1988a.

ULRICH, H. *The Impact of Policy Networks on Agricultural trade Liberalization During the Uruguay and Doha Rounds:* the Role of Ideas, Interests and Institutions. Comunicação apresentada no Encontro Annual da American Political Science Association, de 2 a 5 set. 2004, p.15-6.

UNCTAD. *Services and the World Economy:* Trade and Development Report 1982, United Nations, Nova Iorque, 1982, p.99-112.

315

UNDERSTANDING ON RULES and Procedures Governining the Settlement of Disputes (DSU), art. 8, parágrafos 5, 6 e 7.

UNITED NATIONS STATISTICAL OFFICE. *The Concept of Services in Statistics*. Nova Iorque: United Nations, 1987.

URUGUAY ROUND. TNC to meet on October 27. *Suns*, 24 out. 1986.

VAITSOS, C. Patent Revisited: Their Function in Developing Countries. *The Journal of Development Studies*, [s. l.], v.9, n.1, p.71-97, 1972.

VELASCO E CRUZ, S. Um outro olhar: sobre a análise gramsciana das organizações internacionais. *Revista Brasileira de Ciências Sociais*, [s. l.], n.42, p.39-54, 2000.

_____. Teoria e história: notas críticas sobre o tema da mudança institucional em Douglas North. *Revista de Economia Política*, [s. l.], v.23, n.2, p.106-22, 2003.

_____. Democracia e ordem internacional: reflexões a partir de um país grande semiperiférico. In: _____. *Globalização, democracia e ordem internacional:* ensaios de teoria e história. Campinas; São Paulo: Unicamp; Unesp, 2004.

_____. Estado e mercado: a OMC e a constituição (incerta) de uma ordem econômica global. *Revista Brasileira de Ciências Sociais*, [s. l.], n.57, p.83-108, 2005.

VOGEL, D. Government-Industry Relations in the United States: an Overveiw. In: WILKS, S.; WRIGHT, M. (Eds.). *Comparative Government-Industry Relations:* Western Europe, the United States, and Japan. Oxford: Clarendon Press, 1987, p.91-116.

WAN, M. *The Asian Infrastructure Investimeent Bank:* The Construction of Power and the Struggle for the East Asian International Order. Nova Iorque: Palgrave Macmillan, 2016, p.52.

WASHINGTON ameaça minar a credibilidade da OMC. *Valor*, 1º jun. 2016.

WATAL, J. *Intellectual Property Rights in the WTO and Developing Countries*. Nova Delhi; Oxford: India Paperbacks, 2003, p.26.

WAY OPENED FOR RESUMPTION of Uruguay Round Processes. *Suns*, 11 abr. 1980.

WEAVER, R. A.; ABELLARD, D. A. The Functioning of the GATT System. In: STEWART, T. P. (Ed.). *The GATT Uruguay Round:* a Negotiating History (1986-1992). Deventer; Boston: Kluwer Law and Taxation Publishers, 1993, p.1-109.

WEBER, M. La economía y los diversos ordenes. In: _____. *Economia y sociedad*. V.1. México: Fondo de Cultura Económica, 1977.

WEE, H. V. der. *Prosperity and Upheaval:* The World Economy 1945-1980. Nova Iorque: Viking Press, 1988, p.44.

WHALLEY, J. *The Uruguay Round and Beyond:* The Final Report from the Ford Foundation Supported Project on Developing Countries and the Global Trade System. [S. l.]: University of Michigan Press, 1989.

WHITE HOUSE. Statement at the First Plenary Session of the International Meeting on Cooperation and Development in Cancun, México, 22 out. 1981.

WIENER, J. *Globalization and the Harmonization of Law*. Londres; Nova Iorque: Pinter, 1999.

WILCOX, C. *A Charter for World Trade*. Nova Iorque: The Macmillan Company, 1949, p.23.

WILKINSON, R. *The WTO Crisis and the Governance of Global Trade*. Londres; Nova Iorque: Routledge, 2006, p.104-5.

WINHAM, G. R. *International Trade and the Tokyo Round Negotiation*. Princeton: Princeton University Press, 1986, p.363.

WOLF, M. The Rescue of Bearn Stearns Marks liberalisation's Limit. *Financial Times*, 25 mar. 2008.

WTO Dispute Settlement System in Need of Change. *Intereconomics: Review of European Economic Policy*, v.37, n.3, p.131-5, 2002.

WTO NEWS: 1996 Press Releases Press/43, 22 fev. 1996.

Yerxa predicts aggessive use of section 301 in ando ut of GATT. *Inside U.S. Trade*, 24 dez. 1993.

YEUTTER GIVES UPBEAT view of mid-term review prospects. *Suns*, 13 jul. 1988d.

YOUNG, O. R. Regime Dynamics: The Rise and Fall of International Regimes. In: KRASNER, S. D. *International Regime*. Ítaca; Londres: Cornell University Press, 1983, p.93-113.

ZACHER, M. W.; SUTTON, B. A. *Governing Global Networks:* International Regimes for Transportations and Communications. Cambridge: Cambridge University Press, 1996.

ZIMMERMANN, T. A. *Negotiating the Review of the WTO Dispute Settlement Understanding*. Londres: Cameron May, 2006.

ZOELICK, R. The United States Will Not Wait. *Financial Times*, 22 set. 2003; republicado pela *Folha de S.Paulo*, 23 set. 2003.

ZYSMAN, J. *Governments, Markets, and Growth:* Finance and the Politics of Industrial Change. Ítaca; Londres: Cornell University Press, 1983.

SOBRE O LIVRO

Formato: 16 x 23 cm
Mancha: 26 x 48,6 paicas
Tipologia: StempelSchneidler 10,5/12,6
Papel: Off-White 80 g/m^2 (miolo)
Cartão Supremo 250 g/m^2 (capa)
1ª edição: 2017

EQUIPE DE REALIZAÇÃO

Coordenação Geral
Marcos Keith Takahashi

Preparação e revisão de texto
Fábio Gonçalves

Diagramação
Sergio Gzeschnik

impressão acabamento
rua 1822 n° 341
04216-000 são paulo sp
T 55 11 3385 8500/8501 • 2063 4275
www.loyola.com.br